ESSAI
SUR L'ENTENDEMENT HUMAIN

BIBLIOTHÈQUE DES TEXTES PHILOSOPHIQUES

Fondateur : Henri GOUHIER Directeur : Jean-François COURTINE

John LOCKE

ESSAI SUR L'ENTENDEMENT HUMAIN

LIVRES I et II

Traduction, préface, notes et index
par
Jean-Michel VIENNE

Ouvrage publié avec le concours du Centre national du livre

PARIS
LIBRAIRIE PHILOSOPHIQUE J. VRIN
6, Place de la Sorbonne, V^e
2001

Volume I
ISBN 2-7116-1505-7

Imprimé en France

PRÉFACE DU TRADUCTEUR

Origine

L'*Essay concerning Human Understanding* porte la date de 1690. C'est la seule œuvre importante publiée sous le nom de Locke du vivant de son auteur. Elle connut un destin assez singulier : préparée pendant vingt ans par un 'intellectuel' engagé en politique et plus versé en médecine qu'en philosophie, son succès fut modeste au départ mais devint rapidement dans les pays de langue anglaise l'ouvrage de base de la formation philosophique, comparable là-bas aux *Méditations* de Descartes en France. Dans les pays francophones son succès fut plus aléatoire : au centre des débats au XVIIIe siècle, il passa rapidement au second plan dans le courant du XIXe siècle et ne retrouve une importance que depuis quelques décennies.

Si l'on s'intéresse désormais plus à l'ouvrage dans les pays francophones, c'est d'abord pour en discuter les thèses. Avant de dresser la liste de ces thèses et de justifier la traduction qui suit, il convient de rappeler quelques faits qui ont conditionné la rédaction par Locke de ce texte : situer historiquement l'ouvrage permet d'éviter certains contresens. Même si l'*Essay* prétend établir des positions intemporelles, il est le fruit de son temps et manifeste le projet philosophique de son auteur : Locke fut un 'intellectuel', contestataire et contesté, conseiller du Prince et trublion traqué, à la fois homme engagé dans les décisions politiques de son temps et auteur d'une théorie de la connaissance apparemment détachée des urgences politiques. La présence politique et le retrait philosophique caractérisent à la fois sa personnalité et l'ouvrage. Comment l'un des textes fondateurs de l'attitude critique en théorie de la connaissance a pu naître sous la plume d'un conseiller politique et médical, c'est ce que l'on doit éclairer.

Composition de l'œuvre ; repères historiques

John Locke (1632-1704) doit sa formation à deux interventions d'hommes politiques; d'abord, grâce à l'appui d'un colonel de l'armée parlementaire à qui son père avait rendu service, Locke bénéficia d'une formation scolaire et universitaire dans certaines des institutions les plus prestigieuses à l'époque. Ensuite, alors que son origine aurait dû le contraindre à entrer dans les ordres pour continuer à profiter de l'ascension sociale fournie par le système universitaire anglais, la rencontre d'un autre homme politique (Shaftesbury) lui permit de bénéficier de cette formation tout en restant indépendant et de consacrer sa vie à la médecine, à l'action politique et à l'écriture.

L'indépendance, Locke l'a désirée très tôt, sans doute parce qu'il lui a fallu se soustraire aux guerres et aux conflits politico-religieux qui l'ont environné.

En 1652, Locke entre au prestigieux collège Christ Church d'Oxford, encore marqué par les réformes et purges qui ont suivi la victoire de Cromwell en 1646; la mort de ce dernier en 1658 suscite de nouveaux renversements politiques : de quoi susciter chez le jeune Locke un désir de stabilité qui lui permette de profiter des chances qui lui sont offertes :

> À peine conscient de moi dans le monde, je me suis trouvé pris dans une tempête qui a duré jusqu'à nos jours [1660]. L'arrivée d'une accalmie ne peut donc être envisagée qu'avec les plus grandes joie et satisfaction … Je souhaiterais que les gens soient suffisamment attachés à leur religion, à leur pays, à eux-mêmes pour ne pas mettre à nouveau en jeu les bienfaits conséquents de la paix et de la stabilité, par une lutte ultra partisane sur des questions qu'ils reconnaissent comme mineures, ou au moins indifférentes [1].

Ce plaidoyer pour la paix introduisait en 1661 un appel à l'autorité, plus proche des positions de Hobbes que de celles que Locke défendra plus tard; en réponse à la même question,

1. Philip Abrams, édition de John Locke, *Two Tracts on Government*, Cambridge, University Press, 1967; The first Tract, Preface to the reader, p. 2 (édition de 1967, p. 119).

quelques années plus tard, Locke proposera une théorie de la tolérance appuyée sur la séparation des pouvoirs politique et religieux : ce qui est commun aux deux périodes, c'est que les passions politiques et leur maîtrise ont à voir avec les religions et avec le jeu des opinions ; la question trop classique du rapport entre opinion et raison est au centre de ses méditations.

Cette question a préoccupé Locke après sa formation de *Bachelor of Arts*. En 1660, il devient professeur assistant de grec, tuteur de jeunes étudiants, puis en 1663 *censor* (chargé de cours) en philosophie morale. De cette époque, il nous reste une trace intéressante : des notes de cours sur la Loi de Nature, thème lié à la question de l'opinion en matières politiques ; Locke y soutient que l'universalité de la raison humaine permet, plus que la Tradition ou la prétendue innéité, de découvrir dans l'expérience les fondements de la vie morale, sociale et politique, fondements qu'il était convenu d'appeler Loi de Nature, loi universelle et contraignante [1].

Mais cette période universitaire est surtout pour Locke le moyen de profiter de la vie intellectuelle d'Oxford, notamment de la présence de Robert Boyle avec lequel il se lie et restera lié jusqu'à la mort de ce dernier en 1691. À ses côtés, il s'intéresse à l''histoire naturelle', à la recension des faits et observations et à leur classement, attitude expérimentale de celui qui a de l'expérience plus que de celui qui tente des expériences. La philosophie mécaniste de Descartes se trouvait entre les mains de Boyle réinterprétée à la lumière de cet empirisme baconien et d'un corpuscularisme qui influencèrent Locke. Au cours de cette période aux côtés de Boyle, Locke élabore la méthodologie qu'il appliquera à un champ tout autre dans son *Essay* : le champ des procédures de l'entendement. L'entrée de Locke en 1668 dans l'académie des sciences qu'avait fondée Boyle, la célèbre *Royal Society*, manifeste l'importance pour Locke de cette dimension 'scientifique', bien différente de celle que mettra en pratique un autre membre illustre de la *Royal Society*, Newton.

1. Publication du texte posthume par W. von Leyden : John Locke, *Essays on the Law of Nature*, Oxford, Clarendon Press, 1954, etc.

Cet apprentissage méthodologique se poursuit avec des médecins : en 1666 avec un certain David Thomas, mais surtout à partir de 1667 avec Thomas Sydenham, un des grands médecins de l'époque, qui insistait lui aussi sur l'observation des maladies et de leur évolution sous l'influence des thérapies. Un court texte posthume de Locke, le *De Arte medica* définit une méthode que l'on retrouvera à l'œuvre dans l'Épître au lecteur et dans les chapitres de l'*Essay* consacrés aux choses réelles (*substances*) :

> La connaissance vraie naquit dans le monde de l'expérience et de l'observation raisonnée ; mais l'orgueil humain, insatisfait de la connaissance qui était à sa portée, celle qui lui était utile, voulut pénétrer dans les causes cachées des choses, poser des principes, se donner des maximes sur les opérations de la Nature : il espérait ainsi présomptueusement que la Nature (Dieu, en vérité), agirait selon ces lois que les maximes humaines lui auraient prescrites [1].

L'aptitude médicale, acquise aux côtés de Sydenham notamment, décida de l'avenir de Locke ; elle le réintroduisit inopinément dans le monde politique qu'il avait tenu à distance. Une rencontre autour de questions médicales avec le futur comte de Shaftesbury lui permit d'obtenir d'abord le statut d'étudiant libre lui permettant de poursuivre sa vie autour de Christ Church sans entrer dans les ordres, puis ultérieurement d'obtenir l'emploi de médecin privé chez ce futur ministre important des Stuart.

De médecin privé (1667), Locke devint rapidement conseiller. Et au contact de Shaftesbury devenu ministre puis Chancelier de l'Échiquier, Locke acquit une réelle formation politique ; la réflexion sur la tolérance qu'il mit par écrit en 1667 [2] doit beaucoup à son patron. De même, les responsabilités économiques de Shaftesbury amenèrent Locke à réfléchir sur des questions d'économie [3], sur les aspects constitutionnels de la

1. *De arte Medica*, *in* K. Dewhurst, *Dr. Thomas Sydenham*, Berkeley, University of California Press, 1966, p. 79-93.

2. Édition française par J.F. Spitz, Paris, G.F., 1992.

3. Locke reprendra ces premières réflexions dans des textes publiés dans les années 1690 : voir les textes de Locke dans P. H. Kelly, *Locke on Money*, 2 vol., Oxford, Clarendon Press, 1991.

colonisation américaine (Locke participa à la rédaction de la constitution de l'État de Caroline). Dans le contexte londonien enfin, il élargit ses vues religieuses et entra en contact avec le groupe des latitudinaires de l'Église Anglicane, adeptes d'une religiosité biblique authentique mais limitée par la critique de la raison, dont Locke retrouvera les défenseurs lors de son exil hollandais et qu'il présentera lui-même dans son dernier grand ouvrage, *Reasonableness of Christianity* en 1695 [1].

Tolérance, raison et religion, réalités politiques et constitutionnelles, pour les objets ; histoire naturelle et empirisme pour la méthodologie ; tels sont les éléments entre les mains de Locke quand se pose à lui de nouveau la question de la loi naturelle : quelle place réserver à la religion révélée, quelle place à la raison individuelle, au fondement de la moralité et de la vie civile ?

Si tout dépend de la Tradition religieuse ou de l'État politique, l'individu est asservi sans limite à ces pouvoirs : le débat autour des textes de Hobbes le laissait croire. Si par contre la raison individuelle peut énoncer les exigences fondamentales de la moralité, Religion et Politique sont validées par des individus qui disposent d'un critère de jugement. A l'opposé de ce que pense Hobbes, la Loi de Nature réside en chacun, indépendamment de tout État et de toute Religion institués, elle peut servir de critère à la vie publique. Ainsi tolérance, pratique religieuse, citoyenneté, économie sont fondées en raison individuelle.

Quand donc un groupe d'amis se réunit au début de 1671 et que la discussion s'oriente vers 'les principes de la morale' et autour de la place de la religion révélée (cf. *Essai,* Épître au lecteur, page 39, note 1), Locke propose d'appliquer la méthode descriptive de l'histoire naturelle : comme le fait Sydenham pour les fièvres, observer pour la connaissance le fonctionnement des 'organes' de l'entendement et l'effet des 'thérapies'.

1. Édition critique dans The Clarendon Edition of the Works of John Locke, par J.C. Higgins-Biddle, 1999; traduction française publiée par Hélène Bouchilloux, Oxford, Voltaire Foundation, 1999, avec deux autres textes de Locke, l'*Essai sur la nécessité d'expliquer les épîtres de saint Paul* et le *Discours sur les Miracles.*

Plusieurs rédactions se succèdent, les deux premières apparemment datées de 1671 [1]. La première ébauche (dite *Draft A*) porte principalement sur les modes mixtes et les relations (2.22 et 2.28 dans la rédaction finale) d'une part, sur l'assentiment correct ou erroné (4.16 et 4.20) d'autre part. On voit la portée de cette première réflexion : les relations morales, comment sont-elles constituées à partir de l'expérience et comment leur accorde-t-on crédit et assentiment ? Dès ce texte préliminaire est affirmée la thèse centrale : même les théories morales les plus abstraites, universelles voire révélées, sont constituées à partir d'éléments issus de la sensation et de la réflexion ; le crédit qu'on leur attribue s'appuie sur cette première source et sur la constitution par l'entendement d'énoncés plus complexes ; il est donc prudent d'en tenir compte dans l'analyse du sens et de la portée de ces principes moraux :

> Se rappeler : toutes nos connaissances de choses existantes ne sont que singulières. ... Bien que nous sachions qu'il est universellement vrai que les trois angles d'un triangle sont égaux à deux droits, cela suppose qu'il existe un triangle, que l'on ne peut connaître autrement que par nos sens, qui eux portent exclusivement sur des choses singulières [2].

Le détail de la conception évoluera : le triangle, comme la notion morale ne seront plus, dans la rédaction finale, des choses singulières observées ; mais toujours sensation et réflexion d'une part, entendement constructif d'autre part seront à l'origine des énoncés universels.

Le *Draft B* tranche fortement avec cette rédaction primitive : de larges portions de cette ébauche seront reprises dans la version finale de l'*Essay* ; la réflexion sur l'innéité (livre 1 ultérieur) apparaît explicitement, de même que les études sur le nom et les

1. Édition par P.H. Nidditch et G.A.J. Rogers dans The Clarendon Edition of the Works of John Locke, *Drafts for the Essay*..., vol. 1, *Draft A and B*, Oxford, Clarendon Press, 1990. La date du manuscrit est sans doute celle du début de rédaction (Locke a l'habitude dans ses carnets de notes de procéder ainsi).

2. *Draft A*, § 45 *in fine*.

erreurs qu'il engendre, notamment concernant les choses (*substances*) (livre 3 ultérieur) ; ce qui constituera le livre 2 est amplifié, y compris bien entendu les analyses de la relation et notamment de la relation morale qui constitue la loi (telle que traitée ultérieurement en 2.28.14) ; mais la rédaction s'arrête brusquement sur ce point, celui qui précisément soulèvera le plus de critiques lors de la parution définitive en 1690 ; l'équivalent du futur livre 4 est ainsi absent de cette rédaction.

L'histoire de l'évolution du manuscrit au cours des années 1671 à 1690 reste à écrire [1]. Elle repose sur des documents lacunaires parce que Locke a choisi de détruire le plus possible de traces de cette époque bousculée où il a été longtemps surveillé et où il risquait le même sort que de nombreux sympathisants emprisonnés voire exécutés. Certes, pendant les années 1671 à 1683, il poursuivit une vie de conseiller politique (chargé d'affaires religieuses, coloniales, mission en France), de consultant médical, mais l'emprisonnement puis la libération de son patron, les complots successifs qui minaient la dynastie finissante des Stuart n'étaient pas des conditions favorables à la rédaction d'un ouvrage de théorie de la connaissance. La fuite en Hollande en 1683 pour éviter la répression, la participation probable aux menées subversives des exilés n'ont guère été des périodes plus favorables ; pourtant l'exil lui fournissait de nouveaux contacts avec la République des Lettres, florissante dans le pays de tolérance qu'était devenue la Hollande. Obligé de se cacher, il a pu consacrer de longs moments à partir 1683 à la réécriture et à la relecture de son *De Intellectu Humano,* tel qu'il l'appelait alors [2]. Il produisit d'abord une version proche des livres 1 et 2 de la version définitive, nommée *Draft C*.

Le *Draft C* porte en page de garde la mention 1685 ; en septembre 86, Locke envoie le livre 3 en Angleterre pour relecture

1. Le responsable de The Clarendon Edition of the Works of John Locke, G.A.J. Rogers, l'a promise pour le volume 2 des *Drafts*.

2. *Correspondence* (The Clarendon Edition of the Works of John Locke), lettre n° 797 du 28 novembre 1684 et 801 du 22 décembre 1684 ou 1er janvier 1685 selon la datation en vigueur alors.

et avis [1] ; en décembre 86 [2], il achève la rédaction du livre 4 qu'il envoie à la fin du mois ; cette écriture pratiquée aux détours d'un emploi du temps haché explique l'architecture chaotique de certains passages, que Locke a lui-même remarquée et note dans sa lettre d'accompagnement :

> Je vois plus que jamais que j'ai raison de parler de pensées dispersées, car je ne les avais jamais considérées toutes ensemble avant de finir cette dernière partie. Je découvre maintenant les conséquences fâcheuses de cette écriture par pièces à des moments différents, comme l'a été cet Essai. Il contient tellement de répétitions ... que je ne pense pas que ces feuilles soient en état propre à être montrées à quelqu'un d'autre, tant qu'une relecture n'aura pas permis de mieux les ordonner [3].

Le temps libre que laissent les événements (la chute de la dynastie Stuart lors de la *Glorious Revolution* et les préparatifs pour le retour en Angleterre avec le futur roi Guillaume III) est occupé par Locke pour préparer la publication, enfin, de l'*Essay :* rédaction, traduction en français, envoi à tous les proches d'un *Abrégé* publié en 1688 (dans la *Bibliothèque Universelle* de Jean Le Clerc, revue où s'annonçaient tous les événements de la République des Lettres); recherche d'une gravure digne de figurer en frontispice ; tractations avec l'imprimeur dès le mois de mai 1689.

Auparavant, le 12 février 1689, Locke a pu enfin retrouver le sol de l'Angleterre. Il est en mesure de surveiller l'impression de son ouvrage, qui est achevée dans les derniers mois de l'année. Les premiers exemplaires sont adressés avant la fin de l'année, anticipant sur la date de 1690 qui figurera sur les exemplaires. Cette année est d'ailleurs pour Locke une année exceptionnelle car paraissent anonymement deux autres œuvres : la traduction

1. *Ibid.*, lettre n° 871 du 16 octobre 1686.

2. *Ibid.*, lettre n° 881 du 7 décembre 1686.

3. *Ibid.*, lettre n° 886 du 21/31 décembre 1686; cette lettre contient une ébauche de ce qui constituera l'Épître au lecteur : occasion initiale de l'entreprise, écriture sans référence à d'autres auteurs, mais recherche pénible de la vérité par soi-même, cf. aussi lettres 897 et 924.

anglaise de la *Lettre sur la tolérance*[1] qu'il avait rédigée en 1686 pour son ami hollandais Van Limborch, traduite sans son accord officiel, mais surtout les *Two Treatises of Government*[2] commencés eux aussi dans les périodes plus tranquilles des seuls combats d'idées et achevés comme l'*Essai* à l'occasion de l'exil hollandais.

Locke supervisera quatre rééditions de son œuvre[3]. La seconde édition paraît en 1694, avec des corrections apportées notamment grâce aux remarques du théoricien irlandais de l'optique, William Molyneux, devenu ami et correspondant de Locke (le chapitre 2.21 est fortement corrigé, et le chapitre 2.37 est ajouté). La troisième édition paraît dès 1695, du fait du succès rapide de l'ouvrage dans sa deuxième édition ; elle comporte peu de différences avec la précédente. La quatrième par contre contient deux nouveaux chapitres (2.33 et 4.18), tous deux liés à la critique des folies humaines qu'engendre la religion ; elle paraît en 1700. La cinquième édition sera publiée après la mort de Locke, en 1706, mais Locke l'avait préparée et avait laissé le soin à ses exécuteurs testamentaires de la publier. Ceux-ci ajoutèrent notamment des référence étendues aux controverses dans lesquelles Locke avait été engagé avec l'évêque Stillingfleet, sur les conséquences théologiques de ses positions philosophiques.

Thèses

L'histoire de la rédaction de *l'Essai*, rapidement esquissée, manifeste la finalité pratique de cette critique de la connaissance qui constitue l'essentiel de l'ouvrage. L'*Essai* ne traite qu'épisodiquement de la loi morale, politique, religieuse (1.3 et 4 ; 2.28 ;

1. Édition française par J.F. Spitz, Paris, G.F., 1992.

2. Cambridge, Cambridge University Press, 1960, 1988; traduction française du premier Traité dans Franck Lessay, *Le débat Locke – Filmer*, Paris, P.U.F., coll. Léviathan, 1998; et traduction du second Traité par J.F. Spitz, dans Locke, *Le second traité du gouvernement*, Paris, P.U.F., coll. Épiméthée, 1994.

3. L'historique complet de ces éditions est donné en introduction de l'édition critique de référence de l'*Essay* par P.H. Nidditch, Oxford, Clarendon Press, The Clarendon Edition of the Works of John Locke, 1975.

4.3.18 ; 4.4.7 ; 4.12.11, ...[1]) mais il aborde indirectement la question à partir des conditions de découverte de Dieu et de l'universel. Et pour formuler ces conditions, Locke va jusqu'à reprendre à nouveaux frais toute la constitution du savoir humain, dans le but d'en définir les limites (« que pouvons nous connaître ? ») ; mais les limites du savoir dépendent de celles de l'esprit humain (d'où le titre de l'ouvrage), et les limites de l'esprit humain se définissent à partir de la nature des objets que manipule l'esprit : les idées dans leurs diverses formes et leurs diverses liaisons qui produisent désignations de choses, jugements, connaissances. Voilà le contenu manifeste de l'*Essai*.

Livre 2. L'idée, c'est tout ce qui est objet de pensée, depuis le senti le plus élémentaire (le phantasme) jusqu'au plus élaboré (l'idée complexe et la notion) (1.1.8) et si l'objet de pensée qu'est l'idée n'existe que dans l'acte même de l'entendement, qui la reçoit ou la construit, on admet que l'étude de l'idée soit celle de l'entendement.

Dans cette dualité entendement/idée, naît un ensemble d'artefacts : idées de substances, de modes, de relations. Les idées de substances (nous dirions aujourd'hui de choses) ne sont qu'adjonctions de qualités remarquées ensemble ; aucune correspondance ne peut donc exister entre les qualités accumulées au fil des expériences et les choses elles-mêmes qui sont infiniment plus riches. Les modes (ou notions morales et géométriques) n'ont d'autre existence que celle de nos définitions : tant que la notion recopie sa définition (ce qui est difficile dès que je ne suis pas l'auteur de la définition), elle correspond à son modèle. La relation, enfin, compare deux idées : comme pour le mode son idée doit correspondre à sa définition, et la difficulté est encore de la faire correspondre à la définition faite hors de moi. La relation est l'apogée du livre 2 (et c'était avec elle que s'achevait l'ébauche de 1671) : toutes les analyses tendent à la relation d'identité, où se joue la responsabilité, à la relation constitutive d'un énoncé moral et à la relation, dite de 'rectitude', de cet énoncé aux lois morales.

1. Les références indiquent ainsi livre, chapitre et section.

Livre 1. Le livre 1 est l'envers du livre 2 : il dénonce la forme privilégiée à l'époque de refus de la relation construite par l'entendement : l'inné, refuge des préjugés et des dogmatismes. Seule l'œuvre de l'entendement qui met lui-même en relation peut constituer la loi naturelle. Les principes logiques ne peuvent être innés, ni à plus forte raison les principes moraux ; et ils le peuvent d'autant moins que les constituants élémentaires des principes moraux ne peuvent pas être innés : ni les idées morales, ni l'idée de Dieu, ne peuvent être innées. Si la loi est naturelle donc, ce n'est pas parce qu'innée, mais parce que produite par la raison naturelle.

Livre 3. Dans le livre 2, le nom s'était révélé source possible d'erreur : il noue la gerbe associant plusieurs idées entre elles, afin d'en assurer la pérennité et la communication, mais du fait même il tend à faire croire à l'objectivité du lien : il fait croire à une réalité de la substance *chaise* sous telle chaise, et à celle de l'essence *chaise* sous toutes les chaises. Et il en est de même pour les modes et relations : sous prétexte que nous disposons de noms, nous croyons que modes et relations existent indépendamment de nous. Critiquer les noms, leur usage et renvoyer à leur origine dans les idées, c'est faire œuvre philosophique première : reconnaître la relativité culturelle des énoncés moraux et l'inadéquation des énoncés scientifiques purge de tout préjugé et de tout dogmatisme.

Livre 4. Le dernier livre reprend le fil des traités classiques de logique : après l'idée (ou terme), la proposition puis le raisonnement. Locke y dessine une « grammaire de l'assentiment », en distinguant l'assentiment contraint qui engendre la connaissance certaine, et l'assentiment volontaire qui résulte du jugement probable. Le premier se fonde sur la vivacité même des idées qui imposent leur mise en rapport ; le second se fonde sur les arguments externes qui suggèrent la convenance. L'ouvrage se conclut avec l'étude du raisonnement : l'existence de Dieu, les principes de la morale relèvent de la connaissance certaine. Associées, ces deux connaissances engendrent une loi morale appuyée sur l'autorité de Dieu et qui s'impose donc à tous. À côté de ce 'credo' minimum, hors des limites du raisonnement mais sous l'œil de la raison, la foi en une révélation peut apporter le complément de savoir : pour les ignorants, la loi morale minimale encore, et pour tous, les savoirs probables qui portent sur les autres champs de la pratique.

Pourquoi traduire à nouveau

Existait jusqu'ici en français la seule traduction de Coste, à plusieurs titres indépassable. Elle est d'abord l'édition autorisée par Locke. En 1695, Le Clerc, grand diffuseur de connaissances dans la 'République des Lettres' suggère à Locke une traduction pour la France : « cet ouvrage y seroit très-avidement reçu » ; la traduction française donnerait à l'ouvrage une universalité qui manque à la langue anglaise et un charme qui manquera toujours à la traduction latine, « car comment que fasse le traducteur, elle sera barbare et obscure et par conséquent ennuieuse à lire ; au lieu qu'en Français elle n'aurait pas ces défauts » ; pour ce travail, Le Clerc songe demander à Coste qui a déjà traduit en français les *Lettres sur l'éducation* (1695) et qui achève la traduction de *Reasonableness of Christianity* (publiée en 1696) ; il n'est pas encore libre, mais « comme c'est un long ouvrage, il faut s'y prendre d'avance » (*Correspondance*, lettre n°1933). Alors que la traduction latine s'ensable, Coste s'engage à traduire l'ouvrage dès sa réception (juillet 1696, lettre n° 2107) en consultant Locke en cas de nécessité ; un an plus tard, Coste n'a guère avancé, et, toujours à la demande de Le Clerc, Locke obtient pour Coste le poste de tuteur du jeune fils de la famille par laquelle il est accueilli. La traduction se fait à partir de la troisième édition et certains éléments de la quatrième édition en préparation ; les discussions sur la traduction, ainsi que sur les notes ajoutées par Coste se font de vive voix sans doute, mais aussi par lettre (cf. lettre n° 2601). La traduction de Coste n'est pourtant pas faite sous les yeux de Locke qui est alors souvent à Londres tandis que Coste travaille dans la résidence de campagne de son jeune élève ; Coste ultérieurement regrettera les explications insuffisantes de Locke (cf. ses notes à 2.4.4 ; 2.11.5 ; 2.13.24) et certaines erreurs de traduction auraient été corrigées si Locke avait fait une lecture suivie du texte (par exemple en 1.3.25 : « if mine prove a castle in the air » est traduit « si l'on montre en le minant que c'est un château en l'air » ; et en 2.21.39 : « the present moment not being our eternity » est traduit « notre éternité ne dépend pas du moment où nous vivons »).

L'impression se fait parallèlement à la traduction, dès août 1698 (lettres n° 2480, 2504, 2612) pour s'achever en 1700 ; de son vivant, Coste rééditera son travail en 1729, 1735 et 1742 (sans compter les éditions pirates) ; au fur et à mesure des rééditions Coste ajoutera des notes critiques, mais l'intérêt principal de ses notes réside dans les remarques lexicales, qui témoignent, le mieux sans doute, des discussions avec l'auteur ; ces notes sont donc reprises ici, car pour des francophones elles font partie du texte même de Locke. La seule autre traduction française qui ait existé avant le vingtième siècle a été faite par Bosset en 1720, mais à partir l'abrégé réalisé par Wynne (en reprenant pour le premier livre l'extrait publié par Le Clerc) ; les rééditions se sont succédées en 1738, 1741, etc. De nos jours, des traductions partielles paraissent (sous le titre *Identité et différence*, Paris, Seuil, 1998 (chapitre 2.27), et sous le titre *Essai... livre 1* aux éditions Alive à Paris en 2001).

Deuxième avantage de la traduction de Coste : ce fut pour toute la tradition philosophique francophone la forme autorisée de la pensée de Locke, reprise et critiquée comme telle : Leibniz, Bayle, Voltaire, Condillac expriment leur avis sur cette traduction qu'il faut donc connaître.

Le troisième avantage tient à la langue utilisée : elle est non seulement élégante souvent voire attachante, mais aussi plus proche de la forme grammaticale de l'anglais de Locke ; leurs plumes sont toutes deux structurées par leur culture dans la langue de Cicéron : la longueur des périodes, l'enchevêtrement des incises, les ablatifs absolus, le lexique technique sont communs, et la transition est bien plus facile qu'entre l'anglais et le français contemporains.

Ce dernier avantage est aussi un inconvénient pour la majorité de nos contemporains ; il constitue la justification principale d'une nouvelle traduction. La langue du XVIIe siècle français est devenue obscure à nos esprits habitués à l'expression par courtes propositions, entre lesquelles les liens logiques sont explicites. Plus encore, il est devenu nécessaire de traduire les termes techniques communs à l'anglais et au français d'une époque imprégnée de culture scolastique ; l'exemple le plus flagrant en est sans doute le terme *modification*, identique dans les deux langues au XVIIe et qui serait compris de nos jours comme *transformation* alors qu'il désigne évidemment la *constitution d'un mode* (on devrait de la même manière commenter la traduction de *subject, appearance, primary,* etc.) ; on trouvera la liste de ces équivalents dans le glossaire énonçant les choix de traduction, qui tous tentent d'adapter à notre compréhension le vocabulaire technique. La structure argumentative scolastique enfin (question, réponse, objection), souvent noyée dans de longs paragraphes n'apparaît plus suffisamment à des esprits qui en ont perdu la pratique ; il a fallu la rendre visible ne serait-ce que par des coupures supplémentaires.

La traduction qui suit n'est donc pas destinée à remplacer celle de Coste ; elle ne peut exister que comme son complément, pour des lecteurs qui ne peuvent plus y trouver accès à la pensée de Locke, sans non plus pouvoir faire une lecture suivie de l'original.

Caractéristiques de cette édition

Il a fallu dans cette traduction respecter trois formes stylistiques juxtaposées et qui donnent à l'ouvrage cette apparence déroutante de *patchwork* que Locke confessait déjà :

– Des passages techniques d'argumentation, de discussion, de définition ; on imagine Locke les rédigeant de sa main ; les termes techniques doivent conserver alors un homologue français constant, celui qui est donné dans le glossaire.

– Des passages 'parénétiques' où le style, de plus grande qualité littéraire, sert à l'exhortation ou à la vision cosmique ; Locke y insiste en une tonalité pascalienne sur les limites de la nature humaine, sur la grandeur du don divin et de son projet sur l'homme, sur l'exigence morale qui en découle ; la traduction doit alors tenter avant tout de rendre le lyrisme et de faire partager l'enthousiasme de Locke.

– Les commentaires, les ajouts, les excursus, que l'on imagine Locke dicter à son secrétaire ; les phrases y sont coupées d'incises, parfois inachevées ; les anacoluthes rendent l'interprétation hasardeuse, car il faut en ces cas expliciter, découper et interpréter à ses risques et périls pour tenter de rendre le texte lisible, tout en masquant partiellement – mais pas complètement, on s'en rendra compte – la rugosité de l'original. Ici notamment les choix peuvent diverger de ceux de Coste.

Le texte qui a servi de base à la traduction est celui de la quatrième édition (1700), tel que paru dans la sixième édition des *Works*, London, 1759. On a fait appel à l'édition critique de référence élaborée par Peter H. Nidditch, (Oxford, Clarendon Press, 1975) pour donner les variations significatives en français (celles qui portent sur la pensée et non seulement sur la graphie) d'une édition à l'autre ; pour faciliter l'appel à cet ouvrage, indispensable au 'scholar', la pagination de l'édition Nidditch est donnée en marge.

Les notes sont de trois ordres différents :

1) les notes de Locke lui-même. Elles sont rares et donnent essentiellement les références d'ouvrages qu'il cite explicitement. Elles sont appelées par des lettres grecques ; seules quelques notes de la cinquième édition, appuyées par de longues citations de la controverse avec Stillingfleet, sont traitées comme des notes éditoriales.

2) Les notes éditoriales. Elles complètent les références de l'auteur, en donnant notamment les références bibliques. Elles donnent aussi les variantes principales entre les cinq premières éditions ; ces notes sont reprises pour l'essentiel à l'édition anglaise de référence (édition de Peter H. Nidditch) ; on y a ajouté les variantes importantes par rapport à la traduction française de Coste dans l'édition de 1755. Ces notes sont appelées par des lettres, si nécessaires données au début et la fin du texte concerné, pour l'encadrer (selon un procédé utilisé par Nidditch dans ses éditions préparatoires des *Drafts* à compte d'auteur : par exemple : «[a-] texte de la quatrième édition modifiant celui de la troisième donnée en note [-a] »).

3) Les notes explicatives du traducteur. Le parti a été pris de les limiter au maximum, afin de ne pas transformer l'ouvrage en étude interprétative, étude qui relève d'autres livres. Il s'agit la

plupart du temps de références internes au texte de l'*Essai,* qui permettront d'abord au lecteur de retrouver les textes auxquels Locke renvoie sans références précises. Il s'agit aussi de renvois à des textes parallèles ou parfois de sens différents à l'intérieur même de l'*Essay* : Locke avoue lui-même (Épître au lecteur) être revenu à plusieurs endroits sur la même question, et quelquefois d'une édition à l'autre sa pensée évolue ; l'interprétation suppose donc la collecte de ces différentes occurrences, qui n'apparaîtront pas dans l'index si les termes sont différents. Il s'agit enfin de références à d'autres textes de Locke (*Lettre sur la Tolérance*, *Traité du gouvernement*, *Le Christianisme Raisonnable*, *Lettres sur l'Éducation*, *Correspondance*), nécessaires puisque Locke n'a pu renvoyer lui-même à des textes de sa plume mais anonymes ou posthumes. Les notes de Coste qui ont été reprises pour leur intérêt lexical ou philosophique ont été transcrites selon l'orthographe et la ponctuation actuelles. Toutes ces notes sont appelées par des chiffres.

La ponctuation n'a pas été totalement respectée ; moins stable que de nos jours, elle ne correspond manifestement pas, en outre, aux coutumes modernes (le point-virgule par exemple a souvent une force bien plus grande que dans les textes contemporains). De même, les termes de liaison sont d'usage différent : les relatifs de liaison (*which*, *whose*) hérités du latin sont fréquents chez Locke et on les a systématiquement traduits pas des démonstratifs ; les *and, but, for, indeed, as it were* sont souvent employés, de façon lourde aux yeux d'un lecteur moderne, et dans un sens parfois légèrement décalé ; en tous ces cas, à nos risques et périls, on a préféré la lisibilité et remplacé par des ponctuations, des italiques ou simplement éliminé les termes alourdissant le texte là où le sens de l'argumentation était évident.

Des coupures de paragraphes ont été ajoutées à celles de Locke quand les textes étaient trop longs pour nos habitudes actuelles, et que l'argumentation le demandait.

Les italiques de Locke sont reprises, sauf *idea* systématiquement écrit en italiques par Locke et systématiquement transcrit en lettres normales, mais on a ajouté, quand la graphie française actuelle l'exige, des italiques notamment pour les termes ou concepts désignés pour leur forme (ex. « le mot *substance* », ou « l'idée complexe composée des idées simples *blanc, dur, étendu* ») même dans les cas où Locke ne procède pas selon cette règle.

Locke avait fourni à son lecteur plusieurs instruments : une table des matières générale, des titres pour la majeure partie des sections, qu'il a rassemblés lors de la deuxième édition en une table des matières détaillée, un index enfin. Cette édition répartit au début de chaque livre la table des matières détaillée correspondante (comme l'a fait l'édition anglaise de Yolton) ; elle reprend les titres de section; l'index de Locke est repris en fin de volume 2 ; un index moderne est ajouté en fin de chaque volume. La table des matières est donnée en fin de chaque volume. On donne en début d'ouvrage, enfin, le glossaire explicitant les choix de traduction.

Cette entreprise doit beaucoup aux collègues étudiant à l'université de Nantes la pensée britannique classique, mais je ne citerai ici que deux autres noms. Celui d'Émilienne Naert d'abord; elle avait suscité la réimpression de la traduction de Coste et permis ainsi aux francophones de reprendre le contact avec la pensée épistémologique de Locke; cette préface rédigée à quelques jours de son décès permet de lui dédier cette nouvelle traduction en hommage et en remerciement pour son appui discret et efficace. Patrick Vienne, professeur agrégé d'anglais, a patiemment chassé les erreurs de traduction dans certaines parties de cet ouvrage, occasion inespérée d'expérimenter la relation père – fils dont Locke fait l'un des ses exemples favoris.

Puissent les mots trouvés correspondre (est-ce possible ?) à la pensée de l'auteur et susciter chez le lecteur l'envie de le lire :

> Il est sûr qu'en toute langue la signification des mots dépend beaucoup des pensées, des notions et des idées de celui qui les utilise ; elle est donc très incertaine entre des gens qui partagent la même langue et le même pays. … Mais quand à cette difficulté naturelle à chaque pays s'ajoute la différence des pays et l'éloignement dans le temps, … il convient d'être charitable l'un envers l'autre dans l'interprétation ou l'incompréhension de ces anciens auteurs. (*Essai*, 3.9. 22).

STRUCTURE DE L'*ESSAI*

La suite des chapitres masque parfois l'organisation en parties. La structuration suivante, basée sur l'ordre logique, aidera la lecture. Les chapitres de Locke y sont parfois associés, parfois décomposés en sous-parties. Les titres qui ne sont pas ceux de Locke sont en italiques. La colonne de droite donne les chapitres, la numérotation de gauche est celle du traducteur.

LIVRE 1	
Introduction *générale*	1
1 – principes *spéculatifs prétendument* innés	2
2 – principes pratiques *prétendument* innés	3
3 – *éléments des principes :* les idées *prétendument* innées	4
LIVRE 2	
1 – idées *en général*	1
2 – idées simples	2, 8
2.1 – *idées de sensation*	3
2.2 – idées de réflexion	6
– perception	9
– mémorisation	10
– discerner	11
– comparer	
– composer	
– abstraction	
2.3 – idées de sensation et de réflexion	7
3 – idées complexes	12
3.1 – modes	
3.1.1 – modes simples	
– de l'espace	13
– de la durée	14

LIVRE 3

LIVRE 4

GLOSSAIRE

On trouvera ci-dessous le (ou les) choix faits dans la traduction des termes techniques.

(actual) view	saisie effective
account	exposé
acknowledge	reconnaître
acknowledgment	reconnaissance
acquaintance	familiarité, savoir
agree (to)	accepter, consentir, s'accorder
agreed(to)	accepter
agreement	convenance (Coste), concordance, accord
answer (to)	correspondre
appear	se manifester, apparaître, sembler
appearance	manifestation, apparaître, apparence
appetite	appétit
application	mise en présence
apt (to be...to)	se prêter à
art	habileté
assent (to)	donner son assentiment
assent	assentiment
assign (to)	préciser
at first hearing	à première audition, à la première mention
being	être, étant
born with (us)	congénital
bound	borne
brain	cerveau
business	fonction
capacity	capacité
capable (to be)	(chose) se prêter à
character	caractère
cohesion	cohésion

comprehensible	compréhensible
comprehension	portée, compréhension
comprehensive	complète
concernment	souci
connexion	liaison
conscience	conscience (morale)
conscious to himself	conscient, témoin pour lui-même
conscious of	conscient de
consciousness	conscience (psychologique)
consent	consentement, consentir
consider	considérer, réfléchir (à une question), examiner, envisager
consideration	approche, réflexion, examen
considering people	gens attentifs
contemplate	observer
contemplation	méditation
delight	contentement
denominate	qualifier
disagree (to)	après *agree :* (accepter) ou non
discipline	méthode
discourse	exposé
discourse (to)	exposer
dominion	empire
doubt if (to)	se demander si
earnestness	soin
enforcement	sanction, exécution, autorité
enquiry into (to)	chercher, analyser
enquiry	recherche, enquête
examination	examen
examine (to)	examiner, scruter
experience	expérience
experiment	expérimentation
extension	étendue
expansion	expansion
faculty	faculté (au sens scolastique)
fancy	fantaisie
figure	figure
find (to)	trouver, constater
for (avant application)	ainsi
forbear (to)	s'abstenir
forbearance	omission (d'une action), abstention
found (to be) (will be)	se revèlera

ideas of mixed modes	idées de modes mixtes
ideas of substances	idées de substances
imagination	imagination (# fancy)
impose (to) on	illusionner, tromper
impression	caractère, impression, marque
imprinted	imprimé
impulse	poussée
industry	application, travail
intend (to)	désirer
intention	tension, application
intellectual (creature)	créature raisonnable
learning	érudition
manner	forme
mark	marque
measure	critère, limite
men	les gens (dans certains cas)
mind	l'esprit (cf. *Spirit*, Esprit)
minute	minuscule
misery	malheur
moderate (to) ?	réfréner
modification	modalité
native	de naissance, congénital
notice	saisie, remarque
notice of (to take)	apercevoir
original	originaire, initial
obliquity	déviance
pain	douleur
pains	efforts
part	partie, élément
particular	singulier (sens technique), particulier (sens ordinaire)
perswasion	conviction
power	pouvoir
primary qualities	qualités primaires
printed on the mind	imprimé sur l'esprit
proper	pertinent, précisément
propose (to)	proposer, énoncer
proposition	proposition, énonciation
rational man	homme rationnel
reasonableness	sagesse, caractère raisonnable
reception	accueil, acceptation, reconnaissance
refer	renvoyer

reference	renvoi
remembrance	réminiscence
sagacious	pénétrant
scarce	ne … guère
search	recherche
secondary qualities	qualités secondaires
self	soi, soi-même, moi, moi-même (selon le sujet)
self-evidence	évidence-par-soi
set out (to)	déterminer
sort	assortiment, sorte
spirit	Esprit (cf. mind = esprit)
stamped	imprimé
stand for (to)	tenir lieu, être utilisé pour, signifier.
subject	chose
survey (to take a)	faire un relevé
survey (to)	étudier
treatise	ouvrage
trouble	chagrin
trust (upon)	aveuglément
trying	expérimentation
unacquainted	aucun savoir
understanding	entendement
undoubted	assuré
uneasiness	malaise
unthinking	inculte, irréfléchi
upon hearing	dès l'audition
use (to)	se servir de
use of reason	exercice, usage (âge) de (la) raison
variety	(parfois) différence
we	on (dans le sens collectif, en général), nous (dans le sens distributif, quand il est fait référence à une expérimentation individuelle)

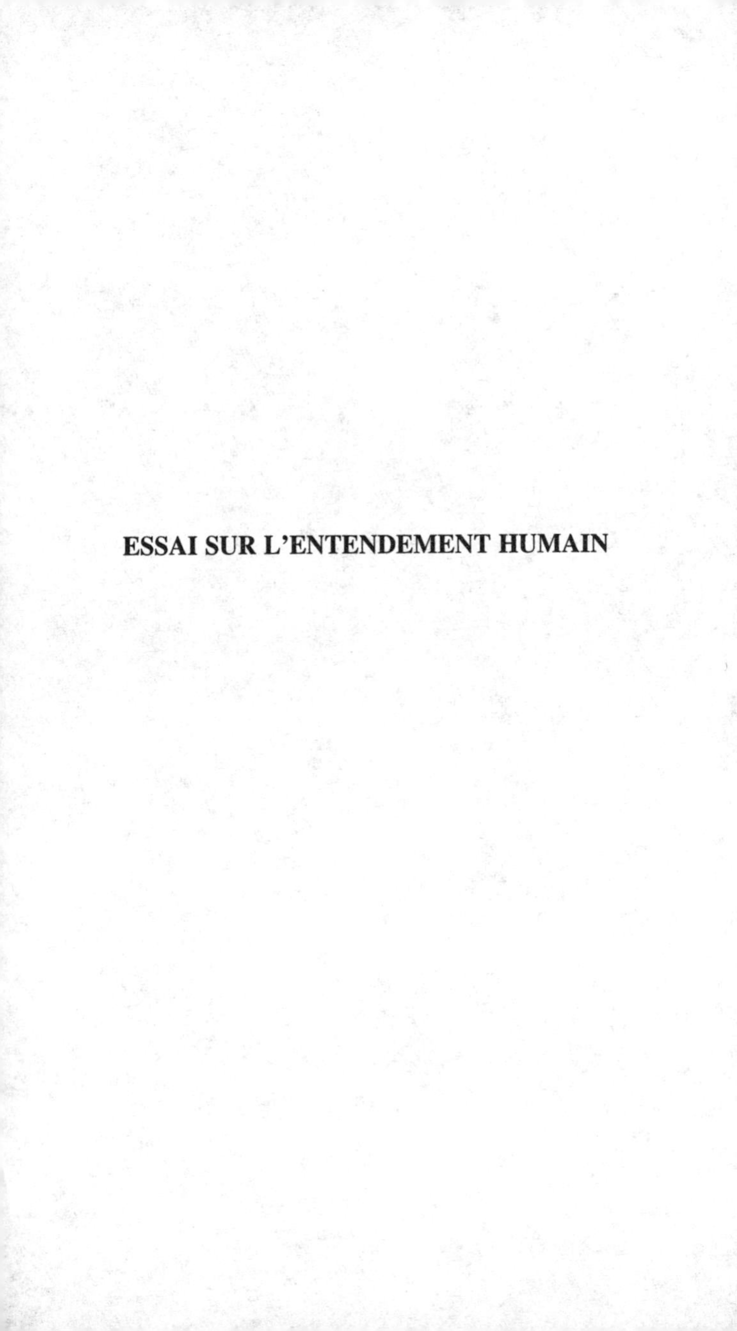

ESSAI SUR L'ENTENDEMENT HUMAIN

AU TRÈS HONORABLE THOMAS,
COMTE DE PEMBROKE ET MONTGOMERY ;
Baron Herbert de Cardiff, Seigneur Ross de Kendal,
Par, Fitzburg, Marmion, St Quintin et Shurland ;
Seigneur – Président du Conseil Privé de leurs Majestés
et Seigneur – Lieutenant des comtés de Wilts et du Pays de Galles Sud[1].

Seigneur,

Ce traité qui a grandi sous l'œil de Votre Seigneurie et qui par votre ordre s'est risqué dans le monde, parvient aujourd'hui en un juste retour des choses à Votre Seigneurie pour recevoir la protection que vous lui avez promise il y a plusieurs années. Ce n'est pas que je croie qu'un nom, aussi grand soit-il, placé en tête d'un livre, puisse masquer les fautes qui s'y trouvent. Ce qui est imprimé doit tenir ou périr par lui-même ou par l'estime du lecteur. Mais puisque rien n'est plus souhaitable pour la vérité qu'une attention équitable et sans préjugé, personne n'est plus à même de me la procurer que Votre Seigneurie, qui a gagné une si grande familiarité avec la vérité, en ses recoins les plus retirés. Votre Seigneurie est connue pour avoir mené ses réflexions dans la connaissance la plus abstraite et la plus générale des choses, au-delà du champ habituel et des méthodes communes, au point que votre reconnaissance et votre approbation du dessein de cet ouvrage, le garderont au moins de la condamnation de ceux qui ne l'ont pas lu, et les passages qui risqueraient d'être jugés sans intérêt sous prétexte qu'ils sont un tant soit peu hors normes, y gagneront d'être au moins pris en considération.

1. Thomas HERBERT, Comte de Pembroke, 1656–1733, correspondant régulier de Locke depuis au moins 1679, reconnu pour ses compétences en mathématiques ; Tory qui demeura fidèle à Jacques II jusqu'à sa fuite, puis se rallia à Guillaume en 1689 (cf. Locke, *The Correspondence*, (ed. de Beer), Oxford, Clarendon Press, t. 1, 1976, p. 668 *sq.*).

Cette imputation de nouveauté est une accusation terrible de la part de ceux qui jugent de la tête des gens comme de leur perruque, par la mode, et n'admettent comme normales que les doctrines reçues. La vérité gagne rarement la majorité lors de sa première manifestation : les nouvelles opinions sont toujours suspectées et habituellement critiquées, sans autre raison que le fait de ne pas encore être communes. Mais la vérité, comme l'or, n'est pas moins ce qu'elle est sous prétexte qu'on vient de la sortir de la mine ; c'est l'épreuve et l'examen qui doivent lui donner son prix, plutôt que quelque coutume antique ; même si le sceau public ne l'a pas encore mise en circulation, elle peut malgré tout être aussi vieille que la Nature et n'être pas moins authentique.

Votre Seigneurie peut en donner de grands exemples convaincants, quand elle acceptera d'obliger le public par la divulgation des nombreuses découvertes de vérités, inconnues jusqu'ici, sauf de quelques uns à qui Votre Seigneurie a bien voulu ne pas les cacher complètement. À soi seul ce serait une raison suffisante, s'il n'y en avait pas d'autres, de dédier cet *Essai* à Votre Seigneurie ; et parce qu'il y a quelque correspondance avec certains éléments de ce vaste système plus noble dont Votre Seigneurie a donné une ébauche si neuve, si exacte et si instructive, je pense que c'est mon honneur, si Votre Seigneurie le permet, de me vanter d'être tombé ici ou là sur des pensées qui ne sont pas totalement différentes des siennes.

Si Votre Seigneurie estime bon qu'avec son encouragement ceci paraisse publiquement, ce sera j'espère une raison de pousser Votre Seigneurie plus avant. Et elle me permettra de dire qu'elle donne ainsi les arrhes de quelque chose qui récompensera l'attente de ceux qui pourront accepter ce texte.

Voilà, Monseigneur, de quoi préciser le présent que je fais ici à Votre Seigneurie : exactement tel que celui que fait le pauvre au riche et important voisin, qui accepte volontiers le panier de fleurs et de fruits alors qu'il en a bien plus et de meilleure qualité dans son jardin. Les choses sans valeur en reçoivent quand elles deviennent des marques de respect, d'estime et de gratitude; or votre Seigneurie m'a donné des raisons puissantes et singulières d'avoir pour elle les plus grands respect, estime et gratitude ; ce qui confère à ce présent une valeur à leur mesure ; c'est pourquoi je peux en toute confiance me vanter de faire ici le plus riche présent qu'elle ait reçu.

Ce dont je suis sûr, c'est que j'ai la plus grande obligation de chercher toutes les occasions de reconnaître une longue suite de faveurs reçues de Votre Seigneurie, faveurs qui, aussi grandes et importantes soient-elles, le sont bien plus encore par l'empressement, l'intérêt, l'amabilité et autres circonstances obligeantes qui n'ont jamais manqué de les accompagner. À tout ceci, elle a bien voulu ajouter ce qui donne encore plus de poids et de saveur à tout le reste : elle daigne me garder un certain degré d'estime et m'accorder une place dans sa bienveillance, j'aurais presque dit son amitié.

Ceci, Votre Seigneurie, ses mots et ses actions l'ont montré en toutes occasions de façon si constante, et même auprès d'autres en mon absence, que ce n'est pas vanité en moi que mentionner ce que tout le monde connaît. Mais ce serait manquer aux convenances que de ne pas reconnaître ce dont tout le monde est témoin et dont je suis redevable à Votre Seigneurie chaque jour me le rappelle. Je souhaite qu'elles faciliteront l'expression de ma gratitude, autant qu'elles me convainquent de la dette croissante envers Votre Seigneurie. Ce dont je suis sûr, c'est que j'écrirais sur l'*entendement* et j'en manquerais totalement, si je n'y étais pas au plus haut point sensible et ne profitais pas de cette occasion de manifester au monde combien je suis obligé d'être et combien je suis,

Monseigneur,
Le très humble et très obéissant serviteur
De votre Seigneurie,
JOHN LOCKE

Dorset Court, 24 mai 1689.

ÉPÎTRE AU LECTEUR

Cher lecteur,

Je dépose entre tes mains ce qui fut le divertissement de certaines de mes heures pénibles d'inactivité. Si par bonheur il joue le même rôle pour toi et si tu as en le lisant ne serait-ce que la moitié du plaisir que j'ai eu en le rédigeant, tu trouveras que ton argent n'est pas plus mal employé que ma peine. Ne va pas prendre ceci pour un éloge de mon œuvre, et ne tire pas de ce que j'ai pris plaisir à la rédiger la conclusion que j'ai pour elle, une fois achevée, de la tendresse. Celui qui chasse des alouettes et des moineaux ne s'amuse pas moins, aurait-il une proie bien moins importante, que celui qui s'adonne à des jeux plus nobles. C'est ignorer le sujet de ce traité, L'ENTENDEMENT, qu'ignorer ceci : comme c'est la faculté la plus élevée de l'âme, elle est utilisée avec un plaisir plus grand et plus constant que n'importe quelle autre. Sa recherche de la vérité est une sorte de chasse, où la poursuite constitue la plus grande partie du plaisir. Chaque pas fait par l'esprit dans son progrès vers la connaissance constitue une découverte, non seulement nouvelle, mais aussi la meilleure possible, pour le moment du moins.

Comme l'œil en effet, l'entendement juge de ses objets selon sa propre capacité, aussi ne peut-il être que satisfait de ce qu'il découvre, peu préoccupé de ce qui lui a échappé parce que ce lui est inconnu. Aussi, quand on a dépassé le stade de l'aumône, quand on ne se satisfait plus paresseusement des reliefs d'opinions reçues, quand on remet sur le métier ses propres pensées pour trouver et suivre la vérité, on ne peut manquer de jouir de la satisfaction du chasseur : chaque instant de la recherche aura sa joie, qui le récompensera de sa peine. Et on aura raison de penser qu'on n'a pas perdu son temps, même si on ne peut guère se vanter de grands butins.

Tel est, cher lecteur, le plaisir de ceux qui laissent divaguer
leurs pensées et les suivent la plume à la main. Il ne faut pas
7 les envier | puisqu'elles te procurent l'occasion d'un divertis-
sement identique, pour peu qu'en lisant tu acceptes de mettre
en œuvre tes propres réflexions ; c'est à elles que je me réfère,
si du moins elles sont vraiment tiennes. Mais si elles sont
aveuglément empruntées à d'autres, ce qu'elles sont n'a pas
grande importance : elles ne visent pas la vérité mais des
objectifs moins nobles ; qu'importe de savoir ce que dit ou
pense l'homme qui ne dit ou pense que ce qu'un autre lui a
imposé ? Si tu juges par toi-même, je sais que tu jugeras
sincèrement et, quelle que soit ta critique, je ne serai ni blessé
ni offensé[1]. Car même si assurément, je suis totalement
convaincu de la vérité de tout ce qu'il y a dans ce traité, je me
considère néanmoins aussi sujet à l'erreur que toi. Et je sais
que le sort de mon livre dépend de toi, non de l'opinion que
j'en ai mais de la tienne.

Si tu y trouves peu de choses qui te soient nouvelles ou instructives, il ne faut pas m'en blâmer : ce livre n'est pas destiné à ceux qui déjà maîtrisent la question et connaissent à fond leur entendement, mais à ma propre instruction et aussi pour satisfaire quelques amis qui reconnaissaient ne pas l'avoir assez étudiée. Si cela ne t'ennuyait pas d'avoir le récit de l'histoire de cet essai, je te dirais que cinq ou six amis réunis chez moi discutaient d'une question très différente de

1. Cf. 1.4.23 ; 4.19.1.

celle-ci ; ils se trouvèrent rapidement arrêtés par les difficultés qui surgissaient de toutes parts [1]. Nous sommes restés pendant un moment perplexes, sans parvenir à la solution des doutes qui nous assaillaient; puis il me vint à l'esprit que nous avions pris un faux départ : avant de s'interroger ainsi, il fallait d'abord examiner ses propres capacités et voir quels objets pouvaient être abordés par l'entendement et quels objets ne le pouvaient pas [2]. C'est ce que je proposai au groupe qui fut immédiatement d'accord; sur quoi, on convint que cela constituerait notre premier travail. Quelques pensées rapides et mal digérées sur un sujet que je n'avais jamais travaillé furent jetées sur le papier pour la réunion suivante; elles fournirent la première approche de cet exposé. Ce qui avait été ainsi entamé par hasard fut poursuivi pour répondre aux sollicitations, et seulement écrit par pièces et morceaux ; après l'avoir longtemps négligé, je l'ai repris quand mon humeur et les occasions me le permirent; enfin, une retraite due à des soucis de santé m'a donné le loisir de mettre ce livre dans l'ordre où tu le vois aujourd'hui.

Cette écriture discontinue a pu provoquer au moins deux défauts opposés : j'ai pu en dire trop ou pas assez. Si tu y vois quelque chose qui manque, je serai heureux que mon écrit te fasse regretter que je n'aie pas été plus loin ; s'il te semble trop long, il faut t'en prendre à la matière : car lorsque j'ai pris la plume pour la première fois, je pensai que tout ce que j'avais à
dire sur la question tiendrait en une page, | mais plus 8
j'avançais, plus ma perspective s'élargissait; de nouvelles découvertes m'ont mené plus loin, et insensiblement l'ouvrage a pris la taille qu'il a maintenant. Je ne nierai pas qu'il

1. Note manuscrite de Tyrrell, ami de Locke, en marge de son exemplaire : « J'étais de ceux qui étaient là, et la discussion commença autour des principes de la morale et de la religion révélée ». Réunion antérieure à la rédaction des *Drafts* A et B commencés en 1671.

2. Cf. *Draft* A § 1, *Draft* B, § 1 = *Essai* 1.1.7 et 1.1.1-6 et aussi 4.3.6.

puisse sans doute être réduit à un volume plus petit et que certaines parties puissent être abrégées; la façon dont il a été écrit, à diverses reprises séparées par de longues interruptions, a pu engendrer des répétitions. Mais à parler franchement, je n'ai désormais ni le courage ni le loisir de le raccourcir.

Je n'ignore pas que ma réputation est mise en jeu dans cette publication délibérée d'un livre qui risque d'indisposer par ce défaut les lecteurs les plus sensés qui sont aussi les plus exigeants. Mais ceux qui savent que la paresse se satisfait de la moindre excuse me pardonneront si la mienne a prévalu car j'avais une excuse qui me semble très bonne. Pour ma défense, je ne vais donc pas alléguer que la même notion, ayant plusieurs aspects, peut être utile, voire nécessaire, pour illustrer ou prouver différentes parties du même exposé, ce qui est arrivé ici en plusieurs endroits. Écartant cette excuse, j'avouerai franchement que je me suis souvent appesanti sur le même argument, que je l'ai présenté de façons différentes, avec une intention tout à fait différente.

Je ne prétends pas publier cet essai pour la formation de gens à l'esprit vif et puissant : j'avoue être moi-même disciple de ces maîtres du savoir. Je les préviens donc qu'ils n'ont ici rien à attendre d'autre que le tissu de mes réflexions ordinaires, adapté à des gens de mon niveau ; eux accepteront peut être la peine prise à rendre évidentes et familières à leur esprit certaines vérités que le préjugé commun ou le caractère abstrait des idées mêmes ont pu obscurcir. Il est des objets qui doivent être retournés en tous sens : quand des notions sont neuves comme certaines le sont pour moi je l'avoue, ou qu'elles sortent des sentiers battus comme il paraîtra à d'autres je le crains, une simple présentation ne leur ouvrira pas l'entendement de chacun; elle ne les y installera pas en impressions claires et durables. Il y a peu de gens, je crois, qui ne l'aient observé en eux ou chez d'autres : ce qui paraissait très obscur quand on le proposait d'une certaine manière devenait fort clair et compréhensible une fois exprimé autrement, même si par la suite l'esprit trouve peu de différences entre les expressions et se demande pourquoi l'une est moins compréhensible que l'autre. Chaque chose ne frappe pas également l'imagination de chacun. Nos entendements différent au moins autant que nos goûts : celui qui pense que la même vérité sous la même présentation sera également appréciée de chacun, peut aussi bien espérer régaler tout le monde avec la même sorte de cuisine ; la viande peut être la même et la nourriture correcte, cette recette ne sera pourtant pas du goût de tous ; il faudra l'apprêter autrement si vous voulez que certains, fussent-ils robustes, puissent la digérer.

La vérité est que ceux qui m'ont recommandé de publier
cet essai, m'ont recommandé | de le publier tel qu'il est pour 9
cette raison. Et puisque j'ai été amené à le publier, je désire qu'il soit compris de toute personne qui se donnera la peine de le lire. J'ai si peu envie d'être imprimé que si je ne me flattais pas que cet essai puisse être utile aux autres comme il m'a été je crois utile, j'en aurais limité la circulation aux quelques amis qui lui ont donné la première impulsion. Cette publication a donc pour but d'être aussi utile qu'il dépend de moi ; c'est pourquoi il est nécessaire, je crois, de rendre ce que j'ai à dire aussi facile et compréhensible que possible pour toutes les sortes de lecteurs. Et je préfèrerais que les esprits vifs et spéculatifs se plaignent de ce que je les ennuie parfois, plutôt que tel ou tel, peu accoutumé aux spéculations abstraites, ou appuyé sur des présupposés différents, comprenne mal ou pas du tout ce que je veux dire.

On critiquera sans doute la vanité ou l'insolence exagérées qui me font prétendre instruire une époque aussi cultivée que la nôtre, comme je viens à peu près de l'avouer en disant que je publie cet essai avec l'espoir d'être utile aux autres ; mais si je peux me permettre de parler librement de ceux dont la feinte modestie fait condamner comme inutile ce qu'ils écrivent eux-mêmes, j'estime que cela sent bien plus sa vanité et son insolence de publier un livre pour toute autre fin [que l'utilité du lecteur] et c'est bien plus manquer du respect dû au public que d'imprimer, et donc espérer faire lire ce dont on n'attend aucune utilité pour soi ou pour les autres. Et même si on ne trouve dans ce traité rien d'autre d'acceptable, mon dessein n'en sera pas moins celui-là, et la qualité de mon intention devrait excuser le peu de valeur de mon offre. C'est ce qui me garantit surtout contre la peur de la critique, à laquelle je ne compte pas plus échapper que de meilleurs écrivains. Les principes, les notions, les goûts humains sont tellement différents qu'il est difficile de trouver un livre qui plaise ou qui déplaise à tous. Je reconnais que l'époque où nous vivons n'est pas la moins cultivée et n'est donc pas la plus facile à contenter.

Si je n'ai pas le bonheur de plaire, personne au moins ne devrait être offensé. Je déclare simplement à tous mes lecteurs que, à part une demi-douzaine, ce traité ne leur était pas destiné à l'origine; et il ne doivent donc pas se donner la peine d'être de leur nombre. Et si pourtant quelqu'un estime normal d'être irrité et de s'en prendre à ce livre, il peut le faire sans crainte; je trouverai toujours une meilleure façon de passer mon temps qu'à ce genre de conversation; j'aurai toujours la satisfaction d'avoir cherché sincèrement la vérité et l'utilité, même si c'est d'une façon des plus modestes. La République des Lettres ne manque pas à notre époque de maîtres d'œuvres dont les grands desseins concernant le progrès des sciences laisseront des monuments durables à l'admiration de la postérité. Mais chacun ne peut espérer être un *Boyle* ou un
10 *Sydenham ;* et | à une époque qui a produit de tels maîtres que le grand *Huyghens* et l'incomparable monsieur *Newton*, et quelques autres de cette trempe, il suffit de viser l'emploi d'ouvrier subalterne chargé de nettoyer un peu le terrain et d'ôter certains des déchets qui encombrent le chemin de la connaissance. Les progrès y auraient été bien plus sensibles si les efforts des gens intelligents et inventifs n'avaient été fort gênés par l'utilisation érudite mais gratuite de termes barbares, affectés ou inintelligibles : ils ont été introduits dans

les sciences, et c'est devenu un art au point qu'on a estimé la philosophie (qui n'est que la connaissance véritable des choses) indigne ou incapable d'être admise dans la conversation des gens polis et bien élevés. Des façons de parler vagues et sans signification, des abus de langage passent depuis si longtemps pour des mystères scientifiques ; des termes savants ou mal utilisés, dépourvus ou presque de sens, ont acquis par prescription un tel droit à être pris pour science profonde et pour spéculation élevée, qu'il ne sera pas aisé de persuader ceux qui parlent ou ceux qui les écoutent que tout cela n'est que dissimulation d'ignorance et entraves au vrai savoir. Entrer par effraction dans le sanctuaire de la vanité et de l'ignorance rendra, à mon sens, service à l'entendement humain. Toutefois, peu de gens sont capables de comprendre qu'ils trompent ou sont trompés par l'usage des mots, ou que le langage de la secte dont ils font partie contient quelque erreur qu'il faudrait examiner ou corriger ; aussi j'espère être pardonné si je me suis longuement étendu sur le sujet dans le troisième livre, et si j'ai entrepris de le rendre assez évident pour éviter que l'ancienneté du mal et la domination de la mode ne servent d'excuse à ceux qui ne prêtent pas attention au sens de leurs mots et ne tolèrent pas le moindre examen de la signification de leurs expressions.

On me dit qu'un abrégé de ce traité imprimé en 1688[1] fut condamné par certains, qui ne l'avaient pas lu, parce qu'on niait les idées innées ; ils concluaient en effet trop vite que, sans l'hypothèse des idées innées, il resterait peu de choses de la notion ou de la preuve des Esprits. Si quelqu'un est gêné par la même difficulté au début de ce traité, je souhaite qu'il le lise entièrement ; et j'espère alors qu'il sera convaincu qu'enlever les fondations erronées ne se fait pas au détriment mais au bénéfice

1. "Extrait d'un livre Anglois ...intitulé *Essai philosophique concernant l'entendement humain ...*", *Bibliothèque Universelle*, 8, Janvier 1688.

de la vérité, qui n'est jamais autant trahie ou mise en danger que quand l'erreur s'y mêle ou lui sert de base.[a]

11 [b]-Dans la deuxième édition, voici ce que j'ai ajouté-[b] : |

[c]-Le libraire ne me pardonnerait pas si je ne disais rien de cette deuxième édition qui, selon sa promesse, réparera par son exactitude toutes les fautes commises dans la précédente. Il me demande également de signaler qu'elle contient un chapitre entièrement neuf sur l'*identité*, ainsi que de nombreuses additions et corrections ailleurs. A leur sujet, je me dois d'informer le lecteur que tout n'y est pas nouveau, mais que la plupart constitue soit une confirmation de ce que j'ai dit, soit des explications destinées à empêcher chez certaines des erreurs d'interprétation sur ce qui avait été publié précédemment, mais non une évolution de ma pensée. Je dois seulement excepter les modifications faites au livre 2, chapitre 21.

Ce que j'y avais écrit à propos de le *liberté* et de la *volonté* méritait à mon avis une révision aussi précise que possible[1]. Sur ces sujets en effet, la part cultivée du monde a de tous temps été mise à l'épreuve par des questions et des difficultés qui ont pour le moins embrouillé la morale et la théologie, ces domaines du savoir où il importe le plus à l'homme d'être clair. Après avoir enquêté de façon plus précise sur le fonctionnement de l'esprit humain, examiné de façon plus rigoureuse les motifs et les conceptions qui les façonnent, j'ai trouvé des raisons de modifier quelque peu mes réflexions antérieures sur ce qui donne à la *volonté* sa détermination ultime dans toutes

a. Ici s'arrêtait la première édition, qui concluait, à la place de la suite : « Je dois encore informer mon lecteur que le sommaire de chaque section est imprimé en italiques ; le lecteur peut ainsi trouver le contenu aussi bien que s'il était imprimé dans la marge si l'on autorise quelque latitude grammaticale : le texte ne peut toujours être ordonné de façon à construire des propositions parfaites, pourtant les mots en italiques permettent de les deviner aisément. ».

b. Ajout de la cinquième édition.

c. Texte ajouté à partir de la deuxième édition.

1. *Correspondence*, lettres n° 1544, 1579, 1592, …

les actions volontaires. Je ne puis m'empêcher de le reconnaître publiquement avec la même liberté et la même spontanéité que celle qui m'a fait publier la première fois ce qui me semblait alors être juste; il me paraît en effet plus important d'abandonner toute opinion propre quand la vérité lui paraît opposée plutôt que de combattre celle d'autrui. Car c'est la vérité seule que je cherche, elle me sera toujours bienvenue, à tout moment et d'où qu'elle vienne.

Quel que soit mon empressement à abandonner toute opinion personnelle ou à désavouer tout écrit à la moindre preuve d'erreur, je dois reconnaître que je n'ai pas eu la chance de tirer la moindre lumière de ce qui a été publié contre telle ou telle partie de mon livre; je n'ai pas non plus trouvé, dans les objections qu'on lui a faites, de raison de modifier ma pensée sur aucun des points débattus. Le sujet dont je traite requiert-il souvent plus de réflexion et d'attention que ne veulent lui accorder les lecteurs pressés, au moins ceux qui sont soumis aux préjugés ? Ou bien l'obscurité de mon expression rend-elle la question opaque et ma façon d'en traiter rend-elle ces notions difficiles pour autrui ? Toujours est-il que l'on comprend souvent mal le sens de mes paroles, et que je n'ai pas la chance d'être partout correctement compris[-c].

[d-]Il en existe tellement d'exemples que je trouve normale
pour mon | lecteur et pour moi cette conclusion : ou bien mon 12
livre est écrit avec suffisamment de clarté pour être correctement compris de ceux qui le lisent avec l'attention et la neutralité que se doit d'employer en lisant tout être qui se donnera la peine de lire; ou bien j'ai écrit mon ouvrage de façon si obscure qu'il ne sert à rien de se mettre à le corriger. Où que soit la vérité, c'est moi seul qui suis concerné par elle, et je me garderai donc de troubler mon lecteur avec ce que je

d. Texte ajouté dans la cinquième édition. Se trouvaient ici dans les éditions 2 à 4 la note que l'on trouve dans la cinquième édition (et donc dans cette traduction), en 2.28.11.

crois pouvoir dire en réponse aux diverses objections contre tel ou tel passage de mon livre ; je suis en effet convaincu que si on les estime suffisamment importantes pour s'intéresser à leur vérité ou fausseté, on sera capable de voir que ce qui est dit est mal fondé ou non contraire à ma théorie quand mon adversaire et moi sommes tous deux finalement bien compris.[-d]

[e-]Si certains s'attachent à ce qu'aucune de leurs bonnes pensées ne soit perdue et publient leurs critiques contre mon *essai* en lui rendant cet honneur de ne pas admettre que ce soit un *essai*, je laisse au public le soin d'évaluer ce qu'ils doivent à ces plumes agressives. Je ne perdrai pas le temps de mon lecteur en employant le mien à diminuer de façon futile et malveillante la satisfaction que chacun trouve ou procure aux autres par une réfutation hâtive de ce que j'ai écrit[-e]

[f-]Les libraires, qui préparent la quatrième édition de mon *essai* m'ont informé que je pouvais, si j'en avais le temps, faire les additions ou les modifications que je jugerais utiles. A ce sujet, je crois nécessaire d'avertir le lecteur qu'outre les corrections faites çà et là, une modification doit être mentionnée parce qu'elle court à travers tout le livre et qu'il importe de bien la comprendre.[-f] [g-]Voici ce que j'ai dit à ce sujet[-g].

e. Texte ajouté depuis de la deuxième édition.

f. La fin de l'Épître est remplacée en deuxième et troisième éditions par : « Outre ce qui a déjà été mentionné dans cette seconde édition, les sommaires des divers paragraphes sont non seulement rassemblés dans une table, mais donnés aussi dans la marge. Un index est ajouté à la fin. Ces deux modifications, avec un grand nombre de courtes additions, de corrections et de modifications sont des avantages de cette édition qui la feront acheter, espère le libraire. Les additions et les corrections plus importantes, je lui ai demandé et il m'a permis de les imprimer séparément, ainsi l'édition précédente ne sera pas totalement perdue pour ceux qui en ont acheté une : en insérant là où il le faut les passages imprimés séparément à cette fin, l'édition précédente sera aussi peu défectueuse que possible ». La suite appartient aux seules quatrième et cinquième éditions.

g. Addition de la cinquième édition.

[h]-*Idées claires et distinctes* sont des termes que j'ai quelque raison de croire incompris de certains qui les utilisent, bien qu'ils soient familiers et fréquents à la bouche des
gens. Et sans doute l'un ou l'autre seulement prend | la peine 13
de les considérer assez pour savoir ce que lui ou les autres entendent par là. La plupart du temps, j'ai donc choisi d'écrire *déterminé* ou *indéterminé* au lieu de *clair* et *distinct*[1] car ce terme est plus à même d'orienter la pensée des gens vers ce que je veux dire : par ces dénominations, j'entends un objet[2] dans l'esprit, donc quelque chose de *déterminé*, c'est à dire tel qu'on le voit et le perçoit être là. Je pense qu'on peut à juste titre dire qu'une idée est *déterminée* quand elle est à tout instant présente objectivement à l'esprit et de ce fait déterminée là, et annexée comme telle et déterminée invariablement à un nom ou à un son articulé destiné à être le signe du même objet de l'esprit ou *idée déterminée*.

Pour expliquer ceci un peu plus précisément : par *déterminé* appliqué à une *idée simple*, j'entends cette manifestation simple que l'esprit a sous les yeux, ou perçoit en lui-même quand on dit qu'il a cette idée en lui. Par *déterminé* appliqué à une idée complexe, j'entends celle qui consiste en une nombre déterminé d'idées simples ou moins complexes, jointes en une proportion et une relation telles que celle que l'esprit a sous les yeux ou perçoit en lui-même, quand l'idée est présente en lui ou devrait y être à l'évocation du nom – je dis *devrait y être*, car peu de gens (personne peut-être) ne se

h. Ajout de la quatrième et de la cinquième éditions.

1. Cf. 2.28.4 *sq.* et note; pourtant le chapitre 2.29 qui traite du clair et distinct conserve ces termes.

2. Comme le précisent les expressions suivantes (*tel qu'on le voit et le perçoit être là* [-bas = ailleurs que dans l'esprit], *objectivement présente à l'esprit*), il faut comprendre *objet* dans son sens médiéval et classique (cf. encore Descartes) c'est à dire, ce qui est visé, intentionné, par l'acte mental de l'idée.

soucient assez du langage pour éviter un mot aussi longtemps qu'ils n'ont pas à l'esprit l'idée précisément déterminée dont ils décident de faire le signifié du mot. Ce défaut est la cause d'une obscurité qui n'est pas mince et d'une confusion dans les pensées et les propos des gens.

Je sais qu'il n'y a assez de mots dans aucune langue pour correspondre à la variété des idées qui composent les propos et les raisonnements des gens. Mais cela n'empêche pas, quand on utilise un terme, d'avoir à l'esprit l'idée *déterminée* dont le mot est institué signe et auquel il devrait être fermement attaché durant tout son propos. Quand on ne le fait pas ou quand on ne peut pas le faire, on prétend vainement aux idées claires et distinctes ; il est évident que les idées ne le sont pas. Et donc, de l'emploi de termes qui n'ont pas cette détermination précise, on ne peut attendre qu'obscurité et confusion.

Sur cette base, j'ai pensé que *idées déterminées* était une façon de parler moins sujette à erreur que *clair et distinct*. Quand les gens auront acquis des idées *déterminées* de tout ce dont il raisonnent, s'inquiètent, discutent, ils verront la fin d'une grande part de leurs doutes et de leurs disputes. La plus grande part des problèmes et des controverses qui préoccupent l'humanité dépend de la signification douteuse et incertaine des mots, ou (ce qui est la même chose) des *idées indéter-*
14 *minées* dont les mots tiennent lieu. J'ai fait choix de ces | termes pour signifier

1) un objet immédiat de l'esprit qu'il perçoit et qu'il a avant et séparément du son qu'il utilise comme son signe

2) que cette idée ainsi *déterminée* (c'est à dire que l'esprit a en lui, mais connaît et voit là) est déterminée sans aucun changement à ce nom et ce nom déterminé à cette idée précise.

Si les gens avaient de telles idées *déterminées* dans leurs recherches et leurs exposés ils discerneraient, à la fois où s'arrêtent leurs propres recherches et exposés, et éviteraient la plus grande part des discussions et des affrontements avec les autres.

En outre, mon libraire estime nécessaire que j'avertisse le lecteur qu'il y a une addition de deux chapitres entièrement neufs, l'un sur l'*association des idées*, l'autre sur l'*enthousiasme*. Ces chapitres, avec quelques additions importantes, jamais imprimées jusqu'ici, il s'est engagé à les imprimer séparément de la même manière et dans le même but [1] que pour la seconde édition de cet *Essai*-[h].

[i]-Pour cette cinquième édition, j'ai ajouté ou modifié très peu de choses. La plus grande part de ce qui est neuf est au chapitre 21 du second livre, que chacun s'il le trouve utile, peut avec très peu de peine, transcrire dans les marges de l'édition précédente.-[i]

i. Ajout de la cinquième édition.

1. Cf. note f.

LIVRE PREMIER

TABLE DES MATIÉRES DÉTAILLÉE

LIVRE PREMIER

Chapitre premier[a]

INTRODUCTION

§ 1

L'exploration de l'entendement, agréable et utile

L'*entendement* est ce qui situe l'homme au-dessus des autres êtres sensibles, source, par son excellence même, de son avantage et son empire sur eux ; c'est donc bien un sujet qui vaut la peine d'une étude. Comme l'œil, l'entendement nous fait voir et percevoir toutes les autres choses, mais lui-même il ne s'aperçoit pas ; aussi faut-il faire preuve d'art et d'application pour le mettre à distance et en faire pour lui-même un objet. Mais peu importent les difficultés qui dans cette recherche encombrent la voie, peu importe ce qui nous maintient dans l'ignorance sur nous-mêmes ; je suis certain que toute la lumière que nous pourrons projeter sur notre propre esprit, que toute la familiarité acquise avec notre propre entendement, seront non seulement sources de

a. Chapitre présenté dans la traduction française de Coste comme *Avant-propos*, ce qui entraîne dans cette édition un décalage des chapitres ultérieurs pour ce premier Livre.

grand plaisir, mais aussi très utiles pour mener nos recherches sur d'autres sujets.

§ 2

But

Puisque mon *but* est donc de mener des recherches sur l'origine, sur la certitude et sur l'étendue de la connaissance humaine, et en même temps sur les fondements et sur les degrés de la croyance, de l'opinion et de l'assentiment, je ne me mêlerai pas ici d'une étude de l'esprit du point de vue physique ; je ne me donnerai pas la peine d'examiner ce que peut être son essence, ni par quels mouvements de notre Esprit, par quelles modifications de notre corps, il se fait que nous ayons des sensations par les organes ou des *idées* dans l'entendement; ou encore si la formation de tout ou partie de ces *idées* dépend effectivement de la matière.

Ce sont des spéculations, singulières sans doute et intéressantes, mais que j'écarterai car elles sont hors du dessein que
44 je poursuis. Il suffira pour mon projet actuel | de considérer les facultés de discernement de l'homme, telles qu'on les utilise sur les objets qui relèvent de leur traitement. Et j'estimerai ne pas avoir été complètement inutile dans les réflexions que j'aurai à ce propos, si je suis capable d'exposer, selon cette méthode historique[1] et simple, de quelles manières l'entendement parvient à ces notions que nous avons des choses ; si je suis aussi capable de poser des limites à la certitude de notre connaissance, ou les fondements des convictions que l'on trouve chez les gens ; convictions si variées, si différentes, si radicalement contradictoires, et pourtant affirmées ici ou là avec tant d'assurance et de confiance, que celui qui prendra en compte les opinions humaines, qui observera leur opposition, qui considèrera en même temps avec quelle dévotion et quelle

1. *Historique* apparenté à *descriptif* et opposé à *philosophique* ou *physique* ; cf. 2.8.22 ; 2.21.73.

tendresse on s'y attache, avec quel zèle et quelle vigueur on les soutient[1], celui-là aura peut-être raison de s'interroger : ou bien il n'existe absolument rien de tel que la vérité, ou bien l'humanité n'a pas les moyens suffisants pour en obtenir une connaissance certaine.

§ 3
Méthode

Il vaut donc la peine de chercher *ce qui sépare* opinion et connaissance, et d'examiner selon quels critères on doit régler son assentiment et ses convictions dans les matières où aucune connaissance n'est certaine. Pour ce faire, voici la méthode que je suivrai :

Premièrement, je chercherai l'*origine* des idées, des notions, (vous les nommerez comme vous voudrez) dont l'homme note la présence consciente[2] en son esprit; puis je chercherai les voies par lesquelles l'entendement les acquiert.

Deuxièmement, je m'efforcerai de montrer quelle *connaissance* a l'entendement par ces idées, avec quelle certitude, quelle évidence, et quelle portée.

Troisièmement, je chercherai la nature et les fondements de la *foi* ou de l'*opinion*. Par *foi* et *opinion*, j'entends cet assentiment que l'on donne à toute proposition comme vraie, alors que sa vérité n'est pourtant pas connue avec certitude. Nous aurons alors l'occasion d'analyser les raisons et les niveaux de l'*assentiment*.

1. Cf. 4.20.8 *sq.*

2. *Conscious to himself that* (expression distincte de *conscious of*) désigne un témoignage (plus qu'une simple conscience) que l'on rend à partir de son expérience interne. Cf. pour le même emploi 2.1.1 et 18-19. Cependant le terme est identique en anglais et le glissement d'un terme à l'autre se fait sans problème, ainsi que la parenté avec *consciousness*. Coste traduit ici par *aperçoit dans son âme*, *convaincu*, etc. et non par *conscient* comme il le fera en 2.27 par exemple lorsque l'expression se rapprochera du sens actuel du terme.

§ 4

Connaître jusqu'où va notre saisie est utile

Si cette recherche sur la nature de l'entendement permet de découvrir ses pouvoirs (leur *portée*, ce à quoi ils sont plus ou moins adaptés, les cas où ils font défaut), je crois que cette recherche peut être utile : elle permettra de maîtriser l'esprit
45 agité de l'homme, | d'être plus prudent quand il traite de choses qui excèdent sa saisie, de s'arrêter quand il est arrivé en bout de laisse et de se satisfaire d'une tranquille ignorance concernant les choses que l'examen révèle hors d'atteinte pour ses capacités. Alors, peut-être, serons-nous moins pressés, sous prétexte de connaissance universelle, de soulever des problèmes et de nous inquiéter (nous-mêmes et autrui) de débats sur des objets auxquels notre entendement n'est pas adapté, des objets dont nous ne pouvons élaborer dans notre esprit aucune perception claire ou distincte, ou dont nous n'avons absolument aucune notion (ce qui sans doute est arrivé trop souvent). Si nous pouvons découvrir jusqu'où l'entendement peut porter son regard, jusqu'où ses facultés lui procurent de la certitude, et dans quels cas il ne peut que juger et conjecturer, alors nous pourrons apprendre à nous contenter de ce qui nous est accessible dans l'état où nous sommes.

§ 5

Notre capacité est adaptée à notre état et à nos besoins

Il s'en faut en effet de beaucoup que notre entendement puisse saisir l'immense étendue des choses ; et pourtant, nous aurons de quoi rendre gloire au généreux auteur de notre être, pour la quantité et la qualité de la connaissance qu'il nous a impartie, bien supérieure à celle des autres occupants [1] de notre demeure [2]. Les hommes ont toute raison d'être satisfaits de ce

1. Ce paragraphe est pétri d'allusions bibliques ou dogmatiques ; cf. ici *Genèse*, 18.23.

2. Cf. 2 *Corinthiens*, 5.1 *sq.*

que Dieu a jugé bon pour eux, puisqu'il leur a donné (comme le dit saint Pierre[1]) « πάντα πρὸς ζωὴν καὶ εὐσέβειαν – tout ce qui est nécessaire pour les agréments de l'existence et l'acquisition de la vertu » ; il a disposé, à portée de main, [b-]de quoi subvenir largement aux besoins de cette vie-ci[-b] et la voie menant à une meilleure[2]. La connaissance humaine est peut-être insuffisante pour parvenir à une compréhension universelle et parfaite de tout ce qui est ; elle assure néanmoins leurs intérêts principaux : ils disposent de suffisamment de lumière pour atteindre la connaissance de leur Créateur et la perception de leurs propres devoirs[3]. Les hommes peuvent trouver de quoi occuper leur pensée et employer leurs mains de manière variée, agréable et satisfaisante, aussi longtemps qu'ils ne s'en prennent pas effrontément à la façon dont ils sont faits et qu'ils ne rejettent pas les bienfaits dont leurs mains sont pleines sous prétexte qu'elles ne sont pas assez grandes pour tout saisir. Nous n'aurons guère de raison de nous plaindre de l'étroitesse de notre esprit si nous l'employons exclusivement | pour ce qui peut nous être utile, car il 46
en est pleinement capable. C'est du mauvais esprit, aussi puéril qu'impardonnable, de mépriser les bienfaits de la connaissance et de ne pas la faire progresser jusqu'au but pour lequel on nous l'a donnée, sous prétexte que certaines choses sont hors d'atteinte. Un serviteur paresseux et indocile[4] qui manquerait à ses devoirs à la lueur de la lampe ne pourrait

b. Remplace à partir de la deuxième édition « …de quoi aider ou adoucir cette vie … ».

1. Cf. 2e *lettre de saint Pierre*, 1.3.

2. Cf. *Psaumes*, 104.27 etc.

3. Thème classique de la religion naturelle : cf. *Romains*, 1.20; chez Locke : *Essais sur la Loi de Nature*, I; *Essai*, 4.3.18; *Que la Religion chrétienne est très raisonnable* (édition Voltaire Foundation, Oxford, 1999) chap. 14, pp. 155-163.

4. Cf. *Matthieu*, 18.32, 25.1 et 25.36.

invoquer pour excuse l'absence de grand soleil : la lampe[1] placée en nous brille suffisamment pour tous nos projets ; les découvertes qu'elle nous permet doivent nous satisfaire ; et nous ferons alors bon usage de notre entendement si nous abordons tous les objets selon l'aspect qui les met dans le rapport convenable avec nos facultés[2] ; de cette façon, ils deviennent aptes à nous servir de données : ils n'exigeront plus de façon péremptoire ou immodérée une démonstration ou une certitude quand la probabilité est seule requise et suffit pour régler ce qui nous concerne[3]. Si nous doutons de tout, parce que nous ne pouvons pas tout connaître avec certitude, nous agirons avec autant de sagesse que celui qui ne veut pas utiliser ses jambes, mais reste assis et meurt, sous prétexte qu'il n'a pas d'ailes pour voler.

§ 6

La connaissance de ses capacités, remède au scepticisme et à la paresse

Quand nous connaîtrons notre *force*, nous serons plus à même de savoir qu'entreprendre avec un espoir de réussite ; et quand nous aurons bien étudié les *pouvoirs* de l'esprit et évalué ce que l'on peut en attendre, nous ne serons pas tentés de rester assis et de garder notre pensée totalement oisive, désespérant de connaître quoi que ce soit ; nous ne serons pas non plus tentés, à l'inverse, de mettre tout en question, de rejeter toute connaissance, sous prétexte qu'il y a des choses qu'on ne peut connaître. Il est très utile au marin de connaître la longueur de sa sonde, bien qu'il ne puisse pas avec elle tester la profondeur de tous les océans ; il suffit qu'il sache que sa sonde est assez longue pour atteindre le fond dans les

1. *Candle*, terme qui fait référence à l'expression *Candle of the Lord* couramment utilisée alors, notamment par les Platoniciens de Cambridge pour désigner la raison, à la suite de *Proverbes*, 20.27 : « Le souffle de l'homme est une lampe du Seigneur qui explore les tréfonds de l'être ».

2. Cf. 4.2.12.

3. Cf. 4.14.1 et 4.15.4.

endroits où elle lui est nécessaire pour choisir son trajet et l'empêcher de se précipiter sur les hauts-fonds, où il risque de s'échouer. Notre tâche ici n'est pas de tout connaître, mais seulement ce qui intéresse notre conduite. S'il est possible de trouver les critères d'après lesquels une créature rationnelle, placée dans l'état où est l'homme, peut et doit diriger ses opinions et les actions qui en dépendent, il n'est pas nécessaire de s'inquiéter de ce que d'autres choses échappent à notre connaissance.

§ 7

Occasion de cet Essai

C'est ce qui occasionna d'abord cet essai sur | l'enten- 47
dement. J'ai pensé en effet que la première étape, si l'on voulait réussir les nombreuses recherches contre lesquelles risquait de buter l'esprit humain, était de porter le regard sur notre propre entendement, d'examiner nos propres pouvoirs pour voir à quoi ils sont adaptés [1]. Tant que ce n'était pas fait, nous commencions à mon sens par le mauvais bout ; nous cherchions en vain à nous satisfaire de la possession calme et assurée de vérités – ce qui nous importait au plus haut point – tandis que nos pensées divaguaient dans le vaste océan de l'*être*, comme si cette étendue sans limite était la propriété naturelle et incontestée de notre entendement, que rien n'y échappait à ses décisions ni à sa saisie.

Aussi n'est-il pas étonnant que les hommes, qui étendent leurs recherches au-delà de leurs capacités et laissent leurs pensées vagabonder dans ces profondeurs où ne peut se trouver aucune base solide, soulèvent des problèmes ou multiplient les difficultés qui n'aboutissent à aucune solution claire et ne servent donc qu'à entretenir leurs doutes, à les augmenter et à conforter leur parfait scepticisme.

1. Cf. ci-dessus, Épître au lecteur, début.

Au contraire, si l'on observait attentivement les capacités de l'entendement, une fois découverte l'étendue de la connaissance et trouvée la ligne séparant comme l'horizon la part éclairée et la part nocturne des choses, entre ce qui nous est compréhensible et ce qui ne l'est pas, les hommes auraient peut-être moins de scrupules à reconnaître leur ignorance de l'une et pour l'autre à employer leurs pensées et leur discours avec plus de bénéfice et d'intérêt.

§ 8

Ce que signifie le mot Idée

Voici ce que je pensais nécessaire de dire quant à l'occasion de cette enquête dans l'entendement humain [1]. Mais avant de donner mes réflexions sur cette question, je dois prier d'emblée mon lecteur d'excuser l'utilisation fréquente, dans le traité qui suit, du mot *idée*. C'est ce terme qui est à mon avis le plus adapté pour représenter tout objet de l'entendement quand un homme pense [2]; je l'ai donc utilisé pour exprimer ce que l'on peut entendre par *phantasme*, *notion*, *espèce* ou tout ce à quoi peut s'employer l'esprit en pensant; et je ne pouvais
48 éviter d'en faire une utilisation fréquente [c].|

Je suppose que l'on m'accordera facilement que de telles *idées* se trouvent bien dans l'esprit des hommes : tout le monde en a conscience pour soi-même; les paroles et les actions des hommes garantiront qu'il y en a aussi chez les autres.

Notre première recherche sera: comment viennent-elles dans l'esprit?

c. La cinquième édition ajoute ici une note : « Ce mot d'excuse, dans sa modestie, ne pouvait allouer à notre auteur le libre droit d'user du mot *idée*. Mais on s'en est offusqué, et on l'a critiqué pour ses conséquences dangereuses. Voici comment il répond (citations de la controverse avec Stillingfleet, cf. annexe fin volume 2) ».

1. Cf. Épître au lecteur, dont c'est une reprise : p. (7).

2. Définition précisée en divers endroits, cf. 2.1.1; 2.8.7, 8; 2.10.2.

CHAPITRE 2

IL N'Y A PAS DE PRINCIPES INNÉS DANS L'ESPRIT

§ 1

Montrer comment nous recevons toute connaissance suffit à prouver qu'elle n'est pas innée

Il paraît établi, aux yeux de certains, qu'il y a dans l'entendement des *principes innés*, des notions primitives, κοιναὶ ἔννοιαι [1], des marques prétendument imprimées dans l'esprit de l'homme; l'âme les recevrait au tout début de son existence et les introduirait dans le monde en même temps qu'elle. Pour convaincre des lecteurs sans préjugés de la fausseté de cette hypothèse, il serait suffisant de montrer (et j'espère le faire dans la suite de cet exposé) comment, sans l'aide d'aucune impression innée, mais par le simple exercice de leurs capacités naturelles, les gens peuvent accéder à toute la connaissance qu'ils ont; et aussi comment ils peuvent

1. Notions communes (terme emprunté au stoïcisme et repris comme l'innéisme dans le contexte dogmatique de la Loi Naturelle; par exemple Herbert of Cherbury, *De Veritate*, définitions : « Les instincts naturels sont des notions communes ou des principes sacrés contre lesquels il ne faut pas argumenter »).

atteindre la certitude sans de telles notions ou de tels principes originaires. Car tout le monde, j'imagine, accordera facilement qu'il serait déplacé de supposer que les idées de couleur sont innées en une créature à qui Dieu a donné la vue et le pouvoir de les recevoir par les yeux à partir des objets extérieurs ; et il ne serait pas moins déraisonnable d'attribuer aux impressions de la Nature et aux empreintes innées plusieurs vérités, alors que nous pouvons observer en nous des facultés faites pour parvenir à une connaissance aussi facile, aussi certaine que si elles étaient originellement imprimées sur l'esprit.

Mais on ne peut chercher la vérité sans subir de reproches dès que l'enchaînement des pensées mène tant soit peu hors des sentiers battus ; aussi vais-je présenter les raisons qui me font douter de la vérité de cette opinion ; ceci me servira d'excuse s'il s'agit d'une erreur (ce que je laisse à l'examen de ceux qui sont comme moi prêts à embrasser la vérité où qu'ils
49 la trouvent).|

§ 2

Le grand argument : l'assentiment général

Rien n'est plus généralement admis que l'opinion suivante : il y a des principes, *théoriques* aussi bien que *spéculatifs* (car on parle des deux sortes), universellement acceptés de toute l'humanité ; les gens en déduisent que ces principes doivent donc nécessairement être ces impressions durables que l'âme humaine reçoit au tout début de son existence et qu'elle introduit avec elle dans le monde, aussi nécessairement et aussi réellement que n'importe quelle faculté interne.

§ 3

Le consentement universel ne prouve aucune innéité

Cet argument tiré du *consentement universel* a un inconvénient : s'il était effectivement vrai qu'il existe des vérités agréées par toute l'humanité, cela ne prouverait nullement leur innéité ; il suffirait de montrer qu'il y a d'autres voies pour parvenir à l'admission universelle des points sur lesquels tout le monde est d'accord ; et je prétends qu'on peut le montrer.

§ 4

'Ce qui est est' et 'Il est impossible que la même chose soit et ne soit pas', ne reçoivent pas d'assentiment universel

Mais, ce qui est pire, l'argument du consentement universel, utilisé pour prouver l'existence de principes innés, me semble démontrer leur inexistence : il n'y a pas en effet de principe auquel toute l'humanité donne un assentiment universel. Pour commencer par les principes spéculatifs, prenons l'exemple des célèbres principes de la démonstration : *Tout ce qui est est,* et *Il est impossible pour la même chose d'être et de ne pas être* ; ce sont ceux qui, plus que tout autre je pense, peuvent prétendre à l'innéité. Leur réputation de maximes universellement reçues est si bien établie que les gens trouveraient étrange que quelqu'un fasse mine de les remettre en question. Et pourtant j'ose dire que, loin de recevoir un assentiment unanime, ces propositions ne sont même pas connues d'une grande part de l'humanité.

§ 5

Pas imprimés naturellement sur l'esprit, parce qu'inconnus des enfants et des idiots, etc.

En premier lieu, en effet, il est évident que tous les *enfants* et tous les *idiots* n'en ont pas la moindre perception, pas la moindre notion. Et ce défaut suffit à détruire l'assentiment universel qui devrait nécessairement accompagner toute vérité innée ; car il me semble presque contradictoire de dire qu'il y a des vérités imprimées sur l'âme que celle-ci ne percevrait ou ne comprendrait pas. Car *imprimer*, si cela signifie quelque chose, ce n'est rien d'autre que faire percevoir certaines vérités ; imprimer quelque chose sur l'esprit sans | que celui-ci 50 le perçoive, me semble en effet difficilement intelligible. Si donc les enfants et les *idiots* avaient une âme, ou un esprit, sur lesquels ces vérités sont imprimées, ils devraient inévitablement percevoir ces vérités, nécessairement les connaître et leur donner assentiment. Puisqu'il n'en est pas ainsi, il est évident qu'il n'y a pas d'impressions de ce genre.

Car, si ce ne sont pas des notions naturellement imprimées, comment peuvent-elles être innées ? Et si ce sont des notions innées, comment peuvent-elles être inconnues ? Dire qu'une notion est imprimée sur l'esprit et dire en même temps que pourtant l'esprit l'ignore, qu'il ne s'en est jamais rendu compte, c'est faire de cette impression un néant. On ne peut dire qu'une proposition est dans l'esprit s'il ne l'a jamais connue, s'il n'en a jamais été conscient. Car si c'était possible, on pourrait dire que, pour la même raison, toutes les propositions vraies que l'esprit pourrait un jour admettre sont dans l'esprit et y sont imprimées. En effet, si on peut dire de l'une de ces propositions que l'on n'a jamais connue qu'elle peut être dans l'esprit, ce doit être uniquement parce que l'esprit peut la connaître ; et l'esprit est dans cette situation à l'égard de toute vérité qu'il connaîtra un jour. Et même, des vérités qu'il n'a jamais connues et qu'il ne connaîtra jamais pourraient être imprimées dans l'esprit, car un homme peut vivre longtemps et finalement mourir dans l'ignorance de nombreuses vérités que son esprit était capable de connaître, jusqu'à la certitude.

De telle sorte que, si la capacité de connaître est l'impression naturelle pour laquelle on se bat, chacune des vérités qu'un homme doit connaître sera, selon cette théorie, innée. Et cette grande théorie se résumera à une façon très incorrecte de parler : même si elle prétend affirmer le contraire, elle ne dit rien de différent de ce que disent ceux qui rejettent les principes innés. Car personne, à mon sens, n'a jamais nié que l'esprit soit capable de connaître diverses vérités. La capacité, disent-ils, est innée et la connaissance acquise. Mais alors pourquoi une telle bataille autour de certaines maximes innées ? Si des vérités peuvent être imprimées sur l'entendement sans être perçues, je ne peux voir de différence quant à leur origine entre les diverses vérités que l'esprit peut connaître : elles doivent ou bien être toutes innées, ou bien toutes adventices ; en vain cherchera-t-on à les distinguer.

Donc, celui qui parle de notions innées dans l'entendement (s'il vise par là un type précis de vérités) ne peut vouloir dire que ces vérités sont dans l'entendement, puisque l'entendement ne les a jamais perçues et qu'il en est encore totalement ignorant. Car si ces mots (*être dans l'entendement*) ont un sens, ils signifient *être compris* ; ainsi [dire] « être dans l'entendement et ne pas être compris, être dans l'esprit et ne
jamais être | perçu », c'est exactement la même chose que dire 51
« quelque chose est et n'est pas dans l'esprit ou l'entendement ». Si donc ces deux propositions *Tout ce qui est est* et *Il est impossible pour la même chose d'être et de ne pas être*, sont imprimées par nature, les enfants ne peuvent les ignorer ; les enfants et tout ceux qui ont une âme doivent nécessairement les avoir dans l'entendement, connaître leur vérité et leur donner leur assentiment.

§ 6

Réponse à l'argument :

'Les hommes les connaissent quand ils parviennent à l'âge de raison'

Pour échapper à cette thèse, la réplique habituelle est « Tous les gens les connaissent et leur *donnent leur assentiment quand il parviennent à l'âge de raison*, ce qui suffit pour prouver qu'ils sont innés ». Voici ma réponse :

§ 7

Les expressions douteuses, qui n'ont guère de signification, passent pour des raisons claires auprès de ceux qui, par préjugé, ne prennent même pas la peine d'analyser ce qu'ils disent. Si l'on veut l'appliquer avec un minimum de justesse, la réponse innéiste à la question actuelle doit avoir l'une ou l'autre de ces deux significations : ou bien « dès que les gens parviennent à l'exercice de raison, ces prétendues impressions congénitales accèdent à la connaissance et à l'observation » ; ou bien « l'usage et l'exercice de la raison humaine aide à la découverte et à la connaissance certaine de ces principes ».

§ 8

Si la raison les a découvertes, cela ne prouve pas qu'elles sont innées

S'ils veulent dire que par l'*exercice de la raison* les hommes peuvent découvrir ces principes[1] et que cela suffit pour prouver qu'ils sont innés, voici la façon dont se présente leur raisonnement : toutes les vérités que la raison peut nous dévoiler avec certitude jusqu'au ferme assentiment sont naturellement imprimées sur l'esprit ; en effet, cet assentiment unanime qui devient signe de l'inné se résume à ceci : grâce à l'exercice de la raison, nous sommes capables d'accéder à une connaissance certaine de ces vérités et à un assentiment certain[2] ; et dans ces conditions, il n'y aura aucune différence entre les maximes des mathématiciens et les théorèmes qu'ils en déduisent : tous deux doivent être reconnus innés, puisque tous deux sont découverts par l'exercice de la raison, et tous deux sont des vérités qu'une créature rationnelle peut arriver à connaître avec certitude s'il met en œuvre ainsi correctement ses pensées.

§ 9

Il est faux que la raison les découvre

Mais comment ces gens peuvent-ils estimer nécessaire l'*exercice de la raison* pour découvrir de prétendus principes innés, alors que la raison n'est, à les en croire, rien d'autre que la faculté de déduire des vérités inconnues à partir de principes

1. Deuxième branche de l'alternative (la première est traitée à partir de 1.2.12).

2. Cf. *Essai*, 2.11.1.

et de propositions déjà | connus[1]? On ne pourra certainement 52
jamais estimer inné ce dont la découverte nécessite la raison, à moins qu'on ne tienne pour innées toutes les vérités certaines que la raison nous enseigne. Nous sommes aussi bien fondés à dire que l'exercice de la raison est nécessaire pour que les yeux découvrent les objets visibles et qu'il y ait besoin de la raison ou de son exercice pour que l'entendement voie ce qui est d'emblée gravé en lui et qui ne peut y être avant qu'il ne le perçoive. Et donc, tenir que la raison découvre des vérités imprimées ainsi, c'est dire que l'exercice de la raison découvre ce que l'on connaissait déjà; et si les gens possèdent ces vérités innées imprimées d'origine, avant qu'ils n'aient l'exercice de la raison, et si néanmoins ils les ignorent tant qu'ils n'ont pas l'exercice de la raison, c'est dire en fait que les gens les connaissent et ne les connaissent pas au même moment.

§ 10. On dira peut-être qu'on ne donne pas son assentiment aux démonstrations mathématiques et aux autres vérités qui ne sont pas innées, dès leur énonciation : là résiderait la différence avec les maximes et les autres vérités innées. Je parlerai plus précisément ailleurs[2] de l'assentiment donné dès la première énonciation, mais pour l'instant, je tiens simplement et très franchement à reconnaître que démonstrations mathématiques et maximes diffèrent en ce que les premières exigent que la raison se serve de preuves afin de les dégager et d'obtenir l'assentiment, tandis que les autres sont embrassées aussitôt comprises et reçoivent l'assentiment sans le moindre raisonnement.

Permettez-moi d'observer en outre que se révèle ainsi la faiblesse du subterfuge : il exige *l'exercice de la raison* pour découvrir des vérités générales; mais il faut reconnaître que

1. Cf. Aristote, *Seconds Analytiques*, I, 2 à propos du syllogisme, et les textes qui en découlent, ainsi que *Essai*, 4.2.8.

2. Cf. 1.2.17.

pour les découvrir on n'utilise absolument pas la raison. Je pense que ceux qui soutiennent cette thèse n'auront pas l'audace d'affirmer que la connaissance de la maxime : *Il est impossible pour la même chose d'être et de ne pas être*, est une déduction de la raison. Car, faire dépendre du labeur de la réflexion la connaissance de ces principes serait détruire la générosité de la Nature à laquelle ils tiennent tant. Tout raisonnement est en effet recherche, investigation, et il demande peines et soins ; mais comment, de façon sensée, imaginer que la Nature puisse avoir imprimé en nous en guise de fondement et de guide de la raison quelque chose qui ait besoin de l'exercice de la raison pour être mis à jour ?

§ 11

Si l'on prend la peine de réfléchir avec tant soit peu d'attention aux opérations de l'entendement, on verra que lorsque l'esprit donne son assentiment immédiat à certaines
53 vérités, cela ne dépend ni | d'une inscription de naissance, ni de *l'exercice de la raison*, mais d'une faculté de l'esprit tout à fait distincte, nous allons le voir par la suite [1]. Puisque donc la raison n'est pour rien dans l'assentiment à ces maximes, il est complètement faux de dire « L'homme les connaît et leur donne son assentiment quand il parvient à l'exercice de la raison », si l'on entend par là que l'exercice de la raison nous aide dans la connaissance de ces maximes ; et quand bien même ce serait vrai, cela prouverait que ces maximes ne sont pas innées.

1. Cf. 1.2.23.

§ 12

Ce n'est pas quand on arrive à l'âge de raison que l'on découvre les maximes

Si par « connaître ces maximes et leur donner son assentiment *quand on parvient à l'exercice de la raison* », on entendait : « ce moment est celui où l'esprit les remarque ; et au moment même où les enfants parviennent à l'exercice de la raison, ils parviennent aussi à connaître ces maximes et à leur donner assentiment », ce serait également un énoncé faux et vain[1].

Premièrement, ce serait faux. Il est en effet évident que ces maximes ne sont pas dans l'esprit aussitôt que l'on se sert de sa raison ; l'accès à l'exercice de la raison est donc défini à tort comme le moment de leur découverte. Combien d'exemples avons-nous d'enfants exerçant leur raison bien avant d'avoir la moindre connaissance de cette maxime : *Il est impossible pour la même chose d'être et de ne pas être ?* Beaucoup d'illettrés et de sauvages, même après l'âge de raison, vivent longtemps sans même y penser, pas plus qu'à des propositions générales semblables.

Je reconnais que l'on ne parvient pas à la connaissance de ces vérités générales plus abstraites, prétendument innées, avant de parvenir à l'exercice de la raison ; mais j'ajoute : ce n'est pas à ce moment non plus. Et ceci pour la raison suivante : les maximes portent sur des idées générales abstraites qui, bien après l'accès à l'exercice de la raison, ne sont pas élaborées dans l'esprit ; ces maximes que l'on prend par erreur pour des principes innés sont en fait des découvertes ; ce sont des vérités amenées dans l'esprit par une voie et découvertes selon des étapes identiques à celles de beaucoup d'autres propositions que personne n'a été assez extravagant pour supposer innées.

1. Première branche de l'alternative proposée en 1.2.7 ; cette proposition elle même est une alternative dont la deuxième branche (la vanité) sera abordée à partir de 1.2.14.

C'est ce que j'espère rendre évident dans la suite de l'exposé. Je reconnais donc nécessaire que l'homme parvienne à l'exercice de la raison avant d'avoir connaissance de ces vérités générales ; mais je nie que le moment où l'on accède à l'exercice de la raison soit celui de la découverte de ces vérités.

§ 13

Elles ne sont pas distinguées des autres vérités connaissables par ce critère

Notons au passage qu'en fait l'expression : « On connaît ces maximes et on leur donne son assentiment *quand on*
54 *parvient à l'exercice de la | raison* » revient uniquement à ceci : elles ne sont jamais connues ni remarquées avant l'exercice de la raison, mais on peut leur donner son assentiment par la suite, au cours de la vie ; quand ? on l'ignore. Et ceci est vrai de toutes les autres vérités connaissables, comme de ces maximes ; et le critère *être connues quand on parvient à l'exercice de la raison* ne confère donc à ces maximes aucun avantage ni distinction par rapport aux autres. De cette manière, on ne prouve donc pas qu'elles sont innées, mais l'exact contraire.

§ 14

Si l'accès à l'âge de raison était le moment de la découverte des maximes, cela ne prouverait pas qu'elles sont innées

Mais, *deuxièmement*[1], s'il était vrai que le moment précis où l'on connaît ces maximes et où on leur donne assentiment, était celui où l'on parvient à *l'exercice de la raison,* cela ne prouverait pas plus que les maximes sont innées. Cette façon de raisonner est futile et l'hypothèse est par elle même tout aussi fausse. Quelle sorte de logique fera croire en effet qu'à l'origine la Nature imprime une notion dans l'esprit lors de sa constitution première, sous prétexte qu'on l'observe pour la première fois et qu'on lui donne son assentiment quand une

1. Cf. 1.2.12.

faculté de l'esprit, qui a un champ tout à fait différent, commence à fonctionner. Et donc parvenir à l'exercice de la parole, – en supposant que c'est le moment où l'on donne pour la première fois son assentiment à ces maximes (ce qui est aussi vraisemblable que de dire que c'est le moment où l'on parvient à l'exercice de la raison) – serait une preuve aussi valable de leur innéité que lorsqu'on dit qu'elles sont innées parce qu'on leur donne son assentiment quand on parvient à l'exercice de la raison.

Je suis d'accord avec les tenants des principes innés pour dire que l'esprit n'a pas connaissance de ces maximes générales et évidentes par soi tant qu'il n'est pas parvenu à l'exercice de la raison; mais je nie que le moment où l'on parvient à l'exercice de la raison soit le moment précis où on les remarque pour la première fois. Et si c'était là le moment précis, je nierais que ceci prouve que les maximes sont innées. Tout ce que peut signifier avec tant soit peu de vérité la proposition : « on donne son assentiment aux maximes quand on parvient à l'exercice de la raison » n'est que ceci : la constitution des idées abstraites générales et la compréhension des noms généraux sont contemporaines de la faculté rationnelle, et elles croissent avec la raison; donc les enfants n'acquièrent généralement pas ces idées générales; ils n'apprennent les noms qui en tiennent lieu qu'après avoir un bon moment exercé leur raison sur des idées courantes moins générales et après s'être révélés capables de discussion rationnelle dans leurs débats ordinaires et dans leurs activités avec les autres. Si l'expression « donner son assentiment à une maxime quand on parvient à l'exercice de la raison » peut être vraie en tout autre sens, je souhaite qu'on | le montre; ou au 55
moins qu'on me montre comment ce sens ou un autre prouve qu'elles sont innées.

§ 15

Les étapes de l'accès à diverses vérités

Les sens d'abord font entrer des idées singulières et meublent la pièce jusqu'alors restée vide; l'esprit s'accoutume progressivement à certaines d'entre elles, qui sont ainsi logées dans la mémoire, et dotées de nom; puis il poursuit : il abstrait les idées et apprend progressivement à employer des noms généraux. C'est ainsi que l'esprit en vient à être doté d'idées et de langage, matériaux sur lesquels il exerce sa capacité discursive; l'exercice de la raison devient ainsi de jour en jour plus visible, au fur et à mesure où le nombre de matériaux à travailler s'accroît. Mais bien que la possession d'idées générales, l'utilisation de mots généraux et de la raison, croissent habituellement au même pas, je ne vois pas comment leur innéité est en quoi que ce soit prouvée par là. Je reconnais que la connaissance de certaines vérités est très tôt présente dans l'esprit, mais d'une façon qui prouve qu'elle ne sont pas innées. Si nous observons, nous verrons en effet qu'il s'agit encore d'une connaissance d'idées non pas innées, mais acquises : il s'agit d'abord d'idées qui sont imprimées par les choses extérieures auxquelles les enfants ont affaire dès leur plus jeune âge, et qui produisent les impressions les plus fréquentes sur leurs sens. Parmi les idées ainsi obtenues, l'esprit découvre, probablement dès l'exercice de la mémoire, que certaines concordent et d'autres diffèrent, dès qu'il est capable de se souvenir et de recevoir des idées distinctes. Mais que ce soit ou non à ce moment, il est certain qu'il agit ainsi bien avant d'avoir l'usage des mots, ou de parvenir à ce que nous appelons d'habitude l'*âge de raison*. Car, avant même de pouvoir parler, un enfant connaît la différence entre les idées de sucré et d'amer (c'est-à-dire que le sucré n'est pas l'amer) avec autant de certitude qu'il connaît par la suite (quand il parvient au langage) que de l'absinthe et des dragées ne sont pas la même chose.

§ 16

Un enfant ne sait pas que trois et quatre font sept, avant de savoir compter jusqu'à sept et de posséder le nom et l'idée d'égalité; mais, quand on lui explique ces mots, il donne alors de suite son assentiment à cette proposition, ou plutôt il en perçoit la vérité. Mais ce n'est ni parce qu'il s'agit d'une vérité innée qu'il lui donne sans difficulté son assentiment, ni faute d'*exercice de la raison* que son assentiment faisait défaut jusqu'alors. Au contraire, la vérité de cette proposition lui apparaît dès qu'il possède les idées claires et distinctes dont ces noms tiennent lieu. Il connaît alors la vérité de cette proposition | pour les mêmes raisons et de la même façon, **56**
qu'il connaissait déjà la proposition : « Un fouet et une cerise ne sont pas la même chose » ; pour les mêmes raisons aussi, il connaîtra peut-être plus tard la proposition : « Il est impossible pour la même chose d'être et de ne pas être », on le montrera plus loin.

De ce fait, c'est seulement quand on parvient à avoir les idées générales sur lesquelles portent les maximes, à connaître la signification des mots généraux qui en tiennent lieu, à rassembler les idées dont ces mots tiennent lieu, qu'on parvient aussi à donner son assentiment à ces maximes; les termes de ces maximes et les idées dont ils tiennent lieu, ne sont pas plus innés que ceux de *chat* ou de *belette*; on doit donc attendre que la familiarité vienne avec le temps et l'observation; on sera alors capable de connaître la vérité de ces maximes dès que se présente la première occasion d'associer ces idées dans l'esprit puis d'observer si elles concordent ou non comme l'expriment les propositions. C'est pour cette raison qu'un homme sait que dix-huit et dix-neuf font trente-sept par la même évidence interne qu'il sait que deux et un font trois; et pourtant un enfant ne connaît pas aussi vite la première réponse que la seconde, non par manque de raison, mais parce que les idées dont les mots dix-huit, dix-neuf et trente-sept tiennent lieu ne sont pas acquises aussi vite que celles que signifient un, deux et trois.

§ 17[1]

Ce n'est pas parce qu'on donne son assentiment dès qu'elles sont proposées et comprises qu'elles sont innées

Prétendre s'appuyer sur l'assentiment universel quand on parvient à l'exercice de la raison ne sert donc à rien : il n'y a aucune différence entre ces vérités prétendument innées et les autres qui sont ensuite acquises par apprentissage ; aussi a-t-on essayé de sauvegarder l'assentiment universel envers ce qui est appelé *maximes* en disant qu'on leur donne généralement son *assentiment dès l'énonciation*, et dès que les termes qui les énoncent sont compris. Il suffit, pense-t-on, de voir tous les hommes, y compris les enfants, donner leur assentiment à ces propositions dès qu'ils les entendent et en comprennent les termes, pour prouver qu'elles sont innées. Car, prétend-on, puisqu'on ne manque jamais, dès qu'on a compris les mots, de reconnaître qu'il s'agit de vérités indubitables, ces énoncés auraient été d'emblée logés dans l'entendement et l'esprit les ferait siens sans aucun enseignement et, dès la première présentation, il leur donnerait son assentiment et n'en
57 douterait jamais plus ensuite. |

§ 18

Si un tel assentiment était un signe d'innéité, alors 'Un et deux égalent trois', 'Le doux n'est pas l'amer' et un millier d'affirmations identiques devraient être innées

Voici ma réponse : j'aimerais savoir si l'*assentiment* immédiat donné à une proposition *dès que l'on entend* et comprend ses termes, est signe certain d'un principe inné. Si ce n'est pas le cas, l'assentiment général est inutilement présenté comme preuve ; et si c'est un signe d'innéité, ces gens-là doivent alors admettre pour innées toutes ces propositions

1. Reprise de 2.1.10.

auxquelles on donne son assentiment aussitôt entendues ; et il se verront alors complètement envahis de principes innés : car selon ce même principe (*l'assentiment dès que l'on entend pour la première fois et comprend les termes*) qui leur permettrait de prendre ces maximes pour innées, ils doivent aussi admettre que diverses propositions portant sur les nombres sont innées. Ainsi *Un et deux font trois*, *Deux et deux font quatre* et une multitude de propositions semblables portant sur les nombres, auxquelles chacun donne son assentiment la première fois qu'il entend et comprend leurs termes, doivent prendre place parmi les axiomes innés. Et cela n'est pas réservé aux nombres et aux propositions sur les nombres : la philosophie naturelle et toutes les autres sciences offrent des propositions qui rencontreront certainement l'assentiment dès qu'on les comprendra. *Deux corps ne peuvent être en même lieu* est une vérité qui ne fera difficulté à personne, pas plus que ces maximes : *Il est impossible pour la même chose d'être et de ne pas être ; Le blanc n'est pas le noir ; Le carré n'est pas le cercle ; Le jaune n'est pas le sucré* : ces propositions et un million d'autres semblables (ou au moins autant que d'idées distinctes), un homme sensé qui les entend pour la première fois et connaît ce que signifient leurs noms, doit nécessairement leur donner son assentiment.

Si donc ces innéistes sont fidèles à leur propre règle et prennent comme marque d'innéité : *Assentir la première fois où l'on entend et comprend les termes*, il devront reconnaître non seulement autant de propositions qu'il y a d'idées distinctes, mais autant que les hommes peuvent en construire avec deux idées niées l'une de l'autre : toute proposition où une idée est niée d'une autre différente recueillera l'assentiment la première fois où l'on entendra et comprendra les termes avec autant de certitude que cette proposition générale : *Il est impossible pour la même chose d'être et de ne pas être*, ou cette proposition qui en est le fondement, et la plus facile à comprendre : *Le même n'est pas différent*. A ce compte, ces

gens trouveront des légions de propositions innées de ce
58 genre, sans mentionner les autres. |

Mais une proposition ne peut être innée que si les idées sur lesquelles elle porte sont innées[1]; et donc cela revient à supposer que sont innées toutes nos idées de couleur, de son, de goût, de forme, etc., et rien ne peut être plus contraire à la raison et à l'expérience que cela. L'assentiment universel immédiat, dès que l'on entend et comprend les termes est (je le reconnais) un signe d'évidence en-soi; mais l'évidence en-soi ne dépend pas des impressions innées, mais de quelque chose d'autre (je le montrerai plus bas[2]); elle appartient à plusieurs propositions que personne n'a jusqu'ici eu l'extravagance de déclarer innées.

§ 19

Propositions moins générales, connues avant ces maximes universelles

Qu'on ne dise pas non plus que les propositions évidentes en-soi plus particulières, auxquelles on donne son assentiment dès qu'on les entend pour la première fois, telles que *Un et deux font trois ; Le vert n'est pas le rouge*; etc., sont acceptées comme des conséquences des propositions plus universelles que l'on tient pour des principes innés; il suffira en effet à n'importe qui de prendre la peine d'observer ce qui passe dans l'entendement, pour trouver que ceux qui ignorent totalement les maximes plus générales connaissent avec certitude ces propositions, ainsi que les propositions semblables moins générales, et leur donnent avec assurance leur assentiment. Elles sont donc dans l'esprit avant ces prétendus "premiers principes", et ne peuvent leur être redevables de l'assentiment reçu dès la première audition.

1. Thèse qui fait l'objet du chapitre 1.4.
2. 1.2.23; 1.3.22-26 et 4.7 et 8.

§ 20

Réponse à l'objection ; 'Un et un font deux' n'est ni général ni utile

Si l'on dit que ces propositions (*Deux et deux font quatre*, *Le rouge n'est pas le bleu*, etc.) ne sont ni des maximes générales, ni de grande utilité, je répondrai : cela ne joue en rien sur l'argument de l'assentiment universel dès qu'on entend et comprend. Si en effet c'est bien la marque de l'innéité, toute proposition qui reçoit un assentiment général dès qu'on l'entend et la comprend doit être admise comme proposition innée, au même titre que la maxime *Il est impossible pour la même chose d'être et de ne pas être* : de ce point de vue, elles sont équivalentes.

Et quant à la différence (que cette maxime soit plus générale) qui l'éloigne d'autant de l'innéité : ces idées générales et abstraites sont plus éloignées de nos premières appréhensions que les idées des propositions évidentes en-soi plus particulières ; et c'est pourquoi l'entendement qui mûrit les admet et leur donne son assentiment plus tard. Quant à l'utilité de ces maximes admirées, elle paraîtra moins grande qu'on ne le croit généralement, dès que sera venu le moment de les étudier plus à fond[1]. | 59

§ 21

Que parfois ces maximes ne soient pas connues avant d'être proposées, prouve qu'elles ne sont pas innées

Mais nous n'en avons pas terminé avec l'expression *Donner son assentiment à des propositions dès que l'on entend et comprend leurs termes*. Il faut d'abord remarquer que, loin d'être un signe de leur innéité, c'est plutôt une preuve du contraire. Cela suppose en effet que tous ceux qui comprennent et connaissent d'autres choses, ignorent ces principes tant qu'on ne les leur a pas énoncés ; et que quelqu'un ne posséderait aucun savoir de ces vérités tant qu'il ne les a pas

1. *Ibid.*

entendues énoncées par autrui. Si elles étaient innées, qu'auraient-elles besoin en effet d'être énoncées pour provoquer l'assentiment : si elles étaient dans l'entendement par impression naturelle et originelle (s'il en existait), on les connaîtrait forcément d'avance. Ou bien, est-ce que leur énonciation les imprime plus clairement dans l'esprit que ne le fait la Nature ? En ce cas, la conséquence sera qu'un homme les connaîtra mieux, lorsqu'on les lui aura ainsi enseignées, qu'avant. Et il s'ensuivra que ces principes peuvent nous devenir plus évidents par l'enseignement d'autrui que par l'impression naturelle ; ce qui s'accorde peu avec la thèse des principes innés, et ne leur reconnaît qu'une autorité réduite ; au contraire cela les rend inaptes au statut de fondement de toutes nos autres connaissances, statut que certains entendent leur donner.

On ne peut nier que les gens découvrent un grand nombre de ces vérités évidentes en elles mêmes quand on les énonce ; mais il est clair que quiconque fait cette découverte constate également qu'il commence alors à connaître une proposition qu'il ne connaissait pas auparavant et qu'il ne mettra désormais plus en question ; non qu'elle soit innée, mais parce que l'observation de la nature des choses contenues en ces mots ne lui permettrait pas de penser autrement, quels que soient le facteur et le moment qui l'amènent à y réfléchir. [a]-Si tout ce à quoi on donne son assentiment dès qu'on l'entend et qu'on en comprend les termes, doit passer pour principe inné, toute règle générale tirée de l'observation bien établie d'événements singuliers doit alors être innée. Toutefois, il est bien entendu que seuls les esprits perspicaces tombent sur ces observations et les réduisent en propositions générales, qui ne sont pas innées mais tirées d'un savoir antérieur et d'une réflexion sur les exemples singuliers. Et ce qu'ont produit des

a. Ajout de la deuxième édition.

esprits attentifs ne peut que recevoir l'assentiment des autres quand on le leur énonce[-a].

§ 22

'Implicitement connu avant que ce soit énoncé' signifie ou bien que l'esprit est capable de le comprendre ou alors ne signifie rien

Si l'on dit que l'entendement a, de ces principes, une *connaissance implicite* | et non explicite, avant de les avoir 60
entendus pour la première fois (ce que sont obligés d'affirmer ceux qui prétendent que les principes sont dans l'entendement avant d'être connus), il sera difficile de concevoir ce que l'on entend par *Principe implicitement imprimé sur l'entendement*, à moins que ce ne soit *L'esprit est capable de comprendre de telles propositions et de leur donner fermement son assentiment*. Mais alors toutes les démonstrations mathématiques aussi bien que les principes premiers doivent être reçus comme des impressions congénitales sur l'esprit ; ce que n'accorderont certainement pas, je le crains, ceux qui trouvent plus difficile de démontrer une proposition que de lui donner son assentiment une fois démontrée. Et il y aura peu de mathématiciens pour oser croire que toutes les figures qu'ils ont tracées ne sont que les copies de ces caractères innés que la nature aurait gravés sur leur esprit.

§ 23

L'argument (on donne son assentiment dès qu'on l'entend pour la première fois) repose sur l'hypothèse erronée qu'il n'y a pas eu d'enseignement avant

Il y a, je le crains, dans l'argument précédent cette autre faiblesse : on voudrait nous faire croire que ces maximes que les gens *admettent la première fois où ils les entendent* doivent être dites innées parce que les gens donnent leur assentiment à des propositions qu'ils n'ont pas apprises, qu'ils n'acceptent pas non plus par la force d'un argument ou d'une démonstration, mais par la simple explication ou la simple compréhension des termes.

Cet argument repose à mon sens sur une erreur : on suppose que les hommes ne sont pas *éduqués* et n'*apprennent* rien de neuf, alors qu'en réalité ils sont informés et apprennent effectivement quelque chose qu'auparavant ils ignoraient. Car, d'abord, il est évident qu'ils ont appris les termes et leur signification : aucun des deux n'est congénital. Mais, là ne s'arrête pas la connaissance acquise dont il est question ; les idées elles-mêmes, sur lesquelles porte la proposition, ne sont pas plus congénitales que leurs noms : elles sont reçues après la naissance. Dans toutes les propositions auxquelles on donne son assentiment la première fois où on les entend, ni les termes de la proposition, ni le fait qu'ils tiennent lieu de telle idée, ni les idées elles-mêmes dont les noms tiennent lieu, ne sont innés ; aussi aimerais-je savoir ce qui dans ces propositions peut encore être inné ; et je serais reconnaissant à celui qui nommerait une proposition dont les termes ou les idées seraient, l'un ou l'autre, innés.

C'est par degrés que nous recevons les idées et les noms, et que nous apprenons la relation correcte qui les lie entre eux [1] ; ensuite, dès la première audition, nous donnons notre assentiment à des propositions constituées de termes dont nous avons appris la signification, propositions qui expriment la convenance ou la disconvenance que l'on peut percevoir entre
61 nos idées quand elles sont assemblées ; | pourtant nous ne sommes absolument pas capables de donner notre assentiment à d'autres propositions, aussi certaines et évidentes en elles-mêmes, mais qui portent sur des idées qui ne sont pas acquises si vite ou si facilement.

Un enfant donne rapidement son assentiment à la proposition : *Une pomme n'est pas du feu*, dès que, par familiarité, il a acquis l'idée de chacune de ces deux choses différentes, imprimées séparément dans son esprit, et qu'il a appris que les noms *pomme*, et *feu* en tiennent lieu ; et pourtant, il se passera

1. Cf. 2.9.6, 8.

sans doute quelques années avant que ce même enfant n'accepte cette proposition : *Il est impossible pour la même chose d'être et de ne pas être*. Et ceci peut-être parce que, même si les mots sont aussi faciles à apprendre, leur signification est plus étendue, plus compréhensive et plus abstraite que celle de noms attachés aux choses sensibles que l'enfant utilise; on doit donc attendre plus longtemps avant qu'il n'apprenne leur sens précis et il lui faut plus de temps pour former complètement en son esprit ces idées générales dont ces mots tiennent lieu. Jusqu'alors, vous tenterez en vain d'obtenir d'un enfant l'acceptation d'une proposition faite de termes aussi généraux; mais dès qu'il aura acquis ces idées et appris leur nom, il acceptera avec empressement aussi bien l'une que l'autre proposition ci-dessus; et ceci pour une raison identique dans les deux cas : parce qu'il trouve que les idées qu'il a dans l'esprit concordent ou non, selon que les mots qui en tiennent lieu sont affirmés ou niés l'un de l'autre dans la proposition. Mais si les propositions lui sont présentées avec des mots qui tiennent lieu d'idées qu'il n'a pas encore dans l'esprit, il ne leur donnera ni assentiment ni dissentiment bien qu'elles soient en elles-mêmes vraies ou fausses; il sera simplement ignorant. Car les mots ne sont que des sons vides tant qu'ils ne sont pas signes de nos idées, et nous ne pouvons leur donner notre assentiment que dans la mesure où ils correspondent aux idées que nous avons, sans plus.

Toutefois, montrer par quelles étapes et par quelles voies la connaissance pénètre dans l'esprit, montrer quels sont les fondements des divers degrés d'assentiment, ce sera la tâche du prochain exposé[1]; qu'il suffise ici de seulement effleurer la question dans la mesure où s'y trouve l'une des raisons de douter des principes innés.

1. Cf. 2.1. *sq.*; 4.16. cf. *Draft* B, 15, *in fine*.

§ 24

Pas inné, parce que pas universellement accepté

Pour en finir avec cet argument du consentement universel, je suis d'accord avec les défenseurs des principes *innés* pour dire que, s'ils sont innés, ils doivent nécessairement *recevoir un assentiment universel*; qu'une vérité, en effet, soit innée et qu'on ne lui donne pourtant pas son assentiment
62 m'est aussi incompréhensible que | la connaissance et l'ignorance simultanées d'une vérité. Ils avouent donc eux-mêmes que ces principes ne peuvent être innés, puisque ni ceux qui n'en comprennent pas les termes, ni beaucoup de ceux qui, tout en comprenant ces termes, n'ont jamais réfléchi aux propositions ne leur donnent leur assentiment; ce qui fait bien à mon sens la moitié de l'humanité. Cette proportion fût-elle bien moindre, l'ignorance de ces propositions par les seuls enfants suffirait pour détruire l'assentiment universel, et pour montrer que du fait même ces propositions ne sont pas innées.

§ 25

Ces maximes ne sont pas les premières connues

Mais je ne voudrais pas qu'on m'accuse de tirer argument de la pensée des enfants, qui nous est inconnue, et de conclure à partir de ce qui se passe dans leur entendement avant même qu'ils ne l'expriment. Aussi, j'ajouterai que ces deux propositions générales ne sont pas les vérités qui *habitent* en premier *la pensée* des enfants; elles ne sont pas non plus antérieures à toutes les notions acquises ou adventices, alors qu'elles devraient nécessairement l'être si elles étaient innées.

Que l'on arrive ou non à le déterminer importe peu : il y a certainement un moment où les enfants commencent à penser; leur langage et leurs actes nous en assurent. Est-il donc rationnel de supposer que, lorsqu'ils sont capables de pensée, de connaissance, d'assentiment, ils puissent ignorer ces notions que la Nature a prétendument imprimées? Peut-on imaginer, avec la moindre apparence de raison, qu'ils perçoivent les

impressions à partir des choses extérieures, tout en ignorant ces caractères que la Nature a pris soin de modeler à l'intérieur? Peuvent-ils recevoir des notions adventices, leur donner leur assentiment et ignorer celles que l'on suppose entrelacées avec les principes mêmes de leur être, imprimées là en caractères indélébiles pour être le fondement et le guide de toute connaissance acquise et de tout raisonnement ultérieur. Selon cette conception, la Nature s'évertuerait en vain, ou au moins écrirait fort mal, car ses caractères ne seraient pas lisibles par des yeux très perspicaces par ailleurs. Tout à fait à tort on suppose que les éléments les plus clairs de la vérité et les fondements de toute connaissance résident en ce qui n'est pas connu initialement et en ce qui est inutile à la connaissance indubitable de beaucoup d'autres choses. L'enfant sait avec certitude que la nourrice qui lui donne à manger n'est pas le chat avec lequel il joue, ni le nègre dont il a peur; il sait que la santonine [1] ou la moutarde qu'il repousse, ne sont pas la pomme ou le sucre qu'il réclame à chaudes larmes ; il en est | assuré, certain, et n'hésite pas. Mais y 63
aura-t-il quelqu'un pour dire que c'est en vertu du principe *Il est impossible pour la même chose d'être et de ne pas être*, qu'il donne avec autant d'assurance son assentiment à ces parties de sa connaissance et à d'autres ? Ou pour dire que l'enfant a la moindre notion, la moindre appréhension de cette proposition, à un âge où pourtant il connaît quantité d'autres vérités ? Dire que l'enfant mêle ces spéculations abstraites générales à ses biberons et hochets, serait manifester plus de passion et de zèle pour ses propres opinions, mais moins de sincérité et de vérité qu'un enfant de cet âge.

§ 26

Les maximes ne sont donc pas innées

Il existe donc bien diverses propositions générales qui reçoivent un assentiment constant et immédiat dès qu'on les

1. Plante utilisée comme purgatif.

énonce devant des adultes qui ont appris à utiliser les idées plus générales et abstraites, ainsi que les noms qui en tiennent lieu; pourtant, comme ces propositions ne se peuvent trouver chez de jeunes enfants (qui ont néanmoins d'autres connaissances), elles ne peuvent prétendre à l'assentiment universel des personnes dotées d'intelligence, et de ce fait, elles ne peuvent absolument pas être considérées comme innées : il est impossible qu'une hypothétique vérité innée ne soit pas connue, même pas de quelqu'un qui connaît quelque chose d'autre; si ce sont, en effet, des vérités innées, elles doivent être des pensées innées, car il n'y a rien qui soit vérité dans l'esprit si ce dernier n'y a jamais pensé. Il en découle l'évidence : s'il y a des *vérités innées*, elles *doivent nécessairement précéder toute autre pensée* et se manifester les premières.

§ 27

Elles ne sont pas innées parce qu'elle paraissent moins claires, alors que ce qui est inné se montre le plus clairement

Les maximes générales dont il est ici question ne sont connues ni des enfants, ni des *idiots*, ni de la plupart des humains, cela a été suffisamment prouvé; il en découle avec évidence que ces maximes ne reçoivent aucun assentiment universel et ne sont pas imprimées en chacun. Mais, contre leur innéité, on peut encore en tirer l'argument suivant : si des impressions congénitales et primitives étaient à l'origine de ces caractères, les personnes mêmes chez qui on n'en trouve pas trace sont celles qui devraient *les manifester plus nettement et plus clairement ;* et le fait qu'elles soient moins connues de ceux chez qui elles devraient avoir le plus de force et de vigueur si elles étaient innées constitue à mon sens une forte présomption contre leur innéité. Les *enfants*, les *idiots*, les *sauvages* et les *illettrés* sont en effet les moins corrompus par l'habitude ou les opinions reçues; le savoir et l'éducation n'ont pas enclos leurs réflexions congénitales dans de nouveaux moules; ils n'ont pas surajouté
64 de doctrines étrangères | acquises par éducation, brouillant la

clarté de ces caractères écrits par la Nature; il serait donc raisonnable d'imaginer que dans leur esprit ces notions innées seraient claires et visibles par chacun, comme le sont assurément les pensées des enfants. On pourrait très bien s'attendre à ce que les idiots de naissance connussent parfaitement ces principes : selon leur [des innéistes] hypothèse, les principes sont immédiatement imprimés sur l'âme et ne dépendent donc aucunement de la constitution ou des organes, seuls points de différence, dit-on, par rapport aux autres hommes. Ces prétendus rayons de lumière congénitaux devraient briller de tout leur éclat chez ceux qui n'ont aucune arrière-pensée, aucune capacité de dissimuler; ils devraient être aussi indubitables que leur amour du plaisir et leur effroi devant la douleur.

Hélas, quelles maximes générales trouve-t-on chez les *enfants, les idiots, les sauvages* et les grands *illettrés*, quels principes universels de connaissance? Leurs notions sont rares, limitées, empruntées exclusivement aux objets qu'ils ont le plus souvent rencontrés, qui ont fait sur eux les impressions les plus fréquentes et les plus fortes. Un enfant connaît sa nourrice, son berceau, progressivement les jouets qui évoluent avec son âge; un jeune sauvage a peut-être la tête pleine d'amour et de chasse, en fonction des activités de sa tribu.

Mais c'est une erreur, je le crains, d'attendre d'un enfant inculte ou d'un sauvage ces maximes abstraites et les fameux principes des sciences. Ce type de proposition générale n'est que rarement mentionné dans les huttes *indiennes ;* on les trouve encore moins parmi les pensées *enfantines ;* elles sont rarement imprimées dans l'esprit des idiots. Elles sont [b-]la langue et l'affaire[-b] des Écoles, des Académies, des nations cultivées, habituées à cette forme de conversation et de savoir où la *disputatio* est fréquente. En effet, ces maximes sont faites, pour l'argumentation formelle, elles sont utiles pour persuader; mais elles ne mènent pas à la découverte de la vérité

b. Remplace « ...les discours ... » à partir de la deuxième édition.

ni au progrès de la connaissance. J'aurai l'occasion de parler plus en détail de leur peu d'utilité pour améliorer la connaissance au chapitre 7 du livre 4.

§ 28
conclusion

J'ignore à quel point les maîtres en démonstration trouveront absurde mon propos ; sans doute ne convaincra-t-il
65 guère qui que ce soit | l'entendant pour la première fois. Je demanderai donc que l'on ne juge pas immédiatement et que l'on attende, pour critiquer, d'avoir entendu la suite de cet exposé : j'accepte totalement de me soumettre à ceux qui ont un jugement meilleur ; et puisque je cherche la vérité de façon impartiale, je ne serai pas désolé si l'on me convainc d'amour exagéré pour mes idées : c'est un risque général chez tous ceux qui travaillent avec trop d'ardeur et d'application à leurs idées.

De façon générale, je ne vois aucune raison de penser que ces deux célèbres maximes spéculatives[1] soient innées puisqu'on ne leur donne pas un assentiment universel et que l'assentiment qu'elles reçoivent de toutes parts n'est pas autre que celui qu'elles partagent avec plusieurs propositions qu'on ne dit pas innées ; en outre l'assentiment qu'on leur donne est produit d'une autre façon et vient d'une autre source que de l'inscription naturelle, comme je crois bien le montrer dans l'exposé qui suit. Et si l'on découvre que *ces premiers principes* de la connaissance et de la science *ne* sont *pas innés*, *il n'y aura aucune autre maxime spéculative qui puisse*, à mon sens, *y prétendre à meilleur titre*.

1. Voir 1.2.4.

CHAPITRE 3

IL N'EXISTE PAS DE PRINCIPES PRATIQUES INNÉS

§ 1

Il n'y a pas de principes moraux aussi clairs ni aussi généralement reçus que les principes spéculatifs dont on vient de parler

Les maximes spéculatives dont il était question dans le chapitre précédent ne recueillent pas de réel assentiment universel de l'ensemble de l'humanité, nous l'avons établi plus haut ; mais il est encore plus visible que *les principes pratiques sont loin d'être universellement reçus*. Il sera difficile à mon sens de donner un seul exemple de règle morale qui puisse prétendre à un assentiment aussi général et immédiat que *Ce qui est est,* ou une règle qui puisse être aussi manifestement vraie que *Il est impossible pour la même chose d'être et de ne pas être*. Il est de ce fait évident que ces principes moraux sont bien plus éloignés encore du droit au titre d'innés et que, plus facilement que pour les autres, leur statut d'impressions congénitales sera mis en doute. Ce qui ne remet nullement en question leur vérité : ils sont aussi vrais, même s'ils ne sont pas aussi évidents. Les maximes spéculatives | **66**
ont une évidence interne, alors que les principes moraux

exigent raisonnements, discours et exercice mental pour établir avec certitude leur vérité[1]. Ils ne se présentent pas à découvert comme des caractères naturels gravés sur l'esprit; s'ils étaient tels, ils seraient nécessairement d'eux-mêmes visibles, et connus avec certitude de tous par leur clarté interne. Et ceci ne diminue en rien leur vérité, leur certitude, pas plus que ne sont diminuées la vérité et la certitude de la proposition *Les trois angles d'un triangle sont égaux à deux droits* sous prétexte qu'il n'est pas aussi évident que *Le tout est plus grand que la partie* et qu'il n'est pas comme lui admis dès qu'on l'entend mentionné. Ces règles morales sont démontrables, ce qui peut suffire; c'est donc notre propre faute si nous n'en acquérons pas une connaissance certaine. Beaucoup ignorent ces règles, et d'autres leur donnent leur assentiment avec lenteur, ce qui prouve manifestement qu'elles ne sont pas innées ni de nature à s'offrir sans recherche à la vue.

§ 2

La fidélité et la justice ne sont pas reconnus par tous comme principes

Quant à savoir s'il existe le moindre principe moral qui fasse l'accord de tous, j'en appelle à toute personne un tant soit peu versée dans l'histoire de l'humanité, qui ait jeté un regard plus loin que le bout de son nez. Où trouve-t-on cette vérité pratique universellement acceptée sans doute ni problème aucuns, comme devrait l'être une vérité innée? La *justice* et le respect des *contrats semblent faire l'accord du plus grand nombre ;* c'est un principe qui, pense-t-on, pénètre jusque dans les repaires de brigands, et dans les bandes des plus grands malfaiteurs; et ceux qui sont allés le plus loin dans l'abandon de leur humanité respectent la fidélité et la justice entre eux. Je reconnais que les hors-la-loi eux mêmes les respectent entre eux; mais ces règles ne sont pas respectées

1. Cf. 4.3.18.

comme des Lois de Nature innées : elles sont appliquées comme des règles utiles dans leur communauté ; et on ne peut concevoir que celui qui agit correctement avec ses complices mais pille et assassine en même temps le premier honnête homme venu, embrasse la justice comme un principe pratique. La Justice et la Vérité sont les liens élémentaires de toute société : même les hors-la-loi et les voleurs, qui ont par ailleurs rompu avec le monde, doivent donc garder entre eux la fidélité et les règles de l'équité, sans quoi ils ne pourraient rester ensemble. | Mais qui soutiendrait que ceux qui vivent de **67**
fraude et de rapine ont des principes innés de vérité et de justice, qu'ils acceptent et reconnaissent ?

§ 3

Objection : les hommes nient dans leur pratique, mais ils admettent par leur pensée ; réponse

On objectera peut-être que par l'assentiment tacite de leur esprit ils approuvent ce que leur pratique contredit.

Je réponds *premièrement* que les actions des hommes ont toujours été pour moi les meilleurs interprètes de leurs pensées. Or il est certain que l'agir de la plupart et l'aveu explicite de quelques uns ont mis en cause ou nié ces principes ; il est donc impossible d'établir qu'il y ait un consentement universel (même si l'on ne le cherche que chez l'adulte) et sans lui, il est impossible de conclure que ces principes sont innés.

Deuxièmement, il est très étrange et déraisonnable de formuler l'hypothèse qu'existent des principes pratiques innés qui n'ont de but que spéculatif. Les principes pratiques issus de la Nature sont là pour produire un effet, la conformité de l'acte aux principes, et pas seulement un assentiment spéculatif à leur vérité ; sinon, c'est en vain qu'on les distingue d'avec les principes spéculatifs. Je reconnais que la Nature a mis en l'homme le désir du bonheur et le dégoût du malheur : ce sont de fait des principes pratiques innés, et comme il se doit pour

des principes innés, ils opèrent constamment et influencent sans cesse toutes nos actions ; on peut les observer en tout homme et à tout âge ; ils sont stables et universels. Mais ce sont des orientations de [a-]l'appétit vers le bien, et non des impressions de la vérité[-a] sur l'entendement. Je ne nie pas qu'il y ait des tendances naturelles imprimées sur l'esprit de l'homme, et que dès les premiers sensations et les premières perceptions, il y ait des choses agréables et d'autres désagréables, des choses vers lesquelles on tend et d'autres qu'on fuit. Mais ceci ne prouve en rien l'existence de caractères innés gravés sur l'esprit, qui doivent être des principes de connaissance réglant notre pratique. Loin de confirmer ce genre d'impressions naturelles sur l'entendement, cet argument les réfute ; en effet, s'il y avait de tels caractères imprimés par la Nature sur l'entendement, comme principes de la connaissance, on ne pourrait pas ne pas percevoir leur constant effet en nous et leur constante influence sur notre connaissance, comme nous percevons l'effet constant des autres principes sur notre volonté et notre appétition : ils ne cessent jamais leur fonction de sources et de motifs de toutes nos actions, vers lesquelles, comme nous le sentons perpétuellement, ils nous
68 poussent avec force.|

§ 4

Les règles morales ont besoin de preuve, donc ne sont pas innés

Il y a une autre raison qui me fait remettre en cause l'existence de tout principe pratique inné : *on ne peut*, à mon sens, *proposer une règle morale sans reconnaître à chacun le droit d'en demander la raison*, ce qui serait parfaitement ridicule et absurde si ces principes étaient innés, ou au moins évidents ; tout principe inné doit en effet être nécessairement évident, il ne doit exiger aucune preuve pour authentifier sa

a. Depuis la deuxième édition, remplace : « … de la volonté et de l'appétit, non impressions et caractères… ».

vérité, ni avoir besoin d'un motif pour emporter la conviction. Qui demanderait ou chercherait des raisons pour lesquelles *Il est impossible pour la même chose d'être et de ne pas être* serait dénué de bon sens, pense-t-on ; ce principe porte en lui sa propre lumière, sa propre évidence et n'a besoin d'aucune autre preuve : en comprendre les termes c'est l'accepter pour lui-même, et rien d'autre ne pourra jamais le convaincre de le faire. Si, en revanche, quelqu'un n'ayant jamais entendu auparavant la règle la moins contestée de la morale, le fondement de toute vertu sociale, dont il peut comprendre pourtant le sens : *Fais à autrui ce que tu voudrais qu'on te fasse*, ne pourrait-il pas sans absurdité en demander la raison ? Et celui qui la propose ne serait-il pas obligé de lui en montrer la vérité et la sagesse[1] ? Et ceci manifeste que ce principe n'est pas inné ; car s'il l'était, il n'aurait pas besoin de preuve, on ne pourrait lui en donner et on devrait au contraire le reconnaître et lui donner son assentiment (au moins dès qu'on l'entend et le comprend), comme une vérité assurée et absolument indubitable. Ainsi, la vérité de toutes ces règles morales dépend d'une autre vérité antérieure dont on doit la déduire, ce qui ne pourrait se produire, si ces principes étaient innés ou seulement évidents.

§ 5

Exemple : demeurer fidèle à la parole donnée

Il faut garder la parole donnée est assurément un grande règle irréfutable de la morale ; et pourtant si l'on demande à un chrétien qui envisage le bonheur et le malheur pour une autre vie pourquoi il faut garder sa parole, il *donnera comme raison* : « Parce que Dieu, qui a le pouvoir de vie et de mort éternelles, l'exige de nous ». Mais si on pose la question à un *hobbesien*, il répondra : « Parce que la chose publique l'exige et que le *Léviathan* vous punira si vous ne le faites pas ». Et si

1. Sagesse : *reasonableness*.

on l'avait posée à l'un des philosophes païens anciens, il aurait répondu : « Parce que c'est immoral, indigne d'un homme, opposé à la vertu qui est la plus haute perfection de la nature humaine, [b]-de faire autrement-[b] » [1].

§ 6

La vertu est en général approuvée non parce qu'innée, mais parce que profitable

C'est de là que naturellement vient la grande diversité des
69 opinions à propos | des règles morales ; elles varient parmi les hommes en fonction des différentes sortes de bonheur qu'ils envisagent ou cherchent à atteindre. Une telle diversité ne pourrait exister si les principes pratiques étaient innés, directement imprimés par la main de Dieu sur l'esprit. Je reconnais que l'existence de Dieu est, de multiples manières, manifeste ; je reconnais que l'obéissance qui lui est due s'accorde à la lumière de la raison ; et que, de ce fait, une grande partie de l'humanité témoigne de la Loi Naturelle [2]. Mais on doit néanmoins reconnaître, à mon sens, que beaucoup de règles morales peuvent recevoir de l'humanité un assentiment très général, sans que soit connu ou admis le véritable fondement de la moralité, qui ne peut être que [c]-la volonté et-[c] la loi de Dieu seul, lui qui voit l'homme dans le noir, [d]-qui détient récompenses et punitions-[d] et possède suffisamment de pouvoir pour [e]-demander des comptes-[e] au pécheur le plus orgueilleux. Car Dieu a uni de façon inséparable *vertu* et bonheur public ; il a fait de la pratique de la vertu une condition nécessaire au maintien de la vie sociale et un bénéfice évident pour tous ceux que rencontre le vertueux ; il

b. Texte ajouté à partir de la deuxième édition.
c. Texte ajouté à partir de la deuxième édition.
d. Texte ajouté à partir de la deuxième édition.
e. Depuis la deuxième édition, remplace « … punir … ».

1. Cf. 2.28.8-15.
2. Cf. 4.3.18.

n'est donc pas étonnant que chacun, non seulement accepte, mais aussi recommande aux autres, et exalte ces règles dont il tirera dès qu'elles seront pratiquées avantage pour lui-même. Il peut, par intérêt autant que par conviction, proclamer sacré ce dont le mépris ou la profanation lui enlèverait la sécurité et la vie[1]. Ceci n'ôte rien à l'obligation morale éternelle qui appartient évidemment à ces règles, mais montre que la reconnaissance extérieure, en paroles, de ces règles, ne prouve pas que ces principes soient innés; la reconnaissance extérieure ne prouve pas même que les gens donnent intérieurement en esprit l'assentiment à ces règles, comme règles de leur propre pratique, puisque l'on constate que l'intérêt personnel et les besoins de cette vie font que beaucoup de gens proclament ces règles et leur donnent un assentiment extérieur, quand bien même leurs actions prouvent suffisamment que ni le législateur qui a prescrit ces règles, ni l'enfer promis en punition à ceux qui transgressent la loi, ne les intéressent beaucoup.

§ 7

Les actions des gens nous persuadent que la règle de Vertu n'est pas leur principe interne

Si la politesse ne nous pousse pas à accorder trop de crédit aux déclarations de la plupart des *gens*, et si leurs actions sont pour nous les interprètes de leurs pensées, nous découvrirons en effet que la plupart *n'ont pas* ce respect intérieur | pour ces 70
règles, ni tant de certitude concernant leur validité et leur obligation. Le grand principe de la morale *Fais à autrui ce que tu voudrais qu'on te fasse*, est plus souvent loué que pratiqué. L'infraction à cette règle est vicieuse, mais plus encore on estimera qu'enseigner aux autres que ce n'est pas une règle morale, que ce n'est pas une obligation, est de la folie, opposée à ce que les hommes privilégient quand ils enfreignent eux-mêmes cette règle. La conscience sera sans

1. Cf. *infra*, 1.3.18, 2.28.11-12 et note.

doute invoquée pour réprimer de telles infractions et seront préservées ainsi l'obligation interne et la validité de la règle.

§ 8

La conscience n'est la preuve d'aucune règle morale innée

Voici ma réponse : je suis certain que beaucoup donnent leur assentiment à ces règles morales et sont convaincus de leur obligation, sans qu'elles soient écrites sur leur cœur, mais selon les mêmes processus que ceux qui servent à donner connaissance des choses extérieures. Beaucoup peuvent arriver à la même opinion, du fait de leur éducation, de leur entourage, des habitudes de leur pays ; ceci, *quelle que soit l'origine de leur conviction, servira à mettre à l'œuvre la conscience ;* conscience qui n'est rien d'autre que notre jugement personnel, notre opinion sur la rectitude ou le vice moraux de nos propres actions. Et si la conscience devait être la preuve des principes innés, on aurait des principes innés contradictoires, puisque des gens avec la même conviction de conscience cherchent ce que d'autres évitent.

§ 9

Exemples d'énormités pratiquées sans remords

Mais je ne peux saisir comment l'on pourrait jamais *transgresser avec calme et sérénité ces règles morales* si elles étaient innées et imprimées sur l'esprit. Songez seulement à une armée qui met à sac une ville et voyez s'ils observent des principes moraux, s'ils en ont le sens, s'ils ont tant soit peu de conscience, quand ils commettent tous ces crimes. Vols, meurtres, viols, sont les passe-temps de ceux qui sont à l'abri de toute punition et de toute critique. N'y a t il pas eu des nations entières, notamment parmi les plus civilisées, où l'on exposait les enfants, on les abandonnait dans les champs à la faim et aux animaux sauvages ; et cette pratique n'était pas plus condamnée que de les mettre au monde. N'enterre-t-on pas encore dans certains pays les enfants avec leur mère si elle meurt dans l'accouchement ? N'exécute-t-on pas ceux qu'un

soi-disant astrologue déclare nés sous une mauvaise étoile? N'y a-t-il pas des lieux où l'on tue ou expose les parents d'un certain âge, sans en concevoir aucun remords? | En *Asie*, il y a 71
une région où l'on met les malades par terre avant leur mort; on les laisse en plein air, exposés au vent et au mauvais temps, dès qu'on estime leur cas désespéré; on les laisse mourir sans aide ni compassion[α]. Il est fréquent chez les *Mengreliens*, peuple de qui se dit chrétien, d'enterrer sans scrupules les enfants vivants[β]. Il existe des lieux où l'on dévore ses propres enfants[γ]. Les *habitants des Caraïbes* avaient la coutume de castrer leurs enfant pour les engraisser et les manger[δ]. *Garcilasso de la Vega* nous dit qu'un peuple du *Pérou* avait coutume d'engraisser et de dévorer les enfants nés de captives gardées comme concubines à cette fin; et quand elles avaient passé l'âge d'enfanter, les mères étaient également tuées et dévorées[ε]. Les *Tououpinambos* croyaient qu'ils méritaient le Paradis en se vengeant et en dévorant beaucoup d'ennemis[ζ]; ils n'ont pas même de nom pour Dieu[η]; ils ne reconnaissent

α. Gruber d'après [Melchisédec] Thevenot, partie 4, p. 13 [*Recueil de Voyages*, Paris, 1681 in *The Library of John Locke*, ed. J. Harrisson & P. Laslett, Oxford, Clarendon Press, 1971, n°2889].

β. Lambert d'après Thevenot, p. 38 [*Ibid.*, Mengréliens : peuple de la côte actuelle de Géorgie].

γ. Vossius, *De Nili origine*, chap. 18, 19 [absent de la bibliothèque de Locke telle que recensée dans *The Library of John Locke*].

δ. P. Mart, dec. 1 [Martino Martini, *Sinicæ historiæ decas prima* ..., Amsterdam, 1658. *The Library of John Locke*, n° 1925).

ε. Garcilasso de la Vega, [*Le commentaire royal, ou l'*] *Histoire des Incas* [*du Peru*, Paris, 1633] livre 1, chapitre 12; [*The Library of John Locke*, n° 3058; cité aussi dans le *Traité du Gouvernement*, II, § 14].

ζ. [J.D.] Lery, [*Histoire d'un voyage fait au Brésil*, 1578], chapitre 16. [*The Library of John Locke*, n° 1718. Tupinamba est le nom d'une tribu indienne installée en Amazonie, puis chassée par la colonisation vers le rivage Atlantique du Brésil, réputée pour les luttes tribales et l'anthropophagie).

η. Lery, [*ibid.*], page 216.

aucun Dieu, n'ont aucune religion et n'adorent rien[θ]. Chez les *Turcs*, les saints ont une vie que la pudeur empêche de rapporter.

Voici un passage intéressant à ce sujet, extrait du voyage de *Baumgarten,* livre tel qu'on n'en rencontre pas souvent, et que je vais donc citer abondamment[f].

> Là, (c'est à dire près de *Belbès* en *Egypte*), nous avons vu un saint saracène [1], assis au milieu des dunes de sable, nu tel que sa mère l'avait mis au monde. C'est la coutume, nous ont appris des *Mahométans*, que les idiots et les fous, sont priés comme des saints et vénérés. Bien plus, ceux qui vivent toute leur vie dans le plus grand péché mais aussi dans la pénitence et la pauvreté volontaires, doivent être révérés comme sacrés. Ce genre de personnes dispose d'une liberté effrénée : ils entrent comme ils le veulent dans les maisons, mangent, boivent, et qui bien plus font l'amour ; le fruit éventuel de cette union est également considéré comme sacré. On honore beaucoup ces gens pendant leur vie, et après leur mort on leur érige d'immenses temples et d'immenses monuments ; les toucher ou les porter en sépulture est considéré
> 72 comme la plus grande chance. Nous avons appris tout ceci | de notre Mucrelus, avec l'aide d'un interprète. En outre, ce saint homme que nous avons vu à cet endroit était considéré, disait-on, avec la plus grande estime, comme quelqu'un de sacré, de surhumain, d'une intégrité particulière, car il n'avait jamais de

θ. [*ibid.*], page 231.

---

f. Le texte porte : « dans sa langue d'origine » car la citation qui suit est en latin dans le texte.

1. Membre d'une tribu du Nord de l'Arabie, opposée aux empereurs byzantins puis convertie à l'Islam.

rapports sexuels avec les femmes ou les jeunes, mais seulement avec des ânesses ou des mules[1].

Où sont donc ces principes innés de Justice, de Piété, de Gratitude, d'Équité et de Chasteté? Ou encore, où est ce consentement universel qui nous assure qu'il y a bien des règles congénitales de ce genre? Les meurtres au cours de duels, quand la mode les a rendus honorables, sont commis sans remords de conscience; l'innocence en ce cas est même en beaucoup d'endroits la plus grande ignominie. Et si nous regardons au-delà des mers pour considérer les hommes tels qu'ils sont, nous verrons qu'en un lieu on a du remords pour avoir fait ou omis ce que d'autres, en un autre endroit, estiment méritoire [1].

§ 10

Les hommes ont des principes pratiques opposés

Il suffit de regarder attentivement l'histoire de l'humanité, de chercher au delà des mers dans les nombreuses peuplades, de considérer avec impartialité leurs actes : mis à part les principes absolument nécessaires pour unir la société, couramment négligés d'ailleurs dans les relations entre sociétés différentes, on ne peut guère désigner un principe de moralité, ni penser à *une règle de vertu,* qui ne soit *méprisée* ou condamnée ici ou là par les habitudes de *sociétés* humaines *entières* gouvernées par des opinions pratiques et des règles de vie tout à fait opposées à celles d'autres.

ι. *Voyage de Baumgarten*, livre 2, chapitre 1, page 73 [Absent de la bibliothèque telle que présentée dans *The Library of John Locke*]. On verra d'autres choses du même genre sur ces fameux saints turcs dans la lettre du 25 janvier 1616 de Pietro della Valle. [*The Library of John Locke*, n° 3046. Note est insérée dans le texte original. La deuxième phrase de cette note a été ajoutée dans la cinquième édition].

---

1. Cf. d'autres exemples in *Essays on the Law of Nature,* chapitre 5, f° 68 *sq.*

§ 11

Des nations entières rejettent diverses règles morales

Une objection est ici possible : on ne peut conclure *que la règle n'*est *pas connue parce qu'elle est enfreinte.* Je reconnais que l'objection vaut là où les gens transgressent la loi sans pour autant la désavouer, là où la peur de la honte, de la critique, de la punition sont signes du respect qu'inspire la loi. Mais il est impossible de penser qu'une *nation entière* puisse *rejeter et renier publiquement* ce que chacun de ses membres sait avec certitude et assurance être une loi : si la loi est imprimée naturellement sur l'esprit, chacun doit la connaître comme loi. Il est possible que des gens admettent parfois des lois morales qu'en privé ils ne reconnaissent pas comme vraies, dans le seul souci de garder leur réputation et
73 l'estime de ceux qui sont | persuadés de leur obligation. Mais on ne peut imaginer toute une société humaine qui désavoue, qui rejette publiquement et ouvertement une règle, alors que chacun d'entre eux est absolument convaincu en son for intérieur que cette règle a valeur de loi, alors que chacun sait que tous les gens auxquels ils ont affaire savent qu'elle a valeur de loi ; alors donc que chacun doit craindre le mépris et la répulsion que mérite celui qui affiche son inhumanité ; celui qui confond les mesures naturelles et bien connues du juste et du mal, ne peut qu'être considéré comme l'ennemi déclaré de la paix et du bonheur. Tout principe pratique inné ne peut qu'être reconnu de tous comme juste et bon. C'est donc presque une contradiction de supposer que des nations entières démentent unanimement par leurs déclarations et leur pratique ce que chacun saurait avec une évidence absolue être vrai, juste et bon. Ce qui suffit pour nous prouver qu'une règle pratique, qui est enfreinte partout, par tous et avec l'assentiment ou l'autorisation publics, ne peut être supposée innée. Mais j'ai autre chose à ajouter en réponse à cette objection.

§ 12

Selon vous, l'infraction ne prouve pas que la règle soit inconnue. C'est vrai, mais l'*infraction partout et de tous autorisée* est une preuve que la règle n'est pas innée. Prenons par exemple n'importe quelle règle que la raison humaine déduit de la façon la plus évidente, une règle qui soit conforme à la tendance naturelle de la majorité des gens : peu auront alors l'impudence de la nier ou la sottise d'en douter. Parmi les règles que l'on peut croire naturellement imprimées, aucune n'a plus de titre valable à l'innéité que celle-ci : *Parents, protégez et aimez vos enfants.* Quand vous prétendez que c'est une règle innée, que voulez-vous dire ? Ou bien que c'est un principe inné qui en toute occasion suscite et mène les actions de tous les hommes ; ou bien que c'est une vérité imprimée sur l'esprit de tous les hommes, qu'ils connaissent donc et approuvent. Mais cette règle n'est innée en aucun de ces deux sens.

D'abord, une règle innée n'est pas un principe qui influence les actions de tous, je l'ai montré grâce aux exemples que je viens de citer, et il ne faut pas chercher aussi loin que Mengrelia ou le Pérou pour trouver des cas d'abandon, d'abus, et même de meurtre d'enfants ; il ne faut pas non plus y voir seulement quelque chose qui est plus que de la brutalité chez certains peuples sauvages et barbares, alors qu'on se souvient que c'était une pratique courante, acceptée par les | 74
Grecs et les Romains d'exposer sans pitié ni remords les enfants innocents.

Deuxièmement, il est également faux que ce soit une règle innée connue de tous. Car *Parents, protégez vos enfants*, loin d'être une vérité innée, n'est nullement une vérité. C'est un commandement, et non une proposition, et donc incapable de vérité ou de fausseté. Pour en faire quelque chose auquel on peut donner son assentiment comme vrai, il faut le réduire à une proposition comme : *C'est le devoir des parents de protéger leurs enfants.* Mais ce qu'est un devoir ne peut être compris sans loi ; et une loi ne peut être connue, ni supposée, sans législateur, sans récompense, sans punition. Il est donc impossible que ce principe ou n'importe quel autre soit inné, c'est-à-dire imprimé sur l'esprit comme un devoir, si l'on ne suppose pas innées les idées de Dieu, de loi, d'obligation, de punition, de vie après celle-ci ; car, en cette vie, l'infraction à la règle n'est pas suivie de punition ; et donc cette règle n'a pas force de loi dans les pays où la pratique généralement admise s'y oppose : tout ceci est de soi évident. Mais si n'importe quel devoir est inné, toutes ces idées doivent aussi être innées [1] ; or elles le sont si peu qu'on ne les trouve pas claires et distinctes chez tous les savants et tous les penseurs, et moins encore chez tout être vivant ; et dans le chapitre suivant il sera manifeste pour tout homme attentif que l'idée qui, de toutes, semble la plus apte à être innée (je veux dire l'idée de Dieu), ne l'est pas.

§ 13

De ce qui a été dit, on peut conclure en toute sécurité à mon sens que toute règle pratique enfreinte avec constance et indulgence en quelque lieu que ce soit, ne peut passer pour innée ; il est en effet impossible que l'on puisse sans honte ni crainte, avec assurance et sérénité, enfreindre une règle que de toute évidence l'on sait instituée par Dieu et liée pour toute effraction à une sanction (ce qu'on devrait savoir si la loi était innée) au point d'en faire une très mauvaise affaire pour le transgresseur. Sans une telle connaissance, un homme ne peut jamais être certain qu'il a des devoirs. L'ignorance ou la mise en doute de la loi, l'espoir d'échapper à la vue ou au pouvoir du législateur et de ses homologues, pourraient pousser les hommes à un désir immédiat ; mais supposons que quelqu'un voie côte à côte la faute et le fouet, la transgression et le feu prêt à la punir ; le plaisir tentateur et la main du Tout-puissant

1. Cf. 1.4.1.

visiblement levée pour exercer sa vengeance (tel est le cas lorsqu'un devoir est imprimé sur l'esprit), et dites-moi : pour des gens qui ont de telles perspectives et une connaissance aussi certaine, est-il possible d'enfreindre gratuitement et sans scrupule | cette loi qu'ils portent en eux en caractères inef- 75
façables, cette loi qui brille à leurs yeux au moment où ils l'enfreignent? Peut-on sentir imprimés en soi les édits d'un législateur tout-puissant et ignorer en foulant aux pieds avec assurance et joie ses injonctions les plus sacrées? Est-il possible enfin lorsqu'un homme défie ainsi ouvertement cette loi innée et le Législateur suprême, les observateurs, voire les gouvernants et les dirigeants du Peuple, qui possèdent pourtant le même sens de la loi et du législateur, tolèrent en silence cet acte, sans manifester leur désapprobation ni leurs blâmes.

Il existe bel et bien des principes d'actions situés dans les appétits humains, mais ce sont si peu des principes moraux innés que si on leur laissait libre cours ils pousseraient les gens à ruiner toute moralité. Les lois morales sont instaurées comme des freins et des barrières à ces désirs exorbitants, et elles ne peuvent jouer leur rôle que grâce à des récompenses et des punitions, qui s'opposeront à la satisfaction que chacun cherche dans l'infraction à la loi[1]. Si donc quoi que ce soit était imprimé comme une loi sur tous les esprits, tous devraient avoir une connaissance certaine et inévitable qu'une punition certaine et inévitable sera liée à l'infraction. Car si les gens peuvent ignorer ou mettre en doute ce qui est inné, c'est en vain qu'on privilégie, qu'on valorise les principes innés : la vérité et la certitude (ce qui est visé) ne sont nullement préservés par eux ; avec ou sans ces principes, les gens sont dans la même situation de flou et d'incertitude. La connaissance évidente et indubitable d'une punition inévitable, suffisamment lourde pour rendre la transgression tout à fait indési-

1. Cf. 2.28.5.

rable, devrait aller de pair avec la loi innée ; à moins qu'en plus de la loi innée, ils ne trouvent aussi le moyen de construire l'hypothèse d'un évangile inné.

Qu'on ne s'y trompe pas : ce n'est pas parce que je nie toute loi innée, que je pense qu'il n'y a que des lois positives. Il y a une énorme différence entre une loi innée et une loi naturelle, entre quelque chose imprimé sur notre esprit en sa forme originelle et quelque chose [g-]dont nous sommes ignorants mais que nous pouvons apprendre grâce à l'emploi et à l'application correcte de nos facultés naturelles[-g]. On déforme à mon avis autant la vérité quand on se précipite dans les extrêmes opposés, soit en affirmant qu'il existe une loi innée,
76 soit en niant qu'il existe une loi connaissable par la lumière naturelle (c'est-à-dire sans l'aide de la révélation positive). |

§ 14

Ceux qui défendent les principes innés ne nous disent pas ce qu'ils sont

La différence entre les gens concernant leurs principes pratiques est si évidente qu'il est à mon sens inutile d'en dire plus pour manifester que la découverte de la moindre loi morale innée au moyen de ce critère de l'assentiment général est impossible. Et cela suffit pour qu'on soupçonne l'hypothèse des principes innés de n'être qu'une opinion arbitrairement choisie. Ceux qui en parlent avec tellement d'assurance sont en effet fort avares d'*explications* sur *ce que sont ces principes ;* explications que l'on serait pourtant en droit d'attendre de ceux qui insistent sur cette opinion. Et il y a de quoi se méfier, soit de leur savoir, soit de leur charité : ils déclarent en effet que Dieu a imprimé sur l'esprit des gens les fondements de la connaissance et les règles de vie ; et malgré cela, ils sont si peu favorables à l'instruction de leur prochain et à la tranquillité de

g. Au lieu de ce passage, les éditions 1 à 3 disent : « dont on peut acquérir la connaissance par nos facultés naturelles, à partir de principes naturels ».

l'humanité qu'ils ne leur désignent pas ces principes, au milieu de la multitude de ceux qui égarent les gens [h].

En réalité, s'il y avait de tels principes innés, on n'aurait pas besoin de les enseigner; si les gens trouvaient ces principes innés marqués sur leur esprit, ils les distingueraient facilement d'avec les autres vérités apprises et par la suite; il n'y aurait rien de plus aisé à connaître que leur nature et leur nombre; il ne pourrait pas y avoir plus de doute sur leur nombre que sur celui des doigts de la main; et apparemment chaque système devrait être prêt à nous en donner le décompte. Mais puisque personne à ma connaissance ne s'est encore aventuré à en donner une liste, on ne peut blâmer ceux qui les mettent en doute : même ceux qui exigent que l'on croie en leur existence ne nous disent pas ce qu'ils sont. Il est facile de prévoir que si des gens de différentes sectes se mettaient à nous donner une liste de ces principes pratiques innés, il ne présenteraient que des principes en accord avec leurs propres hypothèses, propres à fonder la doctrine de leur école ou de leur église particulières; preuve évidente qu'il n'existe pas de ces vérités innées. Bien plus, beaucoup de gens, loin de trouver en eux de ces principes moraux innés, vont jusqu'à nier la liberté de l'humanité; l'homme devient alors pour eux une simple machine, et ils suppriment non seulement les règles morales innées mais toute règle quelle qu'elle soit; à ceux qui ne peuvent concevoir comment quelque chose qui n'est pas un agent libre peut être capable de loi, ils ne laissent aucune possibilité de croire en l'existence d'une telle loi; et sur cette base, il leur faut | nécessairement rejeter tout principe de vertu 77
qui ne peut *concilier moralité et mécanisme*, (il n'est pas facile de les concilier ou de les rendre compatibles).

h. Coste ajoute : « …de spéculation et de pratique ».

§ 15

Examen des principes innés de Lord Herbert

J'avais écrit ce qui précède quand on m'informa que, dans son *De Veritate*, Lord *Herbert* avait défini ces principes innés ; je l'ai donc consulté immédiatement, espérant trouver auprès d'une personne aussi habile de quoi me satisfaire sur ce point et mettre un terme à ma recherche. Dans son chapitre *Sur l'instinct naturel* (p. 76, dans l'édition de 1656) [1], j'ai trouvé pour ses notions communes les six critères que voici : *1) l'antériorité, 2) l'indépendance, 3) l'universalité, 4) la certitude, 5) la nécessité*, c'est-à-dire, explique-t-il, *celles qui permettent la conservation de l'homme, 6) le mode de confirmation* c'est-à-dire *l'assentiment sans délai* [i]. Et à la fin, dans son second petit traité *De Religione Laici*, voici ce qu'il dit (p. 3) [2] de ces principes innés : « Au point que les vérités qui sont partout à l'honneur ne sont pas enfermées dans les limites d'une quelconque religion ; elles sont en effet divinement inscrites dans l'esprit même et ne sont liées à aucune tradition, écrite ou non-écrite ». Et aussi : « Nos vérités universelles, inscrites comme les paroles assurées de Dieu, dans notre for interne » [3]. Après avoir ainsi donné les critères des principes innés ou des notions communes, après avoir affirmé qu'elles étaient imprimées sur l'esprit des gens par le doigt de Dieu, il poursuit par l'inventaire suivant : « 1) Il y a un être sacré suprême ; 2) cet être sacré doit être adoré ; 3) la vertu

i. Texte en latin dans l'original.

1. Édition de 1645, p. 60-61 (reprint : Stuttgart-Bad Canstatt, Friedriech Fromann Verlag, 1966) ; première édition 1624.

2. *Ibid*, p. 129 ; traduction de J. Lagrée dans H. de Cherbury, *La Religion du Laïc*, Paris, Vrin, 1989, p. 168. Deux petits traités, l'un *De Causis errorum* l'autre *De Religione Laïci* sont joints au *De Veritate* en 1645 ; la traduction de Coste : « à la fin de son petit traité », est fondée sur la lettre du texte de Locke, mais les trois citations sont réparties dans tout le Traité.

3. *Ibid.*, p. 135 ; trad. Lagrée, *ibid.* p. 172.

associée à la piété est la meilleure forme de culte envers Dieu; 4) il faut se repentir de ces péchés; 5) récompense ou peine sont attribuées après cette vie »[1]. J'admets que ce sont là des vérités claires et donc une créature rationnelle à qui on les expliquerait correctement ne pourrait s'empêcher de leur donner son assentiment. Je pense pourtant aussi que l'auteur est loin de prouver que ce sont des *impressions inscrites dans le for interne*. Qu'on me permette en effet les observations suivantes :

§ 16

D'abord, s'il était sensé de croire qu'il y eût des notions communes écrites ainsi sur notre esprit par le doigt de Dieu, cinq propositions serait une quantité soit insuffisante soit trop élevée. Il y a en effet d'autres propositions qui selon les principes de Lord Herbert ont autant de titres à l'antériorité et qui peuvent être aussi bien admises comme principes innés que les cinq qu'il énumère; par exemple *Fais ce que tu voudrais qu'on te fasse* et des centaines d'autres peut-être, si on y réfléchit bien.

§ 17

Deuxièmement, tous ses critères ne sont pas présents dans chacune des cinq propositions. Ainsi les critères un, deux et trois, | ne s'appliquent parfaitement à aucun de ces principes; et 78
le premier, le deuxième, le troisième, le quatrième et le sixième s'appliquent mal aux propositions trois, quatre et cinq. Car, outre que l'histoire nous assure que beaucoup de gens, et même des peuples entiers, mettent en doute certains principes (voire tous) ou n'y croient pas, je ne peux voir comment la proposition trois (*La vertu associée à la piété est le meilleur culte envers Dieu*), peut être un principe inné, alors que le nom ou le son *Vertu* est si difficile à comprendre, alors qu'il est susceptible de signification si incertaine, et alors que ce qu'il représente est si

1. *Ibid.*, p. 152; trad. Lagrée, *ibid.* p. 182. Citations en latin dans l'original.

discuté et si difficile à connaître. Ce n'est donc qu'une règle fort incertaine pour l'agir humain; elle ne sert que fort peu à la conduite de la vie. Il est donc tout à fait inopportun d'en faire un principe pratique inné.

§ 18

Regardons cette proposition du point de vue du sens (car c'est le sens, et non le son, qui est et doit être le principe ou la notion commune). *La vertu est le meilleur culte envers Dieu*, c'est-à-dire ce qui Lui est le plus acceptable. Si l'on entend par *Vertu*, comme on le fait le plus communément, ces actions que l'on tient pour estimables selon les opinions différentes de divers pays, cette proposition sera tellement peu certaine qu'elle ne sera pas vraie.

Si l'on entend par Vertu les actions conformes à la volonté de Dieu ou à la règle prescrite par Dieu – la seule véritable mesure de la vertu [j-]quand *vertu* est utilisé pour signifier ce qui est en soi-même juste et bon[-j] – alors cette proposition *La vertu est le meilleur culte envers Dieu* sera parfaitement vraie et certaine, mais peu utile pour la vie humaine : en effet, cette proposition se réduira à *Dieu se réjouit quand on fait ce qu'il commande*, proposition dont on peut connaître assurément la vérité sans savoir ce que Dieu commande effectivement; on est alors aussi éloigné qu'auparavant de toute règle ou principe pour l'action. Et peu de gens à mon sens prendront pour principe moral inné écrit sur l'esprit de tous, ce qui se réduit à *Dieu se réjouit quand on fait ce que lui-même commande*, puisque ce principe donne si peu d'information (quelles que soient sa vérité et sa certitude). Toute personne qui le fait, considèrera à juste titre des centaines de propositions comme principes innés, puisque nombre d'entre elles méritent autant d'être considérées comme tels, alors que personne ne les a jamais mises au rang des principes innés.

j. Ajout à partir de la deuxième édition.

§ 19

Et la quatrième proposition (*les gens doivent se repentir de leurs péchés*) n'apporte pas plus d'information tant que
l'on n'a pas posé quelles actions sont | visées par *péchés ;* en 79
effet : le mot *peccata* ou *péchés* étant utilisé comme on le fait souvent pour signifier de façon générale les mauvaises actions qui attireront la punition sur leurs auteurs, quel est ce grand principe moral qui nous dit de regretter et d'arrêter de faire ce qui nous fera du tort, alors que l'on ne sait pas quelles sont ces actions particulières qui produiront ces ennuis ? C'est effectivement une proposition tout à fait vraie, et digne d'être apprise et admise par ceux que l'on a prétendument éduqués quant aux actions qui sont, dans chaque domaine, des péchés. Mais on ne peut imaginer inné ni ce principe, ni le précédent ; et pour qu'on puisse imaginer qu'ils servent à quelque chose, il faudrait en outre que les mesures et les limites propres de chaque vertu et de chaque vice soient gravées dans l'esprit des gens et qu'elles soient aussi des principes innés, ce qui est à mon avis tout à fait douteux.

On croira donc à peine possible, j'imagine, que Dieu grave des principes dans l'esprit des gens, avec des mots d'une signification aussi incertaine que *vertus* et *péchés*, mots qui représentent des choses différentes chez des personnes différentes. On ne peut même pas supposer que ces principes résident en quoi que soit dans des mots : dans la plupart des principes, en effet, les mots sont des noms très généraux qui ne peuvent être compris sauf à savoir quelles choses particulières sont regroupées sous ces noms. Et dans le domaine de la pratique, les mesures doivent être tirées de la connaissance des actes mêmes ; les règles de l'action doivent être dissociées des mots et antérieures à la connaissance des noms : ces règles doivent être connues quelle que soit la langue qu'on ait pu apprendre, que ce soit l'anglais ou le japonais ou qu'on n'en apprenne aucune ou qu'on ne comprenne jamais le sens des mots comme les sourds-muets. Quand on établira que des

gens qui ignorent les mots, qui n'ont pas été formés par les lois et coutumes de leur pays, savent que le culte divin inclut ce qui suit : ne pas tuer un autre homme, ne pas vivre avec plus d'une femme, ne pas provoquer d'avortement, ne pas exposer ses enfants, ne pas prendre à autrui ce qui lui appartient même si on en a besoin, mais au contraire le soulager et subvenir à ses besoins ; et quand on a fait le contraire, devoir se repentir, regretter, prendre la résolution de ne plus recommencer ; quand, dis-je, on aura prouvé que tous les hommes connaissent et acceptent effectivement tout ceci et mille autres règles similaires, qui toutes sont liées aux deux mots utilisés plus haut : *virtutes* et *peccata*, *vertus* et *péchés*, alors on aura plus de raison de prendre ces principes et leurs analogues pour des
80 notions communes et des principes pratiques. |

Et pourtant après tout cela, le consentement universel (s'il existait en matière de principes moraux) à des vérités que l'on peut connaître d'une autre façon ne peut guère servir de preuve de leur innéité. C'est là tout ce que je veux montrer.

§ 20

Réponse à l'objection : les principes innés peuvent être corrompus

Il ne servirait pas non plus à grand chose de présenter ici la réponse facile, mais pas très adaptée : *par l'éducation et la coutume*, par l'opinion générale de notre entourage, les *principes innés* de moralité *peuvent être obscurcis* et à terme complètement *évacués* de l'esprit humain. Si cette affirmation est vraie, elle annule complètement l'argument du consentement universel dont on se sert pour tenter de prouver la thèse de l'innéité des principes ; à moins que ces gens n'estiment raisonnable de faire passer leurs convictions privées ou celles de leur secte pour un consentement universel. Ce qui n'est pas peu fréquent lorsque des gens se prennent pour les seuls maîtres de la droite raison et rejettent les choix et les opinions du reste de l'humanité comme non valables. Et ensuite ils raisonnent ainsi : les principes dont toute l'humanité reconnaît la vérité sont innés; ceux qu'admettent les gens de droite raison sont les principes admis par toute l'humanité; nous, et ceux qui pensent comme nous, sommes des gens de raison; donc puisque nous nous accordons, ces principes sont innés. C'est une belle façon de raisonner, et une voie rapide vers l'infaillibilité; car, autrement, il serait très difficile de comprendre comment pourraient exister des principes que tout le monde et admet. Pourtant, il n'y a pas le moindre de ces *principes* qui ne soit en de nombreux cas *effacé de l'esprit par des habitudes vicieuses et une mauvaise éducation.* Ceci revient à dire que tous les gens les admettent mais que beaucoup les nient et pensent différemment. De fait, supposer de tels principes ne nous servira pas à grand chose; avec ou sans eux, nous serons également dans l'embarras si n'importe quel pouvoir humain – la volonté de nos maîtres, l'opinion de nos compagnons – peut les modifier, ou les détruire en nous. Malgré cet affichage de premiers principes et de lumière innée, nous serons dans le noir et l'incertitude autant que s'il n'y avait rien eu du tout. C'est en effet la même chose de n'avoir aucune règle et d'en avoir une pervertie ici ou là, ou encore de ne pas savoir quelle est la bonne parmi plusieurs règles différentes et contraires.

Mais je voudrais que ces gens me disent, à propos des principes innés, s'ils peuvent ou non être estompés et effacés par l'éducation et les habitudes. S'ils | ne peuvent être effacés, 81
on devra les trouver identiques dans toute l'humanité et clairs en chacun. S'ils peuvent subir des modifications du fait de notions adventices, ils doivent être plus clairs et plus évidents à la source, chez les enfants et les illettrés qui ont été moins impressionnés par des opinions externes. Quelle que soit leur position, ils la trouveront en contradiction avec les faits évidents et l'observation quotidienne.

§ 21

Principes contraires, de par le monde

Je reconnais sans difficultés que de nombreuses *opinions* sont acceptées et *embrassées* par des gens de pays, d'éducation, de tempéraments différents *au titre de principes premiers et indubitables*, alors que leur absurdité et leur contradiction mutuelle font que *beaucoup d'entre eux ne peuvent être vrais*. Et pourtant, quelle que soit l'irrationalité de toutes ces propositions, elles sont considérées comme tellement sacrées ici ou là que des gens, mêmes sensés par ailleurs, préfèreront se défaire de la vie et de ce qui leur est le plus cher plutôt que de mettre en doute ou d'accepter que d'autres remettent en question la vérité de ces propositions.

§ 22

Comment ordinairement les gens acquièrent leurs principes

Aussi étrange que cela puisse sembler, c'est ce que l'expérience de chaque jour confirme ; et cela ne paraîtra pas trop étonnant si nous observons les *processus* et les *étapes par lesquels des doctrines* qui n'ont pas de meilleure origine que la superstition d'une nourrice ou le prestige d'une vieille femme, en arrivent effectivement, avec le temps qui passe et l'unanimité des proches, à *s'élever à la dignité de principes* religieux ou moraux.

Ceux qui veillent (comme ils disent) à donner de bons principes aux enfants (bien peu sont démunis d'un lot de principes pour enfants auxquels ils accordent foi), distillent dans l'entendement jusque là sans prévention ni préjugés ces doctrines qu'ils voudraient voir mémorisées et appliquées (n'importe quel caractère se marque sur du papier blanc) : elles sont enseignées aussitôt que l'enfant commence à percevoir et, quand il grandit, on les renforce par la répétition publique ou par l'accord tacite du voisinage ; ou au moins par l'accord de ceux dont l'enfant estime la sagesse, la connaissance et la piété et qui n'acceptent que l'on mentionne ces principes autrement

que comme la base et le fondement sur lesquels bâtir | leur 82
religion et leurs mœurs : ainsi ces doctrines acquièrent-elles la réputation de vérités innées, indubitables et évidentes par elles-mêmes.

§ 23

On peut ajouter que, lorsque des gens éduqués ainsi grandissent et reviennent sur ce qu'ils pensent, ils n'y peuvent rien trouver de plus ancien que ces opinions qu'on leur a enseignées avant que la mémoire ait commencé à tenir le registre de leurs actes ou des dates d'apparition des nouveautés ; ils n'ont dès lors aucun scrupule à *conclure que ces propositions dont la connaissance n'a aucune origine perceptible en eux ont été certainement imprimées* sur leur esprit *par Dieu ou la Nature et non enseignées par qui que ce soit*. Ils conservent ces propositions et s'y soumettent avec vénération, comme beaucoup se soumettent à leurs parents : non pas parce que c'est naturel (dans les pays où ils ne sont pas formés ainsi, les enfants n'agissent pas ainsi) mais parce qu'ils pensent que c'est naturel ; ils ont en effet toujours été éduqués ainsi et n'ont pas le moindre souvenir des débuts de ce respect.

§ 24

Ce processus paraîtra très vraisemblable, et presque inévitable, si l'on considère la nature de l'humanité et la façon dont se déroule la vie humaine : *beaucoup de gens n'y peuvent subsister sans utiliser leur temps à travailler au jour le jour pour leur métier ni avoir l'esprit tranquille sans quelques fondement ou principes sur lesquels faire reposer leurs pensées*. On trouvera difficilement quelqu'un, même instable et superficiel d'esprit, qui n'ait certaines propositions vénérées, principes sur lesquels il construit ses raisonnements et qui lui servent à juger le vrai et le faux, le juste et l'injuste ; et certains manquent d'habileté et de temps, certains autres d'intérêt, et d'autres encore ont appris qu'ils ne doivent pas les examiner, si bien qu'on en trouve peu qui ne soient exposés par ignorance, paresse, éducation ou précipitation, à accepter ces *principes par pure confiance.*

§ 25

Tel est évidemment le cas des enfants et des jeunes ; mais en plus, la coutume (pouvoir plus grand que la Nature) manque rarement de leur faire considérer comme divin ce qu'elle les a habitués à respecter en abaissant la pensée et en soumettant l'entendement : il ne faut donc guère s'étonner que, devenus *adultes*, embourbés dans les nécessités de la vie et acharnés dans la course aux plaisirs, ils ne s'arrêtent *jamais pour examiner sérieusement leurs propres dogmes*, en particulier lorsque l'un de leurs principes dit qu'un principe ne doit jamais être mis en question. Et si l'on en avait le loisir, les moyens intellectuels et la volonté, qui oserait secouer les
83 fondations de toutes | ses pensées et actions passées, et s'attirer la honte d'avoir été longtemps dans l'erreur totale ? Qui serait assez audacieux pour lutter contre les critiques de toutes parts contre ceux qui osent différer des opinions reçues de leur pays ou de leur camp ? Et où trouvera-t-on l'homme prêt à supporter patiemment les qualificatifs de capricieux, de sceptique ou d'athée (ce dont peut être sûr celui qui tente un tant soit peu de critiquer une quelconque des opinions communes) ? *Il craindra plus encore de mettre en question ces principes* quand, comme beaucoup, il les prendra pour des normes établies en son esprit par Dieu pour y devenir la ligne directrice et la pierre de touche de toutes ses autres opinions. Enfin, qu'est ce qui pourrait bien l'empêcher de les croire sacrés quand il découvrira que ce sont ses pensées les plus anciennes, celles qui sont aussi les plus vénérées des autres ?

§ 26[k]

Il est facile d'imaginer comment les *gens* en viennent ainsi à adorer les idoles installées dans leur esprit, tombent amoureux des notions longuement fréquentées, *qualifient de divines des absurdités et des erreurs*, deviennent adorateurs consacrés de taureaux et de singes, se battent, luttent et meurent pour défendre leurs opinions. « Il croit qu'il faut avoir pour dieux seulement ceux que lui-même vénère »[1].

Les facultés de raisonner en l'âme sont assez constamment utilisées, même si ce n'est pas toujours avec prudence ni sagesse ; mais, faute de bases, elles ne savent comment se conduire : par insouciance ou paresse, la plupart des gens en effet ne pénètrent pas dans les fondements de la connaissance ; ou bien le manque de temps, le manque de soutien authentique, ou d'autres raisons encore, ne le leur permettent pas ; ils ne pistent donc pas la vérité jusqu'à sa source originaire, et ils s'attachent naturellement, presque inévitablement, a des principes empruntés qu'ils estiment, sous prétexte qu'ils sont preuves évidentes d'autre chose, ne pas avoir eux-mêmes besoin de preuves. Toute personne qui acceptera l'un de ces principes en son esprit, [l]-qui l'y cultivera avec la révérence habituellement due à des principes, c'est-à-dire sans se hasarder jamais à l'analyser, mais au contraire en s'habituant à y croire-[l] parce qu'il faut y croire, pourra prendre n'importe quelle absurdité tirée de son éducation et des modes | locales pour un principe inné ; s'il se fixe 84
longtemps sur les mêmes thèmes, il s'aveuglera tellement qu'il prendra les monstres qu'il a dans l'esprit pour les images de la divinité et le produit de ses mains

k. Coste : titre de section : *Comment les hommes viennent pour l'ordinaire à se faire des principes.*

l. Texte qui depuis la deuxième édition remplace : « … sans examen convenable, mais les croit … ».

1. En latin dans le texte : “ Dum solos credit habendos esse deos, quod ipse colit ” (Juvénal, *Satyres*, 15.37-38).

§ 27

Les principes doivent être examinés

Sur cette voie, combien y en a-t-il qui parviennent à des principes qu'ils croient innés : on peut facilement l'observer par la diversité des principes contradictoires qui sont soutenus et défendus par des gens de toute espèce et de toute condition. Nier que la plupart des gens acquièrent la conviction de la vérité et de l'évidence de leurs principes par cette méthode-là, serait se compliquer la tâche : comment trouver alors une autre façon d'expliquer les positions contradictoires crues avec fermeté, affirmées avec assurance, et que beaucoup sont prêts à sceller n'importe quand de leur sang.

Si les principes innés avaient le privilège d'être acceptés sur leur propre autorité sans examen, je me demande ce qu'on aurait le droit de ne pas croire et comment on pourrait mettre en question les *principes* de quiconque[1]. S'ils peuvent, s'ils *doivent être examinés* et vérifiés, je voudrais savoir comment des principes premiers et innés peuvent être vérifiés ; il est raisonnable du moins d'exiger les signes et les critères qui permettraient de distinguer les principes innés véritables des autres ; ceci afin qu'au milieu de la foule des prétendants à ce titre, je puisse être prémuni contre l'erreur sur un point aussi important. Lorsque ce sera fait, j'accepterai d'embrasser des propositions si bénéfiques et si utiles ; mais en attendant, j'ai le droit de douter modestement : le consentement universel, qui est le seul critère proposé, ne sera certainement pas une marque suffisante pour diriger mon choix, ni pour me garantir qu'il existe le moindre principe inné.

De tout ce que j'ai dit, il résulte, je pense, qu'il est hors de doute qu'aucun principe pratique ne fait l'unanimité et donc qu'aucun n'est inné.

1. Cf. 1.4.24 ; 4.19.2.

CHAPITRE 4

AUTRES PROPOS SUR LES PRINCIPES INNÉS, AUSSI BIEN SPÉCULATIFS QUE PRATIQUES

§ 1

Les principes ne sont pas innés à moins que leurs idées ne soient innées

Si ceux qui veulent nous persuader qu'il existe des principes innés ne les avaient pas pris comme un tout, mais avaient considéré, | séparément, les éléments constitutifs des 85
propositions, peut-être auraient-ils eu moins tendance à croire à leur innéité. En effet, si les idées qui constituent ces vérités ne sont pas innées, il est impossible que les propositions constituées à partir d'elles le soient et que la connaissance que nous en avons soit congénitale; car si les idées ne sont pas *innées*, il y a eu un moment où l'esprit a été sans ces principes; et donc ces principes ne sont pas innés, mais dérivés d'une autre source. Car là où il n'y a pas même d'idées, il ne peut y avoir à propos de ces idées ni connaissance, ni assentiment, ni proposition mentale ou verbale.

§ 2

Les idées, spécialement celles qui composent les principes, ne naissent pas avec les enfants

Si l'on observe attentivement des *nouveaux nés*, les raisons de penser qu'ils viennent au monde avec beaucoup d'idées sont minces. Exceptées peut-être quelques vagues idées de faim, de soif, de chaleur et quelques douleurs qu'ils *ont* pu ressentir dans le sein [de leur mère], *aucune idée* en effet *ne* semble en quoi que ce soit présente en eux, et notamment pas *les idées répondant aux termes constitutifs de ces propositions universelles*, interprétées comme principes innés. On peut remarquer comment par degrés les idées pénètrent ensuite dans leur esprit, et voir qu'ils n'en acquièrent ni plus, ni d'autres, que celles que leur procurent l'expérience et l'observation des choses rencontrées. Ce qui suffirait pour montrer que ce ne sont pas des caractères originairement imprimées sur l'esprit.

§ 3 [a]

Il est impossible pour une même chose d'être et de ne pas être serait certainement un principe inné, s'il y en avait. Mais peut-on penser ou dire que l'*impossibilité*, l'*identité* sont deux idées innées ? Est-ce le genre de choses que possède toute l'humanité, qu'elle apporte avec elle dans le monde ? Sont-elles les premières chez les enfants, antérieures à toutes les *idées* acquises ? Si ces idées étaient innées, ce devrait pourtant être nécessairement le cas. Est-ce qu'un enfant a une idée de l'*impossibilité*, de l'*identité*, avant d'avoir celles de *blanc* ou de *noir*, de *doux* ou d'*amer ?* Est-ce à partir de la connaissance de ce principe qu'il conclut que la tétine enduite d'absinthe n'a pas le même goût que d'habitude ? Est-ce la connaissance effective de *Il est impossible qu'être et ne pas être soient la même chose* [1], qui permet à un enfant de distinguer entre sa

a. Coste : intertitre : «Preuve de la même vérité ».

1. En latin dans le texte : « Impossibile est idem esse, et non esse ».

mère et une étrangère ou qui lui fait aimer la première et fuir l'autre ? Ou est-ce que l'esprit se règle, et règle son assentiment, en fonction d'idées qu'il n'a jamais eues ? Ou est-ce que
| l'entendement tire des conclusions de principes qu'il ne 86
connaît ou ne comprend pas encore ? Les noms *Impossibilité*, *Identité* tiennent lieu d'idées qui sont *si peu innées* ou congénitales que beaucoup de soin et d'attention sont à mon sens nécessaires si l'on veut qu'elles se forment correctement dans l'entendement. Elles sont si loin d'être introduites dans le monde avec nous, elles sont si différentes des pensées d'enfant et de jeune, que l'analyse découvrira, je crois, qu'elles font défaut à beaucoup d'adultes.

§ 4
L'identité, idée non innée

Supposons que l'*identité*[1] (pour s'appuyer sur ce seul exemple) soit une impression congénitale ; elle devrait de ce fait être si claire et évidente que nous devrions nécessairement la connaître depuis le berceau. Aussi aimerais-je qu'une personne de sept ans, ou de soixante-dix ans, m'éclaire et me dise alors si un homme, créature faite d'une âme et d'un corps, est le même homme quand son corps change. Est-ce que *Euphorbe* et *Pythagore* qui ont eu la même âme étaient le même homme, alors qu'ils ont vécu à plusieurs siècles de distance, et est-ce que le coq qui avait la même âme n'était pas le même que les deux premiers ? Par où l'on verra sans doute que notre *idée de la similitude n'est pas* assez établie ni assez claire pour mériter d'être considérée comme *innée* en nous. Car si ces idées innées ne sont pas claires et distinctes au point d'être universellement connues et naturellement acceptées, elles ne peuvent constituer les sujets de vérités universelles et assurées ; elles ne seront inévitablement que la cause d'une

1. Voir le chapitre 2.27 sur l'identité et la distinction homme / personne notamment à propos de la Résurrection.

incertitude perpétuelle. Je pense en effet que l'*idée* d'*identité* ne sera pas la même en chacun que celle de *Pythagore* et de mille autres de ses disciples ; quelle sera alors la vraie ? Laquelle sera innée ? Ou bien y a t il deux idées d'*identité* différentes, toutes deux innées ?

§ 5

Il ne faut pas croire que les questions que j'ai posées sur l'*identité* de l'homme ne sont que pures et vaines spéculations ; et ne seraient-elles que cela, ce serait suffisant pour montrer qu'il n'y a *aucune idée innée* d'identité dans l'entendement des gens. Celui qui réfléchit avec tant soit peu d'attention à la Résurrection, et au fait que la justice divine au dernier jour mettra en jugement la personne même pour lui accorder bonheur ou malheur en l'autre monde selon qu'elle a agi bien ou mal en celui-ci, aura sans doute quelques difficultés à se décider sur ce qui fait le même homme ou sur ce en quoi consiste l'*identité*[1]. Et il n'osera pas penser que lui, n'importe qui, ou les enfants mêmes, en ont naturellement une idée
87 claire. |

§ 6

Le tout et la partie ; ce ne sont pas des idées innées

Examinons ce principe de mathématique *Le tout est plus grand que la partie*. Il est classé, je suppose, parmi les principes innés et je suis prêt à croire qu'il a autant de titre qu'un autre à être ainsi compris. C'est pourtant impossible, dès que l'on considère les idées dont il est composé : *tout* et *partie* sont des idées totalement relatives ; et les idées positives auxquelles immédiatement et réellement elles appartiennent sont l'étendue et le nombre : *tout* et *partie* sont des relations de ces seules idées positives. Donc si *tout* et *partie* sont des idées innées, *étendue* et *nombre* doivent l'être aussi, puisqu'il

1. Cf. 2.27.26.

est impossible d'avoir une idée de la relation sans en avoir de la chose à laquelle elle appartient et en qui elle se fonde. Et je laisse aux défenseurs des principes innées le soin de décider si les esprits humains ont, naturellement imprimées en eux, les idées d'étendue et de nombre.

§ 7

L'idée d'adoration n'est pas innée

Dieu doit être adoré est sans aucun doute une vérité parmi les plus importantes qui puissent venir à l'esprit d'un homme, et elle mérite le premier rang dans l'ordre des principes pratiques. Et pourtant on ne peut en aucune façon la concevoir comme innée, à moins que les idées de *Dieu* et d'*adorer* ne soient innées. L'idée dont tient lieu le terme *adorer* n'est pas dans l'entendement d'un enfant, n'est pas plus un caractère imprimé sur l'esprit dès ses premiers moments : toute personne qui observe le petit nombre d'adultes qui en ont une notion claire et distincte l'admet facilement je pense. Et rien n'est plus ridicule, j'imagine, que de dire que les enfants ont pour principe pratique inné *Dieu doit être adoré*, alors qu'ils ignorent ce qu'est adorer Dieu, qui est leur devoir. Mais passons.

§ 8

L'idée de Dieu n'est pas innée

Pour de multiples raisons, l'idée de Dieu mérite plus que toute autre d'être considérée comme *innée,* puisqu'il est difficile de concevoir comment des principes moraux innés peuvent exister sans idée innée *d'une divinité :* sans la notion d'un législateur, il est impossible d'avoir la notion d'une loi ni l'obligation de l'observer. Il y avait déjà les athées recensés parmi les anciens et dont l'Histoire a gardé la trace infamante ; mais ces derniers temps la navigation vient de découvrir dans

la baie de *Saldanha*[α], au *Brésil*[β], au *Boranday*[γ], et aux
88 *Caraïbes*, etc. des nations entières sans aucune notion de | Dieu [b-]ni aucune religion[-b]. Nicolas del Techo affirme dans ses *lettres du Paraguay sur la conversion des Caaigua* : « J'ai découvert que ce peuple n'a aucun terme qui signifie *Dieu* ni *âme humaine*, qu'il n'a aucun objet sacré, ni aucune idole »[δ]. [c-]Ce sont des exemples de nations où la nature brute a été laissée à elle-même, sans l'aide de la culture et de la méthode, sans les progrès des Arts et des Sciences ; mais on trouve d'autres nations qui en ont grandement bénéficié et qui, faute d'avoir bien utilisé leurs pensées sur ce sujet, n'ont pourtant ni l'*idée* ni la connaissance de Dieu. On sera comme moi étonné, sans doute, de trouver parmi eux les *Siamois ;* mais il

α. Rhoe apud Thevenot, p. 2 [Melchisédec THEVENOT, *Relations de divers voyages curieux*, Paris, 1672 ou *Recueil de Voyages*, Paris, 1681 ; in *The Library of John Locke*, n°2889-2890, déjà cité en 1.3.9]. Cf. 1.4.12 et note.

β. Jean de Léry, [*Navigatio in Brasiliam*, Francoforti am M., 1590 ou *Histoire d'un voyage fait en Brésil*, 1578] chapitre 16. [in *The Library of John Locke*, n°1717 ou 1718 ; déjà cité en 1.3.9].

γ. Martinière [*Pierre Martin de la, Voyage des pais septentrionaux*, Paris, 1676 ; in *The Library of John Locke*, n° 1928], 201/322 [= p. 201], Terry [Edward, *A Voyage to East India*, London, 1655, *ibid.*, n° 2857], 17/545, & 23/545, Ovington [John, *Voyage to Suratt*, Londres, 1696, *ibid.*, n° 2160], 489/608.

δ. *Relatio triplex de rebus Indicis Caaiguarum* 43/70 [Ouvrage qui ne figure apparemment pas dans *The Library of John Locke*] ; [texte en latin : Nicolaus del Techo in *literis, ex Paraquaria de Caaiguarum conversione :* « Reperi eam gentem nullum nomen habere, quod Deum, et Hominis animam significet, nulla sacra habet, nulla Idola ». Le Paraguay a été longtemps terre de missions et d'expérimentation socio-ethnologique pour les Jésuites. Les Caaigua sont localisés sur les rives du Jujuy, affluent gauche du Paraguay, Departement San Pedro, à environ 200 km. au nord nord-est d'Asunción, par le Marquis de Wavrin qui les a visités au début du XXe siècle].

---

b. Ajout des éditions 4 et 5.

c. Ajout des éditions 4 et 5.

suffit de consulter le dernier émissaire du roi de *France* là-bas[ε], qui ne donne pas de meilleure description non plus des *Chinois*[ζ-c]. Et pour ceux qui ne croient pas *La Loubère*, les missionnaires de *Chine*, – les jésuites même, ces grands défenseurs des *Chinois* – s'accordent comme un seul homme pour nous convaincre que la secte des *Lettrés*, fidèles de l'ancienne religion de la Chine, parti dominant là-bas, est entièrement athée[η]. Si l'on faisait attention à la vie et aux propos de peuples qui sont moins lointains, on verrait sans doute que malheureusement beaucoup de gens de pays plus civilisés n'ont sur l'esprit aucune marque très forte ni très claire de la divinité : les doléances faites du haut de la chaire contre l'athéisme ne sont pas sans fondement. De nos jours, seuls quelques scélérats débauchés avouent leur athéisme trop ouvertement ; mais peut-être aurions-nous plus souvent des révélations de ce genre sur d'autres personnes, si la peur de l'épée du magistrat ou de la critique du voisin ne liait les langues ; si toute crainte de punition ou de honte était supprimée, les langues proclameraient leur athéisme aussi ouvertement que les comportements [d].| 89

ε. La Loubère [Simon de], *du Royaume de Siam* [Amsterdam, 1691] t. 1, c. 9, sect. 15 et c. 20, sect. 22 & c. 22, sect. 6. [*The Library of John Locke* n° 1811].

ζ. *Ibid.* t. 1, chap. 20, sect. 4 et chap. 23.

η. Voir Navarette, *Collection de Voyages*, vol. 1, et *Historia Cultus Siniensum* [Domingo Fernandez Navarrete, *Tratados historicos, politicos, ethicos y religiosos de la monarchia de China...*, Madrid, 1676 ; in *The Library of John Locke*, n° 1108b].

---

d. La cinquième édition ajoute une note : « Ce raisonnement de l'auteur contre les idées innées a été fort blâmé, car il semble invalider un argument souvent utilisé pour prouver l'existence de Dieu, le consentement universel. Notre auteur répond : … (citation de la correspondance avec Stillingfleet, donnée en annexe, fin de volume 2) ».

§ 9

Néanmoins, même si l'humanité entière avait la *notion d'un Dieu* (ce que dément l'Histoire) il ne s'ensuivrait *pas* que l'*idée* de Dieu soit *innée*. Même si l'on ne peut trouver aucune nation sans nom et sans notions élémentaires de Dieu, cela ne prouverait pas qu'ils soient dus à des impressions naturelles sur l'esprit : les noms de *feu*, de *soleil*, de *chaleur*, de *nombre*, sont acceptés et connus de tous dans l'humanité et pourtant cela ne prouve pas que les idées représentées soient innées.

A l'opposé, le manque de nom ou l'absence d'une telle notion dans l'esprit n'est pas plus un argument contre l'existence de Dieu que l'absence de la notion et du nom d'aimant dans une grande partie de l'humanité ne prouverait l'absence d'aimant dans le monde; et qu'il n'y ait pas différentes espèces distinctes d'anges ou d'êtres intelligents au-dessus de nous, n'est pas prouvé parce que nous n'avons pas d'*idées* de ces espèces distinctes ni de noms pour elles. Les gens en effet reçoivent leurs mots de la langue commune de leur pays et ils ne peuvent guère éviter d'avoir une certaine espèce d'idée des choses dont ils entendent fréquemment parler autour d'eux[1]; et si le nom connote les notions d'excellence, de grandeur, ou de quelque chose d'extraordinaire, si la crainte et l'engagement s'y ajoutent, si la peur d'un pouvoir absolu et irrésistible l'introduit dans l'esprit, il est vraisemblable que cette idée pénétrera d'autant plus profondément et se répandra d'autant plus loin; et ceci tout spécialement s'il s'agit d'une idée conforme à la lumière commune de la raison et naturellement déductible de chaque élément de notre connaissance, telle que l'*idée* de Dieu. Les marques visibles de la sagesse et du pouvoir extraordinaires de Dieu apparaissent de manière si évidente dans toutes les œuvres de la Création qu'une créature rationnelle qui se contente d'y réfléchir

1. Comparer 3.2.6.

sérieusement ne peut manquer la découverte d'une divinité [1]. Et la découverte d'un tel être doit nécessairement avoir sur l'esprit de tous ceux qui en ont entendu parler (ne serait-ce qu'une fois), une influence considérable; elle implique une pensée et une relation lourdes de conséquences; au point que trouver quelque part un peuple entier de gens assez ignares pour n'avoir pas de notion de Dieu me paraît plus étrange que de trouver un peuple sans notion de nombre ou de feu.

§ 10

Dès que le nom de Dieu est en quelque lieu mentionné pour exprimer un être supérieur, puissant, sage, invisible, | ce 90
nom devrait nécessairement se propager en tous lieux et se perpétuer en tous temps, car cette notion convient aux principes de la raison commune et à l'intérêt qu'auront toujours les gens à en faire souvent mention. Et pourtant l'*accueil général de ce nom et de quelques notions imparfaites et inconstantes* dans la part de l'humanité qui ne pense pas, *ne prouve pas que l'idée soit innée ;* cela prouve seulement que ceux qui ont fait cette découverte avaient bien utilisé leur raison, qu'ils avaient pensé mûrement aux causes des choses et étaient remontés jusqu'à leur origine; des gens moins critiques ont reçu d'eux cette notion si importante, qui ne pourra plus être facilement perdue [2].

§ 11

C'est tout ce qu'on pourrait inférer d'une notion de Dieu si on la découvrait, universellement répandue dans toutes les espèces humaines et généralement perçue par les adultes de tous pays. Telle est à mon avis la limite de la reconnaissance générale d'un Dieu; mais si cela suffisait pour prouver que l'idée *de Dieu* est *innée*, cela prouverait aussi bien que l'idée de feu est innée, car on peut dire sans erreur, je pense, que

1. Cf. 4.10.1 ; 4.13.3.
2. Cf. 4.1.9 *in fine*.

personne n'a de notion d'un Dieu sans avoir aussi l'idée de feu. Il me paraît évident que si l'on mettait une colonie de jeunes enfants sur une île sans feu, ils n'auraient jamais de notion ni de nom pour cette chose, même si la chose est généralement perçue et connue dans le reste du monde ; et peut-être de même, seraient-ils aussi loin de saisir le nom ou la notion de Dieu avant que l'un d'eux ne s'emploie à des recherches sur la constitution et les causes des choses, ce qui le conduirait facilement à la notion d'un *Dieu ;* une fois enseignée aux autres, cette notion se propagerait par la suite grâce à la raison et à la propension naturelle de leurs propres pensées et elle se perpétuerait au milieu d'eux.

§ 12

Il conviendrait à la bonté de Dieu que tout homme en ait une idée ; donc cette idée serait imprimée en lui ; réponse

On prétend qu'il *convient à la bonté de Dieu d'imprimer sur l'esprit des gens des caractères et des notions de lui* [1], de ne pas les laisser dans le noir et dans le doute sur une question si importante ; et aussi de s'assurer par ces moyens l'hommage et la vénération qui lui sont dus par une créature aussi intelligente que l'homme ; et donc il l'a fait.

Cet argument, s'il avait quelque force, prouverait bien
91 plus que | n'en attendent ceux qui l'utilisent ici. Car si nous pouvons conclure que Dieu a fait pour les hommes tout ce que ceux-ci jugent meilleur pour eux parce qu'il convient à sa bonté de le faire, cela prouvera non seulement que Dieu a imprimé sur l'esprit de l'homme une idée de Lui, mais qu'Il a imprimé là en caractères clairs et évidents tout ce que les hommes doivent savoir ou croire de lui, tout ce qu'ils doivent

1. Cf. Descartes, *3 e Méditation*, A.T. p. 41 : « Et certes on ne doit pas trouver étrange que Dieu en me créant, ait mis en moi cette idée pour être comme la marque de l'ouvrier empreinte sur son ouvrage. Et il n'est pas aussi nécessaire que cette marque soit quelque chose de différent de ce même ouvrage ».

faire pour obéir à Sa volonté, et qu'Il leur a aussi donné une volonté et des passions dociles. Ce serait sans doute mieux pour l'homme, chacun le reconnaîtra, plutôt que de chercher la connaissance dans le noir à l'aveuglette, comme le dit saint *Paul* de toutes les nations qui ont cherché Dieu (*Actes*, 17.27), plutôt que d'avoir une volonté en lutte avec l'entendement, ou des appétits opposés aux devoirs. [e]-Les catholiques romains disent : « Le mieux pour les hommes et donc ce qui convient à la bonté de Dieu, c'est qu'il y ait un juge infaillible des controverses sur la terre, et donc il y en a un » ; et je dis moi, pour la même raison « il est meilleur pour les hommes que chacun d'entre eux soit lui-même infaillible ». Je les laisse réfléchir pour savoir si, par la force de cet argument, ils en viendront à penser que tout homme est infaillible.-[e] Je pense que c'est très bien raisonner que de dire : « Le Dieu infiniment sage a ainsi agi, et donc c'est le meilleur ». Mais *il me semble que c'est accorder trop de confiance à notre propre sagesse que de dire : « Je pense que c'est mieux, et donc Dieu a ainsi agi »*. Et sur ce sujet, il est vain de déduire à partir de là que Dieu a ainsi agi quand l'expérience assurée nous montre qu'il ne l'a pas fait.

Mais la bonté de Dieu n'a pas fait défaut à l'homme dénué de ces impressions originelles de connaissance, ou de ces *idées* imprimées sur l'esprit ; il l'a en effet doté des facultés utiles à la découverte suffisante de ce qui est indispensable aux fins d'un être tel que lui. Je suis certain de montrer qu'un homme peut, grâce au bon usage de ses capacités naturelles et sans aucun principe inné, atteindre la connaissance de Dieu et des autres choses qui le concernent[1]. Dieu a revêtu l'homme des facultés de connaître qu'il possède ; il n'était donc pas obligé par sa bonté d'implanter en l'homme ces notions

e. Texte non repris par Coste.

1. Cf. 1.1.5.

innées dans l'esprit, pas plus qu'après lui avoir donné la raison, des mains et des matériaux, il n'était obligé de lui construire des ponts et des maisons ; à travers le monde, des gens pourtant doués sont totalement ou partiellement démunis de telles constructions, tout comme d'autres n'ont
92 absolument aucune idée de | Dieu, ni aucun principe de morale, ou en ont de très mauvais. Dans les deux cas, la raison en est qu'ils n'ont jamais employé assidûment leurs talents, leurs facultés, leurs pouvoirs en ce sens, mais se sont contenté d'opinions, de modes et de choses de leur pays, telles qu'il les ont trouvées, sans chercher plus loin. Si vous ou moi étions nés dans la baie de *Saldanha*[1], nos pensées ou notions n'auraient peut-être pas dépassé le niveau bestial des Hottentots[2] qui habitent là. Et si le roi de *Virginie*, *Apochancana*, avait été éduqué en *Angleterre*, il aurait peut-être été un théologien aussi savant et un aussi bon mathématicien que n'importe quel autre ici. La différence entre lui et un anglais plus éduqué réside uniquement en ce que l'entraînement de ses facultés était limité par les pratiques, les manières et les notions de son propre pays et n'ont jamais été orientées vers des recherches différentes ou plus développées. Et s'il n'avait aucune idée de Dieu, c'est seulement parce qu'il n'approfondissait pas les réflexions qui l'auraient amené jusque là.

1. Saldanha (origine portugaise : baie de la côte ouest de l'Afrique australe, à environ 150 km. au nord de Cape Town ; mouillage important sur la route portugaise des Indes orientales, la baie sud du Cap de Bonne-Espérance étant trop dangereuse (*False Bay* en anglais) car ouverte aux intempéries antarctiques. Son intérêt maritime et stratégique à l'époque des grandes découvertes l'a rendue suffisamment célèbre pour qu'elle soit connue et citée au temps de Locke ; cf. déjà *Essays on the Law of Nature*, chapitre 5, f°76 et *supra* 1.4.8].

2. Peuple vivant dans la partie méridionale du Sud-Ouest africain.

§ 13

Les idées de Dieu varient selon les hommes

Certes, *si* l'on devait trouver *une* idée innée *imprimée* sur l'esprit humain, on devrait s'attendre à ce que *ce soit la notion de son Créateur*, comme une marque que Dieu a placée sur son œuvre, pour rappeler à l'homme sa dépendance et son devoir; avec cette notion apparaîtraient les premiers éléments de connaissance humaine. Mais jusqu'à quand attendre pour découvrir une telle notion chez les enfants? Et une fois présente, ne s'agit-il pas d'une copie de l'opinion et de la théorie de son professeur plus que d'une représentation du vrai Dieu? Si l'on observe les étapes de l'accession au savoir de l'esprit des enfants, on reconnaîtra que les objets auxquels ils ont, d'abord et le plus couramment, affaire sont ceux qui font, les premières, impression sur leur entendement; on ne trouvera pas la moindre trace d'un autre. Il est facile d'apercevoir comment leurs pensées s'étendent ensuite dans la mesure seulement où ils entrent en contact avec une plus grande variété d'objets sensibles, où ils en mettent en mémoire les idées, où ils acquièrent la capacité de les combiner, de les étendre et de les associer de diverses façons [1]. Je montrerai par la suite comment ils en arrivent ainsi à bâtir en esprit une idée [f] de la divinité.

§ 14

Peut-on croire que les idées communes de Dieu sont ses caractères et ses marques mêmes, gravés de son propre doigt dans l'esprit, alors qu'on découvre que, dans le même pays sous un seul et même | nom, *les gens ont* des idées et des *conceptions* 93
tout à fait différentes, voire même souvent *contraires et*

f. Cinquième édition : « … l'idée que les gens ont de la divinité … ».

1. Cf. 4.10.

incohérentes ? L'accord sur un nom ou sur un son n'est guère une preuve de l'existence d'une notion innée de Dieu.

§ 15

Ceux qui reconnaissaient et adoraient des centaines de *divinités* en avaient-ils une notion vraie et acceptable ? Toute divinité, au delà de la première, manifeste infailliblement l'ignorance du vrai Dieu et prouve qu'on n'en a pas de vraie notion : l'unité, l'infinité et l'éternité en sont exclues. Ajoutons la grossière conception de la corporéité divine exprimée dans leurs images et leurs représentations : amours, mariages, copulations, débauches, querelles et autres viles qualités attribuées à leurs dieux ; il n'y aura pas alors de quoi penser que le monde païen, c'est-à-dire la plus grande part de l'humanité, a dans l'esprit des idées de Dieu qu'Il a lui-même produites pour éviter qu'on ne se trompe à Son sujet. Et si le consentement universel dont on se sert tellement prouve qu'il existe des impressions congénitales, ce sera seulement celle-ci : Dieu a imprimé, sur l'esprit de tous les gens qui parlent le même langage, un nom qui Le désigne, mais aucune idée ; ceux qui s'accordent en effet sur le nom appréhendent en même temps la chose signifiée de façon fort différente.

Si l'on dit que la multiplicité des divinités adorées par le peuple païen n'était qu'une façon figurée d'exprimer les divers attributs de cet être incompréhensible ou les divers aspects de sa Providence, je répondrai : quelle qu'ait pu être leur origine, je ne m'y intéresserai pas ici. Mais personne n'affirmera que les gens ordinaires estimaient que les divinités avaient cette signification. Si l'on consulte le *Voyage de l'évêque de Beryte* [1] (pour ne rien dire d'autres témoignages), on verra que la théologie siamoise reconnaît ouvertement une pluralité de dieux. Ou, comme l'abbé de Choisy le remarque avec plus de

1. Jacques de Bourges, *Relation du Voyage de Monseigneur l'Evêque de Beryte* [Beyrouth], Paris, 1966, in *The Library of John Locke*, n° 407

pertinence dans son *Journal du Voyage de Siam* [P. 107 (/177 pages)] [1], cela revient à ne reconnaître aucun Dieu du tout.

§ 15 (bis [g]) Si l'on dit que les *hommes sages* de toutes *nations parviennent à des conceptions vraies* de l'unité et de l'infinité *de la divinité*, je le reconnais, mais

– d'abord, ceci exclut le consentement universel en tout, sauf le nom, car ces hommes sages sont très peu nombreux, peut-être un sur mille : cette universalité est très restreinte. | 94

– Deuxièmement, ceci me semble prouver pleinement que les notions les meilleures et les plus vraies que les hommes ont de Dieu n'ont pas été imprimées, mais acquises par la pensée, par la méditation et par le bon usage des facultés. En effet, les gens sages et avisés de par le monde ont atteint, par l'utilisation juste et soigneuse de leur pensée et de leur raison, de véritables notions de Dieu, alors que la part de l'humanité paresseuse et folle, qui constitue le plus grand nombre, a bâti ses notions par hasard, à partir de la tradition commune et des conceptions vulgaires, sans beaucoup se creuser la tête. Et s'il suffisait, pour que *la notion de Dieu soit innée,* que tous les sages la possèdent, la vertu aussi devrait être innée, car les sages l'ont aussi toujours eue.

§ 16 [h] C'est évidemment ce qui s'est passé pour tous les *païens*. Et même chez les *Juifs*, chez les *Chrétiens* et les *Musulmans* qui ne reconnaissent qu'un Dieu, cette doctrine et le soin pris là à enseigner les vraies notions de DIEU, n'ont pas suffi pour que les hommes aient les mêmes *idées* vraies de lui. Même parmi nous, combien se révéleront à l'enquête imaginer Dieu sous la forme d'un homme assis dans les cieux, et avoir de lui bien d'autres conceptions absurdes et inconvenantes ?

g. Non numéroté par Locke et numéroté 16 par Coste.

h. Coste : paragraphe inclus dans § 16, qui commençait dans son édition à la place de § 15 bis.

1. François Timoléon de Choisy, Amsterdam, 1687, in *The Library of John Locke*, n° 693.

Les Chrétiens avaient comme les Turcs des sectes entières qui prétendaient et soutenaient avec acharnement que la divinité avait un corps à forme humaine. Peu d'entre nous se déclarent *anthropomorphites* (bien qu'il me soit arrivé d'en rencontrer des adeptes); je crois pourtant que celui qui s'y consacrerait trouverait chez les chrétiens ignorants et peu cultivés beaucoup de gens de cet avis. Il suffit de parler à des gens de la campagne – leur âge importe peu –, ou à des jeunes – leur condition importe peu : on constatera que le nom de DIEU leur vient fréquemment à la bouche et pourtant les notions auxquelles ce nom est donné sont si bizarres, si viles, si pitoyables que personne ne peut les imaginer enseignées par un homme raisonnable; et l'on imaginera moins encore qu'il s'agisse de caractères écrits du doigt de Dieu même. Et je ne vois pas en quoi Dieu déroge plus à sa bonté en nous donnant un esprit démuni de ces idées de lui qu'en nous envoyant dans le monde avec un corps démuni de vêtements, ou sans art ni habileté innés. Nous avons des facultés pour les obtenir, et c'est donc en nous un manque d'application et d'examen qui nous en prive, et non un manque de bonté en Dieu. *Dieu existe*
95 est aussi certain que *Les angles opposés | formés par l'intersection de deux droites sont égaux.* Aucune créature rationnelle ne s'est jamais attelée à l'examen de la vérité de ces propositions sans leur donner son assentiment; et pourtant il est certain que beaucoup ignorent aussi bien l'une que l'autre pour n'avoir pas tourné leurs pensées de ce côté. S'il en est pour estimer correct d'appeler ceci *consentement universel* (au sens le plus large qui soit), je ne fais aucune difficulté pour admettre un tel consentement universel : mais celui-ci ne prouve pas que l'idée de Dieu soit innée, pas plus qu'il ne prouve que l'idée de tels angles soit innée.

§ 17

Si l'idée de Dieu n'est pas innée, on ne peut imaginer innée aucune autre idée

La connaissance de *DIEU* est la découverte la plus naturelle de la raison humaine, et pourtant l'*idée de Dieu n*'est *pas innée*, ce qui résulte évidemment à mon sens de ce qui a été dit. Je pense donc qu'il sera difficile de trouver une autre idée qui puisse prétendre à l'innéité. Si Dieu en effet avait inscrit une impression ou un caractère sur l'entendement de l'homme, on aurait pu raisonnablement s'attendre à ce que ce soit une idée claire et uniforme de Lui – dans les limites de nos faibles capacités, peu capables de recevoir un objet aussi incompréhensible et aussi infini. Mais, puisque notre esprit est au début dépourvu de l'idée qu'il nous importe le plus d'avoir, *il existe une forte présomption contre tout autre caractère inné ;* je dois reconnaître que je n'en puis trouver aucun dans ce que j'ai pu jusqu'ici constater et j'accueillerai avec plaisir toute information que quelqu'un d'autre me donnera.

§ 18

L'idée de substance n'est pas innée

Je reconnais qu'une autre idée serait d'utilité universelle pour l'humanité, car elle est, de l'avis général, détenue par tous : l'*idée de substance* – que nous n'avons ni ne pouvons avoir par *sensation* ou par *réflexion*. Si la Nature prenait soin de nous munir d'idées, on pourrait s'attendre à ce que ce soient des idées que nos propres facultés ne peuvent nous donner. Au contraire, on constate que cette idée n'est pas apportée à l'esprit par les mêmes voies que les autres et que pour cette raison nous n'en avons aucune d'idée *claire ;* et du fait même nous ne signifions rien par le mot *substance*, si ce n'est la supposition incertaine d'un je ne sais quoi (c'est-à-dire de quelque chose dont nous n'avons aucune *idée* [i-]positive distincte particulière)[-i] que nous prenons pour le *substrat* ou le support de ces *idées* que nous connaissons effectivement[1].

§ 19

Aucune proposition ne peut être innée, puisque aucune idée n'est innée

Peu importe ce que nous disons des *principes* innés,
96 *spéculatifs* ou | *pratiques* : il est aussi justifié de dire qu'un homme a cent livres sterling en poche tout en niant qu'il ait le moindre penny, shilling, couronne ou autre pièce qui constituent cette somme, que de penser que certaines propositions sont innées alors que les idées objets de ces propositions ne peuvent absolument pas être supposées innées. La reconnaissance et l'assentiment universels *ne* prouvent *pas* du tout que les idées exprimées dans ces propositions sont innées. Souvent en effet, quelle que soit l'origine des idées, l'assentiment à des mots qui expriment la convenance ou la disconvenance de ces idées s'en suivra nécessairement.

N'importe qui ayant une idée vraie de *Dieu* et d'*adoration*, donnera son assentiment à cette proposition *Dieu doit être adoré* si on l'exprime dans une langue qu'il comprend ; et tout homme raisonnable qui n'y a pas pensé aujourd'hui sera peut-être prêt à donner demain son assentiment à cette proposition ; pourtant on peut supposer que l'une de ces idées, ou les deux, font aujourd'hui défaut à des millions de gens. Admettons que les sauvages et les paysans aient les idées de *Dieu* et d'*adoration* (discuter avec eux n'aidera pas à le croire) ; je pense néanmoins difficile de supposer que beaucoup d'enfants aient ces idées ; ils doivent donc commencer à les avoir à un moment ou à un autre, et c'est alors qu'il commenceront aussi à donner leur assentiment à cette proposition pour la remettre

i. Ajout de la quatrième et de la cinquième édition (précision apportée après la discussion avec Stillingfleet).

1. Voir plus loin 2.23.

rarement en question par la suite. Cet assentiment dès l'audition ne prouve pas que ces idées soient innées, pas plus qu'il ne prouve que l'aveugle de naissance (dont la cataracte sera guérie demain) a les idées innées de soleil, de lumière, de safran ou de jaune sous prétexte que, lorsque la vue lui sera donnée, il donnera certainement son assentiment aux propositions *Le soleil est lumineux* ou *Le safran est jaune*. Et donc si cet assentiment dès l'audition ne peut prouver que les idées sont innées, il peut encore moins prouver que les propositions constituées de ces idées sont innées. Si l'on a des idées innées, je serai heureux qu'on me dise lesquelles et combien.

§ 20[j]

Il n'y a pas d'idées innées dans la mémoire

Permettez moi d'ajouter ceci. S'il y avait des idées innées, des idées auxquelles l'esprit ne pense effectivement pas, elles devraient être logées dans la mémoire, et, pour apparaître, être tirées de là par réminiscence; c'est-à-dire: quand on s'en souvient, on doit savoir que ces idées ont été auparavant des perceptions de l'esprit, à moins que la réminiscence puisse exister sans réminiscence. Car se remémorer, c'est | percevoir 97
quelque chose avec le souvenir ou la conscience qu'on l'a connu ou perçu auparavant; faute de quoi, toute idée qui se présente à l'esprit est nouvelle et non remémorée, la conscience de sa présence antérieure dans l'esprit étant ce qui distingue la réminiscence de toutes les autres façons de penser. Une idée qui n'a jamais été perçue par l'esprit n'a jamais été dans l'esprit. Toute idée dans l'esprit est soit perception effective, soit ancienne perception effective qui se trouve dans l'esprit de telle sorte qu'il puisse la rendre à nouveau effective par la mémoire [1]. Quand il y a perception effective d'une *idée* sans mémoire, l'*idée* se manifeste comme parfaitement neuve, inconnue de

j. Section ajoutée à partir de la deuxième édition.

1. Cf. 2.9.5-6.

l'entendement jusque là. Quand la mémoire amène à la vue effective une *idée*, c'est avec la conscience qu'elle y a été auparavant et n'est pas totalement étrangère à l'esprit[1].

N'en est-il pas ainsi ? J'en appelle à l'observation de chacun, et j'attends un exemple d'idée prétendument innée que l'on puisse raviver et se rappeler comme une idée qu'on a connue auparavant (avant toute impression par les procédés mentionnés ci-dessous). Sans cette conscience d'une perception antérieure, il n'y a pas de réminiscence, et toute *idée* qui vient à l'esprit sans cette conscience n'est pas remémorée, ou ne vient pas de la mémoire et ne peut être dite dans l'esprit avant cette apparition. En effet, ce qui ne se manifeste pas effectivement et n'est pas non plus dans la mémoire, n'est en aucune façon dans l'esprit exactement comme s'il n'y avait jamais été. Supposez qu'un enfant voie correctement jusqu'au moment où il connaît et distingue les couleurs, mais qu'alors la cataracte lui ferme les fenêtres si bien qu'il demeure quarante ou cinquante dans le noir total ; puis que, durant cette période, il perde toute mémoire des idées de couleur qu'il avait autrefois. C'est ce qui est arrivé à un aveugle, à qui il m'est arrivé de parler, qui, enfant, avait perdu la vue à cause de la variole et qui n'avait pas plus de notion de la couleur qu'un aveugle-né. Quelqu'un peut-il dire si cet homme avait plus qu'un aveugle-né une idée de couleur dans l'esprit à ce moment ? Personne ne dira, à mon avis, que n'importe lequel des deux avait dans l'esprit la moindre idée de couleurs. Une fois sa cataracte guérie, les idées de couleurs (dont il ne se souvient pas) *de novo*, sont menées par la vue qui lui a été rendue jusqu'à son esprit, et ceci sans aucune conscience d'un savoir antérieur[2]. Il peut alors les raviver et les faire revenir à l'esprit dans le noir. En ce cas, toutes les idées de couleurs qui
98 peuvent être ravivées sans être vues, avec la conscience | d'un

1. Cf. 2.10.2.
2. Parallèle de l'aveugle du « problème de Molyneux » (2.9.8).

savoir antérieur, sont dans la mémoire, et donc sont dites être dans l'esprit.

La conclusion que j'en tire est que toute idée qui ne se manifeste pas effectivement et qui est pourtant dans l'esprit, n'y est que parce qu'elle est dans la mémoire; et si elle n'est pas dans la mémoire, elle n'est pas dans l'esprit; si elle est dans la mémoire, celle-ci ne peut la ramener à la vue sans la perception du fait qu'elle vient de la mémoire, c'est-à-dire qu'elle a été connue auparavant puis remémorée. Si donc il y a des idées innées, elles doivent être ou bien dans la mémoire ou bien nulle part dans l'esprit; et si elles sont dans la mémoire, elles peuvent être ravivées sans aucune impression externe; et quand elles sont introduites dans l'esprit, elles sont remémorées, c'est-à-dire qu'elles importent dans l'esprit la perception de ce qu'elles ne lui sont pas entièrement neuves.

Voici la différence constante et discriminante entre ce qui est et ce qui n'est pas en mémoire ou dans l'esprit : quand ce qui n'est pas en mémoire s'y manifeste, il se manifeste comme parfaitement neuf et inconnu jusque là; et quand ce qui est en mémoire, ou dans l'esprit, est évoqué par la mémoire, cela se manifeste comme n'étant pas neuf et l'esprit au contraire le trouve en lui-même et sait qu'il y était auparavant.

C'est ce qui permet de tester s'il existe dans l'esprit des idées innées avant toute impression de *sensation* ou de *réflexion*. J'aimerais rencontrer celui qui, au moment où il est parvenu à l'usage de la raison ou à n'importe quel moment, se serait remémoré une idée innée, celui à qui ces idées innées n'ont jamais depuis sa naissance paru neuves [1]. Si quelqu'un dit : il y a dans l'esprit des *idées* innées qui ne sont pas en mémoire, je désire qu'il s'explique et rende intelligible ce qu'il dit.

1. Cf. 2.1.17.

§ 21

Les principes ne sont pas innés car ils sont peu utiles, ou peu certains

Outre ce que j'ai déjà dit, il existe une autre raison qui me fait soupçonner que ni ces principes ni aucun autre n'est inné. Moi qui suis totalement persuadé que DIEU infiniment sage a fait toutes choses avec une parfaite sagesse, je ne peux m'expliquer pourquoi il faudrait supposer qu'Il imprime sur l'esprit des gens des *principes* universels ; d'autant que *ceux* que l'on prétend innés et qui *concernent la spéculation ne sont pas de grande utilité, et que ceux qui concernent la pratique ne sont pas évidents par eux-mêmes ; et que ni les uns ni les autres ne peuvent être distingués d'autres vérités que l'on ne prend pas pour innées*. Dans quel but en effet des caractères seraient-ils gravés sur l'esprit par le doigt de Dieu, s'ils ne sont pas plus clairs là que ceux qui se présentent par la suite ou s'ils ne peuvent en être distingués ?

99 Si quelqu'un pense qu'il existe de ces idées et | propositions innées, que leur clarté et leur utilité permettent de distinguer de tout ce qui dans l'esprit est adventice et acquis, il ne lui sera pas difficile de nous les citer ; et chacun sera alors apte à juger si elles sont ou non innées. S'il existe de ces idées et impressions innées, manifestement différentes de toute autre perception et connaissance, chacun en découvrira la vérité en lui-même. J'ai déjà parlé de l'évidence de ces prétendues maximes innées, et je vais avoir l'occasion de parler plus de leur utilité par la suite [1].

§ 22

Si les découvertes humaines diffèrent, c'est qu'on utilise différemment ses facultés

Pour conclure : certaines idées se présentent d'elles-mêmes d'emblée à l'entendement de tout homme et il est des vérités qui résultent de n'importe quelles idées dès que l'esprit les

1. Cf. 4.7 et 8.

met en forme propositionnelle ; d'autres vérités demandent une suite d'idées placées en ordre, une comparaison correcte entre elles et des déductions faites avec soin, avant qu'on ne puisse les découvrir et leur donner son assentiment [1]. Certaines vérités du premier genre, parce qu'on les a universellement reçues sans difficulté, ont été prises par erreur pour innées. Mais en vérité, les idées et les notions ne sont pas plus congénitales que les arts et les sciences ; certaines, il est vrai, s'offrent à nos facultés plus facilement que d'autres, et elles sont pour cette raison plus généralement partagées ; mais ici aussi cela dépend de la façon dont il nous arrive d'employer les organes de notre corps et les pouvoirs de notre esprit : *Dieu a en effet doté l'homme de facultés et de moyens pour découvrir, recevoir, retenir les vérités en fonction de la façon dont ils sont employés*. La grande différence que l'on peut trouver entre les conceptions humaines tient aux différentes façons dont on se sert de ses facultés : certains (la majorité) acceptent les choses en confiance, font mauvais usage de leur pouvoir d'assentiment : ils asservissent paresseusement leur esprit aux décrets et au pouvoir d'autres gens sur des points de doctrine qu'il est de leur devoir d'examiner sérieusement, plutôt que de les avaler aveuglément avec une foi non réfléchie ; d'autres au contraire n'emploient leurs pensées que sur quelques rares choses : ils en deviennent suffisamment familiers pour y atteindre un grand degré de connaissance, mais restent ignorants de toute autre parce qu'ils n'ont jamais laissé à leur esprit la liberté de mener d'autres recherches [2].

Ainsi, *Les trois angles d'un triangle sont égaux à deux droits* est une vérité aussi certaine que peut l'être toute vérité et plus évidente, je pense, que beaucoup de ces propositions qui passent pour des principes ; et pourtant il y a des millions de gens pourtant experts en d'autres choses qui l'ignorent tout

1. Cf. 4.2.1 et 2.

2. Cf. *Some Thoughts concerning Education*, § 122.

100 à fait, parce qu'ils ne se sont jamais mis | à l'étude de ces angles. Et celui qui connaît avec certitude cette proposition peut aussi être totalement ignorant de la vérité d'autres propositions, même de mathématiques, qui sont aussi claires et évidentes que celle-ci, parce que dans sa recherche des vérités mathématiques il a coupé court à ses pensées et s'en est tenu là. La même chose peut arriver avec nos conceptions de l'être de la divinité : même si l'on ne peut accéder à une vérité plus évidente que l'existence d'un Dieu, celui qui se contente de l'utilité des choses telles qu'il les trouve en ce monde en fonction de ses plaisirs et de ses passions, qui ne cherche pas plus avant leurs causes, leur fin et leur admirable organisation, qui ne mène pas une réflexion diligente et attentive, peut très bien vivre longtemps sans aucune notion d'un tel être. Si quelqu'un a par ouï-dire acquis cette notion, il y croira peut-être; mais s'il ne l'a jamais *examinée*, sa connaissance n'en sera pas plus parfaite que la connaissance de celui à qui on a dit que les trois angles d'un triangle sont égaux à deux droits, qui l'a accepté en confiance sans en examiner la démonstration : il peut y donner son assentiment comme à une opinion probable, mais il n'a aucune connaissance de sa vérité; et pourtant ses facultés seraient capables, si elles étaient correctement employées, de le lui rendre clair et évident.

Mais ceci soit dit en passant, pour montrer combien *notre connaissance dépend de l'emploi correct de ces pouvoirs que la Nature nous a conférés* et non de ces principes innés que l'on suppose en vain présents dans toute l'humanité pour la diriger; si ces principes étaient là les hommes ne pourraient pas les ignorer, sinon ils y seraient sans aucun but. [k-]Et puisque tous les hommes ne les connaissent pas ni ne peuvent les distinguer des autres vérités, les adventices, nous pouvons bien conclure qu'il n'existe pas d'idées innées[-k].

k. Phrase ajoutée à partir de la deuxième édition.

§ 23

On doit penser et connaître par soi-même

Cette mise en doute des principes innés est-elle réfutable par ceux verraient là une destruction des fondements anciens de la connaissance et de la certitude ? Je ne saurais le dire. Mais je me dis qu'au moins le chemin emprunté, étant conforme à la vérité, rend ces fondements plus assurés. J'en suis certain : je ne me suis donné pour tâche ni de suivre ni de dénoncer une autorité dans l'exposé qui suit ; la vérité a été mon seul but, et quelle que soit la direction dans laquelle elle apparaissait, mes pensées l'ont suivie avec impartialité, | sans se demander si les 101
pas d'un autre empruntaient ou non ce chemin. Ce n'est pas que le respect dû à l'opinion des autres me fasse défaut mais, après tout, *le plus grand respect est dû à la vérité*, et j'espère qu'on ne prendra pas pour de l'arrogance que je dise que nous ferions peut-être de plus grands progrès dans la découverte de la connaissance rationnelle et contemplative si nous la *cherchions* à la source, *dans la considération des choses mêmes*, et si pour la trouver nous faisions usage plutôt de nos propres pensées que de celles des autres. Car il est à mon sens aussi rationnel d'espérer voir avec les yeux des autres que de connaître avec leur entendement. Plus nous considérons et saisissons nous-mêmes la vérité et la raison, plus nous possédons une connaissance réelle et vraie. L'intrusion dans notre cerveau d'opinions venant d'autrui ne nous rend pas d'un iota plus savant, même s'il se trouve que ces opinions sont vraies. Ce qui était chez eux de la science n'est chez nous qu'obstination : nous accordons notre assentiment aux seuls noms révérés, et nous n'employons pas, comme ils l'ont fait, notre propre raison pour *comprendre* ces *vérités*, ce qui a fait leur réputation. *Aristote* a été assurément un savant, mais personne ne l'a jamais considéré tel parce qu'il aurait aveuglément embrassé et diffusé avec assurance les opinions d'un autre. Et si la reprise sans examen de principes extérieurs n'en a pas fait un philosophe, il sera difficile, je suppose, que qui

que ce soit le devienne par cette voie. En sciences, chacun profite de ce qu'il connaît et saisit effectivement; ce qu'il ne fait que croire ou recevoir par pure confiance, n'est que lambeaux : ce qui, pris dans un ensemble, est valable n'ajoute rien d'important au trésor de celui qui le glane. La richesse empruntée est comme le trésor des fées : c'était de l'or dans les mains de celui dont on l'a reçu, mais devient feuilles mortes et poussière quand on veut l'utiliser.

§ 24

D'où vient la croyance aux idées innées

Quand on a trouvé une proposition générale dont on ne peut douter dès qu'on l'a comprise, il est *facile et simple,* je le sais, *de passer à la conclusion qu'elle est innée.* Cette proposition acceptée libère le paresseux des peines de la recherche et arrête l'enquête de l'indécis sur tout ce que l'on a auparavant dénommé inné. Et ce n'était pas un mince avantage pour ceux qui affectaient d'être maîtres et professeurs d'imposer pour principe des *principes* que les principes ne doivent pas être mis en question. Car cette thèse des principes innés, une fois
102 établie, impose aux ouailles | de recevoir certains dogmes comme tels, ce qui revient à leur ôter l'usage de leurs propres raison et jugement et à les obliger à y croire et à les accepter aveuglément sans autre examen. Cette attitude de croyance aveugle permet de les gouverner plus facilement et de les rendre utiles à certaines personnes qui ont l'art et la charge de leur donner des principes et de les guider. Et ce n'est pas un mince pouvoir qui est ainsi conféré à un homme sur les autres que de lui donner l'autorité de dictateur des principes, de maître en vérités insoupçonnables, et de faire avaler à autrui comme principe inné ce qui peut servir aux fins de celui qui l'enseigne[1]. Au contraire, s'ils avaient examiné les voies qu'empruntent les gens dans la connaissance de beaucoup de

1. Cf. 1.3.27; 4.19.1-2.

vérités universelles, ils auraient découvert qu'elles sont dans l'esprit de l'homme le résultat de l'être des choses mêmes, bien considérées, et qu'elles ont été découvertes par l'utilisation – pour autant qu'elle soit correcte – des facultés que la Nature a prévues pour les recevoir et en juger.

§ 25
Conclusion

Montrer comment procède en cela l'entendement, voilà le dessein de l'exposé suivant. Je vais l'entamer mais je voudrais d'abord dire que pour déblayer jusqu'ici mon chemin vers ces fondements (les seuls vrais à mon sens sur lesquels établir les notions que l'on peut avoir de sa propre connaissance), il a été nécessaire d'exposer mes raisons de mettre en doute les principes innés. Et comme les arguments qui s'opposent aux principes innés viennent pour certains d'entre eux de l'opinion commune, j'ai été obligé de considérer certaines choses comme admises, ce qu'on l'on peut difficilement éviter quand on a la tâche de montrer la fausseté ou l'improbabilité de certaines thèses. Ce qui arrive dans les controverses ressemble à ce qui arrive dans l'assaut d'une ville : si la terre sur laquelle on dresse les batteries est ferme, on ne s'inquiète pas de son propriétaire ; il suffit qu'elle offre un promontoire adapté aux besoins du moment.

Mais dans la suite de cet exposé, je souhaite élever un édifice uni, cohérent, pour autant que mon expérience et mon observation propres m'en rendent capable ; aussi j'espère le construire sur une base telle que je n'aie pas besoin de l'étayer de piliers et d'arcs-boutants reposant sur des fondements
empruntés ou quémandés. Ou du moins | si mon édifice se **103**
révèle être un château en l'air, je m'efforcerai qu'il soit d'une pièce et se tienne. J'avertis donc le lecteur : qu'il n'attende pas des démonstrations indéniables et convaincantes, sauf s'il m'accorde le privilège souvent utilisé par d'autres, de consi-

dérer mes principes comme admis ; et alors je ne doute pas d'être aussi capable de démontrer.

Tout ce que je peux dire des principes sur lesquels je vais m'appuyer, c'est que je ne peux qu'en *appeler* à l'*expérience* et à l'observation propres et sans préjugés des gens, pour savoir s'ils sont ou non vrais ; ce qui suffit pour quelqu'un qui ne prétend qu'énoncer sincèrement et librement ses propres conjectures sur un sujet qui demeure relativement obscur, sans autre but qu'une recherche impartiale de la vérité.

LIVRE 2

TABLE DES MATIÈRES DÉTAILLÉE

LIVRE 2

CHAPITRE PREMIER

LES IDÉES EN GÉNÉRAL, ET LEUR ORIGINE[a]

§ 1

L'idée est l'objet de la pensée

Tout homme est pour lui-même conscient[1] du fait qu'il pense; et ce sur quoi s'exerce son esprit quand il pense, ce sont les idées qui y sont; aussi est-il hors de doute que les hommes ont dans l'esprit diverses idées, par exemple celles qu'expriment les mots *blancheur*, *dureté*, *douceur*, *pensée*, *mouvement*, *homme*, *éléphant*, *armée*, *ivresse*, etc. Il convient donc d'étudier tout d'abord comment l'esprit les acquiert.

La doctrine reçue, je le sais, veut que les hommes aient, de naissance, des idées et, d'origine, des caractères imprimés en leur esprit dès le premier instant de leur existence. J'ai déjà longuement examiné cette opinion, et j'imagine que ce que j'ai dit dans le livre précédent sera accepté avec plus de facilité encore lorsque j'aurai montré d'où l'entendement peut obtenir

a. Coste ajoute à ce titre : « *...& où l'on examine par occasion*, si l'âme de l'homme pense toujours ».

1. *Conscious to himself*, cf. 1.1.3 avec la note. Cf. Descartes, *Réponses aux 2ᵉ objections*, def. 1 (latin) et Cudworth, *True Intellectual* ... 3.37.15, entre autres.

toutes les idées qu'il détient, et par quelles voies, par quels étapes, elles peuvent arriver dans l'esprit. Pour cela, j'en appellerai à l'observation et à l'expérience propres de chacun.

§ 2

Toutes les idées viennent de la sensation ou de la réflexion

Supposons que l'esprit soit, comme on dit, du papier blanc [b], vierge de tout caractère, sans aucune idée. Comment se fait-il qu'il en soit pourvu ? D'où tire-t-il cet immense fonds que l'imagination affairée et illimitée de l'homme dessine en lui avec une variété presque infinie ? D'où puise-t-il ce qui fait le matériau de la raison et de la connaissance ? Je répondrai d'un seul mot : de l'*expérience* ; en elle, toute notre connaissance se fonde et trouve en dernière instance sa source ; c'est l'observation appliquée soit aux *objets sensibles externes, soit aux opérations internes de l'esprit, perçues et sur lesquelles nous-mêmes réfléchissons, qui fournit à l'entendement tout le matériau de la pensée*. Telles sont les deux sources de la connaissance, dont jaillissent toutes les idées
105 que nous avons ou que nous pouvons naturellement avoir. |

§ 3

Premièrement, *nos sens*, tournés vers les objets sensibles singuliers, *font entrer dans l'esprit* maintes *perceptions* distinctes des choses, en fonction des diverses voies par lesquelles ces objets les affectent. Ainsi recevons-nous les idées de *jaune*, de *blanc*, de *chaud*, de *froid*, de *mou*, de *dur*, d'*amer*, de *sucré*, et toutes celles que nous appelons qualités sensibles. [c]Et quand je dis que les sens font entrer dans l'esprit ces idées, je veux dire qu'ils font entrer, depuis les objets externes jusqu'à l'esprit, ce qui y produit ces *perceptions*[c]. Et puisque cette source importante de la plupart des

b. Coste remplace « white paper » par « *une table rase* » et donne en note le terme latin *Tabula rasa*.

c. Ajouté à partir de la deuxième édition.

idées que nous ayons dépend entièrement de nos sens et se communique par leur moyen à l'entendement, je la nomme SENSATION.

§ 4

Les objets de la sensation, l'une des sources des idées
Les opérations de notre esprit, autre source des idées

Deuxièmement, l'autre source d'où l'expérience tire de quoi garnir l'entendement d'idées, c'est la *perception* interne *des opérations de l'esprit lui-même* tandis qu'il s'applique aux idées acquises. Quand l'âme vient à réfléchir sur ces opérations, à les considérer, celles-ci garnissent l'entendement d'un autre ensemble d'idées qu'on n'aurait pu tirer des choses extérieures, telles que *percevoir*, *penser*, *douter*, *croire*, *raisonner*, *connaître*, *vouloir*, et l'ensemble des actions différentes de notre esprit ; comme nous sommes conscients de ces actions et que nous les observons en nous-mêmes, nous en recevons dans l'entendement des idées aussi distinctes que les idées reçues des corps qui affectent nos sens[1]. Cette source d'idées, chacun l'a entièrement en lui ; et bien qu'elle ne soit pas un sens, puisqu'elle n'a pas affaire aux objets extérieurs, elle s'en approche cependant beaucoup et le nom de "sens interne" semble assez approprié. Mais comme j'appelle l'autre source *sensation*, j'appellerai celle-ci RÉFLEXION, les idées qu'elle fournit n'étant que celles que l'esprit obtient par réflexion sur ses propres opérations internes. Dans la suite de cet exposé donc, on voudra bien comprendre par RÉFLEXION le fait que l'esprit remarque ses propres opérations et leur déroulement ; grâce à quoi adviennent dans l'entendement des idées de ces opérations.

Je prétends qu'à elles deux (les choses extérieures matérielles comme objets de la SENSATION, et les opérations internes de

1. Cf. au contraire, Malebranche, *De la Recherche de le Vérité*, Éclaircissement XI.

notre propre esprit comme objets de la RÉFLEXION) elles constituent selon moi les seules origines où toutes nos idées prennent naissance. J'emploie ici le mot *opérations* en un sens large : il comprend non seulement les actions de l'esprit
106 concernant | ses idées, mais aussi certaines passions qui en naissent parfois, comme la satisfaction ou le malaise [1] qui peut naître d'une pensée.

§ 5

Toutes nos idées appartiennent à l'une ou l'autre source

L'entendement me paraît ne pas avoir la moindre lueur d'une idée qu'il ne recevrait pas de l'une de ces deux sources. *Les objets extérieurs fournissent à l'esprit les idées des qualités sensibles* : ces perceptions diverses que produisent en nous ces objets. Et l'*esprit fournit à l'entendement les idées de ses propres opérations* [d].

Une fois que nous en aurons fait une revue complète, avec leurs divers [e-]modes, combinaisons et relations[-e], nous verrons qu'elles contiennent tout notre stock d'idées, et que nous n'avons rien dans l'esprit qui n'y soit entré par l'une ou l'autre de ces voies. Je demande à quiconque d'examiner ses pensées, d'explorer minutieusement son entendement, et de me dire si toutes les idées originales qu'il y trouve ne sont pas idées des objets de ses sens ou des opérations de son esprit considérées comme objet de sa *réflexion ;* et quelle que soit l'ampleur des connaissances qu'il imagine y être, il verra, à y regarder de près, qu'il n'a pas *en son esprit d'autre idée que celles imprimées par l'une de ces deux voies ;* idées composées et étendues sans doute par l'entendement avec une infinie variété, comme nous le verrons ci-dessous.

d. Alinéa marqué seulement dans la cinquième édition.

e. Texte qui, depuis la quatrième édition, remplace : « …modes et combinaisons faites à partir d'eux… ».

1. Cf. note de 2.7.1.

§ 6

On peut l'observer chez l'enfant

Celui qui considère attentivement l'état d'un *enfant* lors de son entrée dans le monde, aura peu de raison de croire qu'il est rempli d'une multitude d'idées qui sont appelées à devenir la matière de sa connaissance future : c'est par degrés qu'il en sera pourvu. Bien que les idées de qualités évidentes et familières s'impriment avant que la mémoire ne commence à tenir le registre du temps et de l'ordre, il se passe un si grand laps de temps avant que quelque qualité inhabituelle ne se présente que peu d'hommes peuvent se rappeler le moment où ils les ont appréhendées pour la première fois. Si cela en valait la peine, on pourrait faire en sorte sans doute qu'un enfant n'ait que très peu d'idées, même des plus communes, tant qu'il n'est pas adulte; mais [f]tous ceux qui naissent en ce monde[-f] sont entourés de corps qui les affectent sans cesse de manières diverses; aussi, des idées très diverses sont-elles imprimées sur l'esprit des enfants, qu'on y prête attention ou non : la *lumière* et les *couleurs* s'imposent de toute part, dès
lors que l'œil est seulement | ouvert; les *sons* et certaines 107
qualités tangibles ne manquent pas de solliciter leurs sens respectifs et de forcer l'entrée de l'esprit; pourtant, on reconnaîtra aisément, je crois, que si un enfant était tenu en un lieu où il ne verrait que du blanc et du noir, jusqu'au moment où il deviendrait homme, il n'aurait pas plus l'idée de l'écarlate ou du vert, que n'a d'idée des saveurs particulières de l'huître ou de l'ananas[1] celui qui ne les a jamais goûtés depuis l'enfance[2].

f. Ajouté à partir de la quatrième édition.

1. Coste estime nécessaire de préciser en note le sens de ce terme alors peu connu : « L'un des meilleurs fruits des Indes, assez semblable à une pomme de pin par la figure (*Relation du Voyage de Mr de Gennes*, p. 79 de l'édition d'Amsterdam) ».

2. Cf. 2.9.8.

§ 7

Les gens sont différemment pourvus d'idées, en fonction des différents objets qu'ils côtoient

Ainsi, les gens acquièrent-ils un nombre plus ou moins grand d'idées, de l'extérieur en fonction des *objets* qu'ils côtoient et qui leur en apportent une plus ou moins grande variété, et des opérations internes de leur esprit en fonction du fait qu'ils y *réfléchissent* plus ou moins. Certes, celui qui observe les opérations de son esprit ne peut en avoir que des idées claires et évidentes; néanmoins, s'il n'oriente pas ses pensées en cette direction, s'il ne les considère pas *attentivement*, il n'aura pas d'idées claires et distinctes de toutes les *opérations de son esprit* et de tout ce qu'il y peut observer, pas plus que ne saisira toutes les idées détaillées d'un paysage ou des pièces et mouvements d'une horloge celui qui ne tourne pas les yeux dans cette direction et ne prête pas attention à toutes leurs parties. Le tableau ou l'horloge peuvent bien être placés de telle sorte que tous les jours ils soient sur son chemin, cet homme n'aura pourtant qu'une idée confuse de tous les éléments dont ils sont faits, jusqu'au moment où il s'appliquera avec attention à les considérer chacun en particulier.

§ 8

Les idées de réflexion sont plus tardives, parce qu'elles exigent de l'attention

D'où l'on voit la raison pour laquelle beaucoup de temps passe avant que la plupart des enfants n'acquièrent d'idées des opérations de leur propre esprit, et pourquoi certains n'ont, de toute leur vie, aucune idée très claire ou parfaite de la plupart de ces opérations : ces opérations se succèdent continuellement dans l'esprit; toutefois, telles des visions flottantes, elles n'y font pas d'impressions assez profondes pour y laisser des idées durables, claires et distinctes, tant que l'entendement ne se retourne pas sur lui-même pour *réfléchir* sur ses

propres *opérations* et en faire l'objet de son observation.[g-]Les enfants ne sont pas plus tôt dans le monde, qu'ils sont entourés d'une multitude de choses nouvelles qui, sollicitant constamment leurs sens, captivent constamment leur esprit enclin à remarquer ce qui est neuf et à | s'amuser de la diversité 108
des objets changeants : les premières années on emploie souvent son temps à se divertir en regardant autour de soi [h]; la principale occupation des hommes est alors de se familiariser[-h] avec ce qui peut se rencontrer hors de soi ;[-g] ils grandissent ainsi sans relâcher l'attention qu'ils portent aux sensations externes, et donc avant de parvenir à la maturité ils réfléchissent rarement avec sérieux à ce qui se passe en eux; pour certains, cela n'arrive pratiquement jamais.

§ 9

L'âme commence à avoir des idées quand elle commence à percevoir

Demander *à quel moment un homme a pour la première fois des idées*, c'est demander quand il commence à percevoir, car avoir des idées et percevoir ne sont qu'une seule et même chose. Je sais que certains [1] estiment que l'âme pense toujours, que constamment, aussi longtemps qu'elle existe, elle a en elle la perception effective de quelque idée; et aussi que la pensée effective est inséparable de l'âme autant que l'étendue effective l'est du corps. Et si cette opinion est vraie, chercher le commencement des idées d'un homme revient à chercher le commencement de son âme ; car, selon cette thèse, l'âme et ses

g. Texte qui depuis la deuxième édition remplace le texte suivant : « Tandis que les enfants dès leur arrivée en ce monde, ne cherchent spécialement rien d'autre que ce qui peut calmer leur faim ou leur douleur, ils prennent par contre tous les autres objets comme ils viennent et sont en général heureux de tous les nouveaux objets qui ne sont pas douloureux ».

h. Remplace depuis la quatrième édition le texte : « …et de se familiariser… ».

1. Cf. Descartes, *Réponses aux 5e objections*, contre la 2e Méditation, IV, A.T., p. 356 s.

idées, tout autant que le corps et son étendue, commenceront à exister en même temps.

§ 10

L'âme ne pense pas toujours : 1) cela manque de preuves

Quant à savoir si l'âme existe avant, en même temps ou après les premiers rudiments d'organisation ou les débuts de la vie dans le corps, je laisse cette discussion à ceux qui ont mieux réfléchi à la question. J'avoue pour ma part avoir une de ces âmes frustes qui ne se perçoivent pas toujours en train de contempler des idées et qui ne conçoivent pas qu'il soit plus nécessaire pour l'*âme de penser toujours*, que pour le corps de se mouvoir toujours ; car la perception des idées, selon moi, est pour l'âme ce que le mouvement est pour le corps : non pas son essence, mais l'une de ses opérations. Et donc, bien que penser soit tenu pour l'action la plus propre de l'âme, il n'est pas nécessaire de supposer que celle-ci soit toujours en train de penser, toujours en action. C'est là peut-être le privilège de l'Auteur infini, du Conservateur de toute chose, *lequel jamais ne somnole, ni ne dort* [1], mais il n'appartient pas à un être fini, du moins pas à l'âme humaine.

Par expérience, nous savons avec certitude que nous pensons
109 parfois ; | et nous en tirons cette conséquence infaillible qu'il y a
en nous quelque chose qui a la puissance de penser. Mais quant à savoir si cette substance pense perpétuellement ou non, nous ne pouvons nous en assurer qu'autant que l'expérience nous en instruit. Car, dire que la pensée effective est essentielle à l'âme et qu'elle en est inséparable, c'est présumer la question résolue et non prouver par la raison ; c'est pourtant ce qui est requis si l'on n'a pas affaire à une proposition évidente par elle-même. S'il faut décider si *L'âme pense toujours* est une proposition évidente par elle-même à laquelle tout être vivant souscrit dès qu'il l'entend pour la première fois, j'en appelle au genre humain : je me

1. *Psaume*, 121.4.

demande si j'ai pensé toute la nuit ou pas ; puisque la question porte sur un fait, c'est présupposer la réponse que d'apporter pour preuve une hypothèse qui est justement en question. De cette façon, on prouverait tout et n'importe quoi : je n'ai qu'à supposer que toutes les pendules pensent quand leur balancier est en mouvement et il sera parfaitement établi et hors de doute que ma pendule a pensé durant toute la nuit dernière. Mais qui veut éviter de se tromper lui-même doit construire son hypothèse sur des faits, l'établir par l'expérience sensible et ne pas présumer des faits au nom de son hypothèse, c'est-à-dire parce qu'il suppose qu'il en est ainsi ; cette façon de prouver se réduit à : « il faut que j'aie pensé toute la nuit précédente, parce que quelqu'un suppose que je pense toujours, bien que je ne puisse par moi-même percevoir que je pense toujours ».

Les hommes épris de leurs opinions peuvent non seulement supposer ce qui est en question [i]-mais aussi alléguer des faits erronés : sans cela, comment pourrait-on m'imputer l'*inférence* selon laquelle *une chose n'est pas, parce que nous n'y sommes pas sensibles dans notre sommeil*?-[i] Je ne dis pas qu'il n'y a point d'âme en un homme parce que dans son sommeil il n'y est pas sensible ; mais je soutiens qu'il ne saurait penser, en quelque temps que ce soit, qu'il veille ou qu'il dorme, sans y être sensible. Y être sensible n'est pas nécessaire à quoi que ce soit, sauf à nos pensées : cela leur est, cela leur sera toujours, nécessaire tant que l'on ne pourra penser sans en être conscient.

i. Coste remplace ce texte par : « … mais encore de faire dire à ceux qui ne sont pas de leur avis, toute autre chose que ce qu'ils ont dit effectivement. C'est ce que j'ai éprouvé dans cette occasion ; car il s'est trouvé un auteur qui ayant lu la première édition de cet ouvrage, et n'étant pas satisfait de ce que je viens d'avancer contre l'opinion de ceux qui soutiennent que l'*âme pense toujours*, me fait dire, qu'*une chose cesse d'exister, parce que nous ne sentons pas qu'elle existe pendant notre sommeil.* Étrange conséquence, qu'on ne peut m'attribuer sans avoir l'esprit rempli d'une aveugle préoccupation ! Car … ».

§ 11

2) elle n'en est pas toujours consciente

Je conviens que l'âme d'un homme éveillé n'est jamais sans pensée, puisque c'est la condition pour être éveillé. Mais
110 savoir si | dormir sans avoir de songes n'est pas un état de l'homme pris entièrement (esprit et corps), voilà qui peut mériter l'examen d'un homme éveillé, puisqu'il est difficile de concevoir qu'une chose pense sans en être consciente. Si vraiment *l'âme d'un homme qui dort pense* sans qu'il en soit conscient, je pose la question : ressent-elle plaisir ou douleur, est-elle capable de bonheur ou de malheur pendant qu'elle pense ainsi ? Je suis sûr que l'homme ne le peut pas, pas plus que le lit ou le sol sur lequel il repose. Car être heureux ou malheureux sans en être conscient me paraît totalement contradictoire et impossible. Ou s'il était possible que l'âme ait, dans un corps endormi, des pensées, des joies, des soucis, des plaisirs et des peines séparés dont l'homme ne serait pas conscient, qu'il ne partagerait pas, il serait alors certain que *Socrate* endormi et *Socrate* éveillé ne seraient pas la même personne : son âme quand il dort, et l'homme *Socrate* pris corps et âme quand il est éveillé, seraient deux personnes distinctes. En effet, *Socrate* éveillé n'a aucune connaissance ni aucun souci de ce bonheur ou de ce malheur que son âme seule éprouve, de son côté, tandis qu'il dort sans rien en percevoir; il n'en aurait pas plus qu'à l'égard du bonheur ou du malheur d'un homme des *Indes* qu'il ne connaîtrait pas. Car si nous ôtons toute conscience de nos actions et de nos sensations, en particulier du plaisir et de la douleur, et du souci qui les accompagnent, il sera difficile de savoir où placer l'identité personnelle [1].

1. Cf. 2.27.11-12.

§ 12

Si un homme qui dort pense sans le savoir, l'homme qui dort et l'homme éveillé sont deux personnes

L'âme pense, disent-ils, au plus profond du sommeil. Mais, *quand elle pense* et perçoit, elle est certainement capable de percevoir de la joie, du tourment ou toute autre perception, et *elle doit nécessairement être consciente de ses propres perceptions*; mais elle les a à part : l'homme qui dort n'en a manifestement aucune conscience du tout.

Supposons donc que l'âme de *Castor* soit ôtée de son corps pendant qu'il dort (ce n'est pas une supposition impossible pour ceux à qui j'ai présentement affaire, qui accordent si libéralement la vie sans âme pensante à tous les autres animaux[1] : ils ne peuvent voir d'impossibilité ni de contradiction à ce que le corps vive sans âme, ni à ce que l'âme subsiste, pense ou ait des perceptions, et même des perceptions de bonheur ou de malheur, sans être liée à un corps); supposons donc, dis-je, l'âme de *Castor*
séparée de son corps pendant son sommeil, | pour penser à part; **111**
supposons aussi qu'elle choisisse comme lieu de pensée le corps d'un autre homme, *Pollux*, qui est en train de dormir sans âme – car si l'âme de *Castor* peut penser tandis que *Castor* est endormi, ce dont *Castor* n'a jamais conscience, peu importe le lieu qu'elle choisit pour penser; nous avons donc ici le corps de deux hommes avec une seule âme à partager, étant supposé qu'ils dorment et veillent à tour de rôle; et l'âme pense toujours dans celui des deux qui est éveillé, ce dont celui qui est endormi n'a jamais conscience ni la moindre perception. Je demande alors si *Castor* et *Pollux* (n'ayant ainsi qu'une seule âme à partager qui pense et perçoit dans l'un, tandis que l'autre n'en a nulle conscience et n'y porte le moindre intérêt) ne sont pas deux personnes aussi distinctes que *Castor* et *Hercule* ou aussi distinctes que ne le furent *Socrate* et *Platon*; est-ce que l'un ne pourrait pas être très heureux tandis que l'autre est très malheureux.

1 Cf. Descartes, *Réponses aux 6es objections*, § 3.

C'est exactement pour la même raison que ceux qui disent que l'âme pense à part sans que l'homme en soit conscient, font de l'âme et de l'homme deux personnes. Car jamais, je le suppose, on ne dira que l'identité de la personne consiste dans l'union de l'âme à certaines particules de matière précisément identiques ; car si cela était nécessaire pour constituer l'identité, il serait impossible dans le flux constant où sont les particules de notre corps, qu'un homme puisse demeurer la même personne deux jours ou deux moments de suite.

§ 13

Il est impossible de convaincre ceux qui dorment sans rêver qu'ils pensent

Ainsi le moindre assoupissement, me semble-t-il, suffit à ébranler la doctrine de ceux qui enseignent que l'âme pense toujours. Du moins ceux à qui il arrive de *dormir sans avoir de songes* ne seront jamais convaincus que leur pensée s'affaire parfois pendant quatre heures sans qu'ils le sachent ; si on les prend sur le fait et qu'on les éveille au milieu de cette contemplation endormie, ils ne peuvent d'aucune manière en rendre compte.

§ 14

C'est en vain qu'on objecte que les gens rêvent et ne s'en souviennent pas

On dira peut-être que l'*âme pense*, même *dans le sommeil* le plus profond, *mais que la mémoire ne le retient pas*. Toutefois, il est très difficile de concevoir que l'âme soit à un moment dans l'homme endormi, toute occupée à penser, et que, au moment suivant dans un homme éveillé, elle ne retienne ni ne soit capable de se rappeler un iota de toutes ces pensées ; il faudrait, pour le croire, une preuve meilleure que la simple assertion du fait. Car qui peut, sans autre raison sinon qu'on le lui dit, imaginer que la plus grande partie des hommes, toute leur vie durant et plusieurs heures par jour,
112 pensent à des choses dont ils ne peuvent | aucunement se ressouvenir, même si on le leur demande au milieu de ces pensées ? La plupart des hommes, je crois, passent une grande

partie de leur sommeil sans rêver. J'ai connu un homme, qui avait fait des études et n'avait pas mauvaise mémoire, qui me disait n'avoir jamais rêvé de toute sa vie, jusqu'au jour où il eut cette fièvre dont il venait tout récemment de guérir, c'est-à-dire jusqu'à l'âge de vingt-cinq ou vingt-six ans. Je suppose que de par le monde on trouvera un plus grand nombre de cas de ce genre. Du moins, chacun parmi ses connaissances en trouvera assez qui passent la plus grande partie de leurs nuits sans rêver.

§ 15

Selon cette hypothèse, les pensées d'un homme endormi devraient être plus rationnelles

Penser souvent et n'en rien retenir, ne fût-ce qu'un moment, c'est une façon de penser bien inutile. Et dans cet état l'âme dépasse à peine, voire pas du tout, la condition d'un miroir qui reçoit constamment diverses images ou idées et n'en retient aucune : elles disparaissent, elles s'évanouissent, et il n'en reste pas de trace. Le miroir ne se trouve pas mieux d'avoir eu de telles idées, ni l'âme de telles pensées [1].

1. Coste introduit ici une longue note critique disant entre autres : « Je ne pense pas que ceux que Mr Locke combat ici se soient jamais avisés de soutenir que l'âme de l'homme soit plus séparée du corps pendant que l'homme dort que pendant qu'il veille. ... [suivent des cas de rêves anodins oubliés, mais qui n'empêchent qu'on se souvienne d'avoir songé] ... Tout cela, je l'avoue ne prouve point que l'âme pense actuellement toujours, mais on en pourrait fort bien conclure, et contre *Descartes* et contre Mr *Locke*, qu'à la rigueur on ne peut ni affirmer ni nier positivement que l'*âme pense toujours*. Sur un point comme celui-là, dont la décision dépend d'une connaissance exacte et distincte de la nature de l'âme, connaissance qui nous manque absolument, un peu de pyrrhonisme ne siérait point mal, à mon avis. ». Suit l'appui d'une citation de *A Defence of Dr. Clarke's Demonstration of the Being and Attributes of God*, London, 1732 (citation en français et en anglais, car « il y a présentement bien des savants en Europe qui entendent l'anglais »).

On dira peut-être que, chez un homme éveillé, les moyens du corps sont employés et servent à penser, et que la mémoire des pensées est conservée grâce aux impressions qui sont faites sur le cerveau et aux traces qui y sont laissées après cette action de penser ; et que, par contre, *quand l'âme pense* sans que l'homme endormi ne le perçoive, elle pense séparément et, *n'utilisant pas* les organes *du corps, elle n'y laisse pas d'impression ni par conséquent de souvenir* de telles pensées. Sans revenir sur l'absurdité qui résulte d'une telle supposition (celle des deux personnes distinctes), je réponds en outre que, quelles que soient les idées que l'esprit puisse recevoir et contempler sans l'aide du corps, il est raisonnable de conclure qu'il peut également s'en souvenir sans l'aide du corps ; sinon, l'âme ou toute espèce d'Esprit séparé, ne retirera pas grand avantage de son action de penser. Si elle n'a aucune mémoire de ses propres pensées, si elle ne peut les mettre en réserve pour son usage ni les rappeler à l'occasion, si elle ne peut réfléchir sur ce qui est passé ni faire emploi de ses expériences, de ses raisonnements et de ses contemplations antérieurs, dans quel but pense-t-elle ? Ceux qui font de l'âme une chose pensante de cette façon, n'en feront pas un être beaucoup plus noble que ne le font ceux qu'ils condamnent pour avoir dit que l'âme se réduit aux parties les plus subtiles de la matière. Des caractères tracés sur la poussière, que le premier souffle de vent efface, des impressions sur un amas
113 d'atomes ou d'esprits animaux, ont tout autant | d'utilité et rendent le sujet tout aussi noble que les pensées d'une âme qui s'évanouissent aussitôt pensées, qui disparaissent à jamais dès qu'elles sont perdues de vue, sans laisser la moindre trace derrière elles.

La Nature ne fait jamais les choses excellentes en vain ou presque ; et l'on aura peine à concevoir que notre Créateur, dont la sagesse est infinie, ait créé une faculté aussi admirable que le pouvoir de penser (faculté la plus proche de l'excellence de son Être incompréhensible), et qu'il la laisse (pendant au moins le quart de son temps ici-bas) désœuvrée et inutile, au point qu'elle pense constamment sans se rappeler aucune de ses pensées, sans en retirer aucun avantage pour elle ou pour les autres, sans être en quoi que ce soit utile à une autre partie de la Création. A bien y réfléchir, je pense que nulle part dans l'univers, on ne verra si mal utilisé, si dilapidé, le mouvement de la matière brute et insensible.

§ 16

Selon cette hypothèse, l'âme doit avoir des idées qui ne soient pas issues de la sensation ou de la réflexion ; ce qui ne se vérifie pas

En vérité, il nous arrive parfois d'avoir des perceptions en *dormant* et de garder le souvenir de ces *pensées*. Mais qu'y a-t-il de plus extravagant et de plus incohérent que la plupart d'entre elles ? Qu'elles sont loin de la perfection et de l'ordre d'un être raisonnable, il n'est pas nécessaire de le dire à ceux qui ont fait l'expérience de rêves.

J'aimerais qu'on m'explique : quand l'âme pense ainsi de son côté, comme si elle était séparée du corps, agit-elle ou non avec moins de raison que lorsqu'elle lui est liée ? Si ses pensées à l'état séparé sont moins rationnelles, ces gens-là doivent dire que l'âme doit au corps cette perfection qu'est la pensée rationnelle ; mais s'il n'en va pas ainsi, on ne manquera pas de s'étonner que nos rêves soient, pour leur plus grande part, si frivoles et si déraisonnables, et que par ailleurs l'âme ne puisse se souvenir de ses soliloques et de ses méditations plus rationnelles.

§ 17

Si je pense et ne le sais pas, personne d'autre ne peut le savoir

J'aimerais aussi que ceux qui nous déclarent avec tant d'assurance que l'âme pense réellement toujours, nous disent quelles idées sont dans l'âme d'un enfant, avant ou juste au moment de l'union avec le corps, avant qu'il n'en ait encore

reçu aucune par *sensation*[1]. Les *rêves* de l'homme endormi *sont*, pour moi, *constitués des idées de l'homme éveillé*, quoique, pour la plupart, elles soient alors bizarrement assemblées. Si l'âme a par elle-même des idées qu'elle ne tire ni de la *sensation* ni de la *réflexion* (comme cela devrait être, si elle avait pensé avant de recevoir des impressions du corps), il est
114 étrange que jamais, dans sa pensée privée | (si privée que l'homme lui-même n'en a pas de perception), elle ne conserve aucune de ces idées au moment même où elle s'en éveille, et qu'elle ne comble pas l'homme de nouvelles découvertes. Qui peut trouver raisonnable que l'âme, retirée en elle-même pendant l'état de sommeil, ait des pensées durant de si longues heures et ne rencontre jamais ces idées empruntées ni à la sensation ni à la réflexion; ou du moins qu'elle ne conserve le souvenir d'aucune, sinon de celles occasionnées par le corps, nécessairement moins naturelles pour un Esprit ?

Il est étrange qu'il n'y ait pas un seul moment dans toute la vie d'un homme où l'âme puisse rappeler certaines de ses pensées pures et natives, de ces idées acquises avant tout emprunt au corps ; il est étrange qu'elle ne mette jamais sous le regard de l'homme éveillé d'autres idées que celles qui conservent le goût du tonneau et qui tirent manifestement leur origine de l'union avec le corps[2]. Si elle pense toujours et si elle a eu ainsi des idées avant d'être unie au corps[3] ou avant d'en recevoir de lui, on ne peut s'empêcher de supposer que,

1. Nouvelle note critique de Coste : « … De savoir si cette âme a subsisté avant que d'être l'âme d'un enfant, c'est une question qui n'est point, je pense, du ressort de la philosophie. … ».

2. Cf. 1.4.20.

3. Coste ajoute une nouvelle note critique : « De ce que l'âme perçoit toujours dans l'homme, il ne s'en suivrait nullement qu'elle eût eu des idées avant que d'avoir été unie au corps, puisqu'elle pourrait avoir commencé d'exister justement dans le temps qu'elle a été unie au corps, et si je ne me trompe, c'est là l'opinion de la plupart des philosophes que Mr Locke attaque dans ce chapitre ».

pendant le temps du sommeil, elle retrouve ses idées natives au moment où elle s'est retirée de toute communication avec le corps et pense par elle-même, les idées dont elle s'occupe devraient être, du moins parfois, ces idées plus naturelles et plus agréables qu'elle avait en elle-même, indépendamment du corps ou de ses propres opérations sur les idées de sensation. Et comme l'homme éveillé ne s'en souvient jamais, nous devons conclure de cette hypothèse, ou bien que l'âme se souvient de quelque chose dont l'homme ne se souvient pas[1], ou bien que la mémoire n'appartient qu'aux idées dérivées du corps et des opérations de l'esprit qui s'y appliquent.

§ 18

Comment sait-on que l'âme pense toujours ? Car, si ce n'est pas une vérité évidente par elle-même, elle a besoin de preuve

Je voudrais bien apprendre aussi de ceux qui déclarent avec tant d'assurance que l'âme humaine, ou ce qui est la même chose l'homme, pense toujours, comment ils réussissent à le savoir; ou mieux, *comment ils réussissent à savoir qu'eux-mêmes pensent toujours alors qu'ils ne le perçoivent pas*. Pour moi, je crains fort qu'il n'y ait là assurance sans preuves, connaissance sans perception : je vois là une notion confuse, mise au service d'une hypothèse, et pas du tout une de ces vérités claires que leur évidence propre force à admettre ou que l'expérience commune rend, sauf impudence, indéniable. Car voici le plus qu'on puisse en dire : il est possible que l'âme pense toujours, mais n'en | conserve pas toujours la mémoire ; **115**
et je le prétends, il est tout aussi possible que l'âme ne pense pas toujours ; et pour l'âme, ne pas penser parfois est bien plus probable que penser souvent et longuement sans en avoir conscience immédiatement après[2].

1. Pour la distinction âme / homme, voir la question de l'identité en 2.27.12 et 21 *sq*.

2. Nouvelle note de Coste : « Si Mr Locke voulait s'en tenir à cette espèce de pyrrhonisme qui paraît fort raisonnable sur cet article, la plupart

§ 19

Qu'un homme soit occupé à penser et l'ait oublié à l'instant suivant, est très improbable

Supposer que l'âme pense et que l'homme n'en perçoive rien, c'est, comme nous l'avons dit [1], séparer un seul homme en deux personnes [2] ; et si l'on considère bien leur manière de parler, on est amené à soupçonner que ces gens pensent ainsi. Car eux qui nous disent que l'âme pense toujours, ne nous disent jamais, autant que je me souvienne, que l'homme pense toujours. Or l'âme peut-elle penser sans que l'homme pense ? Un homme peut-il penser et ne pas en être conscient ? Cela passerait peut-être pour du *galimatias*, si d'autres qu'eux le disaient.

S'ils disent que l'homme pense toujours mais n'en est pas toujours conscient, ils pourraient aussi bien dire que son corps est étendu sans avoir de parties : il est tout aussi intelligible de dire qu'un corps est étendu sans avoir de parties, que de dire que quelque chose *pense sans en être conscient* ou sans percevoir qu'il pense. Ceux qui parlent ainsi peuvent avec autant de raison, si c'est nécessaire à leur hypothèse, prétendre qu'un homme a toujours faim, mais qu'il ne le ressent pas toujours, alors que la faim consiste en cette sensation même, comme penser consiste à être conscient qu'on pense.

S'ils disent que l'homme est toujours conscient qu'il pense, je demande comment ils peuvent le savoir. La conscience est la perception de ce qui se passe pour un homme dans son propre esprit. Un autre homme peut-il percevoir que je suis conscient d'une chose alors que je ne le perçois pas moi-même ? La connaissance d'aucun homme, ici-bas, ne peut aller au-delà de

des raisonnements qu'il fait ici prouveraient trop ; car ils tendent presque tous à faire voir, non qu'*il est plus probable*, mais tout à fait certain, que l'âme de l'homme ne pense pas toujours … ».

1. 2.1.12.

2. *Personne*, *conscience*, à prendre au sens précis de 2.27.21-23.

son expérience. Réveillez un homme d'un profond sommeil et demandez-lui à quoi il était en train de penser; s'il n'est pas lui-même conscient de ce qu'il pensait à ce moment, il faut être grand devin pour lui assurer qu'il était en train de penser; ne pourrait-on pas lui soutenir avec plus de raison qu'il n'était pas endormi ? Ceci passe toute philosophie; et ce doit être au moins une révélation, qui découvre à un autre des pensées dans mon esprit quand je ne puis moi-même rien y trouver. Et ils doivent avoir la vue bien perçante, ceux qui voient avec certitude que je pense,
quand je ne peux moi-même le percevoir | et quand je déclare que 116
je ne le vois pas; ils peuvent aussi voir que les chiens ou les éléphants ne pensent pas, alors qu'ils en donnent toutes les démonstrations imaginables, et qu'il ne leur manque que la parole pour le dire[1]. Voilà, pourra-t-on juger, qui va au delà des mystères des *Rose-croix*, puisqu'il semble plus facile de se rendre invisible aux autres, que de me rendre visibles les pensées d'un autre, qui lui sont, à lui-même, invisibles.

Mais pour cela il suffit de définir l'âme comme une substance qui pense toujours, et le tour est joué. Si une telle définition a quelque autorité, je ne vois pas à quoi elle peut servir, sinon à permettre à beaucoup d'hommes de penser qu'ils n'ont pas d'âme du tout : ils croient en effet passer une bonne partie de leur vie sans penser. Car, que je sache, aucune définition, aucune supposition d'aucune secte n'a assez de force pour détruire l'expérience constante; et c'est peut-être cette prétention à connaître au-delà de ce que nous percevons qui fait tant de fracas et cause tant de vaines disputes dans le monde.

1. Descartes, *Discours de la Méthode*, 6; A.T. VI, 56-59 (Coste : « Il paraît visiblement par cet endroit, que c'est à Descartes et à ses disciples qu'en veut Mr. Locke dans tout ce chapitre »).

§ 20

Pas d'idées qui ne soient de la sensation ou de la réflexion ; évident, si l'on observe les enfants

Je ne vois donc pas de raison de croire que *l'âme pense avant que les sens ne l'aient dotée* d'idées auxquelles penser[1] ; mais, à mesure que le nombre des idées s'accroissent et sont conservées par la mémoire, par l'exercice l'âme perfectionne sa faculté de penser en ses différentes parties ; et, de même ensuite, en composant ces idées et en réfléchissant sur ses propres opérations, elle accroît son fonds et son aptitude à se souvenir, imaginer, raisonner et autres modes de pensée.

§ 21

Quiconque accepte de s'instruire par l'observation et l'expérience, sans transformer ses hypothèses en loi de la nature, aura peine à détecter chez un nouveau-né les signes d'une âme accoutumée à penser beaucoup et bien plus encore les marques du raisonnement[2]. Il est pourtant difficile d'imaginer que l'âme rationnelle pense autant et ne raisonne jamais. Considérez que les nourrissons, nouvellement venus au monde, passent la plus grande partie de leur temps à dormir et ne restent guère éveillés, si ce n'est quand la faim leur fait souhaiter le sein ou qu'une douleur (la plus importune des sensations) ou une violente impression sur le corps s'im-
117 posent à la perception | et à l'attention de leur esprit : sans doute trouverez-vous alors quelque raison de croire qu'un

1. Nouvelle note critique de Coste : après un nouvel exposé de sa théorie syncrétiste qu'il oppose à Locke, il termine « C'est ce que doivent soutenir ceux qui croient que l'âme pense toujours, philosophes trop décisifs sur cet article, mais que Mr Locke combat à son tour par des raisonnements qui ne sont pas toujours démonstratifs, comme j'ai pris la liberté de le faire voir ».

2. Dernière note critique de Coste, qui commence ainsi : « Je ne sais pourquoi Mr. Locke mêle ici le raisonnement à la pensée. Cela ne sert qu'à embarrasser la question. … » (un enfant pense quand il a l'idée de la lumière qu'il voit, sans même raisonner).

fœtus dans le sein de sa mère ne diffère pas considérablement de l'état d'un légume, mais qu'il y passe la plus grande partie de son temps sans percevoir ni penser, ne faisant guère que dormir en un lieu où il n'a pas à chercher sa nourriture, où il est entouré d'un liquide toujours également doux et à température égale ; où les yeux sont privés de lumière, et les oreilles si bouchées qu'elles ne sont guère susceptibles d'entendre des sons ; où enfin il n'y a que peu (ou pas du tout) de variété et de changement d'objets, qui puissent émouvoir les sens.

§ 22

Suivez un *enfant* depuis sa naissance et observez les changements produits par le temps : vous verrez que l'esprit qui s'enrichit par les sens d'un plus grand nombre d'idées s'éveille davantage ; plus il pense, plus il a matière à penser. Quelque temps plus tard, il commence à connaître les objets qui lui sont plus familiers et qui lui ont donc fait des impressions durables. Par degrés, il en vient ainsi à connaître les personnes qu'il fréquente quotidiennement et à les distinguer des étrangers, illustration et effet de son début de mémoire et de son début de capacité à distinguer entre les idées qui lui viennent des sens. On peut ainsi observer comment l'esprit s'améliore ici *par degrés* et comment il *progresse* dans l'exercice des autres facultés : *étendre*, *composer* et *abstraire* ses idées, raisonner sur elles et réfléchir sur le tout ; j'aurai l'occasion d'en parler plus longuement par la suite [1]

§ 23

Si l'on demande donc : « quand un homme commence-t-il à avoir des idées ? », je crois que la bonne réponse est : dès qu'il a une *sensation*. Car, puisqu'il semble bien ne pas y avoir d'idées dans l'esprit avant que les sens n'en aient introduites, je conçois que les idées dans l'entendement sont

1. Cf. 2.12.

contemporaines de la *sensation*, qui est une impression (ou un mouvement) appliquée à une partie du corps de telle manière qu'elle produise une perception dans l'entendement. [j-]Ces impressions faites sur les sens par les objets extérieurs semblent être le premier matériau de l'esprit dans ces opérations que l'on nomme *perception*, *souvenir*, *examen*, *raisonnement*, etc.[-j].

§ 24

L'origine de toute notre connaissance [k]

[l-]Par la suite, l'esprit se met à réfléchir à ses opérations propres sur les idées acquises par sensation ; et il se dote ainsi
118 d'un nouvel | ensemble d'idées que j'appelle idées de réflexion. Telles sont les impressions[-l] faites sur les sens par les objets extérieurs, qui sont extrinsèques à l'esprit, et telles sont les opérations de l'esprit même [m-]qui découlent de ses pouvoirs propres et intrinsèques (ceux-ci deviennent aussi objets de sa propre observation quand l'esprit par lui-même réfléchit sur ces pouvoirs) : voici, comme je l'ai dit, l'origine de toute connaissance.

Voici donc[-m] la première capacité de l'intellect humain : l'esprit est fait pour recevoir les impressions qu'il subit, soit des objets extérieurs par le biais des *sens*, soit par ses propres opérations quand il *réfléchit* sur elles. C'est le premier pas de l'homme vers la découverte de toute chose et le fondement sur lequel il bâtira toutes les notions qu'il aura jamais en ce monde

j. Ajout de la cinquième édition.

k. Titre dans les quatrième et cinquième éditions, qui remplace celui des éditions antérieures. « *Aucune idée qui ne soit de la sensation ou de la réflection, évident si l'on observe les enfants* ».

l. Texte de la cinquième édition, qui remplace. « Les *impressions* donc.. ».

m. Texte de la cinquième édition, qui remplace « ..sur les impressions que lui-même *réfléchit*, comme objets propres à être contemplés par lui, *sont*, je pense, *l'origine de toute connaissance*, et.. ».

d'une manière naturelle. Toutes ces pensées sublimes qui s'élèvent au-dessus des nuages et montent jusques aux cieux, prennent ici leur naissance et leur appui. Dans toute cette vaste étendue que parcourt l'esprit, dans ces profondes spéculations auxquelles il semble se hisser, il ne dépasse pas d'un iota les idées que les *sens* et la *réflexion* lui ont offertes à contempler.

§ 25

Dans la réception des idées simples,
l'entendement est pour la plus grande part passif

En ce domaine l'*entendement* est purement *passif* ; et il n'est pas en son pouvoir d'avoir ou de ne pas avoir ces rudiments et ces « matériaux » de la connaissance[1]. Car la plupart des objets de nos sens imposent à l'esprit leur idée particulière, que nous le voulions ou non ; et les opérations de notre esprit ne nous laisseront pas dépourvus de quelque obscure notion (personne ne peut ignorer totalement ce qu'il fait quand il pense). Quand ces idées *simples* s'offrent à l'esprit, *l'entendement ne peut* ni refuser de les avoir ni, une fois qu'elles sont imprimées, les altérer, les effacer ou en créer lui-même de nouvelles, pas plus qu'un miroir ne peut refuser, altérer ou effacer les images ou les idées qu'y produisent les objets placés devant lui. Comme les corps qui nous environnent affectent diversement nos organes, l'esprit est forcé d'en recevoir les impressions et ne peut éviter de percevoir ces idées
qui leur sont attachées.| **119**

1. Cf. 2.9.1.

CHAPITRE 2

LES IDÉES SIMPLES

§ 1

Ce qui se manifeste [1] *n'est pas composé*

Afin de mieux comprendre la nature, le fonctionnement et l'étendue de notre connaissance, il faut avec soin noter un point à propos des idées que nous avons : certaines sont simples et certaines sont complexes.

Bien que les qualités qui affectent nos sens soient, dans les choses mêmes, si unies et si mêlées qu'il n'y a entre elles ni séparation ni distance, il est cependant manifeste que les idées que les qualités produisent par les sens dans l'esprit y entrent simples et sans mélange. Car, bien que souvent la vue et le toucher recueillent du même objet au même moment des idées différentes (comme lorsqu'on voit à la fois le mouvement et la couleur ou lorsque la main sent la malléabilité et la chaleur d'un même morceau de cire), néanmoins les idées simples ainsi unies dans la même chose sont parfaitement distinctes, autant que celles qui viennent par différents sens : la froideur

1. *Appearance* traduit par *manifestation*, pour éviter la connotation du français *apparence*.

et la dureté ressenties dans un morceau de glace sont dans l'esprit des idées aussi distinctes entre elles que l'odeur et la blancheur d'un lys, ou que le goût du sucre et l'odeur de la rose. Et rien n'est plus manifeste pour un homme que sa perception claire et distincte de ces idées simples, dont chacune, exempte en elle-même de composition, ne renferme rien d'autre qu'*une seule manifestation uniforme*, qu'une seule conception dans l'esprit, et ne saurait être distinguée en idées différentes[1].

§ 2

L'esprit ne peut le produire ni le détruire

Ces idées simples, matériaux de toute notre connaissance, ne sont suggérées et procurées à l'esprit que par les deux voies indiquées ci-dessus[2], la *sensation* et la *réflexion*[3]. Une fois que l'entendement a emmagasiné ces idées simples, il a le pouvoir de les répéter, de les comparer et de les unir jusqu'en une variété presque infinie, il peut de la sorte former à son gré de nouvelles idées complexes ; mais il n'est pas dans le pouvoir de l'invention la plus débridée ni de l'entendement le
120 plus éveillé, quelle que soit sa rapidité ou | sa fertilité de pensée, d'*inventer ou de forger* dans l'esprit *une seule nouvelle idée simple*, qui ne vienne par les voies indiquées ci-dessus; et aucune force de l'entendement n'est capable de *détruire* les idées présentes. L'empire que l'homme a sur le

1. Cf. 2.30.2; 2.31.2; 2.32.14.

2. Cf. 2.1.2.

3. Dans la cinquième édition, note reprise à la première lettre à l'Évêque de Worcester : « Contre la thèse que le matériau de toute notre connaissance est suggéré et procuré à l'esprit par les seuls sensation et réflexion, l'évêque de Worcester utilise l'idée de *substance*, en ces mots : « Si l'idée de substance est fondée sur la raison manifeste et évidente, alors on doit accorder une idée de substance qui ne parvient pas par la sensation ou la réflexion ; ainsi peut-on être certain de quelque chose que nous n'avons pas par ces idées ». Notre auteur répond ainsi : ... (citation de la polémique, cf. annexe en fin de volume 2)».

petit monde qu'est son propre entendement, est sensiblement le même que celui qu'il exerce dans le grand monde des choses visibles où son pouvoir, même guidé par l'art ou l'habileté, se limite à composer et diviser les matériaux qui sont à sa disposition, mais ne parvient jamais à fabriquer la moindre particule d'une matière nouvelle ou à détruire un atome qui existe déjà. La même impuissance, chacun la trouvera en lui-même, s'il tente de façonner dans son entendement une idée simple qu'il n'aurait pas reçue des objets extérieurs par les sens, ou [a]par réflexion[a] à partir des opérations de son esprit sur ces objets[1]. Je serais bien aise que quelqu'un s'essaie à imaginer un goût qui n'aurait jamais affecté son palais ou à forger l'idée d'une odeur qu'il n'aurait jamais sentie ; et quand il aura réussi, je conclurai aussi qu'un aveugle a des idées de couleurs et qu'un sourd a de vraies notions distinctes des sons[2].

§ 3

On ne peut croire impossible à Dieu de faire une créature qui, pour introduire dans l'entendement le savoir des choses corporelles, disposerait d'autres organes et d'accès plus nombreux que les cinq sens (selon la liste habituelle[3]) donnés aux hommes ; pourtant, en raison de ce qu'on vient de dire, j'estime qu'il est *impossible d'imaginer* dans les corps, quelle que soit leur constitution, d'autres *qualités* qui puissent les faire remarquer, en dehors des sons, des goûts, des odeurs, des qualités visibles et tangibles. Et si l'humanité n'avait été créée qu'avec quatre sens, les qualités qui sont l'objet du cinquième sens auraient été aussi éloignées de notre saisie, de notre ima-

a. Ajouté à partir de la quatrième édition.

1. Cf. 2.12.1.
2. Cf. 2.9.8-9.
3. Coste ajoute ici en note une longue citation de Montaigne sur le nombre indéfini des sens, et l'ignorance de l'essence des choses qui en découle (*Essais*, II. XII, éd. L'intégrale, Paris, Seuil, 1967, p. 245).

gination et de notre conception que pourrait l'être présentement une qualité *appartenant à un sixième, à un septième ou à un huitième sens ;* on ne pourrait d'ailleurs nier sans grande présomption que d'autres créatures dans ce vaste et prodigieux univers ne puissent en disposer. Celui qui ne se met pas orgueilleusement au sommet de toutes choses, mais qui considère l'immensité de cet édifice et la grande diversité qui se peut trouver en cette méprisable petite partie à laquelle il a affaire, peut être porté à penser que, dans d'autres demeures de cet univers, il peut y avoir d'autres êtres intelligents, différents, dont les facultés lui sont aussi peu connues et perceptibles que les sens et l'entendement de l'homme sont connus d'un ver enfermé au fond d'un tiroir. Une telle variété et une
121 telle excellence conviennent à la sagesse et à la puissance du Créateur |. J'ai adopté ici l'opinion commune selon laquelle l'homme n'a que cinq sens, bien que peut-être on puisse à bon droit en compter davantage; mais les deux suppositions servent également mon présent dessein [1].

1. Cf. 2.23.11-13.

CHAPITRE 3

LES IDÉES QUI VIENNENT D'UN SEUL SENS

§ 1
Répartition des idées simples

Pour mieux concevoir les idées reçues de la sensation, il peut ne pas être inutile de les considérer en fonction des différentes voies par lesquelles elles approchent l'esprit et se rendent perceptibles.

Premièrement donc, il en est qui viennent dans l'esprit *par un* seul *sens*.

Deuxièmement, il en est d'autres qui s'introduisent dans l'esprit *par plus d'un sens*.

Troisièmement, il y en a d'autres que l'on obtient de la seule *réflexion*.

Quatrièmement, il en est certaines qui s'introduisent et sont suggérées à l'esprit *par toutes les voies de la sensation et de la réflexion*.

Nous allons les considérer séparément sous ces différents titres.

Idées d'un seul sens[a]

Premièrement, il y a *des* idées *qui n'ont d'accès que par un sens*, particulièrement adapté à les recevoir. Ainsi, la lumière et les couleurs (comme le blanc, le rouge, le jaune, le bleu), avec leurs différents degrés, leurs nuances et leurs mélanges (comme le vert, l'écarlate, le pourpre, le vert marin, etc.) s'introduisent par les yeux seuls; toutes les sortes de bruits, de sons et de tons, par les oreilles seules; les divers goûts et odeurs, par le nez et le palais. Et si ces organes ou les nerfs – canaux qui de l'extérieur leur donnent à saisir ces idées dans le cerveau, organe que je pourrais nommer la salle d'audience de l'esprit – sont les uns ou les autres détériorés au point de ne pas remplir leur fonction, alors les idées n'ont pas de porte dérobée pour s'introduire; elles n'ont pas d'autre voie
122 pour s'exposer et se faire percevoir par l'entendement. |

Les principales idées relevant du toucher sont le chaud et le froid, et la solidité. Toutes les autres, qui consistent presque entièrement en configuration sensible des éléments (comme le lisse et le rugueux) ou en leur cohésion plus ou moins forte (comme le dur et le mou, le résistant ou le fragile) sont suffisamment évidentes.

§ 2

Peu d'idées simples ont des noms

Il sera, je crois, inutile d'énumérer toutes les idées *simples* particulières qui relèvent de chaque sens. Ce ne serait d'ailleurs pas possible, si on le voulait, car, pour la plupart des sens, il y en a beaucoup *plus que de noms à notre disposition*. La diversité des odeurs (presque aussi nombreuses, sinon plus, que les sortes de corps dans le monde) fait que la plupart n'a pas de nom: pour ces idées, *de bonne* ou *de mauvaise odeur* nous suffisent habituellement, et cela revient presque à les nommer *plaisantes* ou *déplaisantes* alors que

a. Intertitre donné seulement dans la quatrième édition.

l'odeur d'une rose et celle d'une violette, qui sentent toutes les deux bon, sont certainement des idées très distinctes. Les différents goûts dont le palais nous donne les idées ne sont guère plus riches en noms : *sucré*, *amer*, *aigre*, *âpre* et *salé* sont presque toutes les épithètes dont nous disposions pour nommer cette variété innombrable de saveurs qui peuvent se remarquer distinctement, non seulement dans presque chaque sorte de créature, mais dans les différentes parties de la même plante, du même fruit ou du même animal. On peut en dire autant des couleurs et des sons. Je me contenterai donc, dans la présentation que je fais ici des idées simples, de ne mentionner que celles qui importent le plus à mon propos actuel ou celles qui d'elles-mêmes se font moins remarquer bien qu'elles fassent souvent partie de nos idées complexes. Parmi celles-ci, je crois pouvoir compter la solidité dont je vais donc traiter dans le chapitre suivant.

CHAPITRE 4

LA SOLIDITÉ

§ 1

Nous recevons cette idée du toucher

L'idée de *solidité* nous vient par le toucher ; elle naît de ce que nous sentons la résistance d'un corps à la pénétration de tout autre | dans le lieu qu'il occupe, jusqu'à ce qu'il aban- 123
donne ce lieu. Il n'y a pas d'idée que nous recevions de la sensation avec plus de constance que la *solidité* : que nous soyons en mouvement ou au repos, quelle que soit notre position, nous sentons toujours quelque chose en dessous de nous, qui nous supporte et nous empêche de nous enfoncer ; et les corps que nous manipulons tous les jours nous font percevoir que, tant qu'ils sont entre nos mains, ils empêchent par une force insurmontable les parties de nos mains qui les pressent de se toucher. Ce qui empêche ainsi que deux corps se touchent quand ils se meuvent l'un vers l'autre, c'est ce que j'appelle *solidité*.

Cette acception du mot *solide* est-elle, plus que celle des mathématiciens, proche de sa signification originelle, je n'en disputerai pas : il me suffit de penser que la notion commune de solidité permette, sinon justifie, cet emploi ; mais si quelqu'un pense préférable de l'appeler *impénétrabilité*, il a mon accord. Pour moi, j'ai cru le terme *solidité* plus propre à exprimer cette idée, non seulement parce qu'on l'emploie ordinairement en ce sens, mais aussi parce qu'il connote quelque chose de plus positif qu'*impénétrabilité*, qui est négatif et qui est peut-être moins la *solidité* elle-même que sa conséquence.

La solidité est, de toutes les idées, celle qui est la plus étroitement unie et la plus essentielle au corps, en sorte qu'on ne peut la trouver ou l'imaginer nulle part ailleurs que dans la matière. Nos sens n'y prennent pas garde, si ce n'est pour des masses de matière d'un volume suffisant pour produire en nous une sensation ; pourtant, une fois que l'esprit a reçu de ce genre de corps sensibles plus grossiers cette idée, il la cherche ailleurs et la considère, aussi bien que la figure, dans la plus petite particule de matière qui puisse exister; il la voit inséparablement attachée au corps, et sous tous ses modes [1].

§ 2

La solidité remplit l'espace

Cette idée appartient au corps et par elle on conçoit le corps comme *emplissant de l'espace*. Voici l'idée d'un corps qui emplit un espace : partout où l'on imagine un espace occupé par une substance solide, on conçoit que cette substance l'occupe de façon à en exclure toute autre, et à empêcher à jamais deux autres corps, se mouvant en droite ligne l'un vers l'autre, de venir à se toucher, sauf si elle s'écarte d'entre eux selon une ligne qui ne soit pas parallèle à celle de leur mouvement. C'est là une *idée* dont nous sommes suffisamment
124 dotés par les corps que nous manipulons ordinairement. |

1. Cf. 2.8.9 et 2.23.23-29.

§ 3

Différente de l'espace

Cette résistance, par laquelle un corps maintient les autres hors de l'espace qu'il occupe, est si grande qu'aucune force, si grande soit-elle, ne peut la vaincre. Tous les corps du monde, pressant de toutes parts une goutte d'eau, ne parviendront pas à vaincre la résistance, si molle soit-elle, qu'elle opposera à leur rapprochement, jusqu'au moment où elle sera écartée de leur chemin. Ainsi notre idée de *solidité se distingue* à la fois *de l'espace pur*, qui est incapable de résistance et de mouvement, et de l'idée ordinaire de *dureté*. Car on peut concevoir deux corps éloignés qui se rapprochent sans toucher ni déplacer de chose solide jusqu'à ce que leurs surfaces finissent par se rencontrer; on a par là, je crois, l'idée claire d'*espace* sans *solidité*. Car (sans aller jusqu'à l'annihilation d'un corps particulier), je demande si on ne peut avoir l'*idée* du mouvement d'un corps pris isolément, sans qu'un autre ne lui succède immédiatement dans la place ? Je pense évident qu'on le peut; l'idée de mouvement d'un corps, en effet ne renferme pas davantage l'idée de mouvement d'un autre, que l'idée d'une figure carrée d'un corps ne renferme l'idée d'une figure carrée d'un autre corps. Je ne demande pas si les corps existent de telle façon que le mouvement de l'un ne puisse réellement se produire sans le mouvement d'un autre : décider dans un sens ou dans l'autre, c'est prendre position par principe pour ou contre le *vide*. Mais ma question est : ne peut-on pas avoir l'idée d'un corps mu tandis que les autres sont au repos ? Et je pense qu'il n'est personne pour le nier, et s'il en est ainsi, le lieu qu'il a abandonné nous donne l'idée du pur espace sans solidité où un autre corps peut entrer sans résistance ou poussée d'un autre. Lorsqu'on tire le piston d'une pompe, l'espace qu'il remplissait dans le tube demeure certainement le même, qu'un autre corps suive le mouvement du piston ou non; et il n'y a pas de contradiction à ce qu'à la faveur du mouvement d'un corps, un autre corps qui lui est seulement

contigu, ne le suive pas. La nécessité d'un tel mouvement repose seulement sur la supposition que le monde est plein, mais non sur les idées distinctes d'espace et de solidité, qui sont aussi différentes que celles de résistance et de non-résistance, de protrusion et de non-protrusion. Et que les hommes aient des *idées* d'espace sans corps, leurs disputes mêmes au sujet du *vide* le démontre à l'envi, comme je le fais
125 voir ailleurs [1].|

§ 4

... Et distinct de la dureté

La *solidité se différencie* également de la *dureté* en ce que la solidité consiste en ce que le corps remplit l'espace qu'il occupe et en exclut totalement les autres; tandis que la dureté consiste en une forte cohésion des parties de matière, constituant des masses d'un volume sensible, en sorte que le tout ne change pas aisément de figure. Et, à la vérité, *dur* et *mou* sont [a]-des noms donnés aux choses, par rapport seulement-[a] à la constitution de notre corps propre : nous appelons habituellement *dur* ce qui nous fera souffrir avant de changer de forme sous la pression d'un élément de notre corps; nous appelons au contraire *mou* ce qui modifie la position de ses éléments au simple toucher indolore.

Mais cette difficulté de changer la position respective des éléments sensibles ou la figure du tout ne donne pas plus de solidité au corps le plus dur au monde qu'au corps le plus mou; et un diamant n'est en rien plus solide que l'eau. Certes, les faces lisses de deux plaques de marbre entre lesquelles il n'y a que de l'eau ou de l'air se toucheront plus facilement que lorsque s'y trouve un diamant; mais ce n'est pas parce que les éléments du diamant sont plus solides que ceux de l'eau ou

a. Texte des quatrième et cinquième éditions, qui remplace : « ..., en tant qu'appréhendés par nous, des termes seulement relatifs... ».

1. Cf. 2.13.21 bis et Descartes, *Principes*, II, 5 ; 16-19.

qu'ils résistent davantage : c'est parce que les éléments de l'eau sont plus aisément séparables les uns des autres ; un mouvement latéral les écartera donc plus facilement et permettra que les deux morceaux de marbre se touchent. Mais, si l'on pouvait empêcher ce mouvement latéral qui libère la place, les éléments de l'eau empêcheraient toujours, autant que le diamant, les deux morceaux de marbre de se toucher ; et aucune force ne parviendrait mieux à surmonter leur résistance que celle d'un diamant. Si le corps le plus mou qui soit ne peut être écarté, s'il demeure interposé, il résistera aussi invinciblement au contact de deux autres corps que le plus dur des corps qu'on puisse trouver ou imaginer. Il suffit de bien remplir un corps souple avec de l'air ou de l'eau pour éprouver bientôt sa résistance ; et qui penserait que seuls les corps durs peuvent empêcher ses mains de se rapprocher, n'a qu'à faire l'essai en enfermant de l'air dans un ballon de football.

[b-]L'expérience qui, m'a-t-on dit [1], fut faite à *Florence* avec
un globe d'or creux rempli | d'eau et hermétiquement fermé est **126**
une preuve supplémentaire de la solidité d'un corps aussi mou que l'eau : on a ainsi rempli le globe d'or et on l'a mis sous une presse serrée au maximum de la puissance des vis ; l'eau a trouvé son chemin à travers les pores de ce métal très compact et, comme ses particules ne trouvaient pas de place à l'intérieur pour se serrer davantage, elle s'est échappée, exprimée comme une rosée et s'est égouttée, avant que les parois du globe ne finissent par céder sous l'effet de la violente compression de la machine qui l'enserrait.[-b]

b. Texte ajouté à partir de la deuxième édition.

1. Expérience accomplie à la demande du prince de Toscane (avec un globe d'argent) ; cf. *Locke Newsletter*, 4, 1973, p. 45-46.

§ 5

De la solidité dépendent la poussée, la résistance et la pénétration

Par cette idée de solidité, on distingue l'étendue d'un corps de l'étendue d'un espace. L'étendue d'un corps n'est que la cohésion ou la continuité d'éléments solides, séparables, et capables de mouvement ; au lieu que l'étendue d'un espace est la continuité d'éléments qui ne sont pas solides, pas séparables et pas capables de mouvement [1]. *De la solidité des corps dépendent* aussi *la poussée, la résistance et la pénétration mutuelles*.

Il y a donc des gens (dont j'avoue être) qui sont persuadés avoir des idées claires et distinctes de l'espace pur et de la solidité, et pouvoir penser l'espace sans rien en lui qui résiste ou qui soit pénétré par un corps. C'est là l'idée de l'espace pur, et ils pensent en avoir une idée aussi claire que toute idée possible de l'étendue du corps : l'idée de la distance entre les éléments opposés d'une surface concave est en effet aussi claire sans ou avec l'idée d'éléments solides dans l'intervalle. Et par ailleurs, ils sont persuadés avoir, distincte de cette idée de pur espace,

1. Note critique de Coste : « "the continuity of unsolid, inseparable, and immoveable Parts" : ce sont les propres termes de l'original ; par où il paraît que Mr. Locke donne des *parties* à l'espace, *parties non solides, inséparables et incapables d'être mises en mouvement*. De savoir s'il est possible de concevoir sans l'idée de *partie* ce qui ne peut être conçu comme *séparable* de quelque autre chose à qui l'on donne le nom de *partie* dans le même sens, c'est ce qui me passe, et dont je laisse la détermination à des esprits plus subtils et plus pénétrants. De plus, l'espace qu'occupe la ville de *Rome*, est-il le même que celui qu'occupe *Paris* ? Et l'espace qu'occupe *Rome* n'est-il pas séparé de l'espace où se trouve *Paris* par celui de plusieurs villes, *Florence*, *Milan*, *Turin*, les montagnes des *Alpes*, etc. ? Il me souvient d'avoir proposé ces questions à Mr. Locke. Je ne vous dirai pas la réponse qu'il y fit, car il n'eut pas plutôt cessé de parler que la réponse m'échappa de l'esprit. *Non datur omnibus habere nasum* [Il n'est pas donné à tous d'avoir du nez], entre lesquels je me range sans peine, pleinement convaincu que la plupart des subtilités philosophiques dont on amuse le monde depuis si longtemps ne sauraient nous rendre meilleurs ni plus éclairés ».

l'idée de quelque chose qui remplit l'espace, qui peut être pénétré par la poussée d'autres corps ou résister à leur mouvement.

Si d'autres n'ont pas ces deux idées distinctes, s'ils les confondent et n'en font qu'une, je ne vois pas comment des gens qui sous des noms différents ont la même idée, ou différentes idées sous un même nom, peuvent se parler; et je ne vois pas plus comment un homme, ni aveugle ni sourd, qui a des idées distinctes de la couleur écarlate et du son d'une trompette, peut discuter de la couleur écarlate avec l'aveugle dont je parle ailleurs[1] qui s'imaginait que l'idée d'écarlate était comme le son d'une trompette.

§ 6

Ce qu'est la solidité

Si quelqu'un me demande *ce qu'est cette solidité*, je le renvoie aux sens, qui l'informeront : qu'il place un silex ou un ballon de football entre | ses mains et tente ensuite de les **127**
joindre, alors il saura. S'il pense que ce n'est pas une explication suffisante de ce qu'est la solidité et de ce en quoi elle consiste, je promets de lui dire ce qu'elle est et ce en quoi elle consiste, quand il m'aura dit ce qu'est la pensée et en quoi elle consiste, ou, ce qui paraîtra peut-être plus aisé, lorsqu'il m'aura expliqué ce que sont l'étendue ou le mouvement. Les idées simples que nous avons sont telles que l'expérience nous en instruit; mais si, non contents de cela, nous essayons par des mots de les rendre plus claires dans l'esprit, nous n'aurons pas plus de succès que si nous entreprenions de clarifier les ténèbres de l'esprit d'un aveugle à l'aide de paroles, ou d'y introduire par le discours les *idées* de la lumière et des couleurs. J'en établirai la raison en un autre lieu[2].

1. Cf. 3.4.11.
2. Cf. 3.9.11.

CHAPITRE 5

LES IDÉES SIMPLES DE DIVERS SENS

Les idées que nous acquérons par plus d'un sens sont celles d'*espace* ou d'*étendue*, de *figure*, de *repos* et de *mouvement*. Ces idées produisent en effet des impressions perceptibles à la fois sur les yeux et sur le toucher; et nous pouvons recevoir et amener à l'esprit les idées d'étendue, de figure, de mouvement et de repos des corps, aussi bien en voyant qu'en touchant. Mais comme j'aurai l'occasion d'en parler plus longuement ailleurs [1], je me borne ici à les énumérer.

1. 2.9.9.

CHAPITRE 6

LES IDÉES SIMPLES DE RÉFLEXION

§ 1

Les opérations de l'esprit sur ses autres idées

L'esprit reçoit de l'extérieur les idées mentionnées dans les chapitres précédents, et quand il oriente son regard vers l'intérieur, sur lui-même, quand il observe ses propres actions sur ces idées en lui, il en tire d'autres qui peuvent être objets de sa contemplation autant que n'importe quelle idée reçue des choses étrangères. | 128

§ 2

L'idée de perception et l'idée de vouloir viennent de la réflexion

Les deux actions principales de l'esprit les plus fréquemment considérées, si fréquentes que tous ceux qui le souhaitent peuvent les remarquer en eux-mêmes, sont les suivantes :

– la *perception* ou *penser*

– la *volition* ou *vouloir*.

Le pouvoir de penser est nommé *entendement* et le pouvoir de vouloir *volonté*, et ces deux pouvoirs ou aptitudes dans l'esprit reçoivent le nom de *facultés*[a] . J'aurai l'occasion de parler par la suite de quelques uns des modes de ces idées simples de réflexion, tels que le *souvenir*, le *discernement*, le *raisonnement*, le *jugement*, la *connaissance*, la *foi*, etc.[1].

a. Cette dernière phrase est insérée à partir de la deuxième édition, remplaçant ce texte de la première édition : « … Le pouvoir de l'esprit de produire ces actions, nous le nommons Facultés : *Entendement* et *volonté* ».

1. Cf. 2.10 et 11 pour les deux premiers, 4.17 ; 4.14; 4.1-13 ; 4.18-19, pour les quatre derniers.

CHAPITRE 7

LES IDÉES SIMPLES DE SENSATION ET DE RÉFLEXION À LA FOIS

§ 1

Plaisir et douleur

Il y a d'autres idées simples, qui s'introduisent dans l'esprit par toutes les voies de la sensation et de la *réflexion*, à savoir :

Le *plaisir*, ou le *contentement*, et son contraire :

La *douleur* ou le *malaise*[1] ;

Le *pouvoir* ;

L'*existence* ;

L'*unité*.

1. *Malaise* terme utilisé pour traduire *uneasiness ;* il désigne uniquement dans la langue courante contemporaine un phénomène physique, mais on espère que le lecteur acceptera de lui rendre la connotation mentale qu'il peut encore avoir dans le français contemporain (voir 2.20.15). Des traducteurs utilisent le terme de Malebranche : *inquiétude*, qui risque de connoter à tort *anxiété* (cf. définition en 2.20.6 avec la note de Coste, 2.21.31ss), ou celui de Montaigne *mésaise* (inusité de nos jours) ; on pourrait aussi utiliser les expressions *absence de contentement*, *absence de tranquillité*, voire *mal-être*.

§ 2

La *joie* ou le *malaise* se joignent l'une ou l'autre à presque toutes nos idées, que ce soit de sensation et de réflexion. Et on trouvera difficilement une affection de nos sens extérieurs ou une pensée cachée de l'intérieur de l'esprit, qui ne puissent produire en nous *plaisir* ou *douleur*. Par *plaisir* et *douleur*, on comprendra que je veux dire tout ce qui nous contente ou nous incommode, que cela naisse des pensées de notre esprit ou d'une chose agissant sur notre corps. Car, que nous parlions de satisfaction, de joie, de plaisir, de bonheur, etc. d'un côté, et de l'autre, de malaise, de souci, de douleur, de
129 tourment, d'affliction, de malheur, etc., | ce ne sont que différents degrés d'une même chose, qui se rapportent aux idées de *plaisir* et de *douleur*, de joie ou de malaise ; termes que j'emploierai le plus souvent pour ces deux sortes d'idées.

§ 3

L'Auteur infiniment sage de notre être nous a donné le pouvoir, selon notre bon plaisir, de garder au repos ou de mouvoir plusieurs éléments de notre corps ; par ces mouvements, il nous a aussi donné le pouvoir de mouvoir les corps contigus et nous-mêmes – ce sont là toutes les actions de notre corps. Ayant en outre donné à notre esprit le pouvoir de choisir en plusieurs occasions l'idée sur laquelle il portera sa pensée, le pouvoir de poursuivre l'examen de tel ou tel sujet avec application et attention, ainsi que le pouvoir de nous porter aux actions dont nous sommes capables (la pensée et le mouvement), il s'est plu à joindre à différentes pensées et sensations une *perception* de *contentement*.

Sans ce contentement lié à toutes nos sensations externes ou à nos pensées internes, nous n'aurions aucune raison de préférer une pensée ou une action à une autre, la négligence à l'attention, ou le mouvement au repos. Aussi, nous ne bougerions pas notre corps et nous n'emploierions pas notre esprit : nous laisserions nos pensées – si j'ose dire – dériver sans but ni direction ; nous laisserions les idées de l'esprit, telles des ombres inutiles, y faire leur apparition spontanément sans leur prêter attention. Dans cet état, quoique doté des facultés d'entendement et de volonté, l'homme serait une créature tout à fait oisive et inactive, qui passerait son temps dans un rêve paresseux et léthargique. Il a donc plu à notre sage Créateur d'attacher à divers objets et aux idées que nous en recevons, ainsi qu'à diverses pensées, un plaisir concomitant ; et Il a varié objets et degrés afin que ces facultés dont Il nous a dotés ne restent pas totalement inemployées.

§ 4

La *douleur,* comme le plaisir, a l'effet intéressant de nous rendre actifs, puisque nous sommes aussi prompts à employer nos facultés pour éviter l'un que pour chercher l'autre. La seule chose qui mérite d'être remarquée est celle-ci : *la douleur est souvent produite par les objets et les idées mêmes qui produisent* en nous *le plaisir*. Cette étroite liaison, qui nous fait souvent éprouver de la douleur dans des sensations où nous attendions le plaisir, nous donne une nouvelle occasion d'admirer la sagesse et la bonté de notre Créateur qui, | cherchant à 130
préserver notre être, a joint la douleur à l'action de nombreuses choses sur notre corps, afin de nous prévenir du mal qu'elles nous feront et pour nous avertir de nous en éloigner[1].

Mais comme son intention n'est pas simplement notre préservation, mais la préservation en sa perfection de tout élément et de tout organe, Il a, en de nombreux cas, joint la douleur aux idées mêmes qui nous réjouissent. Ainsi, la chaleur qui, à un certain degré, nous est très agréable, devient un supplice extrême si elle augmente quelque peu ; et le plus plaisant de tous les objets sensibles, la lumière même, s'il y en a trop, si elle s'accroît au-delà de ce qui convient à nos yeux, cause une sensation très douloureuse. Disposition établie par la nature

1. Cf. 2.10.3.

avec tant de sagesse et d'avantage que, lorsqu'un objet, par la violence de son action, met en désordre les organes de la sensation dont la structure ne peut être que fine et délicate, nous sommes avertis par la douleur de nous en écarter avant que cet organe ne soit complètement mis hors d'état et ne devienne inapte à remplir à l'avenir ses fonctions propres.

Il suffit de considérer ces objets qui produisent une telle impression pour se persuader que telle est la fin et l'utilité de la douleur. Car, quoiqu'une lumière violente soit insupportable à nos yeux, le plus grand degré d'obscurité ne les incommode pas du tout ; en effet, ne produisant pas de mouvement déréglé en ce singulier organe, elle ne lui cause pas de tort et le laisse dans son état naturel. Et pourtant un froid excessif, tout autant qu'une chaleur excessive, nous causent de la douleur ; c'est que l'un et l'autre détruisent également cette constitution nécessaire à la préservation de la vie et à l'exercice des diverses fonctions du corps, qui consiste en une chaleur tempérée, ou, si vous préférez, dans le mouvement des éléments insensibles de notre corps maintenus à l'intérieur de certaines limites.

§ 5

Outre tout ceci, nous pouvons trouver une autre raison pour laquelle Dieu a disséminé çà et là plusieurs degrés de plaisir et de douleur dans toutes les choses qui nous entourent et nous affectent ; il les a mélangés à la majorité de ce dont traitent la pensée et les sens ; ainsi, trouvant imperfection, insatisfaction, déception dans notre désir d'un bonheur complet, dans toutes les jouissances que nous offrent les créatures, nous serons conduits à les chercher dans la jouissance de celui en qui est la plénitude de la joie et à la droite duquel sont des plaisirs pour toujours [1].

1. *Psaumes* 16.11. Voir aussi *Essai ;* 2.8.13 ; 2.23.11 ; 2.32.15.

§ 6

Ce que je viens de dire ici ne nous rend peut-être pas plus claires *les idées de plaisir et de douleur* que ne le fait notre expérience |, seule voie par laquelle nous sommes capables de 131
les acquérir ; toutefois, considérer la raison pour laquelle elles sont attachées à tant d'autres idées, sert à donner le juste sentiment de la sagesse et de la bonté du Souverain Dispensateur de toutes choses, et peut donc ne pas être impropre à la fin principale de ces recherches : la connaissance et la vénération de cet Être sont la fin première de toutes nos pensées et l'objet propre de tout entendement.

§ 7

Existence et unité

Existence et *unité* sont deux autres idées suggérées à l'entendement par tout objet externe et toute idée interne. Quand des idées sont dans notre esprit, nous les considérons comme y étant effectivement, de même que nous considérons les choses comme effectivement extérieures à nous, c'est-à-dire qu'elles existent, ou qu'elles ont une *existence*. Et tout ce que nous considérons comme une chose, que ce soit un être réel ou une idée, suggère à l'entendement l'idée d'*unité*.

§ 8

Pouvoir

Pouvoir est une autre de ces idées simples que nous recevons par *sensation et réflexion*. Car nous observons en nous-mêmes que nous pouvons à notre gré mettre en mouvement plusieurs parties de notre corps qui étaient au repos ; et les effets que les corps naturels peuvent produire les uns sur les autres s'imposent à tout instant à nos sens ; ainsi acquérons-nous, par ces deux voies, l'idée de *pouvoir*.

§ 9

Succession

Outre ces idées, il en est une autre qui, bien que suggérée par les sens, nous est cependant offerte avec plus de constance par ce qui se passe dans l'esprit : l'idée de *succession*. Car si nous regardons immédiatement en nous et nous réfléchissons sur ce qui peut y être observé, nous sentirons pour peu que nous pensions, nos idées se succéder sans interruption, l'une à la suite de l'autre.

§ 10

Les idées simples, matériaux de toute notre connaissance

Voilà à mon sens, non pas toutes les idées *simples*, mais du moins les plus importantes, celles de l'esprit dont sont faites toutes ses autres connaissances ; il les reçoit par les deux seules voies de la *sensation* et de la *réflexion* que nous avons mentionnées.

Et qu'on n'aille pas se figurer que ce sont là des bornes trop étroites pour contenir le libre jeu des capacités de l'esprit humain, qui s'élève plus haut que les étoiles et ne peut être enfermé dans les limites du monde ; qui étend souvent ses
132 pensées au delà des limites extrêmes de | la matière pour faire des incursions jusque dans ce *vide* incompréhensible. J'accorde tout cela, mais je demande qu'on me présente une seule idée *simple* qui ne soit pas reçue de l'un des *orifices* mentionnés ci-dessus, ou une seule idée *complexe* qui ne soit pas *faite de ces idées simples*. Penser que ces quelques idées simples suffisent à occuper la pensée la plus rapide ou la plus grande capacité, à fournir matière à la diversité de toutes les connaissances, ainsi qu'à la diversité plus grande encore des opinions et des imaginations de tout le genre humain, cela ne paraîtra pas étonnant si l'on considère combien de mots peuvent être formés des diverses compositions des vingt-sept lettres de l'alphabet ; ou plus précisément si on réfléchit seulement sur

la variété des combinaisons possibles avec une seule des idées mentionnées ci-dessus : celle de nombre dont le fonds est inépuisable et vraiment infini. Et que dire de l'étendue ? Quel immense champ elle seule fournit-elle aux mathématiciens ?

CHAPITRE 8

AUTRES CONSIDÉRATIONS SUR LES IDÉES SIMPLES

§ 1

Idées positives issues de causes privatives

A propos des idées simples de sensation, il faut noter que tout ce qui est en Nature ainsi constitué qu'il puisse affecter les sens et causer par là dans l'esprit une perception, produit de ce fait une idée simple dans l'entendement; celle-ci, quelle qu'en soit la cause externe, n'est pas plutôt saisie par notre faculté de discerner que l'esprit la tient pour une idée véritable dans l'entendement, aussi *positive* que toute autre, même si sa cause n'est peut-être, dans la chose [1], qu'une privation.

§ 2

Ainsi, les idées de chaud et de froid, de lumière et d'obscurité, de blanc et de noir, de mouvement et de repos, sont des idées également claires et *positives* dans l'esprit, bien que peut-être certaines des *causes* qui les produisent soient

1. *Chose* traduit ici et dans les sections suivantes *subject* (ce qui est *sous-jacent* à la qualité qui produit les idées) et non seulement *things*.

simplement des *privations* dans les choses d'où nos sens dérivent ces idées. Dans la vue qu'il en a, l'entendement les considère toutes comme des idées positives distinctes, sans prendre en compte les causes qui les produisent : question qui ne porte pas sur l'idée dans l'entendement, mais sur la nature
133 des choses | qui existent hors de nous. Ce sont deux choses différentes qu'il faut soigneusement distinguer; car, c'est une chose que de percevoir et de connaître l'idée de blanc ou de noir, c'en est une toute autre d'examiner le genre et l'ordonnancement des particules superficielles qui font que l'objet apparaisse blanc ou noir [1].

§ 3

Un peintre ou un teinturier, sans en avoir jamais cherché les causes, a dans l'entendement l'idée de blanc, de noir, d'autres couleurs, aussi clairement, parfaitement et distinctement (peut-être même plus distinctement) que le philosophe qui s'est attaché à considérer leur nature et pense savoir jusqu'à quel point chacune est, selon le cas, positive ou privative par sa cause. Et l'idée de *noir* n'est pas moins *positive* dans son esprit que celle de blanc, *quoique la cause* de cette couleur dans l'objet extérieur puisse *être seulement une privation*.

§ 4

Si mon but dans l'entreprise actuelle était d'examiner les causes naturelles de la perception et la façon dont elle est produite, je donnerais pour expliquer *qu'une cause privative puisse*, dans certains cas du moins, *produire une idée positive*, la raison suivante : toute sensation n'étant produite en nous que par des degrés et des modes différents du mouvement de nos esprits animaux, agités de façon variée par les objets extérieurs, la diminution d'un mouvement précédent

1. Cf. 1.1.2.

doit produire une nouvelle sensation, aussi nécessairement que sa variation ou son augmentation; elle doit ainsi introduire une nouvelle idée qui dépend seulement d'un mouvement différent des esprits animaux dans cet organe.

§ 5

Qu'il en soit ainsi ou non, je ne le déterminerai pas ici; j'en appellerai seulement à l'expérience de chacun: l'ombre d'un homme, qui pourtant ne consiste qu'en absence de lumière (et plus cette absence est grande, plus discernable est l'ombre), n'engendre-t-elle pas dans l'esprit de qui la regarde une idée aussi claire et positive que l'homme lui-même, fût-il enveloppé de la clarté du soleil; et la peinture d'une ombre est également une chose positive. Il est vrai que nous avons des *noms négatifs* qui ne tiennent pas directement lieu d'idées positives, mais bien de leur absence, comme *insipide*, *silence*, *rien*, etc.: [a-]ces mots dénotent des idées positives (ici *goût*, *son*, *être*) en signifiant leur absence[-a].

§ 6

Ainsi peut-on à juste titre dire qu'on voit l'obscurité. Supposons en effet un trou parfaitement obscur d'où n'est réfléchie aucune lumière; | il est certain qu'on peut en voir ou **134**
en peindre la figure. On peut aussi se demander si l'encre avec laquelle on écrit constitue une idée spécifique. Les causes privatives que j'ai ici attribuées aux idées positives l'ont été selon l'opinion commune; mais en vérité il sera difficile de déterminer s'il y a véritablement des idées venant d'une cause privative avant d'avoir déterminé *si le repos est plus une privation que le mouvement*.

a. Texte qui, depuis la quatrième édition, remplace: « ...pour lesquels il n'y a pas d'idées positives: ils consistent au contraire entièrement en négation d'idées certaines, comme *silence*, *invisible* ; cependant ceci ne *signifie* aucune idée dans l'esprit, mais leur *absence*... ».

§ 7

Les idées dans l'esprit, les qualités dans les corps

Pour mieux découvrir la nature de nos idées et pour en parler de façon intelligible, il convient de les distinguer en tant qu'idées ou perceptions dans l'esprit d'une part, et en tant que modes de la matière dans les corps qui causent en nous de telles perceptions d'autre part ; de sorte qu'on ne puisse pas penser (comme c'est sans doute couramment le cas) qu'elles sont exactement les images et les *ressemblances* de quelque chose d'inhérent à la chose ; car la plupart des idées de sensation ne sont pas plus la copie dans l'esprit de quelque chose qui existerait hors de nous, que les noms qui en tiennent lieu ne sont la copie de nos idées, alors qu'ils sont pourtant aptes à les susciter en nous quand nous les entendons.

§ 8

Tout ce que l'esprit perçoit en lui-même, ou tout ce qui est l'objet immédiat de la perception, de la pensée ou de l'entendement, je l'appelle *idée ;* et le pouvoir de produire une idée dans l'esprit, je l'appelle *qualité*[1] de la chose où se trouve ce pouvoir. Ainsi, puisqu'une boule de neige a le pouvoir de produire en nous les idées de *blanc*, de *froid*, de *rond*, je nomme *qualités* ces pouvoirs de produire de telles idées en nous, en tant qu'ils sont dans la boule de neige ; et, en tant qu'ils sont des sensations ou des perceptions dans l'entendement, je les nomme *idées*. Et s'il m'arrive de parler de ces idées en tant qu'elles sont dans les choses mêmes, on voudra bien comprendre que je vise par là les qualités dans les objets qui les produisent en nous[2].

1. Terme classique de la philosophie médiévale, repris entre autres par Descartes (cf. *Principes*, I, 56-57), Malebranche (cf. *Recherche* 3.2.8. ; 6.2.5.) et Boyle (*Origins of Forms and Qualities, Works*, III, p. 14-15, 23-24).

2. Cf. 2.31.2.

§ 9

Les qualités primaires et les qualités secondaires

[b-]Les qualités ainsi considérées dans les corps sont premièrement celles qui sont strictement inséparables du corps, quel que soit son état. [c-]Ces qualités, le corps les garde constamment à travers les altérations et les changements qu'il subit, si grande soit la force subie; les sens les découvrent constamment en toute particule de matière qui a une masse suffisante pour être | perçue, et l'esprit les tient pour inséparables de 135
toute particule de matière, même trop petite pour être perçue isolément par les sens[1].

Prenez un grain de blé; divisez-le en deux parties : chaque partie a toujours *solidité*, *étendue*, *figure* et *mobilité* ; divisez-le encore, il conserve toujours les mêmes qualités; continuez à le diviser ainsi jusqu'à ce que les parties deviennent insensibles: chacune d'elles doit toujours conserver toutes ces qualités. Car la division (qui est tout ce que font sur un corps une meule, un pilon ou un autre corps lorsqu'ils le réduisent en ses parties insensibles) ne peut jamais ôter à un corps solidité, étendue, figure ou mobilité; elle ne fait que produire [d-]deux masses séparées et distinctes de matière ou davantage, à partir de ce qui n'était auparavant qu'un; et, après division, ces masses distinctes considérées comme autant de corps distincts font[-d] nombre[-c]. C'est ce que j'appelle *qualités originales* ou *primaires* des corps; je pense que nous pouvons

b. Texte qui, depuis la quatrième édition, remplace : « A propos de ces qualités, on peut, je crois, observer celles qui sont *primaires* dans les corps, celles qui produisent … ».

c. Dans les trois premières éditions, ce texte, précédé de : « Ceci, je le nomme *qualités originales* ou *primaires* du corps, en est totalement inséparable ; et … », constitue le paragraphe 10.

d. Texte qui, depuis la deuxième édition, remplace : « …deux corps distincts, ou davantage, qui ensemble après division, ont leur … ».

1. Cf. 4.3.24-25.

observer qu'elles produisent[-b] en nous des idées simples (solidité, étendue, figure, mouvement ou repos, et nombre).

§ 10

[Les qualités considérées dans le corps sont...] [e-]*deuxièmement* ces *qualités* qui en réalité ne sont rien d'autre dans les objets eux-mêmes que les pouvoirs de produire diverses sensations en nous par leur *qualités primaires,* c'est-à-dire par le volume, la figure, la texture et le mouvement de leurs éléments insensibles ; ce sont les couleurs, les sons, les goûts, etc. ; je les nomme *qualités secondaires*. On peut y ajouter une troisième sorte, celles qu'on reconnaît comme de purs pouvoirs, bien qu'elles soient dans le sujet des qualités aussi réelles que celles que, pour suivre les habitudes de langage, je nomme *qualités* et, pour les distinguer, *secondaires.* Car le pouvoir du feu, pouvoir de produire une nouvelle couleur ou une nouvelle consistance de la cire ou de l'argile, est une qualité du feu, autant que son pouvoir de produire en moi une idée nouvelle (la sensation de chaleur ou de brûlure que je ne sentais pas auparavant) par les mêmes qualités primaires : la masse, la texture et le mouvement de ses éléments insensibles[1-e].

§ 11

136 Il faut ensuite considérer comment les *corps* [f-]produisent | en nous des idées : c'est manifestement *par poussée*, la seule façon dont nous puissions concevoir l'action des corps[-f].

e. Texte qui, depuis la quatrième édition, remplace la rédaction du paragraphe mentionnée à la note c.

f. Texte qui, depuis la deuxième édition, remplace : « ... *agissent* l'un sur l'autre, et c'est manifestement *par poussée*, et rien d'autre, car il est impossible de concevoir qu'un corps agisse sur ce qu'il ne touche pas (ce qui revient exactement à imaginer qu'il puisse agir là où il n'est pas), ou quand il touche effectivement, qu'il agisse autrement que par mouvement ».

1. Cf. 4.3.11-14.

§ 12

Comment les qualités primaires produisent leurs idées

Si [g]-donc-[g] les objets externes ne sont pas immédiatement unis à l'esprit quand ils produisent en lui des idées, et si pourtant nous percevons *ces qualités originelles* en tel objet qui tombe seul sous nos sens, il est évident qu'un mouvement doit en venir, être prolongé par les nerfs ou les esprits animaux, par des éléments du corps, jusqu'au cerveau ou au siège de la sensation, et *produire là, dans l'esprit, les idées particulières que nous en avons.* Et puisque l'étendue, la figure, le nombre et le mouvement de corps d'une taille perceptible peuvent être perçus à distance *par* la vue, des corps imperceptibles par eux-mêmes doivent évidemment en émaner, parvenir à l'œil et porter ainsi au cerveau un *mouvement* qui produise les idées que nous en avons.

§ 13

Et comment le font les secondaires

Il est concevable que les *idées de qualités secondaires* soient *produites* en nous de la même manière que les idées de qualités originales, à savoir *par l'action des particules insensibles sur les sens.* Car il est manifeste qu'il y a des corps (un grand nombre) si petits à eux seuls qu'aucun sens ne peut en découvrir la masse, la figure, ou le mouvement; c'est évident pour les particules d'air et d'eau, et peut-être pour des particules infiniment plus petites qu'elles (aussi petites, par rapport aux particules d'eau ou d'air, que ces dernières par rapport à des pois ou des grêlons).

Supposons maintenant que les mouvements et figures, la masse et le nombre différents de ces particules affectent les divers organes des sens et produisent en nous les diverses

g. Texte qui, depuis la quatrième édition, remplace : « … donc les corps ne peuvent opérer à distance, si … ».

sensations des couleurs et des odeurs des corps (par exemple, [h]-qu'une violette, par la poussée de ces particules insensibles de matière, de figure et de masse spécifiques, avec des mouvements de degrés et de types différents-[h], produise dans l'esprit les idées de couleur bleue et d'odeur sucrée); car, il n'est pas plus impossible concevoir que Dieu annexe telle idée à tel mouvement qui n'a aucune similitude avec elle, que de concevoir qu'Il annexe l'idée de *douleur* au mouvement d'un
137 morceau | d'acier coupant, qui n'a aucune ressemblance avec cette idée[1].

§ 14

Ce que j'ai dit à propos des *couleurs* et des *odeurs*, peut aussi être compris des *goûts* et des *sons*, *et des autres qualités sensibles analogues* : quelle que soit la réalité que nous leur attribuions par erreur, elles ne sont en vérité rien d'autre dans les objets mêmes que le pouvoir de produire des sensations variées en nous, et elles *dépendent de ces qualités primaires*, à savoir, la masse, la figure, la texture, et le mouvement des éléments, [i]-comme[2] je l'ai dit-[i].

h. Texte qui, depuis la deuxième édition, remplace : « … une violette, dont le choc des parties insensibles de matière de différentes figures et masses, avec différents degrés et types de mouvements, nous procure les idées de couleur bleue et de senteur douce de la violette … ».

i. Texte qui, depuis la quatrième édition, remplace : « … et c'est pourquoi je les nomme *qualités secondaires…* » ; la définition des qualités secondaires n'était donc donnée, jusqu'à la troisième édition, qu'ici. Le jeu des corrections a anticipé cette définition au § 10.

1. Cf. 2.7.3-5 ; 2.23.11 et 2.32.15.

2. Voir notamment Descartes, *Réponses aux sixièmes objections*, § 10 ; Malebranche, *Recherche*, III, II, 8 ; VI, II, 5. Coste ajoute ici la remarque suivante : « Remarquons ici que dans les ouvrages du père Malebranche, dans la physique de Rohault, en un mot dans tous les traités de physique composés par des Cartésiens, on trouve l'explication des *qualités sensibles*, fondée exactement sur les mêmes principes que Mr Locke nous étale dans ce chapitre. Ainsi Mr Rohault, ayant à traiter de la *chaleur* et de la *froideur*

§ 15

Les idées de qualités primaires sont des ressemblances ; pas les secondaires

Il est aisé d'en tirer, je pense, cette observation : les idées *de qualités primaires* des corps en *sont des ressemblances*, et leur modèle existe effectivement dans les corps mêmes. Mais les idées *produites* en nous *par les qualités secondaires n'ont absolument aucune ressemblance* avec elles. Il n'y a rien comme nos idées qui existerait dans les corps mêmes ; et même si nous décrivons un corps à partir d'une idée, cette idée n'est là qu'un pouvoir de produire en nous cette sensation : ce qui est doux, bleu ou chaud en idée n'est que cette masse, cette figure et ce mouvement particuliers des éléments insensibles du corps même, que nous appelons ainsi.

§ 16

La *flamme* est dite *chaude et légère*, la *neige blanche* et *froide*, et la *manne blanche* et *douce*, à partir des idées qu'elles produisent en nous. Ordinairement, on pense que ces qualités sont identiques dans les corps à ce que sont les idées en nous, que l'une est la parfaite ressemblance de l'autre, comme dans un miroir ; et la plupart des gens jugeraient tout à fait extravagant de dire autre chose. Pourtant celui qui considérera que *le même feu* qui, à une certaine distance *produit* en lui la

(chap. XXIII, partie I) dit d'abord : « Ces deux mots ont chacun deux significations, car premièrement par la *chaleur* et par la *froideur* on entend deux sentiments particuliers qui sont en nous et ressemblent en quelque façon à ceux qu'on nomme *douleur* et *chatouillement*, tels que les sentiments qu'on a quand on approche du feu, ou quand on touche de la glace. Secondement, par la *chaleur* et par la *froideur*, on entend le *pouvoir* que certains corps ont de causer en nous ces deux sentiments dont je viens de parler ». Rohault emploie la même distinction en parlant des *saveurs* (chap. XXIV), des odeurs (chap. XXV), du son (chap. XXVI), de la lumière et des couleurs (chap. XXVII). Je serai bientôt obligé de me servir de cette remarque pour en justifier une autre concernant un passage du livre de Mr Locke où il semble avoir entièrement oublié la manière dont les Cartésiens expliquent les *qualités sensibles* ». (N.d.T. : référence à la note qu'ajoutera Coste à 2.13.25).

sensation de *chaleur*, produit à l'approche la sensation fort différente de *douleur*, doit songer à la raison qui lui fait dire que l'idée de *chaleur* produite en lui par le feu est en fait *dans le feu* et que son idée de *douleur* produite en lui de la même manière par le même feu *n'*est *pas* dans le *feu*. Pourquoi la blancheur et le froid sont-ils dans la neige, et pas la douleur, alors que la neige produit l'une et l'autre idée en nous, et ne peut les engendrer que par la masse, la figure, le nombre et le mouvement de ses éléments solides ?

§ 17

La *masse, le nombre, la figure, et le mouvement des éléments du feu ou de la neige* qui leur sont spécifiques *sont réellement en eux,* qu'on les perçoive ou non par les sens ; on
138 peut donc les appeler *qualités réelles*, parce qu'ils | existent réellement dans ces corps. Mais *lumière, chaleur, blancheur* ou *froid ne sont pas plus réellement en eux que la maladie ou la douleur* n'est dans la manne. Ôtez en la sensation, empêchez les yeux de voir la lumière ou les couleurs, et les oreilles d'entendre les sons, le palais de goûter, le nez de sentir, alors toutes les couleurs, les goûts, les odeurs, les sons, en tant que telle idée particulière, s'évanouiront, cesseront d'être et seront réduites à leurs causes : masse, figure et mouvement des éléments.

§ 18

Un morceau de *manne* d'une taille suffisante est capable de produire en nous l'idée d'une figure ronde ou carrée ; et, par son déplacement d'un endroit à l'autre, l'idée de *mouvement*. Cette idée de mouvement représente le mouvement tel qu'il est réellement dans la *manne* en mouvement ; un cercle ou un carré sont les mêmes, que ce soit en idée ou en existence, dans l'esprit ou dans la *manne ; le mouvement et la figure sont tous deux dans la manne*, et ceci que nous les remarquions ou non. Cela, chacun est prêt à l'admettre.

En outre, la *manne*, par la masse, la figure, la texture et le mouvement de ses éléments, a le pouvoir de produire les sensations de maladie et parfois de douleur ou de coliques aiguës. Que ces idées de *maladie et de douleur ne soient pas dans la* manne, mais soient des effets de son action sur nous et qu'elles ne soient nulle part quand nous ne les ressentons pas, ceci aussi chacun l'admet facilement.

Mais les gens ne sont guère portés à penser que la *douceur et la blancheur ne sont pas réellement dans la manne ;* douceur et blancheur ne sont pourtant qu'effets de l'action de la manne par le mouvement, la taille et la figure de ses particules sur les yeux et le palais, tout comme la douleur et la maladie engendrées par la *manne* sont reconnues pour n'être rien d'autre que l'effet de son action sur l'estomac et les intestins, par la taille, le mouvement et la figure de ses éléments insensibles (car, on l'a prouvé [1], un corps ne peut agir par aucun autre moyen). Comme si un corps ne pouvait agir sur les yeux et le palais et produire de ce fait dans l'esprit des idées distinctes particulières qu'en lui-même il n'a pas, aussi bien que l'on admet qu'il peut agir sur les intestins et l'estomac et produire de ce fait des idées distinctes qu'en lui-même il n'a pas ! Ces idées étant toutes l'effet de l'action de la *manne* sur diverses parties du corps, par la taille, la figure, le nombre et le mouvement de ses éléments, pourquoi penser que celles que produisent les yeux et le palais sont réellement dans la *manne*, plus que produisent l'estomac et les intestins ? Ou pourquoi penser que la douleur et la maladie, idées qui sont l'effet de la *manne*, ne sont nulle part quand on ne les sent pas, et penser néanmoins que la douceur et la blancheur, effets de la même manne sur d'autres parties du corps, par des moyens également | inconnus, existent dans la *manne*, alors 139
qu'on ne les voit ni les goûte. Il faudrait trouver une raison pour justifier ceci.

1. Cf. 2.8.11-13.

§ 19

Considérons les couleurs rouges et blanches du *porphyre*. Empêchez la lumière de l'éclairer et ses couleurs disparaissent, il ne produit plus de telles idées en nous; au retour de la lumière, il produit à nouveau ces manifestations : peut-on penser qu'une altération se produise sur le *porphyre* par la présence ou l'absence de la lumière, et que ces idées de blanc ou de rouge sont réellement dans le *porphyre* éclairé quand il est évident *qu'il n'a aucune couleur dans le noir ?* Il a, de fait, de nuit comme de jour, une configuration de particules telle que, grâce aux rayons de lumière qui rebondissent sur certains éléments de cette pierre dure, il est capable de produire en nous les idées de *rouge* et, grâce à d'autres, l'idée de *blanc*. Mais le blanc ou le rouge ne sont jamais en lui qu'une texture qui a le pouvoir de produire en nous une telle sensation.

§ 20

Pilez une amande, et la *couleur* blanc-clair deviendra sale, le *goût* doucereux se changera en un goût huileux. Quel changement réel peut produire en un corps l'usage du pilon, si ce n'est le changement de *texture* ?

§ 21

Ces distinctions faites et les idées comprises, nous pourrons peut-être expliquer comment la même eau peut au même moment produire par une main l'idée de froid et par l'autre l'idée de chaleur, alors qu'il serait impossible, si les idées s'y trouvaient réellement, que la même eau soit chaude et froide en même temps.

Si l'on imagine, en effet, que la *chaleur, en tant qu'elle est dans nos mains, n'est autre qu'une certaine espèce ou degré de mouvement dans les particules minuscules des nerfs, ou esprits animaux*, on peut comprendre comment il peut se faire que la même eau produise en même temps la sensation de chaleur dans une main et de froid dans l'autre; une figure, au contraire, ne le fait jamais, elle ne produit jamais l'idée d'un carré par une main quand elle a produit l'idée d'un globe par l'autre; mais si la sensation de chaleur et de froid n'est que l'augmentation ou la diminution du mouvement des parties minuscules de notre corps, produites par les corpuscules d'un autre corps, il est facile de comprendre que, si le mouvement est plus grand dans une main que dans l'autre, et si un corps appliqué aux deux mains a en ses particules minuscules un plus grand mouvement que celui des particules d'une main, et un mouvement moindre que celui des particules de l'autre main, il augmentera le mouvement dans une main et le diminuera dans l'autre, et produira ainsi les différentes sensations de chaud et de froid qui en dépendent. | 140

§ 22

Dans ce qui précède immédiatement, je me suis engagé dans des questions de physique[1], un peu plus sans doute que je ne le voulais. Mais comme il était nécessaire de faire un peu mieux comprendre la nature de la sensation, et de faire concevoir distinctement *la différence entre les qualités des corps et les idées qu'elles produisent dans l'esprit* (faute de quoi il serait impossible d'en traiter de façon intelligible), j'espère qu'on pardonnera cette petite incursion dans la philosophie naturelle; il est en effet nécessaire dans notre recherche actuelle de distinguer les *qualités primaires* et *réelles* des corps, qui sont toujours en eux (à savoir, la solidité, l'étendue, la figure, le nombre et le mouvement ou le repos, parfois perçues de nous : quand les corps où elles se trouvent sont suffisamment gros pour être discernés à eux seuls[2]), des qualités *secondaires* et *imputées*, qui ne sont que les pouvoirs de plusieurs combinaisons de ces qualités primaires quand elles agissent sans être discernées distinctement. Et par là, on peut aussi arriver à connaître quelles idées sont, et quelles idées ne sont pas, des ressemblances de

1. Cf. 1.1.2 note et 2.21.73.
2. Cf. 2.23.11-12.

quelque chose qui existe réellement dans les corps nommés d'après les idées.

§ 23

Trois sortes de qualités dans les corps [j]

Donc les *qualités* qui sont dans les *corps* correctement envisagés sont de *trois sortes :*

D'abord, la *masse, la figure, le nombre, la situation et le mouvement ou le repos* de leurs éléments solides. Ils sont en eux, qu'on les perçoive ou pas; et quand ils sont d'une taille suffisante pour qu'on puisse les découvrir, on a grâce à eux une idée de la chose telle qu'elle est en elle-même, comme il est évident pour les choses artificielles. Je les appelle *qualités primaires.*

Deuxièmement, le *pouvoir* qui est dans un corps, *en* raison de *ses qualités primaires* insensibles, d'agir d'une manière particulière sur l'un des sens et par là *de produire en nous* les *différentes idées* de diverses couleurs, sons, odeurs, goûts, etc. On les appelle habituellement qualités sensibles.

Troisièmement, le *pouvoir* qui est dans un corps *en* raison de la constitution particulière de *ses qualités primaires, de* produire un *changement* dans *la masse, la figure, la texture et le mouvement d'un autre corps* tel qu'il le fasse agir sur nos
141 sens de façon différente de ce qu'il faisait auparavant. Ainsi le | soleil a le pouvoir de faire blanchir la cire, et le feu de rendre le plomb fluide. [k-]On les nomme habituellement pouvoirs[-k] [1]

Le premier, on l'a dit [2], peut être nommé, à juste titre je pense, *qualités réelles, originales,* ou *primaires*, car elles sont dans les

j. Titre qui, depuis la quatrième édition, remplace le titre donné en deuxième et troisième éditions : « *Les idées de qualités primaires sont des similitudes, pas celle des secondaires* ».

k. Texte ajouté à partir de la quatrième édition.

1. Cf. 2.23.9.
2. Cf. 2.8.9.

choses mêmes, qu'elles soient perçues ou non ; et c'est de leur diverses modalités que dépendent les qualités secondaires.

Les deux autres ne sont que les pouvoirs d'agir différemment sur d'autres choses, pouvoirs qui résultent des diverses modalités de ces qualités primaires.

§ 24

Les 1 res sont des ressemblances ; les 2 es sont considérées comme des ressemblances, mais ne le sont pas. Les 3 es ne sont ni ne sont considérées telles [1]

Les deux dernières sortes de qualités sont simplement des pouvoirs, et rien que des pouvoirs liés à plusieurs autres corps, résultant des diverses modalités des qualités originelles ; et pourtant on les conçoit en général autrement. Car *on considère la deuxième sorte* (les pouvoirs de produire diverses idées en nous par les sens) *comme des qualités réelles dans les choses* qui nous affectent ainsi. Mais *la troisième sorte, on la nomme simplement pouvoirs, et on la considère comme tels* : par exemple, on pense communément que l'idée de chaleur ou l'idée de lumière que l'on reçoit du soleil par le toucher ou par les yeux, sont des *qualités réelles* existant dans le soleil, un peu plus que de simples pouvoirs qui y seraient.

Mais quand on considère le soleil par rapport à la cire qu'il amollit ou fait blanchir, on considère la blancheur ou la douceur produites dans la cire, non pas comme des qualités du soleil, mais comme des effets produits par des *pouvoirs* en lui [m] ; alors que, si on les examine bien, ces qualités de lumière ou de chaleur, perceptions en moi quand je suis réchauffé ou illuminé par le soleil, ne sont dans le soleil que comme les changements apportés à la cire quand elle est blanchie ou amollie. Tous sont également des pouvoirs dans le soleil, dépendant de ses qualités

1. Titre qui remplace depuis la quatrième édition l'ancien titre : « *Raison de notre erreur ici* ».

m. Suivait dans la première édition, la fin de phrase supprimée ensuite : « ..., alors que pourtant on considère la lumière et la chaleur comme des *qualités réelles*, quelque chose de plus que de simples pouvoirs dans le soleil ».

primaires : dans un cas, ces qualités lui permettent de modifier la masse, la figure, la texture ou le mouvement de certains éléments imperceptibles de mes yeux ou de mes mains, de façon à produire ainsi en moi l'idée de lumière ou de chaleur; dans l'autre cas, elles lui permettent de modifier la masse, la figure, la texture ou le mouvement des éléments imperceptibles de la cire de façon à les rendre aptes à produire en moi les idées distinctes de blanc et
142 de fluide. |

§ 25

La raison *pour laquelle les unes sont ordinairement prises pour des qualités réelles et les autres seulement pour de simples pouvoirs*, semble être que nos idées de couleurs distinctes, de sons, etc. ne contiennent absolument rien de la masse, de la figure ou du mouvement; nous ne sommes donc pas enclins à les penser comme des effets de ces qualités primaires qui n'apparaissent pas à nos sens agir dans leur production, et avec laquelle elles n'ont aucune parenté apparente, aucune liaison concevable. De là vient que nous soyons si prompts à imaginer que ces idées sont des ressemblances de quelque chose qui existe réellement dans les objets mêmes, puisque la sensation ne découvre rien de la masse, de la figure ou du mouvement des éléments dans leur production, et que la raison ne peut montrer comment par leur masse, leur figure et leur mouvement les corps produiraient dans l'esprit les idées de bleu, de jaune, etc.

Mais dans l'autre cas, quand un corps agit sur un autre et modifie ses qualités, on découvre que manifestement la qualité produite, n'a aucune ressemblance avec quoi que ce soit dans la chose qui la produit; donc on la considère comme un simple effet du pouvoir. Car bien que nous recevions l'idée de chaleur ou de lumière du soleil nous sommes portés à penser que c'est une perception et une ressemblance d'une telle qualité dans le soleil; pourtant, quand nous voyons la cire ou un visage clair changer de couleur à cause du soleil, nous ne pouvons imaginer que la réception ou la similitude d'une chose dans le soleil en soit l'origine, parce que nous ne trouvons pas ces diverses couleurs dans le soleil même. Car nos sens sont capables d'observer une similitude ou une dissemblance de qualités sensibles dans deux objets externes différents; et de ce fait nous osons conclure que la production d'une qualité sensible dans une chose est l'effet d'un simple pouvoir et non la communication d'une qualité qui était effectivement dans la cause efficiente, quand nous ne trouvons aucune qualité sensible telle dans la chose qui l'a produite. Mais nos sens ne sont pas capables de découvrir une dissemblance entre l'idée produite en nous et la qualité de l'objet qui la produit, d'où nous sommes enclins à imaginer que nos idées sont des ressemblances de quelque chose dans les objets, et non les effets de certains pouvoirs placés dans les modalités de leurs qualités primaires, avec lesquelles les idées produites en nous n'ont aucune ressemblance.

§ 26

Les qualités secondaires sont de deux sortes :
1. immédiatement perceptibles ; 2. médiatement perceptibles

Pour conclure, outre les *qualités primaires* des corps dont on vient de parler (la masse, la figure, l'étendue, le nombre et
le | mouvement de leurs éléments solides), tout le reste, ce qui 143
permet de remarquer les corps et de les distinguer les uns des autres, n'est autre que divers pouvoirs qui s'y trouvent et qui dépendent des qualités primaires; par ces pouvoirs, ils sont à même soit d'agir immédiatement sur notre corps et de produire en nous plusieurs idées différentes, soit d'agir sur d'autres corps et de changer leurs qualités primaires de telle façon qu'ils deviennent capables de produire des idées en nous, différentes de ce qu'elles étaient auparavant. Les unes peuvent être appelées, je pense, *qualités secondaires immédiatement perceptibles*, les autres, *qualités secondaires médiatement perceptibles.*

CHAPITRE 9

LA PERCEPTION

§ 1

C'est la première idée simple de réflexion

La perception est la première faculté de l'esprit mobilisée sur les idées ; elle est aussi l'idée la première et la plus simple obtenue par réflexion, et certains la nomment pensée en général[1]. Pourtant la pensée, au sens propre du terme en français, signifie cette opération de l'esprit sur ses idées où l'esprit est actif et où il considère quelque chose avec un certain niveau d'attention volontaire ; dans la pure et simple perception, l'esprit est pour la plus grande part passif seulement et, ce qu'il perçoit, il ne peut s'empêcher de le percevoir[2].

1. Cf. notamment, Descartes, *Méditations*, 2e objections, def. 2 ; Arnauld, *Des vraies et des fausses idées,* chapitre 5, def. 2, et inversement Spinoza ; *Ethique*, 2, def. 3.

2. Cf. 2.1.25

§ 2

Il n'y a perception que lorsque l'esprit reçoit l'impression

Ce qu'est la perception, chacun le saura en réfléchissant sur ce qu'il fait lui-même quand il voit, entend, sent, *etc.*, ou pense, mieux que par tout discours de ma part. Quiconque réfléchit sur ce qui se passe dans son esprit, ne peut la manquer; et s'il ne réfléchit pas, tous les mots du monde ne pourront lui en procurer aucune notion [1].

§ 3

Il est certain que si une altération produite dans le corps n'atteint pas l'esprit, si une impression produite sur l'extérieur n'est pas remarquée intérieurement, il n'y a aucune perception. Le feu peut brûler notre corps sans autre effet que s'il brûlait une bûche, sauf si le mouvement est porté jusqu'au cerveau et si la sensation de chaleur ou l'idée de douleur sont produites dans l'esprit, ce qui constitue la *perception*
144 *effective.* |

§ 4

Combien de fois n'a-t-on pas observé que l'esprit qui s'emploie à contempler intensément des objets, à en examiner avec curiosité les idées, ne remarque pas les impressions faites par des corps sonores [a] sur les organes auditifs, alors que cette altération[a] produit d'habitude l'idée d'un son ? Une poussée suffisante sur l'organe, peut avoir lieu, mais celle-ci n'atteint pas la saisie de l'esprit, et aucune perception ne s'en suit ; et bien que le mouvement qui produit normalement l'idée de son ait lieu dans l'oreille, aucun son n'est entendu. Le manque de sensation en ce cas ne vient pas d'un défaut de l'organe, ou de

a. Texte modifié lors de la deuxième édition, remplaçant le texte de la première : « … qui sont introduites, bien que la même altération faite sur l'organe de l'ouïe … ».

1. Comparer avec 2.21.5.

ce que les oreilles seraient moins affectées que d'autres fois où il entend; mais ce qui d'habitude produit l'idée de son, bien qu'introduit par l'organe habituel, n'est pas remarqué par l'entendement ; [b]-il n'imprime donc aucune idée sur l'esprit et-[b] il ne s'ensuit aucune sensation. *Aussi, partout où il y a sens* ou *perception, une idée est effectivement produite et présente dans l'entendement.*

§ 5

Les enfants, ont des idées in utero, *mais n'en ont pourtant aucune innée*

Je ne doute donc pas que *les enfants* exercent leurs sens sur les objets qui les affectent dans le sein maternel et en *reçoivent quelques idées* avant la naissance : ce sont les effets inévitables des corps qui les environnent, ainsi que des besoins et des maladies qu'ils subissent; en font partie je pense (si l'on peut faire des hypothèses sur des choses qu'on ne peut vraiment examiner) les deux idées de faim et de chaleur, qui sont probablement chez les enfants parmi les premières et qui ne les quittent guère ensuite.

§ 6

On peut raisonnablement penser que les *enfants* reçoivent des idées avant d'entrer dans le monde, mais ces idées simples sont *loin de* ces *principes innés* défendus par certains et réfutés plus haut[1]. Les idées mentionnées ici sont effets de la sensation et donc seulement issus d'affections corporelles qui leur surviennent là; ainsi dépendent-elles de quelque chose extérieur à l'esprit; elles ne diffèrent pas des autres idées dérivées des sens par la façon dont elles sont produites, mais seulement parce qu'elles arrivent les premières; au contraire ces principes innés sont supposés d'une nature toute différente : ils ne s'introduisent pas dans l'esprit par des alté-

b. Ajouté à partir de la deuxième édition.

1. Cf. 1.2; 1.4.20.

rations accidentelles du corps ou des opérations sur lui, mais
145 ils sont pour ainsi dire des caractères originaux | imprimés sur l'esprit dès les premiers instants de son existence et de sa constitution.

§ 7

Quelles sont les premières idées ? Ce n'est pas évident

Puisqu'on peut raisonnablement supposer que certaines idées utiles à la vie à ce moment peuvent être introduites dans l'esprit de l'enfant dès le sein maternel, les idées imprimées *les premières* après la naissance *sont les qualités sensibles qui les premières se présentent* à eux ; parmi elles, la lumière n'est pas la moindre, ni la moins efficace. L'avidité de l'esprit à acquérir ces idées quand elles ne sont pas accompagnées de douleur peut être devinée grâce à ce que l'on observe chez les nouveaux-nés : où qu'ils soient placés, ils tournent toujours les yeux du côté d'où vient la lumière. Mais les idées qui sont au départ les plus communes varient en fonction des différentes conditions initiales de vie des enfants dans le monde ; d'où l'ordre d'introduction des diverses idées dans l'esprit varie fort et demeure incertain ; mais il importe peu de le connaître.

§ 8

Les idées de sensation sont souvent modifiées par le jugement

Il faut en outre observer, concernant la perception, que *souvent* les *idées reçues par la sensation sont*, chez les adultes, *modifiées par le jugement*, sans qu'on le remarque. Quand on met devant les yeux un globe rond de couleur uniforme (par exemple d'or, d'albâtre ou de jais), il est certain que l'idée imprimée ainsi dans l'esprit est celle d'un cercle plat diversement ombragé, avec plusieurs niveaux de luminosité et de brillance parvenant à l'œil. Mais à la longue nous nous sommes habitués à percevoir quel type de manifestation les corps convexes produisent habituellement sur nous, quelles transformations sont produites sur les reflets lumineux par la variation de forme sensible des corps ; d'où le jugement, par habitude acquise, transforme aussitôt les manifestations en leurs causes ; de sorte que, saisissant la forme dans ce qui n'est en réalité qu'ombres et couleurs variées, le jugement prend cette réalité pour une marque de la forme et il se donne la perception d'une forme convexe de couleur uniforme, alors que l'idée que nous en recevons n'est que celle d'une surface diversement colorée, ce qui est évident en peinture [1].

[c]-A ce propos, j'introduirai ici un problème posé par le docte et éminent Molyneux, qui promeut avec intelligence et application l'authentique savoir ; il a bien voulu | m'envoyer il 146
y a quelques mois la lettre que voici :

> Supposez un homme né aveugle puis devenu maintenant adulte ; par le toucher il a appris à distinguer un cube et une sphère du même métal et approximativement de la même taille, de sorte qu'il arrive à dire, quand il sent l'un et l'autre, quel est le cube et quelle est la sphère. Supposez ensuite qu'on place le cube et la sphère sur une table et que l'aveugle soit guéri. Question : est-ce-que par la vue, avant de les toucher, il pourra distinguer et dire quel est le globe et quel est le cube ?

À cette question, le questionneur précis et judicieux répond :

> Non, car bien qu'il ait acquis l'expérience de la façon dont un globe et un cube affectent son toucher, il n'est pas encore parvenu à l'expérience que ce qui affecte de telle manière son toucher doit affecter de telle manière sa vision ; ou qu'un angle saillant du cube

c. Ajout à partir de la deuxième édition, en lien avec les deux lettres de Molyneux (cf. *Correspondence*, n° 1064, et surtout n°1609).

1. Cf. 2.23.8, *De la conduite de l'entendement*, 41.

> qui a appuyé sur sa main de façon inégale apparaîtra à son œil comme il le fait avec le cube[1].

Je rejoins cet homme de réflexion, que je suis fier d'appeler mon ami [d], dans sa réponse à son problème : je suis d'avis que l'aveugle ne sera pas capable, à la première vision, de dire avec certitude quel est le globe et quel est le cube, s'il les voit seulement, alors qu'il pourrait sans erreur les nommer d'après le toucher et les distinguer avec certitude par la différence des figures ressenties. J'ai cité ce problème et je le livre à mon lecteur comme une occasion de noter ce qu'il doit à l'expérience, [e-]au progrès et aux notions acquises[-e] là-même où il estime n'en avoir jamais bénéficié ni reçu d'aide. D'autant plus que cette personne observatrice ajoute encore qu'

> à l'occasion de ce livre, il a posé ce problème à diverses personnes très ingénieuses et il n'en a guère rencontré qui lui ait donné d'emblée la réponse qui lui paraît vraie, avant d'être convaincue en entendant ses raisons.[-c]

§ 9

Mais ceci[2] n'est, je crois, fréquent avec aucune autre idée que celles de la *vision ;* la vision, en effet, qui est le plus étendu des sens, introduit dans l'esprit les idées de lumière et de couleur, propres à ce seul sens, mais aussi [f-]les idées très différentes[-f] d'espace, de figure, de mouvement, dont les diverses variétés changent l'apparaître de ses objets propres (lumières et couleurs) ; et de ce fait, on en vient par habitude à

d. Les deuxième et troisième éditions inséraient ici : « … bien que je n'aie jamais eu le bonheur de le rencontrer … ».

e. Termes non traduits par Coste.

f. Ajouté à partir de la deuxième édition.

1. Cf. 1.4.20 ; 2.1.6.

2. Coste ajoute ici « je veux dire, que le jugement change l'idée de la sensation, et nous la représente autre qu'elle est en elle-même ». Cf. 2.23.11-12.

juger de l'un par l'autre. Et dans de nombreux cas, une fois l'habitude installée en ce qui est objet d'expérience fréquente, cela se produit de façon si constante et si prompte, que l'on prend pour la perception de la sensation ce qui est une idée formée par le jugement. Ainsi l'une (la sensation) qui sert seulement à éveiller l'autre, est elle-même à peine remarquée;
comme un homme qui | lit ou écoute avec attention et qui 147
comprend, remarque peu les caractères ou les sons, mais bien les idées qu'ils éveillent en lui [1].

§ 10

Et il ne faut pas s'étonner que ce qui se passe soit si peu remarqué; il suffit de considérer avec quelle *rapidité* sont accomplies les *actions de l'esprit*. Car, comme on croit que l'esprit ne prend pas de place ou n'est pas étendu, de même ses actions semblent sans durée, s'accumuler en un instant (par comparaison avec les actions du corps). Qui prendra la peine de réfléchir sur ses propres pensées, pourra facilement l'observer. Comment l'esprit voit-il d'un coup d'œil, pour ainsi dire en un instant, tous les éléments d'une démonstration qui, si l'on considère le temps exigé pour la mettre en mots et la démontrer à quelqu'un d'autre étape par étape, peut très bien être dite longue ? [2]

En second lieu, on ne sera pas tellement surpris de cette inadvertance si l'on observe comment l'habitude de faire des choses engendre la facilité de les faire, si bien que souvent elles se produisent sans qu'on les remarque. Les *habitudes*, notamment celles qui ont commencé très tôt, en viennent à la fin à *produire des actions qui échappent souvent à l'observation*. Combien de fois dans une journée ferme-t-on les paupières, sans percevoir que l'on est complètement dans le

1. Cf. 2.33.6.
2. Cf. 4.1.9; 4.2.7.

noir? Les gens qui ont des tics de langage[1] émettent dans presque toutes leurs phrases des sons que les autres perçoivent, mais qu'eux-mêmes n'entendent et ne remarquent pas. Il n'est donc pas étrange que l'esprit change souvent ses idées de sensation en idées de jugement, et fasse que l'une serve seulement à susciter l'autre, sans qu'on le remarque.

§ 11

La perception fait la différence entre les êtres animés et les êtres inférieurs

Cette faculté, la *perception*, me semble être celle *qui distingue le royaume des êtres animés des éléments inférieurs de la nature*. Certes, les végétaux ont, pour beaucoup d'entre eux, certaines formes de mouvement et quand d'autres corps les affectent de façons différentes, ils modifient très vite leur forme et leur mouvement : ils ont ainsi pris le nom de *plantes sensitives* du fait du mouvement qui ressemble à celui qui chez les êtres animés suit de la sensation ; pourtant ce n'est, je suppose, que du pur mécanisme ; il n'est pas produit autrement que le mouvement des barbes d'avoine sauvage[2]
148 sous l'effet des | particules d'humidité, ou le raccourcissement d'une corde par aspersion d'eau. Tout cela sans la moindre sensation dans la chose[3], sans qu'il ait ou reçoive d'idée.

§ 12

La perception existe, je crois, à quelque degré, en toute espèce d'être animé, bien qu'en certaines peut-être les voies offertes par la Nature pour recevoir les sensations soient si peu

1. Cf. « euh » ou « je dis ». Coste introduit une longue note pour expliquer sa traduction du terme *by-word* de Locke qu'il traduit par *mots hors d'œuvre*.

2. Note de Coste : « On peut en faire un xéromètre (mesure de sécheresse = hygromètre, mesure d'humidité) et c'est peut-être le plus exact et le plus sûr qu'on puisse trouver. Mr LOCKE en avoit un dont il s'est servi plusieurs années pour observer les différents changemens que souffre l'Air par rapport à la sécheresse et à l'humidité ».

3. En anglais : « without any sensation in the subject ».

nombreuses, et la perception qui les reçoit si obscure et faible, qu'il lui manque énormément de cette rapidité et cette variété des sensations que l'on trouve chez d'autres êtres animés ; elle suffit pourtant, et elle est sagement adaptée à l'état et à la condition de cette sorte d'êtres animés, ainsi faits que la sagesse et la bonté du Créateur apparaît pleinement dans toutes les parties de ce prodigieux ouvrage et de tous les ordres de créatures en lui.

§ 13

On peut, je crois, raisonnablement conclure d'après l'aspect d'une huître ou d'une coque que leurs sens ne sont pas aussi nombreux ni aussi rapides que ceux de l'homme ou ceux de beaucoup d'autres êtres animés ; et, dans leur état et leur incapacité à se mouvoir d'un endroit à l'autre, de tels sens ne les auraient pas améliorées. Qu'apporteraient la vue et l'ouïe à une créature qui ne peut se mouvoir vers les objets où elle percevrait de loin du bien, ou fuir ceux où elle percevrait de loin du mal. Est-ce que la rapidité de la sensation ne serait pas un inconvénient chez une être animé qui doit rester fixé là où le hasard l'a placé et y recevoir l'apport d'eau plus froide ou plus chaude, propre ou sale qui peut lui parvenir ?

§ 14

Et pourtant je ne peux m'empêcher de penser qu'il y ait là de la petite perception sourde, qui les distingue de la parfaite insensibilité ; et qu'il en soit ainsi, nous en avons des exemples évidents dans l'humanité même. Prenez une personne dont la vieillesse décrépite a effacé le souvenir de ses connaissances anciennes, a nettement balayé les idées dont son esprit était autrefois doté, entièrement détruit la vue, l'ouïe et l'odorat et en grande partie le goût, et ainsi arrêté toutes les voies pour l'entrée d'idées nouvelles – ou certaines portes sont encore à moitié ouvertes –, les impressions faites sont à peine perçues, et pas du tout retenues ; jusqu'où une telle personne (malgré tout ce qui est revendiqué à propos des principes

innés) est-elle supérieure par sa connaissance et ses capacités intellectuelles à une coque ou à une moule, je vous laisse y réfléchir. Et si quelqu'un a passé soixante ans (ce pourrait être
149 trois jours) dans un tel état, je | me demande quelle supériorité intellectuelle il aurait par rapport au plus bas échelon des êtres animés.

§ 15[g]

La perception, portail de la connaissance

La perception, donc est le premier pas, la première étape vers la connaissance et l'entrée de tout son matériau ; et donc moins un homme, ou toute autre créature, a de sens, moins il en subit d'impressions fortes ; et plus les facultés employées sur ces impressions sont faibles, plus celles-ci sont loin de la connaissance que l'on trouve chez certains hommes. Mais ceci s'étale en une grande variété de degrés (on le voit chez les hommes) et l'on ne peut donc certainement pas en découvrir dans les diverses espèces d'êtres animés et encore moins chez leurs membres individuels. Il me suffit d'avoir seulement noté que la perception est l'opération initiale de toutes nos facultés intellectuelles, et l'entrée de toute connaissance dans l'esprit. Et je suis prêt à penser que c'est la perception, en son plus bas degré, qui fait la frontière entre les êtres animés et les rangs inférieurs des créatures. Mais je dis ceci seulement comme une hypothèse en passant : cela ne touche pas la question actuelle, quel que soit l'avis des savants sur ce point.

g. Ajouté à partir de la deuxième édition.

CHAPITRE 10

LA MÉMORISATION

§ 1

Conserver

La faculté suivante permet à l'esprit de faire un pas de plus vers la connaissance ; je l'appelle *mémorisation* ou fait de garder les idées simples reçues de la sensation ou de la réflexion. Ceci se fait de deux façons : d'abord en conservant effectivement présente pendant un moment l'idée introduite dans l'esprit[1].

§ 2

La mémoire

La mémorisation, c'est aussi le pouvoir de réveiller dans l'esprit les idées qui ont été imprimées puis ont disparu ou ont
été pour ainsi dire perdues de vue : ainsi fait-on quand | on 150

1. En anglais, la phrase s'achève par « which is called *contemplation* », « ce qu'on nomme contemplation ». Puisqu'il n'y a plus d'équivalent français contemporain de ce terme, on a préféré s'en tenir, ici comme dans le titre du paragraphe, au verbe *conserver* utilisé par Locke lui-même.

conçoit[1] de la chaleur ou de la lumière, du jaune ou du sucré, une fois l'objet disparu. Telle est la *mémoire*, qui est comme le magasin de nos idées ; car l'esprit borné de l'homme n'est pas capable de conserver beaucoup d'idées en même temps ; il lui est donc nécessaire d'avoir un magasin où déposer ces idées dont il peut avoir besoin à d'autres moments. [a]-Mais nos idées ne sont rien d'autre que des perceptions effectives de l'esprit[2] : elles cessent d'être quoi que ce soit quand on ne les perçoit pas ; aussi, *déposer* des idées ainsi dans le magasin de la mémoire ne signifie rien d'autre que ceci : l'esprit a le pouvoir de réveiller, en de nombreux cas, les perceptions qu'il a eues, avec la perception supplémentaire qu'il les a déjà eues[3]. C'est en ce sens que l'on dit que les idées sont dans la mémoire, alors qu'en fait, elles ne sont réellement nulle part : l'esprit n'a qu'une capacité de les réveiller quand il le veut et de les repeindre quasiment en lui-même, avec pourtant plus ou moins de difficultés, avec plus ou moins d'obscurité-[a]. Et c'est ainsi, à l'aide de cette faculté, que l'on prétend avoir toutes ces idées dans l'esprit, que l'on ne conserve certes pas effectivement mais que l'on peut ramener sous les yeux, faire réapparaître et redevenir des objets de pensée, sans le secours des qualités sensibles qui les y avaient d'abord imprimées.

a. Texte ajouté à partir de la deuxième édition.

1. Coste insère ici une note justifiant la traduction de l'anglais *conceive*, étonnante à ses yeux : « Il y a dans l'Original, *we conceive*, c'est-à-dire *nous concevons*. Il n'y a certainement point de mot en François qui réponde plus exactement à l'expression Angloise que celui de *concevoir*, qui pourtant ne peut, à mon avis, passer pour le plus propre en cette occasion que faute d'autre ». Pourtant *La Logique de Port-Royal* (introduction) d'Arnauld et Nicole, définissait ainsi concevoir : « On appelle *concevoir* la simple vue que nous avons des choses qui se présentent à notre esprit…et la forme par laquelle nous nous représentons ces choses, s'appelle *idée* ».

2. Notation importante qui complète entre autres 1.1.8, 2.1.9, selon l'esprit propre à la seconde édition, différent par exemple de 2.9.10.

3. Cf. 1.4.20.

§ 3

L'attention, la répétition, le plaisir, la douleur fixent les idées

L'*attention* et la *répétition aident* beaucoup à fixer les idées dans *la mémoire*. Mais les idées qui naturellement font d'abord l'impression la plus profonde et la plus durable, ce sont les idées accompagnées de *plaisir* ou de *douleur*. Le tâche principale des sens consiste à nous faire remarquer ce qui blesse le corps et ce qui lui profite; aussi est-il sagement décrété par la Nature (je l'ai montré [1]) que la douleur accompagnerait diverses idées; cela remplace l'examen et le raisonnement chez l'enfant, cela agit plus vite que la réflexion chez l'adulte et cela fait fuir aussi bien le jeune que le vieux devant les objets douloureux, avec la célérité qui leur est nécessaire pour se préserver; et chez l'un comme chez l'autre s'installe dans la mémoire une prudence pour l'avenir.

§ 4

Les idées s'effacent dans la mémoire

En ce qui concerne la différence entre les durées d'impres-
sion des idées | sur la *mémoire*, on peut observer [b]-que 151
certaines ont été produites dans l'entendement par un objet qui a affecté les sens une seule et unique fois. D'autres se présentent plus souvent aux sens, mais sont pourtant peu remarqués : l'esprit, inattentif comme celui de l'enfant ou distrait comme celui de l'homme, est absorbé par une seule chose sans en garder l'empreinte profondément en lui. Chez certains,

b. Texte qui remplace depuis la deuxième édition le texte suivant : « …d'abord que certaines sont produites dans l'entendement, soit par les objets qui affectent les sens une fois seulement et pas plus, spécialement si l'esprit inemployé les remarque peu et n'en marque pas l'empreinte profondément en lui ; ou encore quand, du fait de la constitution corporelle, ou d'une autre raison, la mémoire est très faible, ces idées s'évanouissent rapidement et disparaissent complètement de l'entendement, le laissant sans aucune trace comme … ».

1. Cf. 2.7.4.

alors que les idées sont posées avec soin et par de multiples impressions, le souvenir en est faible, du fait de la constitution corporelle ou d'un autre défaut. Dans tous ces cas, les idées de l'esprit s'affaiblissent vite et disparaissent complètement de l'entendement, ne laissant pas plus de traces que-[b] des ombres sur un champ de blé ; l'esprit en est aussi démuni que si elles n'avaient jamais été là.

§ 5

Ainsi beaucoup d'idées produites dans l'esprit des enfants quand ils commencent à avoir des sensations (avant la naissance sans doute pour certaines – comme tels plaisirs ou telles douleurs – et dans l'enfance pour d'autres), si elles ne sont pas répétées dans la suite de la vie, sont complètement perdues sans qu'il en reste la moindre lueur. On peut l'observer chez ceux qui ont par malchance perdu la vue quand ils étaient très jeunes : ils n'ont que superficiellement remarqué des idées de couleurs et, comme elle n'ont plus été répétées ensuite, elles ont été complètement perdues ; aussi, quelques années plus tard, il n'a pas plus dans leur esprit de notion ou de mémoire des couleurs que chez ceux qui sont nés aveugles. Il est vrai que la mémoire chez certains est très vive, miraculeuse parfois ; il semble pourtant y avoir un affaiblissement constant de toutes les idées, même de celles qui sont imprimées au plus profond et chez ceux qui ont la meilleure mémoire. Aussi, faute d'être parfois renouvelées par l'exercice répété des sens ou par la réflexion sur le type d'objets qui les a occasionnées initialement, l'empreinte s'efface et à la fin il ne reste rien à voir.

Ainsi les idées, comme les enfants, de notre jeunesse meurent souvent avant nous, et l'esprit est pour nous semblable à ces tombes dont on s'approche : bien que le bronze et
152 le marbre demeurent, les | inscriptions sont effacées par le temps et les statues tombent en poussière ; *les images dessinées dans l'esprit sont tracées en couleurs fragiles* et, si

elles ne sont pas rafraîchies parfois, elles faiblissent et disparaissent.

À quel point ceci concerne la constitution corporelle [c-]et l'action des esprits animaux[-c] ? La constitution du cerveau est-elle à l'origine de la différence entre ceux qui retiennent les caractères tracés sur lui comme sur du marbre, et les autres qui retiennent comme du calcaire, ou d'autres encore, à peine mieux que du sable ? Je ne m'en occuperai pas ici, bien qu'il semble probable que la constitution du corps influe parfois sur la mémoire : on voit en effet souvent une maladie dépouiller l'esprit de toutes ses idées et les chaleurs de la fièvre réduire en peu de jours les images en cendres et confusion, alors qu'elles semblaient devoir durer comme si elles étaient gravées dans le marbre.

§ 6

Les idées constamment répétées sont rarement perdues

En ce qui concerne les idées mêmes, on observe aisément que celles qui sont *le plus souvent réactualisées* par le retour fréquent des objets ou des actions qui les produisent (entre autres celles qui sont introduites dans l'esprit par plus d'une voie), *se fixent le mieux dans la mémoire*, et s'y prolongent avec la plus grande clarté et la plus grande durée. Et donc les idées des qualités originelles des corps (à savoir *la solidité, l'étendue, la figure, le mouvement* et *le repos*[1]), celles qui affectent presque constamment le corps (comme *la chaleur* et le *froid*) et celles qui sont les affections de toutes les sortes d'êtres (comme *l'existence, la durée* et *le nombre*), affections impliquées par presque tout objet qui affecte les sens et toute pensée qui occupe l'esprit, ces idées dis-je et les idées semblables sont rarement complètement perdues, tant que l'esprit du moins a encore des idées.

c. Ajout à partir de la quatrième édition.

1. Cf. 2.8.9.

§ 7

L'esprit est souvent actif lors de la remémoration

Dans cette perception seconde (pour ainsi dire), cette vision renouvelée des idées logées *dans* la *mémoire, l'esprit ne s'en tient pas à une pure passivité* : il dépend parfois de la volonté de faire apparaître ces représentations en sommeil. Très souvent, l'esprit est lui-même à la recherche d'une idée cachée et tourne (pour ainsi dire) l'œil de l'âme en sa direction. Parfois au contraire, de leur propre mouvement les idées surgissent dans l'esprit et s'offrent à l'entendement. Très souvent une passion violente les réveille, les fait sortir de leur
153 sombre | prison et les projette en pleine lumière : nos affections présentent alors à la mémoire des idées qui seraient autrement restées ensevelies dans un parfait oubli.

[d]-À propos des idées logées dans la mémoire et réveillées à l'occasion par l'esprit, il faut encore observer ce qui suit : non seulement (comme l'implique le terme *réveillées*) aucune n'est nouvelle, mais l'esprit les considère comme fruits d'une impression antérieure, et il se les réapproprie comme des idées qu'il connaissait auparavant[1]. Aussi, bien que les idées autrefois imprimées ne soient pas constamment présentes, elles sont dans la remémoration constamment reconnues comme ayant été déjà imprimées, c'est-à-dire comme saisies et prises en compte autrefois par l'entendement-[d].

§ 8

Deux défauts de la mémoire : l'oubli et la lenteur

Pour une créature raisonnable, la mémoire est presque aussi nécessaire que la perception. Elle est si importante que, là où elle fait défaut, toutes les autres facultés sont en grande part inutiles. Dans nos pensées, dans nos raisonnements et

d. Ajout à partir de la deuxième édition.

1. Cf. 1.4.20.

dans notre connaissance, nous ne pourrions aller au-delà des objets présents sans l'aide de nos souvenirs. D'où deux défauts sont possibles :

Premièrement, perdre complètement *les idées* et engendrer ainsi une totale *ignorance :* parce que l'on ne peut connaître une chose que si l'on en a une idée, quand celle-ci disparaît on est dans l'ignorance totale.

Deuxièmement, travailler lentement et *ne pas retrouver suffisamment vite les idées* en dépôt, pour aider l'esprit en cas de besoin. Si ce défaut atteint une grande ampleur, on est *stupide* : celui qui ne dispose pas, quand le besoin éventuel les requiert, des idées qui sont là en fait parce qu'il souffre de ce défaut de la mémoire, serait presque aussi bien s'il ne les avait pas du tout puisque ces idées ne lui servent pas ; le demeuré qui cherche dans sa tête les idées qui feraient son affaire et manque l'occasion, ne profite pas beaucoup plus de cette connaissance que quelqu'un qui les ignore complètement. C'est donc la tâche de la mémoire de fournir à l'esprit les idées en sommeil dont il a besoin à ce moment ; et les avoir prêtes à portée de main en toute occasion, constitue ce que l'on appelle l'*invention*, l'*imagination* et la vivacité d'esprit.

§ 9[e]

Tels sont les défauts que l'on peut observer dans la mémoire quand on compare un homme à un autre. Il existe un
autre défaut | de la mémoire que l'on peut concevoir quand on 154
compare l'homme en général avec des créatures raisonnables supérieures[1] : celles-ci peuvent tellement dépasser l'homme qu'elles peuvent constamment être conscientes de l'ensemble de leurs actions antérieures ; aucune des pensées qu'elles ont

e. Section ajoutée à partir de la deuxième édition, entraînant une renumérotation de la section suivante.

1. Allusion à la connaissance angélique, présentée par saint Thomas par exemple en *Somme Théologique,* 1a, q. 57, a. 3.

eues ne leur échappe. L'omniscience de Dieu qui connaît toutes choses, passées, présentes et à venir, à qui les pensées du cœur humain sont toujours manifestes, peut nous assurer que la chose est possible : qui peut en effet mettre en doute que Dieu puisse communiquer à ces Esprits glorieux qui font partie de sa suite l'une de ses perfections, selon qu'il lui plaît et dans la mesure des capacités d'êtres créés finis.

On dit de monsieur *Pascal*, ce prodige de talents, que, avant que ses ennuis de santé ne diminuent sa mémoire, il n'oubliait rien de ce qu'il avait fait, lu ou pensé à n'importe quel moment de sa vie consciente [1]. C'est un privilège ignoré de tant de gens qu'il semble presque incroyable à ceux qui mesurent, comme souvent, les autres selon leurs propres capacités; pourtant, y songer élèvera peut-être nos pensées jusqu'à des perfections encore plus grandes, présentes chez les Esprits d'ordres supérieurs; car la mémoire de monsieur *Pascal* pâtissait encore des limites auxquelles sont soumis les esprits humains : ils ont beaucoup d'idées successivement, non en une seule fois; au contraire, les divers ordres d'anges peuvent sans doute avoir des conceptions plus vastes, et certains d'entre eux ont probablement le pouvoir de retenir et de poser constamment devant eux, comme en un seul tableau, toutes leurs connaissances passées à la fois. On voit l'avantage que tirerait un penseur pour sa connaissance si toutes ses pensées et tous ses raisonnements anciens lui étaient toujours présents; et l'on peut donc imaginer que c'est l'un des points où la connaissance des Esprits séparés dépasse immensément la nôtre.

§ 10

Les animaux ont de la mémoire

Cette faculté d'amasser et de retenir les idées introduites dans l'esprit, semble être très présente chez divers *autres êtres*

1. Cf. par exemple, Madame Périer, *La vie de Monsieur Pascal*, in Pascal, *Œuvres complètes*, Paris, coll. La Pléaide, 1954, p. 28.

animés, aussi bien que chez l'homme. Pour ne rien dire d'autres exemples, les oiseaux qui apprennent des airs et font des efforts remarquables pour atteindre la note juste, me font croire qu'ils disposent sans aucun doute de la perception, qu'ils mémorisent des idées et les utilisent comme modèles. Car il me semble impossible qu'il cherchent à conformer leur
voix à des notes (ce qui est évident) dont ils | n'auraient 155
aucune idée. J'admettrais certes qu'un son engendre mécaniquement dans l'esprit de ces oiseaux un certain mouvement des esprits animaux, au moment où l'on joue effectivement un air; ce mouvement se poursuivrait jusque dans les muscles des ailes, et mécaniquement l'oiseau serait ainsi chassé par certains bruits, parce que cela servirait à sa préservation; mais il est impossible d'y voir une raison selon laquelle un air joué, et moins encore un air ancien, produirait mécaniquement un mouvement des organes de la voix qui la conformerait aux notes d'un son extérieur, alors que cette imitation ne peut être d'aucune utilité pour la préservation de l'oiseau [1].

Mais, qui plus est, il n'y a aucune apparence de raison (et moins encore de preuve) que des oiseaux, démunis de sens et de mémoire, puissent accorder degré par degré leur voix à un air joué hier : s'ils n'en ont pas d'idée dans la mémoire, cet air n'est maintenant nulle part [2], il ne peut être pour eux un modèle à imiter, que des exercices répétés pourraient approcher; il n'y a pas de raison en effet pour que le son d'une flûte laisse dans leur cerveau des traces qui produiraient, non pas immédiatement mais après des efforts ultérieurs, les mêmes sons; et il est impossible de concevoir pourquoi les sons qu'ils font eux-mêmes ne laissent pas de traces qu'ils suivraient aussi bien que ceux de la flûte.

1. Cf. 2.10.3.

2. Comparer ce texte de la première édition avec la section 3 ci-dessus, ajoutée à la deuxième édition.

Chapitre 11

DISCERNER ET AUTRES OPÉRATIONS DE L'ESPRIT

§ 1

Pas de connaissance sans discernement

Autre faculté remarquable de l'esprit : la faculté de *discerner* et de distinguer entre ses diverses idées. Il ne suffit pas d'avoir une perception confuse de quelque chose en général; si l'esprit n'avait pas de perception distincte de différents objets et de leurs qualités – les corps qui nous affectent seraient-ils aussi actifs que maintenant et l'esprit continuellement employé à penser – il ne serait capable que d'une connaissance fort réduite. De cette faculté de distinguer une chose d'une autre, dépend *l'évidence et la certitude* de certaines propositions, même celles qui sont très générales et que l'on a prises pour innées : les gens en effet oublient quelle est la cause véritable de l'assentiment universel accordé à ces propositions | et l'attribuent entièrement à des impressions 156
congénitales uniformes [1], alors qu'en vérité cet assentiment *dépend de cette claire faculté de discerner* qui permet à

1. Cf. 1.2.6-8.

l'esprit de percevoir que deux idées sont soit les mêmes soit différentes. Mais je reviendrai sur ce point [1].

§ 2

Différence entre avoir de l'esprit et juger

Ne pas discriminer toujours avec précision entre une idée et une autre est une imperfection qui peut venir soit de la faiblesse ou des défauts des organes des sens, soit du manque de précision, d'exercice ou d'attention de l'entendement, soit encore de la hâte et de la précipitation naturelles à certains tempéraments – je n'étudierai pas ici ce qui revient à chacun [2]; il suffit de savoir que c'est l'une des opérations que l'esprit peut étudier et observer en lui-même. Cette faculté est d'une telle importance pour les autres connaissances que, selon qu'elle est faible ou mal utilisée quand elle distingue entre les choses, les notions seront plus ou moins confuses, la raison et le jugement plus ou moins perturbés ou égarés.

Si avoir ses idées disponibles dans la mémoire fait la vivacité d'esprit, les avoir sans confusion et être capable de distinguer exactement une chose très peu différenciée d'une autre constituent dans une grande mesure l'exactitude du jugement et la clarté de la raison – qualités qui font la supériorité d'un homme par rapport à un autre. On trouvera là peut-être quelque raison de ce que l'on observe souvent : les gens qui ont beaucoup d'esprit et une mémoire rapide n'ont pas toujours le jugement le plus clair ou la raison la plus profonde. Car *le bel esprit* tient plus en l'assemblage rapide et varié d'idées où l'on trouve de la ressemblance et de la convenance, ce qui fait de plaisants tableaux et des visions agréables pour la fantaisie; *le jugement* au contraire tient, tout à l'inverse, en la séparation attentive des idées les unes des autres dès qu'on y trouve la moindre différence; ainsi évite-t-

1. Cf. notamment 2.29.1 et 2.32.14.
2. Comparer avec 2.29.6-12.

on l'erreur due à la similitude et à l'affinité qui fait prendre une chose pour l'autre. Cette manière de faire est exactement opposée à la métaphore et à l'allusion, qui font l'essentiel du plaisir et de l'humour du bel esprit, qui frappe si vivement la fantaisie et qui est pour cette raison si bien vu de tous : sa séduction en effet apparaît à première vue, ne requiert aucun travail de pensée pour en examiner la vérité ou la raison ; sans regarder plus loin, l'esprit se satisfait | de la peinture plaisante **157**
et de la fantaisie brillante, et c'est presque un affront de prétendre l'examiner selon les règles sévères de la vérité et de la raison bonne. Ainsi voit-on que le bel esprit tient à quelque chose qui n'a pas beaucoup à voir avec ces règles.

§ 3

Seule la clarté empêche la confusion

Pour bien distinguer les idées, il faut surtout que ces idées soient *claires et déterminées* [1] ; quand elles le seront, il *n'y aura plus matière à aucune confusion* ni erreur sur leur compte, même dans les cas (parfois réels) où les sens font du même objet en différentes circonstances une présentation différente et semblent ainsi se tromper. En effet, même si un homme fiévreux trouve amer à un moment le sucre qu'il trouvera sucré ensuite, l'idée d'amer en sa pensée sera aussi claire et distincte de l'idée de *sucré* que s'il n'avait goûté que du fiel : les idées de *sucré* et d'*amer* ne deviennent pas confuses sous prétexte que la même sorte de corps procure au goût à un moment la première idée et l'autre ensuite ; pas plus qu'il ne se produit de confusion entre les idées de *blanc* et de *sucré*, ou de *blanc* et de *rond* si le même morceau de sucre les

1. Locke dit « To the well distinguishing our Ideas, it chiefly contributes, that they be *Clear and determinate* » : Coste traduit : « Bien distinguer nos idées, c'est ce qui contribue le plus à faire qu'elles soient *claires et déterminées* ». Sur l'usage de *déterminé* par Locke, au lieu de distinct, cf. *Epître au lecteur, in fine*. Quelques lignes plus bas, Locke n'emploie pas moins *clair et distinct*.

produit toutes les deux en même temps dans l'esprit. Les idées d'*orange*, et d'*azur* qui sont produites à l'esprit par la décoction du même morceau de *Lignum Nephriticum*[1], ne sont pas moins des idées distinctes que celles des mêmes couleurs, reçues de deux corps très différents.

§ 4
Comparer

COMPARER entre elles les idées, sous l'angle de leur extension, de leurs degrés, de leur temps, de leur lieu, ou de toute autre considération, c'est une autre opération de l'esprit sur ses idées ; en dépend ce grand ensemble d'idées comprises sous la *relation*. J'aurai l'occasion d'étudier par la suite quelle est l'étendue de cet ensemble[2].

§ 5
Les animaux comparent, mais imparfaitement

Dans quelle mesure les animaux disposent-ils de cette faculté ? Il n'est pas facile d'en décider. Pas à un degré élevé, je pense : ils ont sans doute diverses idées assez distinctes, mais ce me semble être la prérogative de l'entendement humain, une fois des idées suffisamment distinguées pour être perçues comme parfaitement différentes et donc comme deux, que de chercher alors à voir sous quels aspects elles peuvent être comparées. Je crois donc que les *bêtes ne comparent*[3] leurs

1. *Bois néphrétique*, ou *Guilandina Moringa*, bois originaire des Amériques, de la famille des légumineuses, dont les semences fournissent *l'huile de Ben*, utilisée autrefois contre les coliques néphrétiques.

2. Cf. 2.25-28.

3. Longue note de Coste ici, plaidant à l'aide de Montaigne et de Pline, pour un pouvoir animal de comparer les idées au-delà de leur aspect sensible. Il conclut sur l'ignorance des philosophes en ce domaine : « Cette docte ignorance leur ferait plus d'honneur que tous leurs rafinemens métaphysiques qui ne leur ont jamais servi à nous expliquer nettement le moindre secret de la nature. Il me souvient à ce propos, qu'en conversant un jour avec Mr Locke, le discours venant à tomber sur les *Idées innées*, je lui fis

idées que sous | certains aspects sensibles, annexés aux objets eux-mêmes. L'autre pouvoir de comparer qu'on peut trouver en l'homme, qui a trait aux idées générales et ne sert que pour les raisonnements abstraits, on peut croire avec une forte probabilité que les bêtes ne l'ont pas. 158

§ 6

Composer

On pourra remarquer ensuite une autre opération de l'esprit sur ses idées, la COMPOSITION. Par la composition, l'esprit assemble plusieurs des idées simples qu'il a reçues de la sensation et de la réflexion et les combine en idées complexes [1]. Sous cette faculté de composer, on peut aussi compter celle d'ÉLARGIR : bien que la composition n'y apparaisse pas autant que dans les idées complexes, il s'agit néanmoins d'assembler plusieurs idées, même si elles sont de même sorte. Ainsi en additionnant plusieurs unités, on forme l'idée d'une *douzaine*, et en assemblant les idées répétées de plusieurs *toises*, on forme celle de *stade* [2].

§ 7

Les animaux composent, mais de façon limitée

En ce domaine encore, j'estime que les *animaux* sont nettement inférieurs aux hommes : certes ils reçoivent et retiennent ensemble diverses combinaisons d'idées simples (comme la forme, l'odeur, la voix constituent peut-être l'idée complexe qu'un chien a de son maître, ou plutôt elles sont

cette Objection : Que penser de certains petits Oiseaux, du *Chardonneret* par exemple, qui éclos dans un nid que le Père ou la Mère lui ont fait, s'envole enfin dans les champs …[puis fait lui-même son nid] …D'où lui sont venues les idées de ces différents matériaux, et l'art d'en construire ce nid : Mr. Locke me répondit brusquement : *Je n'ai pas écrit mon Livre pour expliquer les actions des Bêtes …* ».

1. Cf. 2.12.6 et 2.23.

2. Cf. 2.12.5 et 2.13 à 18.

autant de marques grâce auxquelles il le connaît) ; mais je *ne* pense pourtant *pas* que jamais ils les composent eux-mêmes pour en *faire des idées complexes*. Et peut-être même que là où à notre avis ils ont des idées complexes, c'est seulement une idée simple qui les mène dans la connaissance de plusieurs choses qu'ils distinguent peut-être moins par la vue que nous ne l'imaginons. Des gens dignes de foi m'ont dit qu'une chienne nourrira des renardeaux, jouera avec eux, les aimera, autant que ses petits et à leur place, si l'on arrive à les faire téter suffisamment pour que son lait les imprègne. [a-]Et les animaux qui ont en même temps quantité de petits semblent n'avoir aucune connaissance de leur nombre : bien qu'ils soient très attentifs à tout petit enlevé pendant qu'ils les voient ou les entendent, il suffit qu'un ou deux leur soit dérobé en leur absence ou sans bruit[b], pour qu'ils n'en semblent pas gênés et ne s'aperçoivent pas que leur nombre est diminué[-a].

§ 8

Nommer

Quand, par des sensations répétées, les enfants ont fixé dans leur mémoire des idées, ils commencent progres-
159 sivement à apprendre à se servir de signes. | Et quand ils ont acquis la capacité d'utiliser les organes de la voix pour former des sons articulés, ils commencent à *utiliser des mots*, pour signifier leurs idées aux autres[1]. Ces signes verbaux sont parfois empruntés à autrui et parfois fabriqués par eux, comme on peut le remarquer par ces noms nouveaux et inusités que souvent les enfants, quand ils commencent à parler, donnent aux choses.

a. Texte ajouté à partir de la deuxième édition.

b. Nouvelle longue note de Coste sur le comportement des animaux.

1. Cf. 3.1.1-2.

§ 9

L'abstraction

Puisqu'on utilise les mots pour tenir lieu de marques extérieures de nos idées intérieures et que ces idées sont tirées des choses particulières, si toute idée particulière reçue avait un nom distinct, les noms devraient être sans fin[1]. Pour éviter cela, l'esprit fait que les idées particulières, reçues d'objets particuliers, deviennent générales, et il le fait en les considérant telles qu'elles sont dans l'esprit[c] : des manifestations, séparées de toute autre existence et des circonstances d'existence réelle, comme le temps, le lieu ou toute autre idée concomitante. C'est ce qu'on appelle ABSTRACTION : par elle, les idées prises aux êtres particuliers deviennent des représentants généraux de tous les êtres de la même sorte, et leur nom devient un nom général, que l'on peut utiliser pour tout ce qui existe en conformité avec ces idées abstraites. Ces manifestations nues et précises dans l'esprit, sans considérer comment, d'où, avec quelles autres, elles sont arrivées là, l'entendement les pose comme des modèles permettant de ranger des existences réelles en sortes d'après leur accord avec ces modèles, et par là de les *nommer*. Ainsi, parce que la couleur vue aujourd'hui dans la craie ou dans la neige, est la même que celle que l'esprit a reçue hier du lait, l'esprit considère cette manifestation seule, en fait un représentant de tout ce qui appartient à cette sorte, et lui ayant donné le nom de *blancheur*, il signifie par ce son la même qualité, quel que soit l'endroit où on l'imagine et on la voie; ainsi sont faits les universaux, idées ou termes[2].

c. Élément de texte non traduit pas Coste.

1. Cf. 3.3.2, 6-8; 4.7.9.

2. On aurait pu s'attendre à trouver ici une analyse de la séparation, (donnée en 2.13.13).

§ 10

Les animaux n'abstraient pas

On peut se demander si les bêtes composent et élargissent si peu que ce soit leurs idées de cette façon. Ici, je crois pouvoir être catégorique : le pouvoir d'*abstraire* ne leur appartient aucunement ; avoir des idées générales, c'est ce qui met une différence parfaite entre les hommes et les animaux, c'est une perfection que les facultés des animaux n'atteignent
160 aucunement. Il est en effet évident que l'on n'observe aucun | indice de l'utilisation de signes généraux pour des idées universelles ; d'où l'on est fondé à penser qu'ils n'ont pas la faculté d'abstraire, de faire des idées générales[d] , puisqu'ils n'utilisent pas du tout les mots ni aucun autre signe général.

§ 11

Le fait qu'ils n'utilisent pas, qu'ils ignorent les noms généraux ne peut être imputé au manque d'organe pour former des sons articulés : nous voyons en effet beaucoup d'animaux qui peuvent façonner de tels sons et prononcer des mots assez distinctement, mais, jamais ils ne les utilisent ainsi ; et inversement, des hommes privés de langage par un défaut d'organes n'en expriment pas moins leurs idées universelles par des signes qui leur servent à la place des mots généraux, et les animaux ne disposent pas de cette faculté. On peut donc supposer, à mon sens, que c'est en cela que les espèces d'animaux sont distinguées de l'homme ; cette différence propre est ce qui les sépare complètement et qui aboutit à une si grande distinction. Car si les animaux ont la moindre idée et ne sont pas des machines (comme le voudraient certains[1]), on ne peut leur refuser la raison : il me semble aussi évident qu'en certains cas des animaux raisonnent vraiment et qu'ils ont une

d. Nouvelle note animalière de Coste.

1. Cf. Descartes, *Discours de la Méthode*, cinquième partie.

opinion ; mais ce n'est que sur des idées particulières, telles qu'ils les ont reçues des sens. Les meilleurs d'entre eux sont liés par ces étroites limites qu'ils n'ont, à mon sens, la faculté d'écarter par aucune sorte d'abstraction.

§ 12

Handicapés mentaux et fous

À quel point les handicapés mentaux sont concernés par l'absence où la faiblesse d'une ou de toutes les facultés ci-dessus, ou par leur faiblesse, ce sera sans doute élucidé par une observation exacte de leurs divers types de handicap. Ceux qui ne perçoivent que faiblement, ceux qui retiennent les idées qui parviennent à leur esprit, mais mal, ceux qui ne peuvent immédiatement les remémorer ou les composer, auront peu de matière à penser. Ceux qui ne peuvent distinguer, comparer, abstraire seront peu capables de comprendre, d'utiliser le langage, de juger, de raisonner à un certain degré ; ils ne le pourront qu'à un faible degré, imparfaitement, et sur des choses présentes et très familières à leurs sens. Et de fait, toute faculté dont on vient de parler qui vient à manquer ou à se dérégler, engendre dans l'entendement et la connaissance des gens le défaut correspondant.

§ 13

Bref, le défaut des *idiots de naissance* semble procéder d'un manque de rapidité, d'activité, de mobilité des facultés intel-
lectuelles, | qui les prive de raison, tandis que les *fous* paraissent 161
souffrir du défaut opposé ; ils ne me semblent pas avoir perdu la faculté de raisonner : après avoir joint certaines idées de façon aberrante, ils les prennent pour des vérités, et ils se trompent comme ceux qui raisonnent bien sur des principes faux ; par la force de leur imagination, ils prennent leur fantasmes pour des réalités et en tirent de bonnes conséquences. Ainsi verrez-vous un fou se prendre pour un roi et en toute logique réclamer

attentions, respect et obéissance ; d'autres s'imaginent être faits de verre[1] et prennent les dispositions nécessaires pour préserver un corps si fragile. De là vient qu'un homme, sage et raisonnable par ailleurs, peut sur un point devenir aussi frénétique que n'importe quel fou de l'asile : il suffit qu'une très forte impression soudaine ou une fixation prolongée de l'imagination sur une sorte de pensées, agglomèrent si fortement des idées incohérentes qu'elles restent unies. Mais il y a des degrés de folie aussi bien que d'idiotie : la confusion désordonnée des idées est plus forte chez les uns que chez les autres. Bref, voilà où semble résider la différence entre les idiots et les fous : les fous assemblent des idées fausses et font des propositions fausses mais raisonnent bien à partir de là, tandis que les idiots font très peu de propositions, voire aucune, et ne raisonnent pratiquement pas.

§ 14
Méthode

Telles sont, à mon avis, les premières facultés et les premières opérations que l'esprit utilise pour comprendre. L'esprit les utilise certes en général sur toutes les idées, pourtant les exemples que j'ai donnés jusqu'ici ont porté principalement sur les idées simples ; j'ai adjoint l'explication de ces facultés de l'esprit à celles des idées simples, avant d'en venir à ce que j'ai à dire des idées complexes, pour les raisons suivantes :

Premièrement, plusieurs de ces facultés sont utilisées pour la première fois sur les idées simples surtout ; aussi pouvons-nous, en suivant la Nature dans sa méthode courante, les suivre à la trace et les découvrir dans leur naissance, leurs progrès et leur amélioration graduelle.

Deuxièmement, en observant les facultés de l'esprit, la façon
162 dont elles s'exercent sur les idées simples qui sont d'ordinaire | bien plus claires, précises et distinctes que les idées complexes dans l'esprit de la plupart des hommes, on peut au mieux

1. Cf. entre autres, Descartes, *Méditations*, I, A.T. 14.

examiner et apprendre comment l'esprit abstrait, dénomme, compare et exerce ses autres opérations sur les idées complexes, où nous sommes bien plus sujets à l'erreur.

Troisièmement, quand on réfléchit aux opérations mêmes de l'esprit sur les idées reçues de la *sensation*, celles-ci constituent un nouvel ensemble d'idées, dérivées de cette autre source de connaissance que je nomme *réflexion* : il convient donc de les étudier ici, après les idées simples de *sensation*. Composer, comparer, abstraire, etc., je n'ai fait que mentionner ces opérations, et j'aurai l'occasion d'en parler plus longuement ailleurs [1].

§ 15

Ainsi commence la connaissance humaine

Ainsi, ai-je donné une brève et, à mon sens, une véritable *histoire des premiers commencements de la connaissance humaine* : d'où l'esprit tient ses premiers objets, par quelles étapes il progresse vers la récolte et la conservation des idées, d'où se construira toute la connaissance dont il est capable. Je dois ici en appeler à l'expérience et à l'observation pour décider si je suis dans le vrai, car la meilleure façon de parvenir à la vérité, c'est d'examiner les choses comme elles sont réellement, et non de conclure qu'elles sont comme nous nous les imaginons par nous-mêmes ou comme d'autres nous ont appris à les imaginer.

§ 16

Appel à l'expérience

Pour dire vrai, *c'est*, à ma connaissance, *la seule façon dont* les idées des choses *sont introduites dans l'entendement*. Si d'autres ont des idées innées ou des principes inspirés, ils ont raison d'en profiter. Et s'ils en sont sûrs, les autres ne peuvent leur dénier le privilège qu'ils ont sur leurs voisins [2]. Je ne peux parler que de ce que je trouve en moi-même, et qui s'accorde avec

1. Cf. 2.12.1 ; 2.25 et 3.6.4.
2. Cf. 4.19.9-10 (à partir de la quatrième édition seulement).

les notions qui semblent découler, si l'on étudie toute l'étendue de l'humanité en ses divers époques, pays, cultures, des fondations que j'ai posées et correspondre à ce processus en toutes ses parties et stades.

§ 17

Chambre noire

Je ne prétends pas enseigner, mais chercher, et donc je ne peux que reconnaître, ici encore, que les sensations interne et externe sont pour la connaissance les seules entrées vers l'entendement que je puisse trouver. Elles seules, pour autant
163 que je sache, sont les fenêtres par | où entre la lumière dans la chambre noire. Car, je pense, l'entendement n'est pas très différent d'une pièce totalement fermée à la lumière, dotée seulement de quelques petites ouvertures destinées à l'entrée de simulacres extérieurs visibles, ou idées des choses d'en dehors. Il suffirait que les images entrent dans cette chambre noire et y demeurent rangées de manière à être découvertes à l'occasion, pour que l'on ait une très bonne figure de l'entendement humain et de tous les objets de la vue avec leurs idées.

Voilà ce que j'estime être les moyens par lesquels l'entendement reçoit et retient les idées simples et leurs modes, ainsi que quelques opérations qui portent sur elles. Je continue maintenant en étudiant plus particulièrement certaines de ces idées simples et leurs modes.

Chapitre 12

LES IDÉES COMPLEXES

§ 1

Faites par l'esprit à partir des idées simples

Nous avons jusqu'ici considéré les idées que l'esprit reçoit de façon purement passive; ce sont les idées simples reçues par *sensation* et par *réflexion*, dont j'ai déjà parlé; l'esprit ne peut s'en fabriquer aucune, pas plus qu'il ne peut avoir d'idée qui n'en soit entièrement constituée. [a]-Mais, s'il est totalement passif en recevant toutes ses idées simples, il n'en accomplit pas moins de lui-même certains actes par lesquels les autres idées sont construites à partir des idées simples, matériaux et fondements du reste. Les principaux actes où l'esprit exerce son pouvoir sur ses idées simples sont les trois suivants[1] :

1) combiner diverses idées simples en une idée composée; ainsi sont faites toutes les idées complexes ;

2) assembler deux idées, quelles soient simples ou complexes et les placer côte à côte de manière à les saisir ensemble sans les unifier; il acquiert ainsi toutes ses idées de relation;

a. Texte ajouté à partir de la quatrième édition.

1. Cf. 2.11.14.

3) séparer ces idées de toutes les autres idées qui les accompagnent dans l'existence réelle; c'est ce qu'on nomme *abstraction ;* ainsi sont faites toutes ses idées générales.

Il est par là manifeste que le pouvoir de l'homme et ses procédures sont presque semblables dans le monde matériel et
164 dans le monde intellectuel : dans les deux cas en effet, les | matériaux sont tels que l'homme n'a sur eux aucun pouvoir, ni de fabriquer ni de détruire; et donc tout ce que l'homme peut faire est soit de les unir, soit de les mettre côte à côte, soit de les séparer complètement[1].

Je commencerai ici par le premier acte, en étudiant les idées complexes, et j'en viendrai aux deux autres en temps voulu[-a].

Comme des idées simples existent visiblement unies ensemble sous diverses combinaisons, l'esprit a le pouvoir de considérer comme une seule plusieurs idées unies ensemble; et pas seulement comme unies réellement dans des objets extérieurs, mais aussi comme réunies par lui. Les idées ainsi faites de diverses idées simples assemblées, je les appelle *complexes ;* ainsi *beauté, gratitude, homme, armée, Univers :* ce sont des complexes d'idées simples diverses ou *idées complexes* constituées d'idées simples, et pourtant l'esprit à son gré les considère chacune pour elle-même, comme un tout signifié par un seul nom.

§ 2

Par cette faculté de répéter et de joindre ses idées, l'esprit a un pouvoir étendu de varier et de multiplier les objets de pensée, infiniment au-delà de ce dont l'ont muni *sensation* ou *réflexion ;* mais tout cela n'en demeure pas moins confiné aux idées simples qu'il a reçues de ces deux sources, et qui sont les matériaux ultimes de toutes ses compositions. Les idées simples sont toutes issues des choses mêmes, et *l'esprit* ne

1. Cf. 2.2.2.

peut en avoir ni plus ni d'autres que celles qui lui sont suggérées. Il ne peut avoir aucune autre idée des qualités sensibles que ce qui lui vient de l'extérieur pas les sens; et il ne peut avoir d'idées d'un autre genre d'opération d'une substance pensante que ce qu'il trouve en lui-même. Mais une fois reçues ces idées simples, il n'est pas simplement limité par l'observation et par ce qui s'offre de l'extérieur : il peut, de son propre pouvoir, assembler les idées qu'il a et *constituer de nouvelles idées complexes* qu'il n'a jamais reçues ainsi unies.

§ 3

Elles sont modes, substances ou relations. Faites volontairement

Quelles que soient les façons dont elles sont composées et divisées, bien qu'elles soient en nombre infini et que leur variété soit illimitée (de quoi occuper entièrement les pensées humaines), je crois toutefois qu'on peut ramener les *idées complexes* sous trois chefs :

Modes.
Substances.
Relations. | 165

§ 4

Modes

Tout d'abord, j'appelle *modes* les idées complexes qui, si composées soient-elles, ne renferment pas la supposition de subsistance par soi-même, mais sont considérées comme dépendances ou comme affections de substances; ainsi les idées signifiées par les mots *triangle*, *gratitude*, *meurtre*, etc. Et si, ce faisant, j'emploie le terme *mode* en un sens quelque peu différent de sa signification ordinaire, j'en demande pardon; car il est inévitable dans des exposés qui s'éloignent des notions habituellement reçues, de former de nouveaux mots ou d'employer les anciens mots avec une signification quelque peu différente (dans le cas présent la seconde solution paraît préférable)[1].

§ 5

Modes simples et modes mixtes

De ces modes, il existe deux sortes, qui méritent d'être considérées séparément. Certains d'abord ne sont que des variations ou des combinaisons différentes de la même idée simple, sans mélange d'aucune autre, comme *une douzaine*, *une vingtaine* ; ce ne sont que les idées d'autant d'unités distinctes ajoutées les unes aux autres ; ces modes je les appelle *simples*, puisqu'ils sont contenus dans les bornes d'une seule idée simple.

Deuxièmement, il y en d'autres qui sont composés d'idées simples de plusieurs sortes, jointes ensemble pour faire une idée complexe ; par exemple, la *beauté*, qui consiste en une certaine composition de couleur et de figure qui produit la jouissance du spectateur ; le *vol* (changement de possession d'une chose, dissimulé, sans le consentement du propriétaire) contient ainsi qu'on peut s'en apercevoir la combinaison de diverses idées de diverses sortes. Et cela, je l'appelle *modes mixtes*.

§ 6

Substances simples ou substances collectives

Deuxièmement, les idées des *substances* sont des combinaisons d'idées simples, qui sont tenues pour représenter des choses particulières distinctes, subsistant par elles-mêmes ; et, parmi ces idées, l'idée (prétendue ou confuse, peu importe) de substance est la première et la principale. Ainsi, en joignant à la substance l'idée simple d'une certaine couleur blanchâtre ainsi qu'un certain degré de poids, de dureté, de ductilité et de fusibilité, on a l'idée de *plomb ;* et la combinaison des idées de telle figure, avec les pouvoirs de mouvement, de pensée et

1. Cf. 3.9.5-16.

de raisonnement, jointes à la substance, produit l'idée commune d'*un homme*.

Or, des substances aussi, il y a deux sortes d'idées; l'une, celle de substances singulières (existant séparément) : un *homme*, un *mouton ;* l'autre, celle de plusieurs de ces substances singulières assemblées : une *armée* d'hommes, un *troupeau* de mouton; chacune de ces *idées collectives de* plusieurs *substances* ainsi assemblées | est tout autant idée **166**
singulière que celle d'un homme ou d'une unité.

§ 7

Relation

Troisièmement, la dernière sorte d'idées complexes est ce que nous appelons *relation*, qui consiste en la considération et la comparaison d'une idée avec une autre.

Nous traiterons dans l'ordre de ces diverses sortes d'idées[1].

§ 8

Les idées les plus abstruses viennent des deux sources

A retracer le progrès de notre esprit et observer attentivement comment il répète, comment il joint par addition, comment il unit les idées simples qu'il a reçues de la sensation ou de la réflexion, nous serons conduits plus loin que nous ne l'aurions imaginé d'abord. Et, me semble-t-il, nous trouverons, si nous observons soigneusement l'origine de nos notions, que même les idées les plus abstruses, si éloignées des sens ou de toute opération de notre esprit qu'elles puissent paraître, ne sont que des idées que l'entendement s'est formées à lui-même par la répétition et la jonction des idées acquises des objets des sens ou de ses propres opérations à leur égard; en sorte que même les idées larges et *abstraites*

1. Modes simples . 2.13-21 ; modes mixtes . 2.22; substances simples . 2.23; substances collectives . 2.24; relations . 2.25-28.

sont dérivées de la sensation ou de la réflexion : il s'agit seulement là de ce que l'esprit peut atteindre, et atteint de fait, par l'emploi commun de ses facultés propres, appliquées aux idées reçues des objets des sens ou des opérations qu'il observe en lui-même à leur égard. C'est ce que je tâcherai de faire voir dans les idées que nous avons de l'*espace*, du *temps* et de l'*infinité*, et dans quelques autres idées [1], les plus éloignées apparemment de ces origines.

1. 2.13-17 et *sq*

CHAPITRE 13

LES MODES SIMPLES ; ET PREMIÈREMENT LES MODES SIMPLES DE L'ESPACE

§ 1

Les modes simples

Dans ce qui précède, j'ai déjà souvent parlé des idées simples ; elles sont les matériaux de toute notre connaissance, mais j'en ai parlé alors selon leur mode d'entrée dans l'esprit et non en fonction de ce qui les distingue d'autres idées plus composées ; il ne sera donc pas hors de propos sans doute d'en considérer à nouveau certaines de ce point de vue et d'examiner les différentes *modalités d'une même idée,* que l'esprit trouve dans les choses qui existent ou qu'il est capable | de 167
former en lui sans le secours d'une chose extérieure ni d'une suggestion étrangère.

Ces *modalités de n'importe quelle idée simple* (que *j'appelle*, comme il a été dit, *modes simples*) sont des idées aussi parfaitement différentes et distinctes dans l'esprit que celles entre lesquelles il y a le plus de distance ou d'opposition. Car l'idée de *deux* est aussi distincte de celle de *un*[a], que le *bleu* l'est de la *chaleur*, ou que l'une ou l'autre l'est de n'importe quel

a. Mot qui, depuis la quatrième édition, remplace : « *trois* ».

nombre ; et pourtant l'idée de *deux* n'est composée que de l'idée simple d'une unité qui est répétée; et les répétitions de cette sorte, jointes ensemble, forment les *modes simples* distincts d'une *dizaine*, d'une *centaine*, ou d'un *million*.

§ 2

Idée d'espace

Je commencerai par l'*idée simple d'espace*. J'ai montré plus haut (chapitre 4)[1] que nous acquérons l'idée d'espace à la fois par la vue et par le toucher ; cela me paraît si évident qu'il serait inutile de se mettre à prouver que par la vue les hommes perçoivent la distance entre des corps de différentes couleurs ou entre les parties d'un même corps, autant que de prouver qu'ils voient ces couleurs elles-mêmes ; et il n'est pas moins manifeste qu'ils peuvent faire de même dans l'obscurité par le toucher.

§ 3

Espace et étendue

Cet espace considéré simplement d'après la longueur qui sépare deux êtres, sans considérer aucune chose entre eux, on l'appelle *distance*[2]; s'il est considéré d'après la longueur, la largeur et la profondeur, il peut à mon avis être appelé *capacité*. [b-]Le terme d'*étendue* lui est habituellement appliqué, de quelque manière qu'on le considère[-b].

b. Texte qui, depuis la quatrième édition, remplace : « Quand on le considère entre les extrémités de la matière qui remplit la capacité de l'espace de quelque chose de solide, de tangible et de mobile, on le nomme correctement *étendue*. Ainsi *étendue* est une idée qui appartient seulement au corps, tandis que *espace* peut, c'est évident, être considéré sans lui. Au moins, je pense que c'est le plus intelligible et le meilleur moyen d'éviter la confusion, si l'on utilise le mot *étendue* pour une affection de la matière, ou la distance des extrémités de corps solides particuliers ; et *espace* pour la signification plus générale de distance, avec ou sans matière qui la possède ».

1. Chapitre 5 en fait.

2. Cf. 2.13.26.

§ 4

Immensité

Chaque distance différente est une modalité différente de l'espace, et *chaque idée d'une distance différente*, ou d'*un espace différent, est un mode simple de cette idée.* [c-]Par utilité et par habitude de mesurer, les hommes définissent dans leur esprit les idées de certaines longueurs fixées, comme le *pouce*, le *pied*, le *yard*, la *brasse*, le *mile*, le *diamètre de la terre*, etc. : autant d'idées distinctes constituées uniquement d'espace. Lorsque telles de ces longueurs (ou mesures d'espace) fixées sont devenues familières à leur pensée, les gens[-c] | peuvent les répéter 168
en esprit autant de fois qu'ils le souhaitent, sans y mêler ni joindre l'idée de corps ou de n'importe quoi d'autre; et ils peuvent se former les idées de long, de carré, de cubique, de *pieds*, de *yards* ou de *brasses*, que ce soit parmi les corps de cet univers-ci ou par delà les limites ultimes de tout corps; et par addition des unes aux autres, ils peuvent élargir leur idée d'espace autant qu'il leur plaît. Ce pouvoir de répéter ou de redoubler l'idée d'une distance, et de l'ajouter à la précédente aussi souvent qu'on le veut, sans jamais atteindre un terme ou une limite (même en accroissant l'idée autant qu'on peut le vouloir), c'est ce qui nous donne l'idée d'*immensité*.

§ 5

Figure

Il existe une autre modalité de cette idée, qui n'est autre que la relation qu'entretiennent les éléments qui bordent l'étendue ou circonscrivent l'espace. Le toucher la découvre dans les corps sensibles dont les extrémités sont à notre portée; et l'œil l'emprunte à la fois aux corps et aux couleurs

c. Texte qui, depuis la deuxième édition, remplace : « Les hommes se sont habitués à des longueurs d'espace établies et les utilisent pour mesurer d'autres distances, comme *pied, yard, brasse, lieue ou diamètre de la terre*, et ils ont acclimaté ces idées à leur pensée , aussi peuvent-ils … ».

dont les limites sont perceptibles ; il y observe ce que sont les extrémités : des lignes droites qui se rencontrent en des angles discernables, ou des lignes courbes où aucun angle ne peut être perçu ; et il examine comment ces lignes se rapportent les unes aux autres, dans toutes les parties des extrémités d'un corps ou d'un espace ; et il a ainsi cette idée que nous appelons *figure*, source de variété infinie pour l'esprit. Car, outre le grand nombre de figures différentes qui existent réellement dans les conglomérats de matière, la quantité de figures que l'esprit est capable de produire en variant l'idée d'espace est parfaitement inépuisable : il fait des compositions toujours nouvelles en répétant ses propres idées et en les joignant comme il lui plaît. Ainsi, peut-il multiplier à l'infini les figures.

§ 6

Car l'esprit a la capacité de répéter l'idée d'une ligne droite et de la joindre à une autre dans la même direction, c'est-à-dire de doubler la longueur de cette ligne droite, ou encore de la joindre à une autre, orientée comme il l'estime à propos, et de construire ainsi le type d'angle qu'il lui plaît ; il est capable aussi de raccourcir toute ligne imaginée en lui ôtant la moitié, le quart ou toute partie qu'il lui plaît, sans jamais parvenir à la fin de telles
169 divisions ; et ainsi peut-il construire un | angle de n'importe quelle taille. Il peut aussi prolonger les lignes qui forment ses côtés de la longueur qu'il lui plaît, les joindre à nouveau à d'autres lignes de différentes longueurs et sous différents angles, jusqu'à ce qu'il ait totalement enclos un espace. Il peut donc, de toute évidence, multiplier les *figures à l'infini*, à la fois par leur forme et leur capacité, figures qui ne sont toutes qu'autant de différents *modes simples de l'espace*.

Ce qui peut être fait avec des lignes droites peut l'être également avec les courbes, ou courbes et droites ensemble ; et ce qu'on peut faire avec des lignes, peut l'être aussi avec les surfaces ; ce qui nous mène à méditer à nouveau sur la variété infinie de *figures* que l'esprit a la capacité de construire, ce qui lui permet de multiplier les *modes simples* de l'espace.

§ 7
Le lieu

Une autre idée relève de cette catégorie, de cette lignée : celle que l'on appelle le *lieu*. De même que dans l'espace simple on considère la relation de distance entre deux corps ou deux points, de même dans l'idée de *lieu* on considère la relation de distance entre une chose et deux points (ou plus) supposés garder la même distance les uns par rapport aux autres, et donc au repos. Car, quand on trouve qu'une chose est aujourd'hui à la même distance qu'hier de deux points (ou plus), qui servaient alors à la situer et qui depuis n'ont pas modifié leurs distances respectives, on dit qu'elle a gardé le même *lieu*. Mais si sa distance à l'égard de l'un ou l'autre de ces points a changé de façon perceptible, on dit que cette chose a changé de *lieu*. Toutefois, dans le langage courant, la notion commune de *lieu* n'implique pas toujours avec exactitude la distance par rapport à des points précis, mais par rapport à des parties plus importantes d'objets perceptibles : on considère la chose localisée par la relation qu'elle entretient avec ces objets, et la distance qui la sépare d'eux a quelque raison d'être observée.

§ 8

Ainsi, une série de pièces d'échec, posées sur l'échiquier comme on les a laissées : on dira qu'elles sont toutes à la *même place*, qu'elles n'ont pas été bougées (bien que peut-être l'échiquier ait entre-temps été transporté d'une pièce à l'autre) parce que nous les comparons seulement aux éléments de l'échiquier qui conservent la même distance les uns par rapport aux autres. L'échiquier, dira-t-on aussi, est resté dans le *même lieu*, s'il demeure dans la même partie de la cabine d'un vaisseau, même si le vaisseau où il se trouve | n'a pas cessé **170**
peut-être de faire voile entre-temps. Et le vaisseau sera dit dans le *même lieu*, s'il a gardé la même distance avec les éléments

de la terre voisine, bien que peut-être la terre ait tourné. Ainsi, les pièces du jeu, l'échiquier et le vaisseau ont chacun *changé de lieu* par rapport aux corps plus éloignés qui ont gardé la même distance les uns par rapport aux autres. Cependant, comme la distance par rapport à certains éléments de l'échiquier est ce qui détermine la place des pièces, comme la distance par rapport aux parties fixes de la cabine (avec laquelle nous avons fait la comparaison) est ce qui a déterminé le lieu de l'échiquier, et comme les parties fixes de la terre sont ce qui a permis de déterminer le lieu du bateau, on peut dire au sens propre que [chacune de] ces choses est dans le *même lieu* sous ces rapports ; et pourtant leur distance relativement à d'autres choses, que nous n'avons pas considérées en l'affaire a varié et elles ont donc sans conteste *changé de lieu* par rapport à elles. Et nous-mêmes, nous serons de cet avis dès qu'il nous arrivera de les comparer avec ces autres choses.

§ 9

Mais cette modalité de la distance, que nous appelons *lieu*, a été élaborée par les gens pour leur usage courant, afin de désigner grâce à elle la position particulière des choses quand il leur arrivait d'avoir besoin d'une telle désignation ; aussi, les gens envisagent ce *lieu* et le déterminent en se référant aux choses proches qui servent au mieux leur dessein du moment, sans considérer d'autres choses qui, pour un autre dessein, *détermineraient* mieux *le lieu* de la chose en question. Ainsi, sur un échiquier, l'usage pour désigner le *lieu* de chaque pièce n'est déterminé que par ce morceau de bois quadrillé ; aussi serait-ce aller à l'encontre de ce dessein que de le mesurer par quelque chose d'autre. Mais, si l'on demandait où se trouve le roi noir quand ces mêmes pièces sont enfermées dans un sac, il conviendra de *déterminer le lieu* par les parties de la salle où il se trouve, et non par l'échiquier, car il existe un usage pour *désigner le lieu* où il se trouve maintenant, usage autre que lorsqu'il se trouve sur l'échiquier au cours du jeu et doit être

situé par d'autres corps. De même, si on demande en quel lieu
se trouvent les vers qui relatent l'histoire *de Nisus* et
d'Euriale, il serait très impropre de déterminer le lieu, en
disant qu'ils se trouvent dans telle partie de la terre ou dans la
bibliothèque *Bodleienne :* la désignation correcte du lieu se
fera grâce au découpage des œuvres de *Virgile*, et la réponse
convenable sera que ces vers se trouvent vers le milieu du
neuvième livre de l'*Énéide*, et qu'ils sont demeurés constamment à la même place depuis que *Virgile* a été imprimé ; ce qui
est vrai, quoique le livre lui-même ait été bougé mille | fois : **171**
l'usage qu'on fait ici de l'idée de lieu consiste seulement à
savoir dans quelle partie du livre se trouve l'histoire ; aussi à
l'occasion, on saura la trouver et y recourir pour son usage.

§ 10

Que notre idée de lieu ne soit autre que la position relative de toute chose, comme je l'ai déjà mentionné, c'est, je pense, évident et on l'admettra facilement quand on songera au fait qu'on ne peut avoir aucune idée du lieu de l'Univers, alors qu'on peut en avoir de toutes ses parties ; et ceci parce qu'au-delà de l'Univers on n'a pas d'idée du moindre être stable, distinct, singulier, qui serve de référence pour imaginer une relation de distance ; tout au-delà est espace ou expansion informes, où l'esprit ne trouve aucune diversité, aucun signal.

Car dire « le monde est quelque part » ne signifie rien de plus que « il existe effectivement », et ceci malgré l'expression, qui connote le lieu mais signifie seulement son existence et non sa situation. Et si quelqu'un construisait clairement et distinctement dans son esprit le lieu de l'Univers, il nous dirait s'il se meut ou s'il reste immobile dans le *néant* indistinct de l'espace infini ; bien qu'il soit vrai que le mot *lieu* ait parfois un sens plus confus, et signifie cet espace que tout corps occupe, et qu'ainsi l'Univers soit en un lieu. [d]-Donc l'idée de *lieu* est obtenue par les

d. Passage qui constitue le § 11 dans les trois premières éditions.

mêmes voies que l'idée d'espace (dont elle n'est qu'une considération particulière et limitée), la vue et le toucher, qui tous deux permettent de recevoir dans l'esprit les idées d'étendue et de distance[-d].

§ 11

Étendue et corps ne sont pas identiques

[e-]Certains voudraient nous convaincre que *corps et étendue sont identiques*[1]. Ou bien ils modifient la signification des mots, ce dont je ne voudrais pas les suspecter, eux qui en ont si sévèrement condamné d'autres dont la philosophie s'était trop cantonnée dans les significations incertaines, l'obscurité trompeuse des termes douteux ou insignifiants. Si donc par *identité du corps et de l'étendue* ils comprennent ce que comprennent les autres (par *corps*, quelque chose de solide et d'étendu dont les éléments sont séparables et mobiles en différentes directions – et par *étendue*, le simple espace qui sépare les extrémités de ces éléments solides cohérents, espace qui leur appartient), en ce cas ils confondent des idées très différentes.

J'en appelle à la réflexion personnelle de chacun : l'idée
172 d'*espace* n'est-elle | pas aussi distincte de celle de solidité qu'elle ne l'est de l'idée de couleur écarlate ? Il est vrai que la solidité ne peut exister sans étendue ; mais ceci n'empêche pas que ce soient des idées distinctes. Beaucoup d'idées en exigent d'autres, aussi nécessaires pour exister ou être conçues, qui sont pourtant des idées très distinctes ; le mouvement ne peut ni être ni être conçu sans espace, et pourtant le mouvement n'est pas l'espace, ni l'espace le mouvement ; l'espace peut exister sans lui et ils sont des idées très distinctes. Telles sont, je pense, les idées d'espace et de solidité : la solidité est une idée si inséparable du corps que de cette idée dépend le fait

e. Passage qui constitue le § 12 dans les trois premières éditions.

1. Descartes, *Principes*, I, 53 ; II, 4-18.

que le corps remplisse l'espace, qu'il soit en contact, pousse et communique du mouvement par la poussée.

Et si c'était une argument pour prouver que l'*esprit est différent du corps*, que la pensée n'implique pas elle-même l'idée d'étendue, le même argument serait je suppose aussi valide pour prouver que l'*espace n'est pas un corps*, parce qu'il n'inclut pas l'idée de solidité. *L'espace et la solidité* sont *des idées aussi distinctes* que la pensée et l'étendue, et aussi séparables en esprit l'une de l'autre. *Corps* donc et *étendue*, c'est évident, sont deux idées distinctes. Car :

§ 12

d'abord, l'*étendue* n'implique aucune solidité, ni aucune résistance au mouvement du corps, comme le fait le *corps* ;

§ 13

deuxièmement, les éléments de l'espace pur sont inséparables les uns des autres ; aussi la continuité ne peut-elle être séparée, ni réellement ni mentalement : je mets quiconque au défi d'en séparer une partie d'une autre qui lui soit continue, même en pensée. Diviser et séparer réellement c'est, je pense, séparer les éléments les uns des autres, et ainsi former deux superficies là où il y avait auparavant continuité. Et diviser mentalement c'est, là où il y avait autrefois continuité, former en esprit deux superficies pour les considérer comme séparées l'une de l'autre, ce que l'on ne peut faire que pour les choses considérées par l'esprit comme capables d'être séparées, et capables d'acquérir par séparation de nouvelles superficies distinctes qu'elles n'avaient pas alors mais peuvent avoir. Mais aucune de ces deux voies de séparation, réelle ou mentale, n'est, selon moi, compatible avec l'*espace* pur[-e].

[f-]Un homme peut, il est vrai, considérer une quantité d'un tel *espace* qui corresponde à un mètre, sans considérer le reste ;

f. Passage qui constitue seul le § 13 dans les trois premières éditions.

c'est une considération partielle, mais guère en tant que division ou séparation mentales. Car un homme ne peut pas plus diviser mentalement sans considérer deux superficies
173 séparées l'une de | l'autre, qu'il ne peut diviser réellement sans former deux superficies disjointes l'une de l'autre; mais une considération partielle n'est pas une séparation. Un homme peut considérer la lumière du soleil sans sa chaleur, ou la mobilité du corps sans son étendue, sans penser à leur séparation. L'une n'est qu'une considération partielle [1], l'autre est une considération des deux comme existant séparément[-f].

§ 14

Troisièmement, les éléments du pur *espace* sont immuables, ce qui découle de leur inséparabilité, et le *mouvement* n'est que le changement de distance entre deux choses quelconques. Mais ceci n'est pas possible entre des éléments inséparables, qui doivent donc nécessairement demeurer en repos perpétuel l'un envers l'autre.

Ainsi l'idée déterminée d'*espace* simple la distingue manifestement et suffisamment de *corps*, puisque ses parties sont inséparables, immuables et sans résistance au mouvement du corps.

§ 15

La définition de l'étendue ne l'explique pas [g]

Si quelqu'un me demande *ce qu'est* cet *espace* dont je parle, je le lui dirai quand il me dira ce qu'est cette *étendue*. Car dire, comme on le fait habituellement, que l'étendue consiste à avoir

g. Titre donné dans les quatrième et cinquième éditions, à la place de *La substance inconnue n'est pas preuve contre l'espace sans corps*, qui valait aussi pour le § 16.

1. Comparer avec ce qui est dit de l'abstraction en 2.19.9 ; ce passage s'appuie sur la théorie célèbre du moyen-âge, des distinctions (réelle, de raison).

partes extra partes[1], c'est dire seulement que l'*étendue* c'est l'*étendue*. Car en quoi suis-je mieux informé de la nature de l'*étendue* quand on me dit que *l'étendue consiste à avoir des éléments qui sont étendus, extérieurs à des éléments qui sont étendus*, c'est-à-dire que *l'étendue* consiste en éléments étendus ? Comme si quelqu'un me demandait ce qu'est une fibre, et que je lui répondais que c'est une chose faite de plusieurs fibres : deviendrait-il pour autant capable de comprendre plus qu'avant ce qu'est une fibre ? Ou n'aurait-il pas raison plutôt de penser que mon intention était de m'amuser de lui plutôt que de l'informer sérieusement ?

§ 16

La division des êtres en corps et esprits ne prouve pas que l'espace et le corps sont identiques

Ceux qui défendent la thèse selon laquelle *espace et corps* sont *identiques* proposent ce dilemme : cet espace est soit quelque chose soit rien ; si rien n'est entre les deux corps, ils doivent nécessairement se toucher ; si on accorde que c'est quelque chose, ils demandent : est-ce un corps ou un Esprit [2] ? Je réponds par une autre question : qui leur a dit qu'il y avait, ou ne pouvait y avoir rien d'autre que des corps solides qui ne pourraient pas penser et des êtres pensants qui ne seraient pas

1. « Les éléments extérieurs les uns aux autres » ; cf. Aristote, *Physique*, IV, commenté par la philosophie ultérieure.

2. Coste insère ici une longue note citant *Dr Clarke's Notions of Space examined*, Londres, 1733, citant lui-même la question de Locke. Coste achève sa note sur sa propre position : « L'auteur emploie la meilleure partie de son livre à prouver que l'espace distinct de la matière n'a en effet aucune existence réelle, que c'est un pur vide, un néant absolu, un être imaginaire, l'absence du corps et rien de plus. Pour moi, j'avoue sincèrement que sur une question si subtile, comme sur bien d'autres de cette nature, je n'ai point d'opinion déterminée, et que je me fais une affaire de désapprendre tous les jours bien des choses dont je m'étais cru fort bien instruit. Ne rien savoir, c'est une grande part de ma sagesse ».

étendus (c'est tout ce qu'ils entendent par les termes *corps* et
174 *Esprit*) ? |

§ 17

La substance, que nous ne connaissons pas, n'est pas une preuve contre l'espace sans corps [h]

Si l'on demande (comme d'habitude) si cet *espace* vide de *corps* est une *substance* ou un *accident*, je répondrai immédiatement : je ne sais pas, et je ne serai pas honteux d'avouer mon ignorance tant que ceux qui me questionnent ne m'auront pas présenté une idée claire et distincte de *substance* [1].

§ 18

Je m'efforce, autant que je peux, de me libérer de ces erreurs dans lesquelles on risque de se jeter soi-même en prenant les mots pour des choses. Dans l'ignorance, il n'est d'aucun secours de feindre une connaissance quand on n'en a pas, en faisant du bruit avec des sons sans signification claire et distincte. Les noms inventés à plaisir ne modifient pas la nature des choses et ne sont compris qu'en tant que signes d'idées déterminées qu'ils représentent. Et je désire que ceux qui insistent tellement sur le son de ces deux syllabes, *substance*, s'interrogent : l'appliquer, comme ils le font, au DIEU infini et incompréhensible, à l'esprit fini, et au corps, se fait-il dans le même sens, représente-t-il la même idée quand chacun de ces trois êtres si différents est appelé *substance* [2] ? Si c'est le cas, ne s'en suit-il pas que Dieu, les esprits et le corps, qui s'accordent en la nature commune de *substance*, ne diffèrent pas en quelqu'autre chose qu'une simple modalité de cette

h. Titre portant dans les quatrième et cinquième éditions sur les § 17 et 18, et dans les deuxièmes et troisième éditions sur les § 15 à 17 ; le titre de § 18 était alors : *Substance et accidents, peu utiles en philosophie.*

1. Cf. 2.23.4

2. Cf. Descartes, *Principes*, I, 51-54.

substance ? Comme un arbre et un cailloux, qui sont corps en un même sens et s'accordent dans la nature commune de corps, ne diffèrent que d'une simple modalité de cette matière commune – ce qui serait une théorie bien rude.

S'ils disent qu'ils appliquent ce son à Dieu, aux esprits finis et à la matière en trois sens différents, et qu'il représente une idée quand on dit que DIEU est une substance, une autre quand l'âme est appelée *substance* et une troisième quand un corps est ainsi nommé, si le nom *substance* tient lieu de trois idées différentes et distinctes, ils feraient bien de faire connaître ces idées distinctes, ou au moins de leur donner trois noms distincts, pour éviter, sur une notion aussi importante, confusion et erreurs qui suivront nécessairement de l'usage erratique d'un terme aussi ambigu ; on est d'ailleurs tellement loin de soupçonner qu'il a trois sens distincts qu'à peine a-t-il dans l'usage ordinaire une signification claire et distincte. Et s'ils peuvent ainsi créer trois idées distinctes de *substance*, qu'est-ce qui empêche un autre d'en créer une quatrième ? | 175

§ 19

Substance et accidents, peu utiles en philosophie [i]

Les premiers qui se sont jetés sur la notion d'*accidents*, comme une sorte d'êtres réels exigeant quelque chose en quoi être inhérent, ont été contraints d'inventer le mot de *substance*, comme support pour ces accidents. Si le pauvre philosophe indien (qui avait imaginé que la terre avait aussi besoin de quelque chose pour la supporter) [1] avait seulement pensé à ce mot de *substance*, il n'aurait pas dû se donner la peine de trouver un éléphant pour la supporter, et une tortue pour supporter son

i. Titre portant sur les §19-20 dans les quatrième et cinquième éditions, mais sur les § 18-19 dans les deuxième et troisième ; pour le § 20, le titre est alors : *Un vide au-delà des limites ultimes du corps* (= § 21).

1. Cf. autre usage de la fable de l'indien, du monde et de la tortue : 2.23.2.

éléphant ; le mot de *substance* l'aurait fait efficacement. Et l'interlocuteur pourrait avoir considéré bonne la réponse d'un philosophe *indien* : « la substance (dont il ne sait ce qu'elle est) est ce qui supporte la terre » comme nous considérons suffisante et de bonne doctrine la réponse de nos philosophes *européens* : « la substance (dont on ne sait ce qu'elle est) est ce qui supporte des *accidents* » ; et en le disant, nous n'avons pas d'idée de ce qu'est la *substance*, mais seulement une idée confuse et obscure de ce qu'elle fait.

§ 20

Peu importe ici ce que pourrait faire un homme cultivé : un *américain* intelligent, à la recherche de la nature des choses et désirant apprendre notre architecture, ne serait guère satisfait de notre explication s'il s'entendait dire qu'un pilier est une chose supportée par une *base*, et une *base* une chose qui supporte un pilier. Ne penserait-il pas, avec une telle explication, qu'on se moque de lui plutôt qu'on ne l'informe ? Une personne étrangère au monde des livres serait instruite de façon très généreuse sur leur nature et sur les choses qu'ils contiennent, si on lui disait que tous les livres savants sont constitués de papier et de lettres, que les lettres sont des choses inhérentes au papier et le papier une chose qui supporte les lettres : façon notable d'avoir des idées claires des lettres et du papier. Mais si les mots latins *inhérence* et *substance* étaient traduits par les termes français simples qui leur correspondent, par *collant à* et *supportant*, ils nous dévoileraient mieux la très grande clarté qui règne dans la doctrine de la *substance et des accidents* et montreraient leur utilité pour décider des questions de philosophie.

§ 21

Un vide, au-delà des limites ultimes du corps [j]

Revenons à notre idée d'*espace*. Supposons que le *corps* ne soit pas infini (personne, je pense, ne l'affirmera); je poserais alors la question suivante : un homme placé par Dieu à la limite extrême des choses corporelles ne pourrait-il pas étendre la main au-delà de son corps? S'il le pouvait, il mettrait alors | son bras là où il y avait auparavant de l'*espace* 176
sans *corps ;* et s'il étendait là les doigts, il y aurait encore entre ses doigts de l'*espace* sans corps. S'il ne pouvait pas étendre la main, ce serait nécessairement du fait d'un obstacle extérieur [1] (car nous supposons cet homme vivant avec le même pouvoir de mouvoir les parties de son corps que maintenant; ce qui n'est pas en soi impossible s'il plaît à Dieu qu'il en soit ainsi; ou au moins il n'est pas impossible à Dieu de le mouvoir ainsi). Je demande alors : qu'est-ce qui empêche sa main de s'étendre à l'extérieur? Serait-ce de la substance ou de l'accident, quelque chose ou rien? Et quand on aura décidé, on sera capable de se décider sur ceci : « qu'est-ce qui est, ou peut

j. Titre donné dans les quatrième et cinquième éditions ; titre antérieur . *Le pouvoir d'annihilation prouve un vide* (= 21 bis).

1. Référence donnée par Coste . Lucrèce, *De Rerum Natura*, I, 970-983 . « Supposons maintenant limité tout l'espace existant ; si quelqu'un dans son élan s'avançait jusqu'au bout de son extrême bord, et que de là il fît voler un trait dans l'espace ; ce trait lancé avec grande vigueur, préfères-tu qu'il s'en aille vers son but et s'envole au loin, ou es-tu d'avis qu'il peut y avoir un obstacle pour interrompre sa course . C'est une de ces deux hypothèses qu'il faut choisir et adopter ; or l'une et l'autre te ferment toute retraite et t'obligent à reconnaître que l'univers s'étend affranchi de toute limite. Car soit qu'un obstacle extérieur empêche le trait d'atteindre son but et de s'y loger, soit qu'il puisse poursuivre sa course, le point dont il s'élance n'est-il pas le terme de l'univers. Sans cesse je te poursuivrai de cet argument, et partout où tu placeras l'extrême bord du monde, je te demanderai ce qu'il adviendra du trait. Il arrivera que nulle part ne pourra se dresser de borne, et que sans cesse de nouvelles échappées prolongeront à l'infini les possibilités de s'enfuir. » (trad. A. Ernout, Belles Lettres).

être, entre deux corps séparés, qui ne soit pas du corps et n'ait pas de solidité » ?

Du reste, soutenir que, là où rien ne fait obstacle (comme au-delà des limites ultimes de tous les corps), un *corps* mis en mouvement peut continuer à se mouvoir, est une thèse aussi valable que soutenir que là où il n'y a rien d'interposé, deux corps doivent nécessairement se toucher. Car un *espace* pur entre deux corps suffit pour supprimer la nécessité d'un contact mutuel ; mais le simple *espace* dans le chemin [d'un corps qui se déplace] ne suffit pas pour arrêter le mouvement. En fait, les gens doivent soit avouer qu'ils estiment le corps infini (même s'ils n'osent pas le dire), soit affirmer que l'*espace* n'est pas un *corps*. Car j'aimerais bien rencontrer cet homme profond qui, mettrait en pensée des limites à l'espace plus qu'il ne peut en mettre pour la durée ; ou celui qui peut espérer arriver par la pensée au terme de l'un ou de l'autre. Et donc si son idée d'éternité est infinie, l'idée d'immensité l'est aussi ; toutes deux sont de même finies ou infinies.

§ 21 [bis] [k]

Le pouvoir d'annihilation prouve le vide

En outre, ceux qui affirment impossible l'existence d'un *espace* sans *matière* doivent non seulement considérer le corps comme infini mais aussi nier que Dieu ait le pouvoir d'annihiler tout élément de matière.

Personne ne niera, je suppose, que Dieu puisse mettre fin à tout mouvement de la matière et immobiliser tous les corps de l'Univers en un repos parfait, aussi longtemps qu'il lui plaira. Celui qui admettra alors que Dieu peut, durant une telle immobilité, annihiler ce livre ou le corps de celui qui le lit, devra nécessairement admettre la possibilité d'un *vide*. Car il est évident que l'espace qui fut empli par les éléments du

k. Numérotation de toutes les éditions, que Coste corrige en 22 ce qui entraîne une numérotation différente ensuite.

corps annihilé subsistera toujours et sera un espace sans corps. Les corps environnants sont en effet en total repos et constituent un mur d'airain et, dans cet état, rendent | totalement 177
impossible la pénétration de n'importe quel corps dans cet espace. En effet, qu'une particule de matière doive nécessairement bouger pour prendre la place d'une autre particule de matière qui en est chassée, ce n'est que la conséquence de l'hypothèse du plein; hypothèse qui aura donc besoin d'une meilleure preuve qu'un état de fait supposé, jamais confirmé par l'expérience.

Nos propres idées claires et distinctes nous convainquent d'ailleurs totalement qu'il n'y a aucune liaison nécessaire entre l'*espace et la solidité*, puisque nous pouvons concevoir l'une sans l'autre. Et ceux qui discutent pour ou contre le *vide* confessent par là avoir des idées distinctes du *vide* et du *plein*, c'est-à-dire qu'ils ont une idée d'étendue sans solidité, bien qu'ils en nient l'existence; ou alors ils discutent sur rien du tout. Car ceux qui altèrent la signification des mots au point de nommer *étendue* le *corps* et qui réduisent par conséquent toute l'essence du corps à n'être qu'une pure étendue sans solidité, parlent forcément de façon absurde quand ils parlent de *vide* puisqu'il est impossible que l'étendue soit sans étendue. Car enfin, qu'on affirme ou qu'on nie l'existence du *vide*, le terme signifie *espace sans corps*; et personne ne peut nier que l'existence de cet espace est possible, sauf à considérer la matière comme infinie et à ôter à Dieu le pouvoir d'en annihiler quelque particule.

§ 22

Le mouvement prouve le vide

Mais sans sortir des limites ultimes du corps dans l'univers ni en appeler à l'omnipotence divine pour trouver un *vide*, le *mouvement* des corps visibles qui nous entourent me semble le mettre pleinement en évidence.

J'aimerais en effet qu'on divise un corps solide (de la taille qu'on voudra) de telle manière que ses éléments solides se meuvent librement en tout sens dans les limites de la superficie du corps ; si on n'y laissait pas un espace vide de la taille du plus petit morceau issu de la division du-dit corps solide, [le mouvement serait impossible] : là où la plus petite particule du corps divisé est aussi grosse qu'un graine de moutarde, un espace vide égal à la masse d'une graine de moutarde est nécessaire pour faire place au mouvement libre des morceaux du corps divisé dans les limites de sa superficie ; et de même, là où les particules de matière sont 100.000.000 fois plus petites qu'une graine de moutarde, il doit aussi y avoir un espace vide de matière solide de la taille de 100.000.000 parties d'une graine de moutarde. Car si ce vide est nécessaire dans le premier cas, il doit l'être aussi dans l'autre, et ainsi de suite à l'infini. Aussi petit que soit cet espace,
178 il | détruira l'hypothèse du *plein*. Car s'il peut exister un espace vide de corps, fût-il égal à la plus petite particule séparée de matière existant actuellement dans la nature, c'est encore de l'espace sans corps ; et il introduit entre espace et corps une différence aussi grande que s'il s'agissait d'un Μέγα χάσμα [1], de la plus grande distance de la nature.

Et donc si l'on suppose que l'espace vide, nécessaire au mouvement, n'est pas égal à la plus petite parcelle issue de la division de la matière solide, mais à un dixième ou à un millième, la même conséquence s'en suivra toujours : un espace sans matière.

§ 23

Les idées d'espace et de corps sont distinctes

Mais la question est ici de savoir si l'idée d'*espace* ou d'*étendue* est *la même que l'idée de corps* ; aussi n'est-il pas nécessaire de prouver l'existence réelle d'un *vide*, mais seulement son idée ; idée que l'homme a évidemment quand il s'interroge ou

1. Gouffre immense.

discute : « y-a-t-il ou non un *vide* ? ». Car s'il n'avait pas l'idée d'espace sans corps, il ne pourrait pas s'interroger sur son existence. Et si son idée de corps n'incluait pas quelque chose de plus que la simple idée d'espace, il ne pourrait avoir aucun doute sur la plénitude du monde, et il serait aussi absurde de se demander s'il existe un espace sans corps que de se demander s'il existe de l'espace sans espace, ou du corps sans corps, puisqu'il ne s'agirait que de noms différents pour la même idée.

§ 24

De ce que l'étendue est inséparable du corps, il ne résulte pas qu'ils sont identiques

Il est vrai que l'idée d'*étendue* accompagne de façon tellement inséparable toutes les qualités visibles et la plupart des qualités tangibles qu'elle ne nous permet de voir aucun objet extérieur, ou de n'en toucher que très peu, sans recevoir également l'impression d'étendue. Que l'étendue soit ainsi capable de se faire remarquer de façon si constante à côté des autres idées, fut je crois l'occasion pour certains de faire de l'étendue toute l'essence du *corps ;* et il ne faut pas s'en étonner outre mesure, puisque certains ont eu par les yeux et le toucher (sens les plus actifs) l'esprit à ce point empli de l'idée d'étendue – et pratiquement possédé entièrement par elle – qu'ils n'ont reconnu aucune existence à ce qui n'aurait pas d'étendue.

Je ne discuterai pas maintenant avec ces gens qui, pour juger de la mesure et de la possibilité de tout être, ne s'appuient que sur leur imagination étroite et grossière. Je n'ai affaire ici qu'avec ceux qui tirent la conclusion que l'essence du corps est l'*étendue* de ce que, disent-ils, ils ne peuvent imaginer aucune qualité sensible d'un corps sans étendue ; et je leur demanderai de considérer que s'ils avaient autant réfléchi sur leurs idées de goût et d'odorat que sur celles de la vue et du toucher – plus, s'ils avaient examiné leurs idées de faim et de soif | et de diverses 179
autres douleurs – ils auraient découvert qu'ils ne mettaient en ces idées absolument aucune idée d'étendue, idée qui n'est qu'une

affection du corps, comme tout le reste de ce qui se découvre par les sens, dont la pénétration ne peut guère aller jusqu'à percer la pure essence des choses [1].

§ 25

Si de ce que ces idées sont constamment associées à toutes les autres [2], on doit conclure qu'elles constituent l'essence des choses auxquelles elles sont constamment et inséparablement associées, alors l'unité est indubitablement l'essence de toute chose. Car il n'y a aucun objet de la sensation ou de la réflexion qui n'implique l'idée de *un*. Mais la faiblesse de ce genre d'argument a déjà été suffisamment mise en évidence [3].

1. Note de Coste : « Il est difficile d'imaginer ce qui peut avoir engagé Mr. Locke à nous débiter ce long raisonnement contre les cartésiens. C'est à eux qu'il en veut ici ; et il leur parle des *idées des goûts et des odeurs*, comme s'ils croyaient que ce sont des qualités inhérentes dans les corps. Il est pourtant très certain que longtemps avant que Mr. Locke eût songé à composer son livre, les cartésiens avaient démontré que les idées des saveurs et des odeurs sont uniquement dans l'esprit de ceux qui goûtent les corps qu'on nomme savoureux, et qui flairent les corps qu'on nomme odoriférants ; et que bien loin que *ces idées renferment en elles-mêmes aucune idée d'étendue*, elles sont excitées dans notre âme par quelque chose dans les corps qui n'a aucun rapport à ces idées, comme on peut le voir par ce qui a été remarqué sur le chapitre 8, § 14. Lorsque je vins à traduire cet endroit de l'*Essai concernant l'Entendement Humain*, je m'aperçus de la méprise de Mr. Locke, et je l'en avertis. mais il me fut impossible de le faire convenir que le sentiment qu'il attribuait aux cartésiens était directement opposé à celui qu'ils ont soutenu et prouvé avec la dernière évidence, et qu'il avait adopté lui-même dans cet ouvrage. Quelque temps après, commençant à me défier de mon jugement sur cette affaire, j'en écrivis à Mr. Bayle, qui me répondit que j'étais bien fondé à trouver l'*ignoratio elenchi* dans le passage en question. » Coste achève sa note par une confirmation tirée d'une référence aux lettres de Bayle (édition Desmaizeaux, 1729, t. 3, lettre 247, p. 932) et à une note de Desmaizeaux, confirmant l'accord de Bayle et de Coste dans la critique de Locke.

2. Cf. 2.7.

3. Cf. 2.7.7 ; 2.16.1 ; …

§ 26

Les idées d'espace et de solidité sont distinctes

En conclusion, quoique pensent les gens de l'existence du *vide*, il m'est évident que l'on a *une idée de l'espace distinct de la solidité* aussi claire que l'on en a de la solidité distincte du mouvement ou du mouvement distinct de l'espace. Il n'y a pas deux idées plus distinctes que celles-là, et l'on concevrait aussi facilement l'espace sans la solidité que le corps [1]ou l'espace[1] sans mouvement, bien qu'il soit tout à fait certain que ni le corps ni le mouvement ne peuvent exister sans espace. Prendra-t-on l'espace uniquement comme une relation issue de l'existence à une certaine distance des autres êtres ; ou bien faut-il comprendre au sens littéral les paroles du très savant roi Salomon « Les Cieux et les Cieux des Cieux ne peuvent Te contenir » [1], ou les paroles encore plus emphatiques du philosophe inspiré, saint Paul : « En lui, nous avons la vie, le mouvement et l'être » [2] je laisse chacun y réfléchir ; je me contente de dire que notre idée d'*espace*

l. Ajouté à partir de la deuxième édition.

1. 1 *Livre des Rois* 8, 27 ; 2e *Livre des Chroniques* 2, 6 ; 6, 18. Cf. plus loin, en 2.15.2, la même citation.

2. *Actes des Apôtres* 17, 28. Coste ajoute la note suivante : «ἐν αὐτῷ γαρ ζῶμεν καὶ κινούμεθα καὶ ἐσμέν. Ces paroles de l'original expriment, ce me semble, quelque chose de plus que la traduction française, ou du moins elles représentent la même chose plus vivement et plus nettement. C'est la réflexion que je fis sur les paroles de saint Paul dans la première édition française de cet ouvrage. Je voulais insinuer par là qu'on devait expliquer ces paroles littéralement et dans le sens propre. Mr Locke parut satisfait du tour que j'avais pris, qui tendait en effet y à établir ce que Mr. Locke croyait de l'espace, et qu'il insinue en plusieurs endroits de cet ouvrage, quoique d'une manière mystérieuse et indirecte, savoir que cet espace est Dieu lui-même, ou plutôt une propriété de Dieu. Mais après y avoir pensé plus exactement, je m'aperçois qu'il y a beaucoup plus d'apparence que, dans ce passage, il faut traduire comme on fait quelques interprètes, ἐν αυτῷ *par lui* : c'est par lui que nous avons la vie, le mouvement et l'être… » et Coste achève sa note sur des notations linguistiques et bibliques justifiant cette traduction contraire à l'esprit de Locke.

est, à mon sens, telle que je l'ai mentionnée : distincte de celle de corps.

Car ou bien l'on considère dans la matière même la distance entre les éléments solides qui lui appartiennent et on la nomme, eu égard à ses éléments solides, *étendue* ; ou bien on la considère située entre les extrémités d'un corps dans ses diverses dimensions et on la nomme *longueur, largeur* et *épaisseur* ; ou bien encore on la considère située entre deux corps ou deux êtres effectifs, sans considérer s'il existe ou non entre eux une matière, et on la nomme *distance*. Quelle que soit la façon de la nommer ou de la considérer, c'est toujours la même idée simple et uniforme d'espace, tirée des objets
180 auxquels nos sens ont affaire : | une fois les idées installées dans l'esprit, elles peuvent revivre, être répétées, ajoutées les unes aux autres aussi souvent que l'on veut; et l'on peut considérer l'espace ou la distance ainsi imaginée soit comme emplie d'éléments solides – de sorte qu'un autre corps ne peut s'y placer sans déplacer et repousser le corps qui était là auparavant –, soit comme vide de tout solide – de sorte qu'un corps de dimension égale à cet espace vide ou pur peut y être placé sans déplacer ou expulser ce qui y était.

[m-]Mais, pour éviter la confusion dans les exposés sur cette question, il serait peut-être à souhaiter que le nom *étendue* soit appliqué seulement à la matière ou à la distance entre les extrémités de corps singuliers, et le terme *expansion* à l'espace en général, qu'il appartienne ou non à de la matière solide ; on dirait ainsi que l'espace a de l'*expansion*, et qu'un *corps* est *étendu*. Mais ici, chacun est libre ; je ne fais cette proposition qu'afin de parler de façon plus claire et plus distincte[-m].

§ 27

Les hommes diffèrent peu sur les claires idées simples

Savoir précisément ce que signifient nos mots, ici comme en

m. Ajouté à partir de la quatrième édition.

de très nombreux autres cas, mettrait rapidement terme, je pense, à ce débat. Car j'ai tendance à penser que quand les gens en viennent à examiner leurs idées simples, ils les trouvent en général toutes en accord, alors que dans les discussions entre eux, ils sèment la confusion, en utilisant peut-être des noms différents. J'imagine que les *hommes* qui font abstraction de leurs pensées et qui prennent soin d'examiner les idées de leur propre esprit *ne peuvent différer beaucoup dans leur pensées ;* et pourtant, ils peuvent s'embarrasser eux-mêmes dans les mots, selon la façon de parler des diverses Écoles ou sectes dans lesquelles ils ont été élevés. Au contraire, parmi les gens irréfléchis, qui n'examinent pas scrupuleusement ni soigneusement leurs propres idées, qui ne les dépouillent pas des marques utilisées par les gens mais les confondent avec les mots, il y a nécessairement des débats sans fin, des querelles et du jargon, spécialement si ce sont des gens de culture livresque, dévoués à une secte, habitués à son langage et éduqués pour parler d'après les autres. Et s'il arrivait que deux hommes réfléchis aient réellement des idées différentes, je ne vois pas comment ils pourraient discuter ou raisonner l'un avec l'autre.

Il ne faut pas ici mal interpréter ma pensée : ce dont je parle, ce genre d'idées, ce n'est pas toute imagination divagant dans l'esprit des gens. Il n'est pas facile à l'esprit de se débarrasser de ces notions et préjugés confus assimilés par la coutume, l'inattention, et les papotages ; | il lui faut de la peine et de l'assiduité **181**
pour examiner ses idées jusqu'à les réduire en idées simples claires et distinctes, idées dont est faite la composition ; et il faut aussi voir parmi ces idées simples quelles sont celles qui ont une liaison et une dépendance nécessaires les unes avec les autres et celles qui ne l'ont pas. Tant que l'on ne fait pas cela pour les notions primaires et originales des choses, on construit sur des principes instables et incertains, et l'on sera soi-même souvent perdu [1].

1. Cf. Epître au lecteur.

Chapitre 14

LA DURÉE ET SES MODES SIMPLES

§ 1
La durée est une étendue fuyante

Il existe une autre sorte de distance, de longueur, dont l'idée ne vient pas des éléments permanents de l'espace, mais des éléments, fuyant et disparaissant constamment, de la succession ; on la nomme *durée* ; et les modes simples en sont les diverses longueurs dont on a une idée distincte (par exemple : *heures, jours, années*, etc., *temps* et *éternité*).

§ 2
L'idée de durée vient de la réflexion sur l'enchaînement des idées

La réponse d'un homme célèbre « Si non rogas, intelligo »[1] (ce qui revient à : « plus j'y pense, moins je le comprends »), à celui qui lui demandait ce qu'est le temps,

1. Saint Augustin, *Confessions*, XI, xiv. (littéralement : « Si l'on ne m'interroge pas, je comprends »). Malgré certaines inconséquences de Locke, telle celle qui suit, la traduction conservera la distinction lockienne entre *duration* et *time*, définie notamment au § 17 de ce chapitre et aux § 6 et 7 du chapitre suivant, même dans les cas où l'usage français exigerait plutôt de traduire *duration* par *temps*.

risque sans doute de persuader que le *temps,* qui révèle toutes les autres choses, ne peut être lui-même découvert; *durée, temps* et *éternité* sont estimés, non sans raison, être d'une nature très obscure; mais, aussi difficiles à comprendre puissent-ils sembler, je ne doute pas que si nous remontons jusqu'à leur véritable origine, l'une des deux sources de toute connaissance (*la sensation* et *la réflexion*) pourra nous fournir ces idées, qui sont aussi claires et distinctes que beaucoup d'autres que l'on croit bien moins obscures. Et l'on verra que même l'idée d'éternité est dérivée d'une origine ordinaire comme le reste de nos idées.

§ 3

Pour bien comprendre *le temps* et *l'éternité*, il faut
182 considérer avec attention l'idée de *durée,* et la manière dont | nous l'obtenons. Il est évident, pour qui ne fait qu'observer ce qui se passe dans son esprit, que, tant qu'il est éveillé, il y a une suite d'idées qui se succèdent constamment dans son entendement. La *réflexion* sur l'apparition l'une après l'autre d'idées diverses dans notre esprit, c'est ce qui nous donne l'idée de *succession* ; et la distance entre tout élément de cette succession, ou entre deux idées quelconques apparaissant dans l'esprit, c'est ce que l'on appelle *durée*. En effet, tant que l'on pense ou que l'on reçoit successivement diverses idées dans l'esprit, on sait qu'on existe vraiment; et exister ou persévérer dans l'existence, c'est ce que l'on appelle *durer*, pour soi-même ou pour toute autre chose mesurée par une succession d'idées dans l'esprit et donc co-existant avec la pensée.

§ 4

Les notions de *succession et de durée* ont pour origine une réflexion sur la suite d'idées que l'on voit apparaître l'une après l'autre dans l'esprit; cela me paraît évident : on n'a en effet aucune perception de la *durée*, sauf si on considère la suite d'idées qui se succèdent dans l'entendement. Quand cette succession d'idées cesse, la perception de la durée cesse

avec elle; chacun l'expérimente en lui quand il dort profondément, que ce soit une heure ou un jour, un mois ou une année; il n'a aucune perception de cette durée des choses tant qu'il dort ou ne pense pas : elle est totalement perdue pour lui. Entre le moment où il arrête de penser et celui où il recommence, il lui semble ne pas y avoir de distance. Il en serait de même pour une personne éveillée, je n'en doute pas, s'il lui était possible de garder une seule idée à l'esprit, sans changement ni variation; quelqu'un qui fixe attentivement ses pensées sur une chose et remarque très peu la succession des idées qui passent en son esprit, laissera passer sans la remarquer une bonne partie de la durée : tant qu'il sera pris par cette contemplation stricte, il croira que le temps est plus court. Si le sommeil paraît unir des éléments disjoints de durée, c'est parce que pendant ce temps on n'a aucune succession d'idées dans l'esprit : si quelqu'un rêve pendant son sommeil et qu'une multitude d'idées se présentent l'une après l'autre à son esprit, il a, au contraire, pendant ce rêve, un sens de la *durée* et de sa longueur. Il est donc pour moi très clair que les gens dérivent leurs idées de durée de leur | *réflexion sur la* 183
suite d'idées dont ils observent la succession dans leur entendement; sans cette observation, ils ne peuvent avoir aucune notion de *durée*, quoiqu'il arrive dans le monde.

§ 5

L'idée de durée applicable aux choses pendant le sommeil

Certes, un homme qui, en réfléchissant sur la succession et le nombre de ses pensées, a acquis la notion ou l'idée de *durée*, peut appliquer cette notion aux choses qui existent tandis qu'il ne pense pas, tout comme celui qui, par la vue ou le toucher, a reçu des corps l'idée d'étendue, peut l'appliquer à des distances là où l'on ne voit ni ne sent aucun corps. Et donc, quelqu'un qui n'a pas perçu la durée écoulée pendant qu'il dormait ou ne pensait pas, peut néanmoins observer la révolution des jours et des nuits, voir que sa durée est en apparence régulière et constante, et par suite, évaluer la durée écoulée pendant son sommeil, en supposant que la révolution s'est déroulé comme d'habitude tandis qu'il dormait ou ne pensait pas. Mais si, au lieu de leur nuit normale de sommeil, *Adam* et *Ève* (quand ils étaient seuls au monde) avaient dormi pendant 24 heures d'affilée, la durée ces 24 heures aurait été irrémédiablement ignorée d'eux et pour toujours écartée de leur décompte du temps.

§ 6

L'idée de succession ne vient pas du mouvement

Donc, *en réfléchissant sur l'apparition de diverses idées l'une après l'autre dans l'entendement, on acquiert la notion de succession ;* si quelqu'un croit qu'on l'acquiert plutôt de l'observation par les sens du mouvement, il sera peut-être de mon avis quand il aura noté que le mouvement lui-même produit en son esprit une idée de succession du seul fait d'y produire une suite continue d'idées distinctes. En effet, un homme qui regarde un corps réellement bouger ne percevra pourtant le moindre mouvement que si ce mouvement produit une suite continue d'idées *successives* : par exemple, sur une mer sans vent, à distance des terres, par une belle journée, on peut regarder le soleil, la mer, ou le bateau pendant une heure et n'y percevoir aucun mouvement même s'il est certain que deux de ces corps et peut-être les trois ont beaucoup bougé pendant ce temps ; mais dès qu'il perçoit que l'un d'entre eux a
184 modifié ses distances par rapport à un autre corps, dès | que ce mouvement produit une nouvelle idée en lui, il perçoit qu'il y a eu mouvement. Mais prenez un homme, où qu'il soit, entouré de choses immobiles, et ne percevant absolument aucun mouvement : si pendant cette heure de repos il a pensé, il percevra en son esprit les diverses idées de ses propres pensées apparaissant l'une après l'autre, et découvrira par là une succession, là où il ne pouvait observer aucun mouvement.

§ 7

Telle est, à mon sens, la raison *pour laquelle des mouvements très lents,* quoique constants, *ne sont pas perçus*: dans leur déplacement d'un lieu sensible a l'autre, le changement de distance est si lent qu'il ne suscite aucune idée nouvelle en nous, sauf après un long moment; il ne produit pas une chaîne ininterrompue d'idées nouvelles qui se suivent immédiatement dans l'esprit; donc nous n'avons pas de perception du mouvement; puisque celui-ci consiste en une succession constante, nous ne pouvons percevoir cette succession sans qu'une succession constante d'idées diverses n'en provienne.

§ 8

Au contraire, *les choses qui se déplacent* si rapidement que les sens ne sont pas distinctement affectés par les diverses étapes de leur mouvement, et qui ne produisent ainsi aucune suite d'idées dans l'esprit *ne sont pas* non plus *perçues* en mouvement. Toute chose, en effet, qui se déplace en cercle en moins de temps qu'il n'en faut aux idées pour se succéder habituellement dans l'esprit n'est pas perçue en mouvement mais semble être un cercle parfait et entier de cette matière ou de cette couleur et non un élément d'un cercle en mouvement.

§ 9

La suite d'idées a une certaine vitesse

Qu'on juge après cela s'il n'est pas probable que, tant que l'on est éveillé, les idées se succèdent dans l'esprit, à peu près comme les images d'une « lanterne magique » que fait tourner la chaleur d'une bougie. Certes, leur apparition successive peut parfois être plus rapide et parfois plus lente, mais elle ne varie pourtant pas énormément chez un homme éveillé. Il semble y avoir *certaines limites à la rapidité et à la lenteur de la succession* des idées dans l'esprit, qu'elles ne peuvent outrepasser ni en un sens ni dans l'autre.

§ 10

Si je fais cette hypothèse étrange, c'est parce que j'observe que dans les impressions faites sur l'un des sens, on ne peut percevoir une succession que dans certaines limites ; si elle est excessivement rapide, on perd le sens de la succession, même
185 quand | il y a évidemment succession effective. Qu'un boulet de canon traverse une maison et arrache un membre ou un élément du corps d'un homme; il est aussi clair, que le serait une démonstration, que le boulet doit frapper successivement les deux côtés de la pièce; il est également évident qu'il doit frapper un partie du corps d'abord, puis l'autre, successivement. Et pourtant je crois que quelqu'un qui aurait ressenti la douleur de ce coup, ou entendu le choc sur les deux murs séparés, ne percevrait pas de succession dans la douleur et dans le son d'un coup si rapide. Cette portion de durée, où l'on ne perçoit aucune succession, c'est ce qu'on peut appeler *un instant*, et *qui occupe* dans l'esprit *le temps d'une seule idée*, avant qu'une autre ne lui succède, où donc on ne perçoit absolument aucune succession.

§ 11

C'est aussi ce qui arrive *quand le mouvement est* si *lent* qu'il ne fournit pas aux sens une suite renouvelée d'idée neuves, à une vitesse égale à la vitesse de réception dont l'esprit est capable; d'autres idées, de notre propre pensée, trouvent alors à s'insérer dans l'esprit, au milieu de celles que le corps en mouvement offre aux sens, ce qui fait qu'alors *le sens du mouvement est perdu ;* et, bien que le corps bouge effectivement, sa distance perçue par rapport à d'autres change moins vite que ne se succèdent naturellement les idées propres de l'esprit : le corps paraît alors au repos, comme des aiguilles d'horloge, l'ombre du cadran solaire et tout autre mouvement constant mais lent, où le changement de distance permet de percevoir par intervalles que le corps a bougé, alors que pourtant l'on ne perçoit pas le mouvement même.

§ 12

Cette suite d'idées est la mesure des autres successions

C'est pourquoi il me semble que *la succession constante et régulière des idées* d'un homme éveillé est, pour ainsi dire, *la mesure*, le modèle, *de toutes les autres successions*; et quand telle succession a une allure qui dépasse celle des idées, (comme lorsque deux sons, deux douleurs, etc., se succèdent à la vitesse d'une seule idée), ou inversement quand un mouvement ou une succession est si lent qu'il ne suit pas l'allure des idées dans l'esprit ou la rapidité avec laquelle elles se suivent (comme lorsqu'une ou plusieurs idées se présentent normalement à l'esprit, entre celles qu'offrent à la vue les différentes distances perceptibles d'un corps en mouvement, ou entre des sons, ou des odeurs | qui se suivent), là aussi, le **186**
sens de la succession continue se perd; on ne la perçoit qu'avec certains intervalles de repos.

§ 13

L'esprit ne peut se fixer longtemps sur une seule et même idée

S'il était vrai que les idées de l'esprit, tant qu'il y en a, changent constamment et disparaissent en une succession continuelle, il serait impossible, dira-t-on, qu'un homme pense longuement à la même chose. Si l'on entend par là qu'un homme garderait une seule et même idée à l'esprit pendant longtemps, sans aucun changement, je pense qu'effectivement, c'est impossible; et de ce fait, parce que j'ignore comment les idées de l'esprit sont formées, de quel matériau elles sont faites, d'où elles tirent leur lumière, comment elles viennent à paraître, je ne peux en donner d'autre raison que l'expérience: j'aimerais qu'on essaye de garder inchangée à l'esprit une seule et même idée, à l'exclusion de toute autre, pendant une période importante.

§ 14

Qu'on essaye en prenant une figure, une certaine luminosité ou une certaine blancheur, tout ce qu'on voudra; on verra, je crois, qu'il est difficile de préserver l'esprit de toute autre idée : au contraire, des idées d'une autre sorte, ou des aspects différents de cette idée (chaque aspect est un nouvelle idée), se succéderont constamment dans les pensées, quelles que soient les précautions.

§ 15

Tout ce que peut l'homme en ce cas, c'est prêter attention à la nature des idées successives de son entendement – ou plutôt de les classer – et de faire appel à celles dont il a le désir et le besoin. Mais empêcher la *succession constante* d'idées neuves n'est pas, je crois, en son pouvoir même s'il peut habituellement choisir s'il va les observer attentivement.

§ 16

Quelle que soit l'origine des idées, elles n'incluent aucun sens du mouvement

Quant à savoir si les diverses idées de l'esprit humain sont produites par certains mouvements, je n'en discuterai pas ici. Mais je suis au moins sûr que, lors de leur apparition, elles ne contiennent aucune idée de mouvement; et si l'homme ne la recevait pas par d'autres voies, je pense qu'il ne l'aurait absolument pas, ce qui me suffit pour mon propos actuel : cela montre assez que c'est de remarquer les idées de notre esprit qui s'y manifestent successivement que vient l'idée de succession et de durée; sans cela, on n'aurait aucune de ces idées. Ce *n'*est donc *pas le mouvement*, mais la suite constante
187 des idées dans l'esprit | éveillé *qui donne l'idée de durée ;* le mouvement n'en procure de perception qu'en produisant dans l'esprit une succession constante d'idées, je l'ai déjà montré. La suite des idées qui se succèdent dans l'esprit, sans aucune idée de mouvement, donne une idée de la succession et de la durée aussi claire que la suite des idées engendrées par le changement ininterrompu de distance entre deux corps, issu

du mouvement. Et on aurait donc aussi bien l'idée de durée, s'il n'y avait absolument aucun sens du mouvement.

§ 17

Le temps est la durée déterminée par des mesures

Après avoir ainsi acquis l'idée de durée, il est naturel que l'esprit cherche ensuite une mesure de cette *durée* commune qui lui permette de juger ses différentes longueurs et considérer l'ordre distinct où existent diverses choses; sans cela, une grande partie de la connaissance serait confuse, et une grande part de l'Histoire serait inutile. Cette considération de la durée déterminée par une périodicité et marquée selon des critères, ou époques, c'est le plus exactement, je crois, ce que l'on appelle le *temps*.

§ 18

Une bonne mesure du temps doit diviser toute sa durée en périodes égales

Quand on mesure l'étendue, rien d'autre n'est requis que l'application du modèle ou de la mesure qu'on utilise, à la chose dont on souhaite connaître l'étendue. Mais quand on mesure la durée, on ne peut procéder ainsi parce que deux éléments de succession ne peuvent être superposés pour se mesurer l'un l'autre. Et comme rien d'autre que la durée ne peut *mesurer la durée*, de même que rien d'autre que l'étendue ne peut mesurer l'étendue, on ne peut conserver aucune mesure de la durée, qui consiste en une succession toujours fuyante, alors qu'on le peut pour des longueurs étendues, comme le centimètre, le mètre ou le kilomètre, etc. conservés dans des morceaux permanents de matière. Aussi n'y-a-t-il rien qui puisse vraiment servir de mesure adaptée au temps, sauf ce qui a divisé toute la longueur de sa durée en parts apparemment égales par une périodicité constamment répétée. Et ces éléments de durée ne sont pas distingués ou considérés comme tels et mesurés par cette périodicité, et donc ils ne sont pas adéquatement rangés sous la notion de temps, comme on

l'entend dans des expressions telles que, par exemple, *avant*
188 *tout temps*, ou *quand le temps ne sera plus.*|

§ 19

Les révolutions du soleil et de la lune sont les mesures les plus adaptées du temps

Parce que les *révolutions* journalières et annuelles *du soleil* ont été, depuis le commencement de la nature, constantes, régulières et universellement observables de toute l'humanité et supposées égales entre elles, on les a *utilisées* avec raison *pour mesurer la durée.* Mais la distinction des jours et des années dépendant du mouvement du soleil, il s'est produit l'erreur suivante : on a cru que le mouvement et la durée étaient mesures l'un de l'autre. En effet, en *mesurant les longueurs de temps*, les gens se sont habitués aux idées de minutes, d'heures, de jours, de mois, d'années, etc., auxquels ils pensaient immédiatement dès qu'on parlait de temps ou de durée ; mais ces découpages du temps étaient mesurés par le mouvement des corps célestes ; aussi les gens avaient tendance à confondre temps et mouvement, ou au moins à penser que l'un et l'autre avaient une liaison nécessaire. Au contraire, n'importe quelle apparition constante et périodique ou n'importe quel changement d'idées, à une fréquence apparemment égale et pour peu qu'elle soit observable constamment et universellement, aurait aussi bien pu distinguer les intervalles de temps que les moyens utilisés. Supposez que le soleil, que certains prennent pour un feu, ait été allumé au même moment que celui où il apparaît maintenant chaque jour pour tel méridien, et qu'il disparaisse environ douze heures après ; supposez encore qu'au cours d'une révolution annuelle, il ait sensiblement augmenté en brillance et en chaleur puis décru à nouveau : de telles apparitions régulières ne serviraient-elles pas, pour tous ceux qui pourraient l'observer, à mesurer les durées, sans mouvement aussi bien qu'avec ? Car si ces apparitions étaient constantes, universellement observables et avec une périodicité identique, pour mesurer le temps, s'il n'y avait pas de mouvement, l'humanité se servirait aussi bien de ces apparitions.

§ 20

Ce n'est pas par leur mouvement, mais par leurs apparitions périodiques

Si l'eau gelait ou si une plante fleurissait dans tous les coins de la terre avec une périodicité identique, les gens s'en serviraient, aussi bien que les mouvements du soleil, pour compter les années ; et de fait, on voit des peuples d'*Amérique* compter leurs années d'après l'arrivée de certains oiseaux à certaines saisons, et leur départ à une autre. Car un accès de fièvre, un sentiment | de faim ou de soif, une odeur, un goût 189
ou toute autre idée, qui reviendraient toujours avec une périodicité équivalente [a]-et se feraient universellement connaître-[a], ne *manqueraient* pas de *mesurer* le cours de la succession et pour distinguer les longueurs de *temps*. Ainsi, voit-on des aveugles-nés compter suffisamment bien le temps par années, et pourtant ils ne peuvent distinguer leurs révolutions par des mouvements qu'ils ne perçoivent pas. Et est-ce qu'un aveugle, qui a distingué les années par la chaleur de l'été ou par le froid de l'hiver, par l'odeur d'une fleur printanière, ou la saveur d'un fruit de l'automne, n'aurait pas une meilleure mesure du temps que celle des Romains avant la réforme du *calendrier* par *Jules César*, meilleure aussi que celle de beaucoup d'autres peuples dont les années, malgré les mouvements du soleil dont ils prétendent se servir, sont très irrégulières. Et la difficulté de faire des chronologies est accrue parce qu'on a du mal à connaître la longueur exacte des années qui servaient aux décomptes de diverses nations (elles différaient beaucoup entre elles, et toutes différaient, oserai-je dire, par rapport au mouvement précis du soleil). Si le soleil, de la Création au Déluge, avançait constamment sur

a. Texte ajouté depuis la quatrième édition.

l'Équateur, et avait ainsi répandu également sa lumière et sa chaleur sur toutes les parties habitables de la terre, en des jours d'une longueur toujours égale, sans variations annuelles aux Tropiques, comme le suppose un récent auteur savant [1], je ne crois pas qu'on puisse imaginer facilement que (malgré le mouvement du soleil) les gens de l'époque anté-diluvienne aient compté par années depuis le début, ni mesuré leur temps grâce à une périodicité sans repères sensibles très évidents pour la discerner.

§ 21

On ne peut jamais savoir avec certitude si deux durées sont égales

Peut-être se demandera-t-on comment, sans mouvement régulier comme celui du soleil entre autres, on pourrait jamais savoir que de telles périodicités sont égales. Ma réponse est que toute égalité dans la manifestation d'événements répétés pourrait être connue comme on a connu, ou présumé, à l'origine, celle des jours : par le seul jugement à partir de la suite des idées qui sont passées dans l'esprit humain dans les intervalles ; [b]par cette suite d'idées, on découvre que les jours naturels sont inégaux, mais pas les jours artificiels ; aussi a-t-on estimé que les jours artificiels, ou Νυχθήμερα [2], étaient[-b] égaux, ce qui a suffi
190 pour les utiliser | comme mesures. Bien qu'une recherche plus exacte ait depuis découvert l'inégalité des révolutions diurnes du soleil, et que l'on ne sache pas si la révolution annuelle n'est pas tout aussi inégale, ces jours artificiels servent néanmoins, par leur égalité apparente et présumée, à compter le temps (même s'ils ne servent pas à mesurer exactement les parties de la durée), comme si on pouvait prouver qu'ils sont rigoureusement égaux.

b. Ajouté à partir de la deuxième édition, à la place du texte de la première édition : « …ainsi les a-t-on estimés… ».

1. Burnet, *Telluris Theoria Sacra*.

2. Durée d'une nuit et un jour (24 heures) ; expression utilisée par exemple par saint Paul : *2 Cor.* 11, 25.

On doit donc soigneusement distinguer entre la durée même et les mesures utilisées pour juger de sa longueur. La durée en elle-même doit être considérée comme suivant un cours constant, égal et uniforme ; mais on ne peut jamais savoir si aucune des mesures utilisées a ces qualités, ni être assuré que les parties ou périodes qu'on leur attribue ont des durées équivalentes entre elles ; car, quelle que soit leur mesure, on ne peut jamais démontrer que deux plages successives de durée sont égales. On a découvert, comme je l'ai dit, que le mouvement du soleil, utilisé si longtemps et avec tant d'assurance par le monde comme mesure exacte de la durée, était inégal en ses diverses parties. Certes, les hommes ont depuis peu utilisé le balancier comme mouvement plus fixe et régulier que celui du soleil ou (pour être plus exact) celui de la terre ; pourtant si l'on demandait à quelqu'un comment il sait avec certitude que les deux mouvements successifs du balancier sont égaux, il lui serait bien difficile de s'en assurer sans risque d'erreur : nous ne pouvons être sûrs que la cause du mouvement, inconnue de nous, agira toujours de façon égale, et nous sommes sûrs que le milieu dans lequel se déplace le pendule n'est pas constamment le même. La variation de l'un de ces deux facteurs peut modifier l'égalité de ces périodes et ainsi détruire la certitude et l'exactitude de la mesure par le mouvement ou par toute autre périodicité d'apparition ; la notion de durée demeurera pourtant claire, bien qu'aucune de nos mesures ne puisse être démontrée exacte. Puisque donc deux séries successives ne peuvent être juxtaposées, il est impossible de jamais connaître avec certitude leur égalité.

Tout ce que l'on peut faire pour avoir une mesure du temps, c'est prendre ce qui apparaît de façon répétée et continue, avec une périodicité apparemment équivalente ; et *de* cette *égalité apparente, on n'a pour mesure que* ce que *la suite de nos propres idées* nous a laissé dans la mémoire ; avec le concours d'autres raisons probables, elle nous persuade de leur égalité. | 191

§ 22

Une chose me paraît étrange : manifestement, tout le monde mesure le temps par le mouvement des grands corps visibles du monde, et pourtant il faudrait *définir le temps* comme *la mesure du mouvement* ; il est au contraire évident pour toute personne qui réfléchit tant soit peu, qu'il est nécessaire, pour mesurer le mouvement, de prendre en compte l'espace aussi bien que le temps ; et ceux qui iront encore un peu plus loin verront que, pour faire une estimation correcte de la mesure du mouvement, la masse de la chose mue doit nécessairement entrer aussi dans le calcul.

De fait, le mouvement ne sert à la mesure de la durée que pour autant qu'il produit le retour constant de certaines idées sensibles avec une périodicité apparemment fixe. Si le mouvement du soleil était aussi variable que celui d'un bateau poussé par des vents instables, parfois très faibles et parfois irrégulièrement violents, ou encore par des vents violents avec constance mais sans répétitions ni effets identiques, il ne nous aiderait absolument pas à mesurer le temps, pas plus que le mouvement en apparence inégal d'une comète.

§ 23

Minutes, heures, années ne sont pas nécessairement les mesures du temps

Les minutes, les heures, les jours et les années ne sont donc pas *plus nécessaires au temps* ou à la durée que les millimètres, les centimètres, les mètres et les kilomètres, tracés sur un matériau ne sont nécessaires à l'étendue. Certes, dans cette partie du monde, nous les avons constamment utilisées comme périodes déterminées par les révolutions du soleil ou comme éléments connus de ces périodes, et ainsi nous nous sommes ancrés dans l'esprit ces idées de mesures de durée, et nous les appliquons ensuite à toutes les périodes de temps dont nous voulons examiner la longueur ; pourtant, il peut y avoir d'autres coins de l'univers où l'on n'utilise pas plus nos mesures qu'on n'utilise au Japon nos millimètres, nos mètres, ou nos kilomètres.

Pourtant, il doit y avoir quelque chose d'analogue à ces mesures. Sans répétition périodique régulière en effet, nous ne pourrions mesurer pour nous-mêmes ni signifier à d'autres la longueur d'aucune durée, alors qu'il y aurait pourtant dans le monde autant de mouvement que maintenant, à ceci près qu'aucune de ses parties ne serait disposée en révolutions régulières et manifestement égales. Mais les diverses mesures que l'on peut utiliser pour compter le temps, n'altèrent nullement la notion de durée, qui est la chose à mesurer, pas plus que les différents modèles du | pied ou de la coudée n'altèrent la notion **192**
de l'étendue pour ceux qui emploient ces diverses mesures.

§ 24

Notre mesure du temps est applicable à la durée d'avant le temps

Une fois l'esprit doté d'une mesure du temps, comme la révolution annuelle du soleil, il peut appliquer cette mesure à une durée où cette mesure elle-même n'existait pas, et avec laquelle elle n'a, par elle-même, rien à voir. Car dire qu'*Abraham* est né en l'année 2 712 de l'ère julienne est aussi absurde que compter à partir du commencement du monde, alors qu'il n'y avait en ce temps là aucun mouvement du soleil, ni aucun autre mouvement. Car, bien que l'on suppose que l'ère julienne ait commencé plusieurs centaines d'années avant qu'il y ait des jours, des nuits ou des années marquées par des révolutions du soleil, on compte aussi bien, et donc on mesure les durées aussi bien, que si le soleil avait vraiment existé à ce moment et qu'il avait conservé son mouvement ordinaire jusqu'à maintenant. L'*idée de durée égale à une révolution annuelle du soleil s'applique* aussi facilement en pensée *à une durée où aucun soleil ni aucun mouvement n'existaient*, comme l'idée d'un centimètre ou d'un mètre empruntée aux corps d'ici-bas peut être appliquée en pensée à des distances au-delà des confins du monde, où n'existe absolument aucun corps.

§ 25

Supposons qu'il y ait 5 639 kilomètres, ou millions de kilomètres, depuis ici jusqu'au corps le plus éloigné de l'univers (il est fini, il doit donc être à une certaine distance), comme nous supposons qu'il y a 5 639 ans entre ce moment et la première existence de tout corps au début du monde : *nous appliquerions* alors en pensée *la mesure d'une année à la durée avant la Création*, ou au-delà de la durée des corps ou du mouvement, comme nous appliquerions cette mesure d'un kilomètre à l'espace au-delà des corps ultimes; et par l'un nous mesurerions la durée là où il n'y a pas de mouvement, aussi bien que par l'autre nous mesurerions l'espace en pensée, là où il n'y a pas de corps.

§ 26

Si l'on m'objectait maintenant que ma façon d'expliquer le temps présuppose ce qu'il ne faudrait pas (que le monde n'est ni éternel ni infini), je répondrais : pour mon propos actuel, il n'est pas nécessaire d'user ici d'arguments pour démontrer que le monde est fini en durée comme en étendue. Mais puisqu'il est au moins aussi facile de concevoir cela que
193 son contraire, j'ai certainement le | droit de le présupposer autant qu'un autre a le droit de présupposer le contraire. Et je suis sûr que *celui* qui s'y attachera pourra aisément *concevoir* en pensée *le commencement du mouvement, mais pas* de toute *durée ;* ainsi parviendra-t-il peut-être à un terme, à une limite, dans son étude du mouvement; ainsi de même, il peut en pensée fixer des limites au corps et à l'étendue qui lui appartient, mais il ne peut fixer de limites à l'espace où n'existe aucun corps, car les limites ultimes de l'espace et de la durée sont au-delà de toute saisie par la pensée, tout autant que les limites ultimes du nombre sont au-delà de la

compréhension la plus étendue de l'esprit, et tout cela pour la même raison, comme nous le verrons ailleurs [1].

§ 27

Éternité

Par les mêmes voies donc, et de la même source, sont reçues aussi bien l'idée de temps que l'idée de ce que l'on nomme *éternité* : on tire d'abord l'idée de succession et de durée de la réflexion de l'enchaînement des idées produites en soi par l'apparition naturelle d'idées se présentant d'elles-mêmes à une pensée éveillée, ou bien par les objets externes qui affectent successivement les sens ; on tire ensuite des révolutions du soleil l'idée de certaines longueurs de durée ; on peut alors ajouter en pensée ces longueurs de temps l'une à l'autre aussi souvent qu'on le souhaite, et appliquer cette addition à des durées passées ou à venir. Et l'on peut continuer ainsi à le faire, sans limite, continuer à l'infini à appliquer ainsi la durée du mouvement annuel du soleil à la durée supposée antérieure au mouvement du soleil ou de toute autre chose. Et ce n'est pas plus difficile ni plus absurde, que d'appliquer la notion que j'ai du mouvement de l'ombre, en une heure actuelle de cadran solaire, à la durée de quelque chose la nuit dernière, par exemple à la durée d'une bougie qui s'est consumée, actuellement dénuée de tout mouvement effectif. Et la coexistence de la durée de la flamme, une heure, la nuit dernière avec un mouvement présent ou futur, est aussi impossible que la coexistence d'une durée avant le commencement du monde avec le mouvement actuel du soleil. Et pourtant, avec l'idée de la longueur du mouvement de l'ombre sur un cadran entre deux divisions horaires, je peux néanmoins avoir une mesure aussi distincte de la durée en pensée de la flamme de bougie la nuit dernière, que de la durée de quoi que ce soit qui existe maintenant. Cela revient à penser | que si le soleil 194
avait alors éclairé le cadran et s'était déplacé à la même vitesse

1. Cf. 2.16.5.

que maintenant, l'ombre du cadran serait passée d'une division horaire à l'autre pendant que la flamme de la bougie brûlait.

§ 28

Les notions d'heure, de jour, d'année ne sont que les idées que j'ai de la longueur de certains mouvements périodiques réguliers; et ces mouvement n'ont pourtant jamais existé simultanément, si ce n'est dans mes idées, mémorisées à partir des sens ou de la réflexion; aussi puis-je, avec autant de facilité et pour la même raison, appliquer en pensée cette notion à une durée antérieure à tout mouvement (aussi bien qu'à toute chose qui ne précéderait que d'une minute ou d'un jour le mouvement qui est actuellement celui du soleil). Toutes les choses passées sont également en repos parfait, et sous cet aspect, elles sont identiques, qu'elles aient existé avant le commencement du monde ou hier seulement. Car *mesurer* une *durée* par un mouvement ne *dépend* aucunement *de* la coexistence effective de cette chose et de ce mouvement, ou de toute autre période d'une révolution, mais dépend de l'*idée claire* que l'on a *de la longueur d'un* mouvement périodique connu, ou d'autres intervalles de temps pensés, et dépend *de son application à la durée de la chose que l'on voudrait mesurer*.

§ 29

Ainsi, en voit-on certains imaginer que la durée du monde depuis le début jusqu'à notre année 1689 a été de 5 639 ans, ou égale à 5 639 révolutions annuelles du soleil; d'autres en comptent beaucoup plus : ainsi les *Égyptiens* anciens comptaient au temps d'*Alexandre* 23 000 ans depuis le règne du soleil, et les *Chinois*, actuellement, estiment l'âge du monde de 3 269 000 ans, ou plus. Cette durée plus longue du monde, que je crois fausse, je peux néanmoins l'imaginer comme eux, la comprendre aussi bien et dire que l'une est plus longue que l'autre, comme je comprends que la vie de *Mathusalem* était plus longue que celle *d'Énoch*. Et que le compte ordinaire de 5

639 ans soit vrai (il peut l'être autant qu'aucun autre), ne m'empêcherait pas du tout d'imaginer ce qu'entendent les autres quand ils vieillissent le monde de 1000 ans, puisque chacun peut imaginer avec la même facilité (je ne dis pas « croire ») que le monde a 50 000 ans aussi bien que 5 639, et peut aussi bien concevoir une durée de 50 000 ans que de 5 639. D'où il paraît que *pour mesurer la durée de quelque chose par le temps*, il n'est pas exigé que la chose | coexiste 195
avec le mouvement qui la mesure, ou avec toute autre révolution périodique ; *il suffit* pour cela *d'avoir l'idée de la longueur de quelque apparition périodique régulière*, que l'on puisse appliquer en pensée à une durée qui n'a jamais coexisté avec le mouvement ou l'apparition.

§ 30

Je puis, en effet, comme dans l'histoire de la Création fournie par *Moïse*, imaginer que la lumière a existé trois jours avant que le soleil ne soit (ou ne soit en mouvement), par la simple pensée que la durée de la lumière, avant que ne soit créé le soleil, aurait été égale à trois de ses révolutions quotidiennes (si son mouvement avait été identique à l'actuel) ; et de la même manière, je peux avoir une idée de la création du *chaos*, ou des anges, une minute, une heure, une année, ou mille ans avant que soit la lumière, ou tout mouvement continu. Car si je peux considérer seulement une *durée* égale à une minute, avant l'existence ou le mouvement de n'importe quel corps, je peux y ajouter encore une minute et arriver à soixante, et de la même façon en ajoutant minutes, heures ou années (c'est-à-dire telle partie de la révolution du soleil ou toute autre période dont j'ai l'idée), continuer à l'infini et supposer une durée dépassant toute période que je puisse comptabiliser, ajouter tant que je le veux ; c'est la notion que l'on a, je pense, de l'éternité : on n'a pas d'autre notion de son infinité, que nous n'en avons de l'infinité du nombre que l'on peut additionner pour toujours et sans fin.

§ 31

Il est ainsi évident que *des* deux sources de toute connaissance déjà mentionnées, *la sensation et la réflexion, on acquiert les idées de durée* et ses mesures.

Car, *premièrement,* en observant ce qui se passe dans son esprit, comment les idées s'y succèdent, certaines s'effaçant quand d'autres apparaissent, on obtient l'idée de *succession.*

Deuxièmement, en observant une distance entre les éléments de cette succession, on acquiert l'idée de *durée.*

Troisièmement, en observant par les sens certaines apparitions, à des périodes régulières semblant équidistantes, on acquiert l'idée de certaines longueur ou *mesures de durée* comme les minutes, les heures, les années, etc.

Quatrièmement, étant capable de répéter ces mesures de temps, ou idées de longueur établie de la durée dans l'esprit, aussi souvent qu'on veut, on peut arriver à *imaginer une durée*
196 *où rien ne dure ou | n'existe véritablement*. On imagine ainsi demain, l'année prochaine, ou sept ans plus tard.

Cinquièmement, étant capable de répéter en pensée les idées de n'importe quelle longueur de temps (minute, année, siècle) aussi souvent que l'on veut, de les additionner les unes aux autres, sans jamais arriver à la fin de cette addition, pas plus qu'on n'atteint la fin du nombre auquel on peut toujours ajouter, on obtient l'idée d'*éternité*, comme future durée éternelle de notre âme, aussi bien que l'éternité de cet être infini, qui doit nécessairement avoir toujours existé.

Sixièmement, en considérant n'importe quelle partie de la durée infinie, selon la disposition des mesures périodiques, on obtient l'idée de ce que l'on appelle *temps* en général.

CHAPITRE 15

LA DURÉE ET L'EXPANSION CONSIDÉRÉES ENSEMBLE

§ 1

Tous deux capables de plus et de moins

Dans les chapitres précédents, nous nous sommes déjà arrêtés assez longtemps sur l'étude de l'espace et de la durée ; néanmoins, ce sont des idées d'intérêt général, dont la nature a quelque chose de très complexe et de très singulier; aussi peut-il être sans doute utile pour en éclairer le sens de les comparer; en les considérant ensemble, on acquérra une conception plus claire et plus distincte.

Pour éviter toute confusion, je nommerai *expansion* la distance ou l'espace dans leur simple notion abstraite, pour les distinguer de l'*étendue* que certains utilisent pour désigner la distance en tant seulement qu'elle se trouve dans les éléments solides de la matière, ce qui inclut ainsi, ou au moins implique, l'idée de corps ; l'idée de pure distance, au contraire, ne l'inclut pas. Je préfère aussi le mot *expansion* à celui d'*espace* parce que *espace* est souvent appliqué à la distance d'éléments successifs instantanés qui n'existent jamais ensemble, aussi bien qu'à ceux qui sont permanents.

Dans l'*expansion* aussi bien que dans la *durée*, l'esprit a l'idée commune de longueurs continues, qui peuvent être plus ou moins grandes : un homme a une idée aussi claire de la différence de longueur entre une heure et un jour qu'entre un pouce et un pied.

§ 2

L'expansion n'est pas liée à la matière

Après avoir acquis l'idée de longueur de n'importe quelle part d'*expansion* (que ce soit un empan[1], un pas, ou tout ce
197 que vous voudrez), l'esprit peut, comme | on l'a dit[2], répéter cette idée; puis, en ajoutant celle-ci à la précédente, il peut *augmenter son idée de longueur*, la rendre égale à deux empans ou à deux pas, et ce aussi souvent qu'il veut, jusqu'à égaler la distance séparant deux à deux toutes parties de la terre, puis l'augmenter encore jusqu'à la distance du soleil ou de l'étoile la plus éloignée. Dans cette progression à partir du lieu où il se trouve ou de tout autre lieu, l'esprit peut continuer et outrepasser toutes les longueurs sans rien trouver qui arrête sa marche, que ce soit parmi les corps ou en dehors. Il est vrai que nous pouvons facilement dépasser en pensée l'étendue solide; nous n'avons aucune difficulté à parvenir à l'extrémité, aux limites, de tout corps; et une fois là, rien ne vient empêcher la progression dans cette expansion illimitée; là, on ne peut trouver ni concevoir aucun terme. Et qu'on ne dise pas qu'au-delà des limites du corporel, il n'y a rien du tout, sinon on confinera Dieu dans les limites de la matière. Salomon, dont l'entendement était plein de cette Sagesse qui ouvre l'esprit, semble être d'un autre avis quand il dit « Les Cieux et les Cieux des Cieux ne peuvent te contenir »[3] Mais je pense

1. Vieille mesure, correspondant à l'écart entre les extrémités du pouce et du petit doigt, main étendue.

2. Cf. 2.13.4.

3. 1 *Livre des Rois*, 8.27 ; 2 *Livre des Chroniques*, 2.6 et 6.18.

que c'est exagérer la capacité de son entendement que de croire qu'on peut étendre sa pensée au-delà de l'existence de Dieu, ou d'imaginer une expansion où il ne soit pas.

§ 3
Ni la durée au mouvement

Il en va exactement de même pour la durée. *Après avoir acquis l'idée de durée*, l'esprit peut la doubler, la multiplier, l'accroître, non seulement au-delà de sa propre existence, mais aussi au-delà de l'existence de tout être corporel, de toute mesure de temps (empruntée aux astres du monde et à leurs mouvements). Mais chacun admet aisément que, bien qu'on pense la durée illimitée (elle l'est certainement), on ne peut pourtant pas l'étendre au-delà de tout être. Dieu, chacun le reconnaît facilement, emplit l'éternité et on trouvera difficilement une raison de douter du fait qu'il remplit également l'immensité. Son être infini est certainement aussi illimité dans un cas que dans l'autre, et il me paraît que c'est accorder un peu trop à la matière que de dire que, là où il n'y a pas de corps, il n'y a rien.

§ 4
Pourquoi les gens admettent plus facilement la durée infinie que l'expansion infinie

Il est possible de découvrir ensuite la raison *pour laquelle chacun parle couramment et sans la moindre hésitation* d'éternité, pourquoi il en sous-entend l'existence, pourquoi il *attribue* sans arrière-pensée *l'infinité à la durée, alors que l'infinité de l'espace* est *acceptée* ou sous-entendue | souvent 198
avec *plus d'hésitation* et de réserve. La raison me paraît en être que durée et étendue sont utilisées comme des noms pour ce qui affecte d'autres êtres : on conçoit facilement en Dieu une durée infinie (il est même impossible de ne pas le faire), mais on ne lui attribue pas l'étendue, que l'on réserve à la matière qui est finie ; aussi a-t-on plus tendance à mettre en doute l'existence de l'étendue sans matière, étendue dont on fait un des attributs propres de la matière. Et donc, quand les gens

réfléchissent sur l'espace, ils risquent de s'arrêter aux limites du corps, comme si l'espace y atteignait aussi sa limite et ne s'étendait pas plus loin. Ou, si l'examen des idées mène plus loin, on nomme ce qui se trouve au-delà des limites de l'univers, un espace imaginaire, comme s'il n'y avait rien parce qu'il n'y a aucun corps existant en lui.

Au contraire, la durée, antérieure à tout corps et aux mouvements qui la mesurent, n'est jamais appelée imaginaire, parce qu'elle n'est jamais supposée vide d'une autre existence réelle. Si les noms des choses peuvent tant soit peu orienter les pensées vers l'origine des idées humaines (et j'ai tendance à croire qu'elles le peuvent considérablement), on peut estimer que, par le terme de *durée*, on pensait autrefois que persévérer dans l'existence avait quelque analogie avec une sorte de résistance aux forces destructrices et de permanence dans la solidité (on peut les confondre : si l'on considère les parties atomiques minuscules de la matière, elles diffèrent peu de la dureté) ; c'est ce qui produisit les mots, si proches, de *durare* [durer] et *durum esse* [être dur]. [a]-Cette application de *durer* aussi bien à l'idée de dureté qu'à celle d'existence se trouve chez *Horace, Epode 16* : « Ferro duravit sæcula[1] »-[a]. Mais quoi qu'il en soit, il est certain qu'en suivant ses propres pensées on verra qu'elles entraînent au-delà du monde des corps, dans l'infinité de l'espace ou de l'expansion, dont l'idée est différente et séparée des corps ; ce qui peut être pour ceux qui le souhaitent un sujet de méditations supplémentaires.

§ 5

Le temps est à la durée ce que le lieu est à l'expansion

Le *temps* en général est à la *durée* ce que le *lieu* est à l'*expansion* : ce sont des parts de l'océan infini de l'éternité et de l'immensité que l'on détermine et que l'on distingue du

a. Ajout à partir de la quatrième édition.

1. « Par le fer, ont duré (*ou* se sont endurci) les siècles ».

reste comme par des bornes ; on les utilise donc pour dénoter la position respective d'êtres réels finis, dans l'océan infini de la durée ou de l'espace. A les bien considérer, ce ne sont que les idées de | distances déterminées entre certains points 199
connus dans des choses sensibles, que l'on peut distinguer et dont on suppose qu'ils gardent la même distance. A partir de ces points dans des êtres sensibles, on calcule, on mesure des parts de ces quantités infinies que, sous cet aspect, on nomme *temps* et *lieu*. La durée et l'espace étant en eux-mêmes uniformes et illimités, sans ces points institués et connus, l'ordre et la position des choses y seraient insaisissables, et tout serait mêlé dans une confusion irréparable.

§ 6

Le temps et le lieu sont considérés comme des parties de la durée ou de l'étendue, déterminées par l'existence et le mouvement des corps

Ainsi, le *temps et le lieu* sont considérés comme des parties déterminées et distinguables des abîmes infinis que sont l'espace et la durée ; ces parties sont limitées ou supposées distinguées du reste par des marques et des limites connues ; temps et lieu ont chacun en ce sens une double acception :

D'abord, le *temps* en général, est couramment pris pour cette part de la durée infinie, qui coexiste avec ce qui lui sert de mesure : l'existence et le mouvement des grands astres de l'Univers, – pour autant que nous en sachions quelque chose. En ce sens, le temps commence et finit avec le structure de ce monde sensible, selon les expressions déjà citées[1] : *Avant le temps* ou *Quand il n'y aura plus de temps*. Le *lieu*, de la même manière, est parfois pris pour cette part d'espace infini comprise et enfermée dans le monde matériel ; il est ainsi distingué de tout le reste de l'expansion, mais pourrait être nommé plus exactement *étendue* que *lieu*. C'est à l'intérieur

1. Cf. 2. 4.25.

de ces deux instances que sont enfermés le temps ou la durée particuliers, l'étendue et le lieu particuliers de tous les êtres corporels; les parties observables de ces deux instances servent à les mesurer et à les déterminer.

§ 7
Ils sont parfois pris pour des parties pensées à partir de mesures prises de la masse et du mouvement des corps

Deuxièmement, le mot *temps* est parfois utilisé en un sens plus large : il est appliqué à des parties de la durée infinie distinguées et mesurées non par l'existence réelle et les mouvements périodiques des corps destinés depuis le début à servir de signes tant pour les saisons que pour les jours et les années [1], et qui sont par suite nos mesures de temps ; mais distinguées et mesurées par ces autres portions de durée infinie
200 et uniforme qu'en toute occasion nous supposons | égales à certaines longueurs du temps mesuré et que nous considérons ainsi comme déterminées par certaines bornes.

Si l'on supposait que la Création des Anges ou leur Chute a eu lieu au début de l'ère *julienne*, on parlerait assez correctement et on serait compris en disant que depuis la Création des Anges, il s'est écoulé 764 ans de plus que depuis la Création du monde : on voudrait ainsi noter la durée indistincte mais supposée égale à 764 révolutions annuelles du soleil à vitesse constante. Et de même, on parle parfois de lieu, de distance, de masse dans le *vide* immense d'au-delà les confins du monde, quand on considère l'espace égal à un corps de dimensions déterminées ou l'espace capable de recevoir ce corps, d'un centimètre-cube par exemple, ou qu'on suppose en lui un point à une distance donnée d'un élément de l'univers.

1. *Genèse*, 1.14.

§ 8

Temps et lieu appartiennent à tous les êtres

Quand et *où* sont des questions relatives à toute existence finie, et on les calcule toujours à partir de certains éléments du monde sensible et de certaines époques qui nous sont marquées par les mouvements observables. Sans ces éléments ou ces périodes définis, l'ordre des choses serait inaccessible à nos entendements finis, dans l'océan immobile et illimité de la durée et de l'expansion qui comprennent en eux tous les êtres finis et n'appartiennent, dans leur plus grande extension, qu'à Dieu. Il ne faut donc pas s'étonner de ne pas les comprendre et de ce que la pensée se perde quand on veut les considérer soit abstraitement en eux-mêmes, soit en tant qu'attribués d'une certaine manière au Premier Être Incompréhensible.

Mais quand on l'applique à un être fini particulier, l'étendue d'un corps est la quantité que découpe la masse de ce corps dans l'espace infini ; et le lieu est la position d'un corps quand on le considère à une certaine distance d'un autre. L'idée de *durée* particulière de quelque chose est une idée de cette part de la durée infinie, écoulée pendant l'existence de cette chose, de même que le temps *où* la chose a existé est l'idée de cet espace de durée écoulé entre telle période connue de durée et l'existence de cette chose. Les premiers manifestent la distance entre les points extrêmes de la masse ou de l'existence d'une seule et même chose (un *centimètre-carré*, ou *deux ans*); l'autre manifeste la distance de cette chose | en termes de lieu ou 201
d'existence, par rapport à d'autres points fixés de l'espace ou de la durée, (par exemple, au milieu de *Lincons-Inn-Fields* ou dans le premier degré du *taureau*, dans l'année du Seigneur 1671 ou l'an 1000 de l'ère *julienne*). Toutes ces distances sont mesurées par des idées préconçues de certaines longueurs d'espace et de durée, comme les centimètres, les mètres, les kilomètres, les degrés, et d'autre part, les minutes, les jours, les années, *etc.*

§ 9

Tous les éléments de l'étendue sont de l'étendue et tous les éléments de la durée sont de la durée

Sous un autre aspect encore, *espace et temps* ont une grande similitude : on les compte à juste titre parmi les idées *simples*, et pourtant aucune des idées distinctes de l'espace et
202 de la durée n'est indemne de *composition* [1] ; c'est leur nature |

1. Note ajoutée dans la cinquième édition : « On a objecté à monsieur Locke que si l'espace est constitué de parties, comme il le soutient ici, il n'aurait pas dû le compter au nombre des idées simples, parce que cela semble contradictoire avec ce qu'il dit ailleurs : une idée simple est exempte de composition et ne renferme en elle rien d'autre qu'un seul apparaître uniforme, qu'une seule conception dans l'esprit, elle ne saurait être distinguée en différentes idées » [2.2.1]. On objecte en outre que monsieur Locke n'a pas donné dans le deuxième chapitre du deuxième livre, où il commence à parler des *idées simples*, une définition exacte de ce qu'il entend par le mot *idées simples*. A ces difficultés, Mr Locke répond ainsi : [*précision de Coste dans la deuxième édition de sa traduction* : C'est Mr Barbeyrac, à présent professeur en Droit à Groningue, qui me communiqua ces objections dans une lettre que je fis voir à Mr Locke. Et voici la réponse que Mr Locke me dicta peu de jours après] : « Pour commencer par la dernière objection, Monsieur Locke déclare d'abord qu'il n'a pas traité son sujet dans un ordre parfaitement scolastique, n'ayant pas eu beaucoup de familiarité avec ces sortes de livres lorsqu'il a écrit le sien, et ne se souvenant plus du tout de la méthode de composition. Et ainsi les lecteurs ne doivent pas s'attendre à des définitions régulières placées en tête de chaque nouveau sujet. Monsieur Locke se contente d'employer ses principaux termes sur lesquels il raisonne de telle sorte que par son usage le lecteur puisse facilement comprendre ce qu'il signifie par eux. Mais en ce qui concerne le terme *idée simple*, il a eu la chance de le définir à l'endroit cité dans l'objection, et donc il n'y a pas de raison de réparer un défaut.

La question est donc de savoir si l'idée d'*étendue* s'accorde avec cette définition. Elle s'accordera effectivement, si on la comprend au sens que monsieur Locke a principalement en vue. La composition qu'il voulait exclure dans cette définition, c'était la composition d'idées différentes dans l'esprit, et non une composition de la même sorte dans une chose dont l'essence consiste à avoir des parties de la même sorte, là où l'on ne peut jamais parvenir à une partie entièrement exempte de cette composition. Et donc, si l'idée d'*étendue* consiste à avoir des *partes extra partes* [éléments

même, à toutes deux, d'être constituées de parties. Mais, parce que leurs parties sont tous de la même sorte, sans mélange d'aucune autre idée, ils n'en sont pas moins classés parmi les idées simples.

Si l'esprit pouvait atteindre, comme pour le nombre, une partie de l'étendue ou de la durée assez petite pour exclure la divisibilité, on aurait, pour ainsi dire, l'unité ou l'idée indivisible ; et en le répétant, il construirait ses idées plus vastes d'étendue et de durée. Mais, puisque l'esprit est incapable de construire l'idée d'un espace sans parties, il la remplace par les mesures ordinaires qui se sont, dans chaque pays, imprimées d'elles-mêmes par usage courant (comme pouces et pieds, ou

extérieurs les uns aux autres] (comme le dit l'École), c'est toujours, au sens de monsieur Locke, une *idée simple*, parce que l'idée d'avoir des *partes extra partes* ne peut être analysée en deux autres idées.

Pour le reste de l'objection faite à monsieur Locke en ce qui concerne la nature de l'étendue, Monsieur Locke en était conscient, comme on peut le voir en 2.15.9, où il dit que la plus petite portion d'espace ou d'étendue dont on ait une idée claire et distincte, peut sans doute être la plus adaptée au titre d'*idée simple* de cette sorte, dont sont constitués nos modes complexes d'espace et d'étendue. Aussi, selon monsieur Locke, on peut parfaitement l'appeler *idée singulière*, puisque c'est la plus petite idée d'espace que peut se former l'esprit et qui ne peut être divisée par l'esprit en idée plus petite dont il aurait en lui une perception déterminée. Il s'ensuit que c'est pour l'esprit une *idée simple*, ce qui suffit pour lever l'objection, car ce n'est pas le dessein de monsieur Locke à cet endroit de parler d'autre chose que des idées de l'esprit. Mais si la difficulté n'est pas pour autant levée, monsieur Locke n'a rien d'autre à ajouter que ceci : si l'idée d'étendue est si particulière qu'elle ne peut exactement s'accorder avec la définition qu'il a donnée des *idées simples*, au point de différer d'une certaine façon de toutes les autres du même genre, il pense qu'il vaut mieux la laisser exposée à cette difficulté que de fabriquer une nouvelle division en sa faveur. Il suffit à monsieur Locke qu'on puisse comprendre sa pensée. Il est très fréquent de voir des discours compréhensibles gâchés par trop de subtilités dans les divisions infimes. Il faut assortir les choses autant que possible *doctrinæ causa* [pour le bien de la théorie], mais après tout beaucoup de choses ne pourront pas être assemblées sous nos termes et nos façons de parler ».

coudées et parasanges [1], et de même pour la durée : secondes, minutes, heures, jours et années) ; l'esprit, dis-je, utilise de telles idées comme idées simples, parties d'idées plus vastes que l'esprit construit, si nécessaire, par addition des longueurs courantes qui lui sont familières. Par ailleurs, la mesure commune la plus petite que nous ayons pour l'espace et la durée, est considérée comme on considère l'unité dans le nombre, quand l'esprit veut les réduire par division en fractions plus petites ; néanmoins, quand l'idée considérée devient très grande ou très petite par addition ou division, sa masse précise devient très obscure et très confuse, et seul le nombre de ses additions ou de ses divisions répétées demeure clair et distinct ; chose aisée à voir pour celui qui laissera ses pensées se perdre dans la vaste expansion de l'espace ou la divisibilité de la matière.

Toute partie de la durée est aussi de la durée, et toute partie de l'étendue est de l'étendue, tous deux capables d'addition ou de division à l'infini. Mais sans doute vaut-il mieux considérer la plus petite partie de chacune dont on ait l'idée claire et distincte, comme l'idée simple de cette espèce ; à partir d'elle, nos modes complexes d'espace, d'étendue et de durée sont
203 constitués, et peuvent être, en retour, distinctement | analysés en elle. Cette petite partie de durée peut être appelée *moment* : c'est le temps d'une idée dans l'esprit, au cours de la succession qui s'y déroule habituellement. L'autre n'a pas de nom propre et je ne sais si j'ai le droit de l'appeler *un point sensible*, signifiant ainsi la plus petite particule de matière ou d'espace que nous puissions discerner, à peu près une minute normalement, et pour l'œil le plus vif rarement moins de trente secondes d'un cercle dont l'œil est le centre.

1. Ancienne mesure perse de distance.

§ 10

Leurs parties inséparables

L'étendue et la durée ont encore un autre point commun : bien qu'on les considère toutes deux comme dotées de parties, *leurs éléments ne* sont pourtant *pas séparables* les unes des autres, même en pensée ; et ceci bien que les parties des corps dont nous tirons les mesures de la première et les éléments du mouvement, ou plutôt la succession dans l'esprit, dont nous tirons la mesure de la seconde, puissent être isolées et séparées comme l'est souvent la première par le repos et la seconde par le sommeil (également appelée repos).

§ 11

La durée est comme une ligne, l'expansion comme un solide

Entre eux existe pourtant cette différence manifeste : les idées de longueur tirées de l'*expansion sont orientées en tous sens* et constituent ainsi la figure, la largeur, l'épaisseur ; mais *la durée n'est que ce que l'on pourrait appeler la longueur d'une ligne droite*, étendue à l'infini, inapte à la multiplicité, à la variation, ou à la figure, mais mesure commune de toute existence et que partagent toutes les choses qui existent : ce moment est commun à toutes choses qui existent actuellement, il inclut de la même façon cette part de leur existence, comme si elles étaient toutes une seule et même chose et il est vrai de dire qu'elles existent toutes en un même moment du temps.

Les anges et les Esprits ont-ils quelque analogie sur ce point dans l'ordre de l'expansion ? C'est au-delà de ma compréhension ; et peut-être, pour nous qui avons un entendement et une compréhension adaptés à notre propre préservation et aux fins de notre propre être mais non à la réalité et à la profondeur de tous les autres êtres, il est presque aussi difficile de concevoir l'idée une existence ou d'avoir l'idée d'un être réel totalement privé d'expansion, que d'avoir l'idée d'une existence réelle totalement privé de toute durée. Donc, le rapport des Esprits à l'espace, comment ils communiquent

en lui, nous l'ignorons. Tout ce que nous savons, c'est que les
204 corps en possèdent chacun leur propre part, en fonction de | l'extension de leurs éléments solides ; ils excluent ainsi tous les autres corps de la participation à cette portion particulière d'espace, tant qu'ils y demeurent.

§ 12

Deux éléments de durée n'existent jamais ensemble, ceux de l'expansion existent tous ensemble

La durée et le temps qui en est un élément, *est l'idée* que nous avons *de la distance évanescente dont deux éléments ne coexistent jamais*, mais se succèdent ; comme *l'expansion est l'idée d'une distance permanente dont tous les éléments existent ensemble* et ne peuvent se succéder. Donc, bien qu'on ne puisse concevoir une durée sans succession, ni associer en pensée un être qui existerait à la fois maintenant et demain, ou qui vivrait en même temps autre chose que le moment actuel de durée, on peut cependant concevoir la durée éternelle du Tout-Puissant, très différente de celle de l'homme ou d'un autre être fini. Parce que l'homme ne peut embrasser par la pensée ou son pouvoir toutes les choses passées et futures, ses pensées ne portent que sur la veille et il ignore de quoi demain sera fait [1]. Ce qui est passé, il ne peut jamais le faire revenir et ce qui est à venir il ne peut le rendre présent. Ce que je dis de l'homme, je le dis de tous les êtres finis, qui peuvent certes dépasser largement les hommes par leur connaissance et leur pouvoir mais ne valent pas plus que les créatures les plus faibles en comparaison de Dieu. Le fini, de quelqu'amplitude que ce soit, n'a aucune proportion avec l'infini. La durée infinie de Dieu est accompagnée d'une connaissance et d'un pouvoir infinis, aussi peut-il voir toutes choses passées et à venir, qui ne sont pas plus inaccessibles à sa connaissance, ni moins exposées à sa vue que le présent ; elles sont toutes sous

1. *Job*, 8.9 et *Proverbes* 27.1

la même vision. Et il n'y a rien qu'il ne puisse faire exister quand il le veut ; car l'existence de toutes choses dépend de son bon plaisir et toutes choses existent à tout moment où il estime bon de les faire exister.

[b-]Pour conclure : l'expansion et la durée s'incluent l'une l'autre puisque chaque élément de l'espace est en chaque moment de la durée et chaque moment de la durée en chaque moment de l'expansion. Une telle combinaison de deux idées distinctes ne se trouve guère, je crois, dans la diversité de ce que nous concevons ou que nous pouvons concevoir, et elle peut donner matière à des spéculations plus profondes[-b].| 205

b. Fin de paragraphe détachée par Coste en une section spéciale (§ 13), sous le titre *L'expansion et la durée sont enfermées l'une en l'autre.*

CHAPITRE 16

LE NOMBRE

§ 1

Le nombre . idée la plus simple et la plus universelle

Parmi toutes nos idées, aucune n'est suggérée par plus de voies à l'esprit et en même temps aucune n'est plus simple, que celle *d'unité* ou d'un. Il n'y a pas l'ombre d'une différence ou d'une composition en elle; tout objet dont s'occupent les sens, toute idée de l'entendement, toute pensée de l'esprit l'impliquent[1]. C'est donc l'idée la plus intime à nos pensées et c'est aussi, par sa concordance avec toutes les autres choses, la plus universelle que nous ayons : le nombre s'applique en effet aux hommes, aux anges, aux actions, aux pensées, à toute chose qui existe ou peut être imaginée.

§ 2

Ses modes, obtenus par addition

En répétant cette idée dans l'esprit et en ajoutant ces répétitions les unes aux autres, on obtient les *idées complexes de ses modes*. Ainsi, en additionnant un et un on obtient l'idée

1. Cf. 2.13.25 (correspond à la définition classique du transcendantal).

complexe d'un couple, en mettant ensemble douze unités on obtient l'idée complexe d'une douzaine ; et de même pour une vingtaine, un million ou tout autre nombre.

§ 3

Chaque mode est distinct

Les modes simples du nombre sont les plus distincts de tous les modes ; car la plus petite différence (l'unité) rend chaque combinaison clairement différente, aussi bien de celle qui en approche le plus que de celle qui en est la plus lointaine : *deux* est aussi distinct de *un* que *deux cents*, et l'idée de *deux* est aussi distincte de l'idée de *trois* que l'immensité de la terre l'est d'une mite. Il n'en va pas ainsi pour les autres modes simples, pour lesquels il n'est pas aussi facile, ni sans doute possible pour nous, de distinguer entre deux idées voisines, pourtant réellement différentes : qui tentera de trouver en effet une différence entre le blanc de cette feuille et la nuance de blanc qui lui est immédiatement voisine ? Ou qui pourra former des idées distinctes de chacune des plus petites différences d'étendue ?

§ 4

Les démonstrations numériques sont donc les plus précises

La clarté et la *distinction de chaque mode du nombre* à l'égard de tout autre, même ceux qui en sont les plus proches, m'autorise à penser que les démonstrations sur les nombres, si elles ne sont pas plus évidentes ni plus exactes que sur
206 l'étendue, sont pourtant d'utilité plus générale et | d'application plus précise. En effet, les idées de nombre sont plus précises et distinguables que celles d'étendue : l'égalité et la différence n'y sont pas aussi facilement observées ni mesurées ; et ceci parce que, en ce qui concerne l'espace, nos pensées ne peuvent arriver, comme en ce qui concerne l'unité, à une limite inférieure déterminée mais indépassable. Et donc la quantité ou le rapport de la plus petite différence possible ne peuvent être découverts, alors qu'il en va tout autrement avec

le nombre : comme on l'a dit [1], 91 est aussi distinct de 90 que de 900, bien que 91 soit immédiatement supérieur à 90 ; mais il n'en va pas de même pour l'étendue, où tout ce qui dépasse *juste un pied*, ou *juste un pouce*, n'est pas distinguable d'un pied ou un pouce exacts ; et une ligne qui parait égale à une autre peut être plus longue sans que l'on puisse en donner le nombre excédent. Personne également ne peut définir un angle qui dépassera, de la plus petite différence possible, un angle droit.

§ 5
Les noms, nécessaires aux nombres

En répétant, comme on l'a dit, l'idée d'unité et en la joignant à une autre unité, on en fait l'idée collective désignée par le nom *deux*. Et toute personne qui peut ainsi continuer, ajoutant *un* de plus à la dernière idée collective qu'il avait d'un nombre, et qui peut lui donner un nom, peut compter (ou avoir des idées pour diverses collections d'unités distinctes les unes des autres) aussi longtemps qu'il dispose pour les nombres suivants d'une série de noms et d'une mémoire pour retenir cette série avec ses noms divers : toute *numération* n'est en effet que l'addition répétée d'une unité et l'attribution à l'ensemble, comme inclus en une seule idée, d'un nom ou d'un signe nouveau ou différent qui permettent de le distinguer de ceux qui le précèdent ou le suivent, et de tout ensemble d'unités plus petit ou plus grand. De sorte que celui qui peut ajouter un à un, puis à deux, et continuer ainsi son calcul en conservant les noms propres à chaque étape, et qui peut inversement soustraire une unité de chaque ensemble pour le réduire, celui-là est capable de toutes les idées de nombre dans les limites de sa langue, là où il dispose de noms, même s'il ne peut sans doute pas la dépasser.

1. Cf. 2.15.3.

En effet, les divers modes simples de nombre ne sont dans l'esprit qu'autant de combinaisons d'unités qui ne varient pas et ne peuvent différer qu'en plus ou en moins ; de ce fait, les noms ou signes de chaque combinaison différente semblent
207 plus nécessaires que dans toute autre sorte d'idées.| Car, sans eux, on ne peut guère utiliser correctement les nombres pour compter, surtout quand la combinaison est constituée d'une profusion d'unités : assemblée sans nom ni signe pour distinguer cet ensemble précis, elle ne pourrait guère échapper à l'état d'ensemble confus.

§ 6

Les noms, nécessaires aux nombres

C'est, je crois, la raison pour laquelle des *[indiens] américains* à qui j'ai parlé (par ailleurs, assez vifs et intelligents) ne pouvaient absolument pas compter comme nous jusqu'à 1 000 ; il n'avaient aucune idée distincte de ce nombre, alors qu'ils pouvaient parfaitement compter jusqu'à 20. Leur langue est en effet pauvre, adaptée seulement aux rares nécessités d'une vie simple et fruste, ignorant le commerce et la mathématique et de ce fait dépourvue de mots pour représenter 1000 : si on leur parlait de ces grands nombres, ils montraient leurs cheveux pour exprimer une multitude qu'ils ne pouvaient dénombrer ; et je suppose que cette incapacité venait de l'absence de noms. Les *tououpinambos* n'avaient pas de noms pour les nombres au-dessus de 5 ; tout nombre supérieur était désigné par leurs doigts et les doigts des autres participants [α]. Et je suis sûr que nous pourrions, avec des mots, compter nous aussi distinctement bien au-delà de ce que nous faisons d'habitude, si nous trouvions seulement des noms adaptés pour les signifier ; au contraire, avec les mots actuellement utilisés (millions de

α. *Histoire d'un Voiage fait en la Terre du Bresil*, par Jean de Lery, chap. 20. 307 / 382 [cf. 1.3.9 et 1.4.6].

millions de millions, etc.)[1], il est difficile d'aller sans confusion au-delà de dix-huit, ou au mieux de vingt-quatre chiffres.

Pour montrer que les *nombres distincts permettent de bien compter* ou d'avoir des idées utiles de nombres, posons tous les chiffres suivants en une ligne continue, comme signes d'un seul nombre :

857. 324.	162. 486.	345. 896.	437. 916.	423. 147.
Nonilions	Octilions	Septilions	Sextilions	Quintilions
248. 106.	235. 421.	261. 734.	368. 149.	623. 137.
Quatrilions	Trilions	Bilions	Millions	Unités

La façon ordinaire de désigner ce nombre en anglais consistera à répéter millions, de millions, de millions, de millions, de millions, de millions, de millions, de millions (alors que million est la dénomination de la seule seconde série de six chiffres). Par ce procédé, il sera très difficile | 208
d'avoir des notions discriminantes de ce nombre. Mais est-ce que donner à chaque série de six chiffres une nouvelle dénomination méthodique ne permettrait pas de compter facilement et distinctement ces chiffres, et peut-être de bien

1. Coste ajoute ici une note : « Il faut entendre ceci par rapport aux anglais ; car il y a longtemps que les français connaissent les termes de *bilions*, de *trillions*, de *quatrillions*, etc. On trouve dans *la Nouvelle Méthode Latine*, dont la première édition parut en 1655, le mot de *bilions*, dans le Traité DES OBSERVATIONS PARTICULIERES, au chapitre second, intitulé *Des Nombres Romains*. Et le P. *Lamy* a inséré les mots de *bilions*, de *trillions*, de *quatrillions* etc. dans son Traité *de la Grandeur*, qui a été imprimé quelques années avant que cet Ouvrage de Mr Locke eût vu le jour. *Lorsqu'il y a plusieurs chiffres sur une même ligne*, dit le P. Lamy, *pour éviter la confusion, on les coupe de trois en trois par tranches, ou seulement on laisse un petit espace vide* ; *et chaque* tranche ou ternaire a son nom. Le premier ternaire *s'appelle unité* ; *le second, mille* ; *le troisième, millions* ; *le quatrième, milliards ou bilions* ; *le cinquième, trillions* ; *le sixième, quatrillions. – Quand on passe les quintillions*, dit-il, *cela s'appelle sextillions, septilions, ainsi de suite. Ce sont des mots que l'on invente, parce qu'on n'en a point d'autres*. Il ne prétend pas par là s'en attribuer l'invention, car ils avaient été inventés longtemps auparavant, comme je viens de le prouver.

plus grandes séries encore ? Est-ce que l'idée n'en serait pas à la fois plus facilement acquise, et plus clairement signifiée aux autres ? Je vous laisse y réfléchir ; je ne propose cela que pour montrer la nécessité de nombres distincts pour compter, sans prétendre imposer de nouveaux noms de mon invention.

§ 7

Pourquoi les enfants ne savent pas compter plus tôt

Ainsi, faute de noms pour désigner les diverses séries de nombres, ou faute d'avoir déjà la faculté de rassembler des idées éparpillées en idées complexes, de les ranger en ordre régulier, de les retenir ainsi dans leur mémoire (ce qui est nécessaire pour compter), les enfants commencent assez tard à compter ; ils ne vont pas très loin, manquent d'assurance et ne réussissent que longtemps après avoir emmagasiné un lot important d'autres idées ; souvent, on les voit discuter et fort bien raisonner, avoir des conceptions très claires d'autres choses, avant de pouvoir compter jusque 20. Et certains, faute d'une mémoire qui puisse retenir les diverses combinaisons de nombres et leurs noms liés à leur place, l'enchaînement d'une suite si longue de séries et leur relation les unes aux autres, ne sont de toute leur vie pas capables de compter ou de suivre méthodiquement la moindre série de nombres. Car compter jusque vingt ou en avoir une idée suppose que l'on sache que dix-neuf précède, avec son nom ou son signe déterminé en fonction de son ordre ; et en cas de défaut, se produit une coupure, la chaîne se rompt et le processus de comptage ne peut plus avancer.

Aussi, *pour compter correctement, il est nécessaire*

1 – que l'esprit distingue soigneusement deux idées qui ne diffèrent l'une de l'autre que par l'addition ou la soustraction d'une unité.

2 – qu'il conserve en mémoire les noms ou les signes des diverses combinaisons depuis l'unité jusqu'à ce nombre, et

cela sans confusion ni désordre, mais dans l'ordre exact où les nombres se suivent.

S'il se trompe dans l'un des deux, tout le travail de comptage sera perturbé, il ne restera que l'idée confuse de multitude, et les idées nécessaires à une numération distincte ne seront pas acquises. | 209

§ 8

Le nombre mesure tous les mesurables

A propos du nombre, on peut encore observer que l'esprit en fait usage pour *mesurer toute chose* mesurable, principalement l'*expansion* et la *durée*. Et même quand on applique l'idée d'infini à ces idées, ce n'est rien d'autre apparemment, que l'infinité du nombre. Que sont en effet nos idées d'éternité et d'immensité, sinon l'addition répétée de certaines idées d'éléments imaginaires de durée et d'expansion, avec l'infinité du nombre, dont l'addition est sans fin ? Chacun le voit, en effet : de toutes nos autres idées, c'est le nombre qui fournit le plus clairement ce fonds inépuisable.

Si l'on obtient par addition un nombre (aussi grand qu'on le veuille), la capacité d'ajouter encore quelque chose n'est aucunement réduite et ce multiple, aussi considérable soit-il, n'approche pas du terme de ce stock inépuisable de nombres : il reste autant à ajouter, que si on ne s'en était pas approché. Et cette *addition* (ou, si vous préférez le mot, cette *addibilité*) sans fin des nombres, si manifeste à l'esprit, est, je crois, ce qui nous donne l'idée la plus claire et la plus distincte de l'infinité. Mais le chapitre suivant développe ce sujet.

Chapitre 17

L'INFINI

§ 1

L'infini est attribué, en sa signification première, à l'espace, à la durée et au nombre

Pour savoir à quelle sorte d'idée l'on donne le nom d'*infini*, on ne peut mieux faire qu'observer ce à quoi l'esprit attribue immédiatement l'infini et ensuite comment l'esprit vient à le construire.

À mon avis, *fini* et *infini* doivent être considérés par l'esprit comme *modes de la quantité* et attribués en première instance aux seules choses qui ont des parties et sont capables de plus et de moins, par addition ou soustraction de la plus petite partie; telles sont les idées d'espace, de durée et de nombre, étudiées dans les chapitres précédents[1]. | 210

On ne peut, c'est vrai, qu'être sûr de l'incompréhensible infinité de Dieu, à qui et de qui sont toutes choses; pourtant, quand nous appliquons au suprême être premier notre idée d'infini, nous le faisons prioritairement, en notre pensée faible et limitée, en raison de sa durée et de son ubiquité; puis nous

1. Cf. 2.29.16.

le faisons de façon plus figurée, je crois, en raison de son pouvoir, de sa sagesse, de sa bonté et de ses autres attributs, qui sont au sens propre inépuisables et incompréhensibles, etc ; car, quand on dit que ces attributs sont infinis, on n'a de cette infinité que l'idée : elle implique que l'on pense au nombre et à l'étendue des actes ou des objets du pouvoir, de la sagesse et de la bonté de Dieu ; et même si en pensée l'on multipliait ces actes et objets par l'infinité inépuisable des nombres, jusqu'aux limites du possible, on ne parviendrait jamais à les supposer assez grands ni assez nombreux pour ne pas être toujours dépassés par ces attributs mêmes [1].

Je ne prétends pas dire comment ces attributs sont en Dieu, lui qui dépasse infiniment la saisie de nos étroites capacités (en eux-mêmes sans doute, ils contiennent toute la perfection possible), mais telle est, je crois, notre façon de les concevoir, et telles sont nos idées de l'infini.

§ 2

On acquiert facilement l'idée d'infini

Puisque donc l'infini et le fini sont considérés par l'esprit comme des modalités de l'expansion et de la durée, il faut étudier maintenant *comment l'esprit les obtient*. Pour ce qui est de l'idée de fini, il n'y a pas grande difficulté : les parties manifestes de l'étendue qui affectent nos sens induisent dans l'esprit l'idée de fini et les périodes habituelles de la succession qui nous servent à mesurer le temps et la durée (comme les heures, les jours et les années) sont des longueurs limitées. La difficulté réside dans la façon dont nous acquérons les idées illimitées d'*éternité* et d'*immensité* puisque les objets qui nous sont familiers sont bien loin d'avoir affinité ou rapport à cette grandeur.

1. Cf. 4.10 ; 2.23.33-35.

§ 3

Comment nous acquérons l'idée d'infini

Celui qui a une idée d'une longueur déterminée de l'espace (un mètre, par exemple) découvre qu'il peut répéter cette idée, la joindre à la précédente et produire ainsi l'idée de deux mètres ; puis, par l'addition d'une troisième, trois mètres ; et ainsi de suite, sans jamais parvenir au terme de ses additions (que ce soit avec la même idée de mètre, ou, si cela lui plaît, avec son double ou quelque longueur que ce soit : un kilomètre, un | diamètre de 211
la terre ou de la grande orbe). Quelle que soit en effet la longueur choisie, le nombre des doublements, ou autres multiplications, il découvre qu'après avoir poursuivi ce doublement en pensée et étendu son idée autant qu'il le veut, il n'a plus de raison de s'arrêter, il n'est en rien plus proche de la fin de cette addition qu'au démarrage : parce que son pouvoir d'accroître son idée d'espace par de nouvelles additions demeure toujours égal, il en tire *l'idée d'espace infini*.

§ 4

Notre idée d'espace est sans limite

Tel est à mon sens le processus par lequel l'esprit acquiert l'idée *d'espace infini ;* mais étudier si l'esprit a l'idée de *l'existence effective d'un tel espace sans limite* est une question tout à fait différente puisque nos idées ne sont pas toujours preuves de l'existence des choses.

Pourtant, puisque la question se présente, je pense pouvoir dire que nous avons tendance à penser l'espace comme effectivement illimité en lui-même ; et l'idée d'espace ou d'étendue conduit naturellement d'elle-même à l'imaginer ainsi. Car, qu'on la considère comme l'étendue d'un corps, ou comme existant par elle-même sans le soutien d'une matière solide (de cet espace vide, nous avons non seulement l'idée mais aussi, je crois l'avoir prouvé à partir du mouvement du corps [1],

1. Cf. 2.13.22.

l'existence nécessaire), il est impossible que l'esprit soit jamais capable de lui trouver ou de lui supposer une fin ; il est impossible que l'esprit s'arrête où que ce soit quand il progresse dans cet espace, quelle que soit l'étendue de ses pensées. Une limite corporelle (fût-ce un mur de diamants), loin d'arrêter l'esprit dans sa progression spatiale, facilite plutôt son travail et accroît ses capacités : jusqu'aux limites du corps, l'étendue existe, personne ne peut en douter ; mais quand on parvient à l'extrême limite du corps, qu'y a-t-il là qui puisse arrêter et convaincre l'esprit qu'il est à la fin de l'espace, quand il perçoit qu'il n'y est pas et quand en plus il est persuadé que le corps lui même peut se mouvoir dans cet espace.

En effet, s'il est nécessaire pour le mouvement du corps qu'il y ait un espace vide, fût-ce le plus petit possible, au milieu des corps ; et s'il est possible que le corps se meuve dans cet espace vide ou le traverse, alors il est même impossible qu'une particule de matière se meuve ailleurs que dans un espace vide et la possibilité analogue d'un corps en mouvement dans un espace vide, au-delà des limites extrêmes du
212 corps (aussi bien que dans un espace vide entremêlé parmi | les corps) demeurera toujours claire et évidente : l'idée d'un pur espace vide (à l'intérieur ou au-delà des confins de tous les corps) est en effet exactement la même, elle ne diffère pas en nature, même si elle diffère en masse, et rien n'empêche le corps de se mouvoir dans ce vide.

Aussi, quel que soit l'endroit où l'esprit se place par la pensée, que ce soit parmi les corps ou à l'écart, il ne peut trouver, dans cette idée uniforme d'espace, aucune limite ; il doit nécessairement en conclure, par la nature et l'idée même de chacune de ses parties, qu'il est réellement infini.

§ 5

De même pour la durée

Par le pouvoir en nous de répéter l'idée d'espace aussi souvent que nous le voulons, nous acquérons l'idée d'immensité, et de même par la capacité de répéter l'idée de telle durée que nous avons dans l'esprit, nous obtenons l'idée d'*éternité*. Car nous découvrons en nous que nous ne pouvons pas plus mettre un terme à la répétition de ces idées, que nous ne pouvons arriver au terme des nombres – ce que chacun ressent comme impossible. Mais, ici encore, c'est une question toute différente d'avoir une idée d'éternité et de savoir s'il existe *un être réel* dont la durée soit *éternelle*. A ce sujet, je prétends que celui qui considère quelque chose existant présentement doit nécessairement parvenir à quelque chose d'éternel. Mais j'en ai parlé ailleurs [1], aussi je n'en dirai pas plus ici et je poursuivrai par quelques considérations sur notre idée d'infini.

§ 6

Pourquoi les autres idées ne se prêtent pas à l'infini

S'il est vrai que notre idée d'infini s'acquiert par le pouvoir, observé en nous, de répéter sans fin nos idées, on peut se demander : *pourquoi n'attribuons-nous pas l'infini à d'autres idées aussi bien qu'à celles d'espace et de durée ?* On peut les répéter dans l'esprit aussi facilement et aussi souvent que les autres et pourtant personne ne pense jamais à une douceur infinie, à une blancheur infinie, alors qu'il peut répéter l'idée de doux et de blanc aussi souvent que celle de mètre ou de jour.

Ma réponse est la suivante : toutes les idées considérées comme composées de parties et capables d'augmentation par addition de parties égales ou plus petites fournissent l'idée d'infini, car, par cette répétition sans fin, il y a une croissance continue qui ne peut avoir de terme. Mais il n'en va pas de

1. Cf. 2.14.31

même avec les autres idées, car l'ajout de la plus petite partie qui soit à la plus vaste idée d'étendue ou de durée que j'aie actuellement, produit un accroissement; mais si j'ajoute, à
213 l'idée la plus parfaite de blanc le plus blanc, une autre | idée d'une blancheur moindre ou égale (je ne peux ajouter l'idée d'un blanc plus blanc que celui dont j'ai l'idée) cela n'engendre aucun accroissement, et n'étend pas du tout mon idée; pour cette raison, les différentes idées de blancheur, etc. sont appelées "degrés".

En effet, les idées qui sont constituées de parties se prêtent à l'augmentation par addition de la plus petite partie qui soit; mais si vous prenez l'idée de blanc fournie hier à l'esprit par un flocon de neige, et une autre idée de blanc d'un autre flocon de neige vu aujourd'hui, et si vous les assemblez en votre esprit, elles se réunissent pour ainsi dire, et l'idée de blanc ne s'accroît pas du tout. Et si l'on ajoute un plus petit degré de blancheur à un plus grand, loin de l'accroître on le diminue. Les idées qui ne sont pas constituées de parties ne peuvent s'accroître autant qu'il plaît aux gens, ni se réduire au-delà de ce qu'ils ont reçu par les sens. Mais l'espace, la durée et le nombre, qui peuvent s'accroître par répétition, laissent à l'esprit l'idée de place illimitée pour un nouvel accroissement. Et l'on ne peut concevoir nulle part de quoi empêcher une nouvelle addition, une nouvelle progression. Aussi, seules ces idées conduisent-elles l'esprit à l'idée d'infini.

§ 7

Différence entre l'infinité de l'espace et l'espace infini

Notre idée d'infini vient de l'observation d'une quantité et de l'accroissement quantitatif illimité que peut produire l'esprit en répétant librement l'addition de parties de cette quantité; néanmoins, je crois que nous engendrons de la confusion dans la pensée quand nous adjoignons l'infini à n'importe quelle idée prétendue de quantité que l'esprit est censé avoir, et que nous discutons ou raisonnons sur une

quantité infinie (par exemple un espace infini ou une durée infinie). Notre *idée de l'infini* est en effet, à mon sens, une *idée qui croît sans cesse* alors que l'idée qu'a l'esprit de n'importe quelle quantité se limite à cette idée (aussi grande que l'esprit la veuille, elle ne peut être plus grande qu'elle n'est); et donc lui adjoindre l'infini, c'est mesurer une masse en croissance par du fixe. Je crois donc que ce n'est pas faire preuve de subtilité inutile que de dire qu'il faut soigneusement distinguer l'idée de l'infinité de l'espace et l'idée d'espace infini. La première n'est autre qu'une progression prétendument sans limite de l'esprit à partir de n'importe quelles idées répétées d'espace; mais avoir effectivement dans l'esprit l'idée d'espace infini, c'est supposer que l'esprit a déjà parcouru toute la répétition des idées d'espace, qu'il en a une
vision réelle (alors qu'une | répétition sans fin ne parvient 214
jamais à la représenter entièrement à l'esprit), ce qui constitue une contradiction manifeste.

§ 8

On n'a aucune idée de l'espace infini

Ce sera peut être plus clair si on l'applique aux nombres. Alors que chacun sait que l'addition des nombres n'approchera jamais de sa fin, l'infinité des nombres apparaît pourtant facilement à toute personne qui réfléchit. Mais quelle que soit la clarté de cette idée de l'infinité du nombre, rien n'est plus évident que l'absurdité de l'idée effective d'un nombre infini. Quelle que soit l'idée positive d'un espace, d'une durée, d'un nombre (aussi grands soient-ils), cette idée demeure finie; et quand on suppose un reliquat inépuisable auquel on enlève toute limite, où l'esprit peut se permettre une progression interminable sans jamais achever l'idée, on a l'idée d'infini; elle semble très claire tant qu'on n'y voit rien de plus que la négation d'un terme, mais si l'on construit dans l'esprit l'idée d'un espace ou d'une durée infinis, cette idée est très obscure et confuse, car elle est constituée de deux parties très différentes, voire contradictoires.

Que quelqu'un en effet construise en son esprit une idée d'un espace ou d'un nombre, aussi grands qu'il le souhaite. Il est évident que l'esprit s'en tient à cette idée, ce qui est contradictoire avec l'idée *d'infini* qui *consiste en* une *prétendue progression sans fin*. C'est pour cette raison, je pense, que l'on est si facilement perdu quand on commence à raisonner ou à argumenter sur l'espace infini, la durée infinie, etc. En effet, on ne perçoit pas que les éléments d'une telle idée sont incohérents, et donc l'un ou l'autre des aspects est toujours problématique, quelles que soient les conséquences que l'on tire de l'autre : une idée de mouvement sans déplacement rendrait perplexe n'importe qui raisonnerait à partir de là ; l'idée n'est pas meilleure que celle d'un mouvement en repos. Un autre exemple : l'idée d'un espace, ou (ce qui est la même chose) d'un nombre, infinis – c'est-à-dire d'un nombre ou d'un espace que l'esprit a effectivement, qu'il voit et qu'il a pour ultime objet – et l'idée d'un espace ou d'un nombre qu'on ne peut jamais atteindre en pensée malgré un accroissement, une progression, constants et illimités. Car quelle que soit la grandeur de l'idée d'espace que j'aie dans l'esprit, elle n'est pas plus grande que ce qu'elle est au moment où je l'ai, bien que je sois capable à l'instant suivant de la doubler,
215 et ainsi de suite à l'infini. Car cela seul est infini qui n'a | aucune limite et cela seul est idée d'infini, ce en quoi nos pensées n'en peuvent trouver aucune.

§ 9

Le nombre nous offre l'idée la plus claire de l'infini

Mais parmi toutes les idées, c'est comme je l'ai dit[1] le *nombre* qui nous offre l'idée de l'infini la plus claire et la plus distincte dont nous soyons capables. Car, même pour l'espace

1. Cf. 2.17.8.

et la durée, quand l'esprit vise l'idée d'infini, il y fait usage d'idées réitérées de nombres (comme de millions de millions de mètres, ou d'années) qui constituent autant d'idées distinctes, préservées au mieux par le nombre d'une confusion où l'esprit se perd. Et quand l'esprit a additionné autant de millions (etc.) de longueurs d'espace ou de durée déjà connues, qu'il lui plaît, l'idée la plus claire qu'il puisse avoir de l'infini, c'est ce reste confus et incompréhensible de nombres indéfiniment additionnables, qui n'offre aucune perspective de limite ou de terme.

§ 10

Nos conceptions différentes de l'infinité pour le nombre, la durée et l'étendue

Pour éclaircir un peu plus notre idée d'*infini*, et découvrir qu'elle *n'est que l'infinité du nombre appliquée à des éléments déterminés* dont nous avons à l'esprit les idées distinctes, il faut sans doute remarquer qu'habituellement nous ne pensons pas le nombre comme infini, tandis que la durée et l'étendue s'y prêtent. Et cela vient de ce qu'avec le nombre, nous sommes, pour ainsi dire, à un bout : dans le nombre il n'y a rien d'inférieur à l'unité, aussi nous arrêtons-nous là, à un bout ; pourtant, l'addition, ou l'accroissement du nombre ne peuvent recevoir de limites : aussi est-elle comme une ligne dont nous tiendrions un bout et dont l'autre se continuerait au-delà de tout ce que nous pouvons concevoir.

Pour l'espace et la durée, il en va autrement. Car nous regardons la durée comme si des deux côtés cette ligne de nombre s'étendait à une distance inconcevable, indéterminée et infinie. C'est évident pour celui qui se contente de réfléchir à la façon dont il considère l'éternité : il verra, je pense, que ce n'est autre chose qu'étendre des deux côtés l'infinité du nombre, *a parte ante* et *a parte post* [1], comme ils disent. Car

1. Latin : *vers l'avant, en amont* et *vers l'arrière, en aval* expressions scolastiques.

quand nous considérons l'éternité *a parte ante*, que faisons nous, si ce n'est commencer à nous-mêmes et au moment où nous sommes, pour répéter en esprit les idées d'années et de siècles, ou toute autre portion assignable de durée passée, avec l'intention de continuer une telle addition selon toute l'infi-
216 nité du nombre ? Et quand nous voulons considérer | l'éternité *a parte post*, exactement de la même manière, nous commençons par nous-mêmes, et nous comptons par périodes multipliées à venir, accroissant toujours cette ligne de nombres, comme avant. Et ces deux actes assemblés constituent cette durée infinie que nous nommons *éternité*. Et, que nous nous tournions vers l'avant ou vers l'arrière, elle apparaît infinie parce que nous reportons de ce côté la limite infinie du nombre, c'est-à-dire le pouvoir d'ajouter plus encore.

§ 11[a]

Il en va de même avec l'espace : nous nous concevons, pour ainsi dire, au centre et nous poursuivons en fait de tous côtés ces lignes interminables de nombre, et calculant de tous côtés à partir de nous, un mètre, un kilomètre, un diamètre de la terre ou un grand Orbe, nous en ajoutons aussi souvent que nous le voulons d'autres à ceux-ci, grâce à l'infinité du nombre. Et n'ayant pas plus de raison de poser des limites à cette répétition d'idées que nous n'en avons de mettre des limites au nombre, nous obtenons cette idée indéterminable *d'immensité*.

§ 12

La divisibilité infinie

Et puisqu'en aucune masse de matière l'esprit ne peut jamais parvenir à la *divisibilité* ultime, il existe aussi une infinité apparente pour nous en ce qui possède également

a. Coste ajoute en français un titre spécifique au § 11 : « *Comment nous concevons l'infinité de l'espace* ».

l'infinité du nombre, mais à la différence que dans le premier cas, en considérant l'infinité de l'espace et de la durée, nous n'utilisons que l'addition de nombre ; alors que ce cas ressemble à la division de l'unité en ses fractions où l'esprit peut aussi continuer à l'infini, tout comme dans les additions précédentes. Il ne s'agit toujours en effet, que de l'addition de nouveaux nombres, mais dans l'addition du premier cas on ne peut pas plus avoir l'idée positive d'un espace infiniment grand que, dans la division du second cas, on ne peut avoir l'idée d'un corps infiniment petit. Notre idée d'infini est en effet une idée en croissance, fugitive, toujours en progrès illimité, qui ne peut s'arrêter nulle part[1].

§ 13
Pas d'idée positive de l'infini

Il serait difficile, je crois, de trouver quelqu'un assez insensé pour dire qu'il a l'idée positive d'un nombre infini effectif : cette infinité réside uniquement dans le pouvoir de toujours ajouter toute combinaison d'unités à n'importe quel nombre antérieur, et ceci aussi longtemps et autant de fois qu'on le veut ; et il en va de même avec l'infinité de l'espace et de la durée, où ce pouvoir laisse toujours à l'esprit de quoi faire sans limites des additions.

Il y en a pourtant qui estiment avoir des idées *positives* de durée et d'espace *infinis*[2]. Pour détruire toute idée positive de
l'infini de ce genre, il suffirait, je pense |, de demander à celui 217
qui l'a s'il peut y ajouter ou non quelque chose ; cela manifesterait aisément l'erreur d'une telle idée positive. Nous ne pouvons, je pense, avoir aucune idée positive d'un espace ou d'une durée, qui ne soit constituée et mesurée par une

1. Cf. 2.29.16.

2. Cf., par exemple, Henry More, Lettre à Descartes du 5 mars 1649, in *Œuvres de Descartes*, éd. Adam et Tannery, V ; voir également Locke, *Examen de la "Vision en Dieu" de Malebranche*, § 45.

répétition d'un nombre de centimètres, de mètres, de jours, d'année – mesures communes dont nous avons l'idée dans l'esprit grâce à laquelle nous jugeons de la grandeur de ces sortes de quantités. Et donc, puisqu'une idée d'espace ou de durée infinis doit être constituée nécessairement d'éléments infinis, elle ne peut avoir d'autre infinité que celle du nombre toujours capable d'additions ultérieures, mais pas l'idée positive réelle d'un nombre infini. Il est en effet évident, je pense, que l'addition de choses finies (telles que les longueurs dont nous avons des idées positives) ne peut jamais produire l'idée d'infini autrement que ne le fait le nombre : il consiste en additions les unes aux autres d'unités finies ; il suggère donc l'idée d'infini par le seul pouvoir, que nous nous découvrons avoir, d'augmenter toujours le total et d'ajouter quelque chose encore du même genre sans approcher d'un iota la fin de cette progression.

§ 14

Ceux qui tiennent à prouver que leur idée *de l'infini est positive* le font, à mon sens, à l'aide d'un argument étonnant, portant sur la négation d'une limite : la limite est négative, donc sa négation est positive.

Celui qui considère que la limite n'est dans un corps que l'extrémité ou la surface de ce corps, ne sera sans doute pas enclin à soutenir que la limite est purement négative ; et celui qui perçoit que la limite de sa plume est blanche ou noire aura tendance à penser que la limite est plus qu'une simple négation. Et si on l'applique à la durée, la limite n'est pas non plus la simple négation de l'existence : elle est plus exactement son dernier moment. Si l'on tient pourtant à ce que la limite ne soit que la négation de l'existence, je suis sûr qu'on ne peut refuser que le commencement soit le premier instant de l'être ; personne ne le conçoit comme pure négation ; et selon leur propre argument, il résulte que l'idée d'*a parte ante*, ou de durée sans commencement, n'est qu'une idée négative.

§ 15

Ce qui est positif et négatif dans notre idée d'infini

Par tout ce qu'on lui attribue je le concède, l'idée d'infini a quelque chose de positif : si l'on pense à l'espace ou à la durée infinis, on commence d'habitude par se faire une idée très vaste comme, par exemple, celle de millions de siècles ou de kilomètres, que l'on double ou multiplie éventuellement plusieurs fois; tout ce que l'on collecte ainsi en pensée est positif : l'assemblage d'un grand nombre | d'idées positives 218
d'espace et de durée.

Mais le surplus qui s'ajoute à cela, on n'en a pas plus de notion distincte positive que n'en a de la profondeur de la mer le marin qui a lancé sa sonde sans atteindre le fond : il sait alors que la profondeur est d'un certaine nombre de brasses, plus quelque chose; mais, ce quelque chose en plus, il n'en a absolument aucune notion distincte. S'il pouvait ajouter toujours de nouvelles longueurs à sa sonde et sentir toujours le plomb descendre sans jamais s'arrêter, il serait à peu près dans la situation de l'esprit qui cherche à atteindre une idée complète et positive de l'infini. Et dans ce cas, que sa ligne soit de dix ou de dix mille brasses, elle manifeste de la même manière ce qui est au-delà d'elle; elle ne donne que cette idée relative confuse : ce n'est pas tout et on peut encore aller plus loin.

Cette quantité d'espace que l'esprit appréhende, il en a une idée positive; mais tandis qu'il essaie de la rendre infinie, elle s'étend et s'accroît toujours et l'idée demeure imparfaite et incomplète. Cette quantité d'espace que l'esprit saisit dans son observation de la taille est dans l'entendement une représentation claire et positive, mais l'infini est plus grand encore. D'où

1. *L'idée de « cette quantité » est positive* et claire;

2. *L'idée de « plus grand » est également une idée claire, mais elle* n'est que *de comparaison ;*

3. *L'idée de « tellement grand qu'on ne peut le comprendre » est manifestement négative* et non positive.

Car celui qui n'a pas d'idée complète des dimensions d'une étendue n'a aucune idée claire et positive de sa taille (alors que c'est ce que l'on cherche dans l'idée d'infini); pour ce qui est infini, personne n'y prétend je crois. Car dire qu'un homme a une idée claire positive d'une quantité sans savoir quelle en est la grandeur, est aussi raisonnable que dire « celui qui a une idée claire positive du nombre de grains de sable sur la plage, c'est celui qui sait, non pas combien il peut y en avoir, mais seulement qu'il y en a plus que vingt »; et il a une idée tout aussi parfaite et positive de l'espace ou de la durée infinis, celui qui dit qu'elle est plus grande que l'étendue ou la durée de dix, cent, mille (ou n'importe quelle quantité) kilomètres ou années, dont il a (ou peut avoir) une idée positive; et c'est là toute l'idée, je pense, que l'on peut avoir de l'infini.

Et donc tout ce qui dépasse l'idée positive sur la voie de l'infini gît dans l'obscurité et possède l'indétermination confuse d'une idée négative dont je sais ne comprendre et ne pouvoir comprendre tout ce que je voudrais : c'est trop vaste
219 pour une capacité finie et limitée. Et si la plus grande partie de | ce que je voudrais comprendre est rejeté sous la désignation imprécise *c'est encore plus grand*, cela ne peut être que très éloigné d'une idée positive complète. Car dire que dans une certaine quantité on a mesuré ou parcouru telle portion et que pourtant on n'est toujours pas arrivé à son terme, c'est dire seulement que cette quantité est plus grande. Aussi, nier la limite d'une quantité, c'est seulement dire en d'autres termes qu'elle est plus grande; et la négation totale d'une limite se réduit au fait de garder pour soi la possibilité d'appliquer ce *plus grand* lors des multiples progressions opérées en pensées, et d'ajouter cette idée de *toujours plus grand* à toutes les idées de quantité réelles ou supposées. Et quant à savoir si une telle idée est positive, je laisse à chacun le soin d'y réfléchir.

§ 16

Nous n'avons aucune idée positive d'une durée infinie

Je demande à ceux qui disent avoir une idée *positive de l'éternité* : leur idée de durée inclut-elle ou non une succession ? Si elle n'en inclut pas[1], ils leur revient de montrer la différence entre leur notion de durée appliquée à un être éternel et cette notion appliquée à un être fini. D'autres, en effet, reconnaîtront peut-être avec moi la faiblesse de leur entendement sur ce point, et avoueront que leur notion de la durée les contraint à concevoir que tout ce qui a durée a plus d'ancienneté aujourd'hui qu'hier. Si, pour protéger l'existence éternelle de toute succession, ils recourent au *punctum stans* des scolastiques[2], ils n'arrangeront pratiquement pas la situation à mon sens ; ils ne nous fourniront pas une idée plus claire et positive de la durée infinie, car rien n'est plus inconcevable selon moi que la durée sans succession. En outre, si ce *punctum stans* signifie quelque chose, comme il ne peut être un *quantum* fini ou infini, il ne peut appartenir à la durée infinie. Et si nos faibles capacités ne peuvent séparer la succession de toute durée, notre idée d'éternité ne peut être qu'une succession infinie de moments de durée, en qui tout existe. Et si quelqu'un a, ou peut avoir, une idée positive d'un nombre infini réel, je le laisse évaluer quand son nombre infini sera si grand qu'il ne peut plus rien lui ajouter ; et aussi longtemps qu'il peut l'accroître, je crois qu'il estimera son idée un peu trop limitée pour un infini positif.

§ 17

Je pense que toute créature rationnelle réfléchie, | qui se 220
contentera d'analyser sa propre existence ou celle d'autrui, ne pourra manquer d'avoir la notion d'un être sage et éternel qui

1. Cf. Par exemple, Malebranche, *Entretiens sur la Métaphysique et la Religion*, VIII, IV

2. Cf. Thomas d'Aquin, *Somme Théologique*, 1.42.2.4.

n'a pas de commencement ; cette idée de durée infinie, je suis sûr de l'avoir. Mais cette *négation d'un commencement* n'est que la négation d'une chose positive, et elle ne me *donne guère d'idée positive de l'infini* ; et quand je tente de pousser mes pensées jusque là, je reconnais être perdu et découvrir que je ne peux parvenir à en avoir une saisie claire.

§ 18

Aucune idée positive de l'espace infini

Celui qui pense avoir une idée positive de l'espace infini découvrira, quand il l'étudiera, qu'il *ne* peut *pas* plus avoir d'idée *positive* de l'*espace* le plus grand qu'il n'en a *du plus petit*. Car si cette dernière semble la plus facile des deux, la plus à la portée de notre esprit, nous ne pouvons avoir qu'une idée comparative de la petitesse : ce sera toujours *moins que ce dont on a une idée positive.* Toute nos idées positives de quantité, grandes ou petites, ont toujours des limites, alors que nos idées comparatives, qui permettent toujours d'ajouter à l'une et de retirer à l'autre, n'ont pas de limites ; car ce qui reste, qu'il soit grand ou petit, n'est pas inclus dans l'idée positive que nous avons, et demeure donc obscur ; nous n'en avons pas d'autre idée que celle du pouvoir d'accroître l'une et de diminuer l'autre, sans cesse.

Un pilon ou un mortier portera toute particule de matière à l'indivisibilité aussi rapidement que la pensée la plus perspicace du mathématicien ; un arpenteur peut avec sa chaîne mesurer l'*espace* infini aussi rapidement qu'un philosophe peut l'atteindre ou le saisir par la pensée, avec la plus grande vivacité – ce qui revient à en avoir une idée positive ; celui qui pense à un cube d'un centimètre de diamètre en a une idée claire et positive à l'esprit, et peut en construire une de la moitié, du quart ou du huitième, et ainsi de suite jusqu'à ce qu'il ait en pensée l'idée de quelque chose de très petit. Pourtant, il n'atteint pas l'idée de cette petitesse incompréhensible, que peut produire la division. Il est aussi loin en ses pensées de ce reste de petitesse que lorsqu'il a commencé, et donc il ne parvient absolument jamais à avoir une idée claire et positive de cette petitesse, effet d'une divisibilité infinie.

§ 19

Ce qui est positif, ce qui est négatif dans notre idée d'infini

Quiconque cherche à voir l'infini se fait d'abord, comme je l'ai dit[1], une idée très vaste de ce à quoi il attribue l'infinité, | 221
que ce soit l'espace ou la durée, et se fatigue éventuellement à multiplier en esprit cette première idée vaste ; pourtant, il n'est pas, de ce fait, près d'une idée *positive claire* de ce qui reste, qui lui permette de construire un infini positif, pas plus que le paysan n'en avait de l'eau qui devait encore passer dans le lit la rivière où il attendait :

> Le paysan attend que le fleuve passe, mais celui-ci
> S'écoule et s'écoulera dans les siècles qui passent[α].

§ 20

Certains pensent avoir une idée positive de l'éternité et pas de l'espace

J'ai rencontré des gens qui voient tellement de différence entre la durée infinie et l'espace infini qu'ils sont persuadés avoir une *idée positive de l'éternité, mais ne pas avoir* d'idée *de l'espace infini* (ni être capable d'en avoir). La raison de cette erreur est à mon sens celle-ci : par un sérieux examen des causes et des effets, ils découvrent qu'il est nécessaire d'admettre une Être éternel, et par suite de considérer l'existence réelle de cet être comme le support et le correspondant de leur idée d'éternité. D'autre part, ils ne trouvent pas nécessaire, mais au contraire manifestement absurde, que le corps soit infini, et ils concluent donc hardiment qu'ils ne peuvent avoir

α. Horace, *Épîtres,* livre I, épître 2, versets 42-43 [« Rusticus expectat dum transeat amnis, at ille / Labitur, et labetur in omne volubilis aevum »].

1. Cf. ci-dessus § 3-5.

aucune idée de l'espace infini parce qu'ils ne peuvent avoir aucune idée de la matière infinie.

Conséquence que je crois très mal construite, parce que l'existence de la matière n'est aucunement nécessaire à l'existence de l'espace, pas plus que l'existence du mouvement ou du soleil n'est nécessaire à la durée, même si la durée est habituellement mesurée par eux. Et je ne doute pas qu'on puisse avoir l'idée de dix kilomètres carré sans qu'il y ait un corps aussi grand, aussi bien que l'idée de dix mille ans sans qu'il y ait un corps aussi vieux. Il me semble aussi facile d'avoir l'idée d'un espace vide de corps que de penser à la capacité d'un boisseau sans blé ou l'intérieur d'une noix sans cerneaux ; car il n'est pas plus nécessaire qu'il existe un corps solide infiniment étendu, sous prétexte que nous avons une idée de l'infinité de l'espace, qu'il n'est nécessaire que le monde soit éternel sous prétexte que nous avons une idée de la durée infinie.

Et pourquoi devrions nous penser que notre idée de l'espace infini exige le support de l'existence réelle de la
222 matière[1], | alors que nous voyons que nous avons une idée aussi claire de la durée infinie à venir que de la durée passée (et pourtant personne, je suppose, ne pense qu'on puisse concevoir une chose existant ou ayant existé au cours de cette durée future) ? Et il n'est pas possible de lier notre idée de durée future à l'existence présente ou passée, pas plus qu'il n'est possible de faire que les idées de hier, d'aujourd'hui et de demain soient les mêmes ou de rassembler les siècles passés et futurs pour les rendre contemporains.

Ces gens estiment avoir des idées plus claires de la durée infinie que de l'espace infini, parce qu'il est hors de doute que Dieu a existé de toute éternité, et parce qu'il n'y a aucune matière réelle co-étendue avec l'espace infini ; mais au

1. Cf. par exemple, Henry More, Lettre à Descartes du 5 mars 1649, *in Œuvres de Descartes*, éd. Adam et Tannery, V, p. 305.

contraire, il faut accorder aux philosophes qui sont d'opinion que l'espace infini appartient à l'omnipotence infinie de DIEU comme la durée infinie à son existence éternelle, qu'ils ont une idée aussi claire de l'espace infini que de la durée infinie[1]; pourtant, dans aucun des deux cas, personne n'a d'idée *positive de l'infini*. Quelle que soit en effet l'idée positive de quantité qu'un homme ait à l'esprit, il peut la répéter et l'ajouter à la précédente aussi facilement qu'il peut assembler les idées de deux jours ou de deux pas, etc., idées positives de longueurs qu'il a dans l'esprit, et ce aussi longtemps qu'il lui plaît; donc, si un homme avait une idée positive de l'infini, que ce soit de durée ou d'espace, il pourrait assembler deux infinis, voire rendre un infini infiniment plus grand que l'autre, absurdités trop énormes pour mériter réfutation.

§ 21

Les prétendues idées positives d'infini, cause d'erreur

Pourtant, si après tout cela des gens restent persuadés qu'ils ont des idées complètes, positives et claires de l'infinité, il est bien qu'ils jouissent de leur privilège. Et je serais très heureux (avec certains autres que je connais et qui avouent ne pas avoir ces idées) qu'ils me communiquent leur information. Car jusqu'ici j'ai eu tendance à penser que les *difficultés inextricables* considérables où s'empêtrent constamment tous les exposés *sur l'infini* (que ce soit sur l'espace, la durée, la divisibilité) ont sûrement été les *marques d'un défaut de nos idées de l'infini* et de la disproportion entre elles et la portée de nos faibles capacités. Car les gens parlent et discutent de l'espace ou de la durée infinis, comme s'ils avaient des idées positives et complètes de ces infinis autant que des noms
qu'ils utilisent à leur place ou encore du *mètre*, de l'heure ou | 223
de toute autre quantité déterminée; ils ne faut donc pas s'étonner si la nature incompréhensible de ce dont ils

1. Cf. Henry More, *Ibid.*

discutent ou de ce sur quoi ils raisonnent, les conduit à des difficultés et à des contradictions ; il ne faut pas s'étonner si leur esprit est débordé par un objet trop grand et trop puissant pour qu'ils le contemplent et le dominent.

§ 22

Toutes ces idées viennent de la sensation et de la réflexion

Je me suis arrêté assez longuement à l'analyse de la durée, de l'espace et du nombre, et sur ce qui surgit de leur étude, l'infini, mais je ne l'ai sans doute pas fait plus que ne l'exige la question : peu de modes d'idées simples donnent à la pensée humaine plus de travail que ceux-ci. Je ne prétends pas en traiter dans toute leur extension : il suffit pour mon dessein de montrer comment l'esprit les reçoit tels quels de la sensation et de la réflexion, comment l'idée même d'infini, aussi éloignée qu'elle semble de tout objet des sens ou de toute opération de l'esprit, a néanmoins, comme toutes nos autres idées, son origine ici. Des mathématiciens familiers des hautes spéculations auront peut-être d'autres voies pour introduire en leur esprit les idées d'infini ; mais cela n'empêche pas que, comme les autres hommes, ils ont acquis de la sensation et de la réflexion leurs premières idées de l'infini, selon la méthode présentée ici.

CHAPITRE 18

LES AUTRES MODES SIMPLES

§ 1

Les modes du mouvement

Au cours des chapitres précédents, j'ai montré comment, à partir des idées simples reçues de la sensation, l'esprit en vient à s'élever jusqu'à l'infini même ; certes l'infini peut sembler plus éloigné que tout de la perception sensible et pourtant il n'y a en dernière instance rien en lui qui ne soit fait d'idées simples reçues dans l'esprit par les sens, puis assemblées là par la faculté qu'a l'esprit de répéter ses propres idées.

Bien que ceci puisse suffire comme exemple de mode simple des idées simples de sensation, pour montrer comment l'esprit les acquiert je vais, par souci de méthode | mais 224
brièvement, en présenter quelques autres, avant de passer à des idées plus complexes.

§ 2

Glisser, *rouler*, *pirouetter*, *marcher*, *ramper*, *courir*, *danser*, *sauter*, *gambader*, et beaucoup d'autres que l'on pourrait nommer : dès la première audition de ces mots, tous ceux qui comprennent le français ont aussitôt à l'esprit des idées distinctes, qui ne sont que diverses modalités du mouvement. Les modes du mouvement répondent à ceux de l'étendue : *rapide* et *lent* sont deux idées différentes de mouvement, mesurées par les distances de temps et d'espace réunies ; ce sont donc des idées complexes comprenant le temps et l'espace avec le mouvement.

§ 3

Les modes des sons

On a la même diversité pour les sons. Tout mot articulé est une *modalité* différente *du son*, ce qui manifeste que, par le sens de l'ouïe et grâce à ces modalités, l'esprit peut avoir diverses idées, une infinité presque. Les sons également, outre les divers cris des oiseaux et des bêtes, ont pour modes des notes multiples de diverses longueurs que l'on assemble, ce qui produit l'idée complexe nommée *air* : à savoir ce qu'un musicien peut avoir à l'esprit quand il n'entend ni ne produit absolument aucun son, du seul fait qu'il réfléchit sur les idées de ces sons ordonnées ainsi dans son imagination.

§ 4

Les modes des couleurs

Les modes de couleur sont également très variés. On en remarque certains, comme les différents degrés ou, selon l'expression, les différentes *nuances de la même couleur*. Mais, puisqu'on assemble rarement des couleurs par besoin ou pour le plaisir sans que la figure y ait aussi sa part, comme dans la peinture, le tissage, la broderie, etc., celles que l'on remarque sont le plus ordinairement de la classe des modes mixtes, puisqu'elles sont faites d'idées de diverses sortes, la figure et la couleur, comme la *beauté*, l'*arc-en-ciel*, etc.

§ 5

Les modes du goût

Tous les goûts et toutes les odeurs composés sont aussi des modes constitués d'idées simples de ces sens. Mais ils sont tels qu'on n'a pas ordinairement de noms pour eux ; aussi les remarque-t-on moins et ne peut-on les mettre par écrit ; il faut donc les abandonner sans énumération aux pensées et à l'expérience du lecteur.

§ 6

On peut faire une remarque générale : bien que les *modes simples considérés seulement comme degrés de la même idée simple* soient, pour la plupart, en eux-mêmes des idées très distinctes, ils n'*ont* | *d'ordinaire aucun nom distinct* et on ne 225
les remarque guère comme des idées distinctes quand leur différence n'est que très minime. A-t-on oublié ces modes, ne leur a-t-on donné aucun nom parce que l'on n'avait aucun critère pour les distinguer minutieusement, ou parce que faire la distinction ne servait ni généralement ni nécessairement, je laisse d'autres y réfléchir ; il suffit à mon dessein de montrer que toutes nos idées simples ne parviennent à l'esprit que par la sensation et la réflexion et que, quand l'esprit les a reçues, il peut les répéter et les composer de façons diverses, constituant ainsi des idées complexes nouvelles. Mais bien que rouge, blanc, sucré, etc. n'aient pas reçu de modalités ou n'aient pas été constitués en idées complexes par des combinaisons diverses que leurs procureraient un nom ou un classement dans une espèce, certaines autres idées simples (celles d'unité, de durée, de mouvement, etc. illustrées ci-dessus, ainsi que celles de puissance et de pensée) ont reçu de telles modalités, d'où une grande variété d'idées complexes, avec les noms qui leur appartiennent.

§ 7

Pourquoi certains modes ont des noms et d'autres pas

La raison en a été, je suppose, la suivante : la grande préoccupation des hommes porte sur leurs relations réciproques, ce qui a rendu indispensables la connaissance des hommes et de leurs actions, ainsi que le fait d'en parler les uns avec les autres ; on a donc construit des idées de ces actions avec de minutieuses modalités, on a donné à ces idées complexes des noms qui permettent une mémorisation des plus aisées, des discussions sans grands ambages ni circonlocutions sur ces questions familières, et une compréhension plus facile et plus rapide des questions sur lesquelles on échange continuellement des informations.

Qu'il en soit ainsi, et qu'en formant diverses idées complexes, en leur donnant un nom, l'homme ait été fortement guidé par la finalité générale du langage (qui est un moyen très bref et rapide de se transmettre les uns aux autres ses pensées), c'est évident par les noms découverts dans les différentes techniques et appliqués à diverses idées complexes de modalités d'actions, liées à divers métiers, pour donner commandements ou affirmations à leur sujet. Ces idées ne sont pas habituellement formées dans l'esprit des gens qui ne sont pas au fait de ces actions ; d'où vient que les mots qui en tiennent lieu ne sont pas compris de ceux qui parlent la même langue. Ainsi *cendreux, forage, filtrage, cohobation*, sont des mots qui tiennent lieu de
226 certaines idées complexes | rarement connues, sauf du petit nombre qui les utilisent à tout moment pour leur travail ; d'où vient qu'en général ces noms ne sont pas compris, sauf par les forgerons et les chimistes qui ont formé les idées complexes que ces mots représentent, qui leur ont donné des noms (ou les ont reçus d'autres) et pour cette raison conçoivent ces idées en leur esprit dès qu'ils entendent le nom. Ainsi par *cohobation*, ils conçoivent toutes les idées simples de : *distiller, verser la liqueur distillée à partir de quelque chose sur la matière qui reste puis la distiller de nouveau.*

On voit ainsi qu'il existe une grande diversité d'idées simples de goûts et d'odeurs qui n'ont pas de nom, et encore plus pour les modes. Ou bien ils n'ont pas été en général assez observés, ou bien il n'est pas très utile de les remarquer dans les affaires et les rapports humains : on ne leur a pas donné de noms et ils ne sont pas pris pour des espèces. On y reviendra plus longuement quand on abordera la question des noms [1].

1. Cf. 3.5.11.

Chapitre 19

LES MODES DE LA PENSÉE

§ 1

Sensation, souvenir, contemplation, etc.

Quand l'esprit tourne son regard vers l'intérieur, sur lui-même, et considère ses propres actions, *penser* est la première action qui se présente. [a-]L'esprit y découvre une grande diversité de modalités et en reçoit des idées distinctes. Ainsi, la perception [1-a], réellement jointe et liée à toute impression que font les objets extérieurs sur le corps, est distincte de toutes les autres modalités de la *pensée* et fournit donc à l'esprit une idée distincte nommée *sensation*, « entrée » véritable de toute idée dans l'entendement par les sens. Quand la même idée revient, sans action du même objet sur le sens externe, c'est | le *souvenir* ; si l'esprit la cherche et la trouve 227
avec effort et peine puis la ramène au jour, c'est la

a. Texte corrigé à partir de la quatrième édition, et qui remplace : « ..où il observe une grande variété de modalités et dont il se fait distinctes idées. Ainsi la perception, ou la pensée, . ».

1. Cf. 2.9.1

réminiscence[1] ; si on la soumet longtemps à l'examen attentif, c'est la *contemplation* ; quand les idées flottent dans l'esprit sans que l'entendement y prête attention, c'est ce que le français nomment *rêverie*[2] (l'anglais n'a guère de nom); quand les idées qui se présentent (comme je l'ai observé ailleurs[3], il y aura toujours dans l'esprit de l'homme éveillé une suite d'idées se succédant l'une l'autre) sont remarquées et « enregistrées » dans la mémoire, c'est l'*attention ;* quand l'esprit avec grand soin fixe délibérément son regard sur une idée et la considère sous tous ses angles, c'est ce qu'on nomme l'*effort* ou l'*étude* ; le sommeil sans rêve, met à l'abri de tout cela mais *rêver* lui-même (quand les sens externes sont inactifs et ne reçoivent donc pas les objets externes avec leur célérité coutumière), c'est le fait d'avoir des idées dans l'esprit qui ne sont suggérées par aucun objet externe ou par aucune occasion connue, absolument sans choix ni détermination de l'entendement. Et l'*extase* n'est-elle pas un rêve les yeux ouverts ? Je laisse y réfléchir.

§ 2

Voila donc quelques exemples de ces divers *modes de la pensée*, que l'esprit observe en lui-même, et dont il a ainsi des idées aussi distinctes que celles de *blanc*, *rouge*, *carré* ou *cercle*. Je ne prétends pas les énumérer tous, ni traiter longuement de cet ensemble d'idées obtenues par *réflexion* : il y aurait de quoi en faire un volume. Pour mon dessein actuel, il suffit d'avoir montré ici par quelques exemples de quel type sont ces idées et comment l'esprit les reçoit; notamment parce que je vais bientôt avoir l'occasion de traiter plus en détail du *raisonnement*, du *jugement*, de la *volonté* et de la

1. Cf. 2.10.1-2 qui utilise une opposition différente.
2. En français dans le texte.
3. Cf. 2.14.3.

connaissance[1], qui sont parmi les opérations de l'esprit et les modes de la pensée les plus importants.

§ 3

Les divers degrés d'attention de l'esprit qui pense

On me pardonnera sans doute de m'étendre sur une question qui n'est pas totalement inutile pour notre propos actuel et de réfléchir ici sur *les différents états de l'esprit quand il pense,* ce qu'induisent assez naturellement les cas dont je viens de parler : l'attention, la rêverie, le songe. Qu'il y ait toujours telle ou telle idée présente | à l'esprit d'un 228
homme éveillé[2], l'expérience de chacun l'en assure même si l'esprit s'y emploie avec une attention variable. Parfois, l'esprit s'attache avec tellement de soin à l'observation de certains objets qu'il en remue les idées en tous sens, qu'il en remarque les relations et les particularités, qu'il en regarde chaque partie avec un telle minutie et une telle application qu'il élimine toute autre pensée et ne remarque pas les impressions ordinaires faites alors sur les sens ; à d'autres moments par contre, elles auraient produit de très fortes perceptions. D'autres fois, il observe simplement la suite des idées qui s'enchaînent dans son entendement sans s'attacher à aucune. D'autres fois encore, il les laisse passer en les ignorant presque entièrement, comme de faibles lueurs qui ne laissent aucune impression.

§ 4

D'où, il est probable que penser est l'acte, pas l'essence, de l'âme

Cette variation de l'esprit quand il pense, de la tension au relâchement avec de multiples degrés depuis l'étude appliquée jusqu'à la quasi indifférence, chacun l'a, je pense, expéri-

1. Cf. pour la volonté, 2.21, mais pour les autres, 4.17 (raison), 4.14 (jugement) et 4.1 *sq.* pour la connaissance, même si sous diverses modalités ces trois dernières capacités interviennent en 2.21.

2. Cf. 2.1.11.

mentée en lui. Poursuivez un peu plus loin et vous trouverez l'esprit en sommeil, pour ainsi dire isolé des sens, à l'abri des mouvements produits sur les organes des sens qui engendrent à d'autres moments des idées très fortes et très vives. Je n'ai pas besoin de donner ici le cas de ceux qui dorment à travers une nuit d'orage sans entendre le tonnerre, voire les éclairs, ni sentir la maison trembler, toutes choses très sensibles pour ceux qui sont éveillés. Dans cet isolement par rapport aux sens, l'esprit conserve pourtant une façon de penser encore plus déliée et plus incohérente, que l'on appelle le rêve. Et, dernier de tous, le sommeil profond baisse complètement le rideau et met fin à tout ce qui apparaît. Presque tout le monde en a, je crois, l'expérience en lui, et sa propre observation le conduit sans difficulté à ce constat.

Je voudrais en tirer un enseignement supplémentaire : à différents moments, l'esprit peut manifestement produire des actes de pensée d'intensité différente : même éveillé, il peut être si relâché que ses pensées obscures sont proches du néant ; et à la fin, dans la noire solitude du sommeil profond, il perd totalement de vue toute idée. Puisqu'il en est évidemment ainsi dans les faits et dans l'expérience constante, n'est-il pas probable que *penser soit l'action et non l'essence de l'âme* ?
229 En effet, | les actions d'un agent sont facilement susceptibles de tension et de relâchement, mais l'essence des choses ne se conçoit pas susceptible de telles variations. Mais ceci soit dit en passant [1].

1. Cf. aussi 2.1.19 et 2.27.10.

CHAPITRE 20

LES MODES DU PLAISIR ET DE LA DOULEUR

§ 1

Le plaisir et la douleur, idées simples

Parmi les idées simples que nous recevons à la fois de la *sensation* et de la *réflexion*, *douleur* et *plaisir* sont deux idées très importantes. Car, de même que dans le corps il y a de la sensation soit pure en elle-même soit accompagnée de *plaisir* ou de *douleur*, de même la pensée ou perception de l'esprit est soit simplement telle qu'elle est, soit accompagnée aussi de *plaisir* ou de *douleur*, de joie ou de chagrin (comme il vous plaira de l'appeler). Ces idées simples ne peuvent pas plus que les autres être décrites et on ne peut donner de définition de leur nom. La seule façon de les connaître est, comme pour les idées des sens, l'expérience. Car les définir par la présence du bien ou du mal revient à nous les faire connaître par réflexion sur ce que nous sentons en nous-mêmes lors des multiples et diverses opérations sur notre esprit du bien et du mal, selon que nous les subissons ou que nous les considérons différemment.

§ 2

Ce que sont bien et mal

Quelque chose n'est donc bien ou mal que par référence au plaisir ou à la douleur. Nous appelons *bien* ce qui *est à même de produire ou d'augmenter le plaisir ou de diminuer la douleur en nous ; ou encore de nous procurer ou de nous conserver la possession d'un autre bien ou l'absence de tout mal*. Au contraire, nous nommons *mal* ce qui *est à même de produire ou d'augmenter toute douleur, ou de diminuer tout plaisir en nous ; ou encore de nous procurer tout mal ou de nous priver de tout bien.* Par plaisir et douleur, qu'on me comprenne bien, je veux parler de ceux du corps et de l'esprit selon la distinction habituelle, même si en fait il ne s'agit que de différents états de l'esprit, occasionnées parfois par un désordre du corps, parfois par des pensées de l'esprit.

§ 3

Bien et mal meuvent les passions

Plaisir et *douleur* et le bien et le mal qui les produisent sont les pivots de nos *passions ;* et si nous réfléchissons sur nous-même [a-]et observons[-a] comment plaisir et douleur agissent en nous sous divers aspects, quelles modifications
230 mentales, quelles humeurs, quelles | sensations internes (si je peux ainsi les nommer) ils produisent en nous, nous pouvons à partir de là nous former les idées de nos *passions*.

§ 4

Amour

Ainsi réfléchir à la pensée de la joie que peut procurer une chose présente ou absente, c'est ce qui donne l'idée nommée *amour*. Car quand un homme déclare à l'automne quand il le mange, ou au printemps quand il n'y en a pas, qu'il aime le raisin, il ne veut pas dire autre chose que « le goût du raisin le

a. Ajouté à partir de la quatrième édition.

réjouit » ; mais si une altération de sa santé ou de sa constitution détruit la joie de leur saveur, on ne peut dire alors qu'il *aime* encore le raisin

§ 5
Haine

Au contraire, la pensée de la douleur que peut produire en nous une chose présente ou absente, c'est ce que nous appelons *haine*.

Si ma tâche était ici de poursuivre un peu la recherche au-delà de nos pures idées de passions en tant qu'elles dépendent de modalités diverses du plaisir et de la douleur, je remarquerais que l'*amour* et la *haine* envers des êtres inanimés dépourvus de sensibilité sont habituellement fondés sur le plaisir et la douleur que nous subissons du fait de leur emploi ou de leurs diverses façons d'agir sur nos sens (même si cela passe par leur destruction). Au contraire, la *haine* et l'*amour* envers des êtres capables de bonheur ou de malheur sont souvent le malaise[b] ou la joie que nous sentons surgir en nous à la vue de leur existence même ou de leur bonheur : ainsi, l'existence et la prospérité de ses enfants ou de ses amis produisant en tout homme une joie constante, on dit qu'il les aime constamment. Mais il suffit d'observer que nos idées d'*amour* et de *haine* ne sont que des dispositions de l'esprit envers le plaisir et la peine en général, quelle que soit la cause de nos dispositions.

b. À partir de la quatrième édition : *Uneasiness* remplace *pain* utilisé jusque là.

§ 6
Le désir

Le malaise[1] que ressent en lui un homme en l'absence de quelque chose dont la jouissance actuelle entraîne l'idée de joie, c'est ce que nous appelons *désir*, plus ou moins grand selon que le malaise est plus ou moins fort.

c-Il peut être utile de remarquer ici en passant que le principal, sinon le seul, aiguillon de l'activité humaine est le malaise. Quel que soit le bien offert, si son absence n'entraîne aucun déplaisir ni douleur, si un homme est à l'aise et content sans lui, il n'y ni désir ni d'effort[2] vers lui ; il n'y a rien de plus qu'une pure *velléité* (terme utilisé pour signifier le plus bas degré du désir, proche du non-désir) lorsqu'en l'absence
231 d'une chose, | il y a un malaise si faible que cela n'entraîne qu'un faible souhait, sans plus aucune utilisation vigoureuse ou efficace des moyens pour l'atteindre. Le *désir* est également arrêté ou diminué par l'opinion de l'impossibilité ou de l'inaccessibilité du bien offert, dans la mesure où le malaise est guéri ou calmé par cette considération. Il y aurait ici de quoi poursuivre la réflexion, si c'en était le lieu-c.

§ 7
La joie

La joie est un plaisir de l'esprit issue de la considération de la possession assurée, présente ou proche, d'un bien. Et nous

c. Ajouté à partir de la deuxième édition.

1. Coste insère ici une longue note sur la difficulté de traduire *Uneasiness* . « *Uneasiness*, c'est le mot anglais dont l'Auteur se sert dans cet endroit & que je rends par celui *d'inquiétude*, qui n'exprime pas précisément la même idée. Mais nous n'avons point, que je sache, d'autre terme en François qui en approche de plus près. Par *Uneasiness*, l'Auteur entend *l'état d'un homme qui n'est pas à son aise, le manque d'aise & de tranquillité dans l'âme*, qui à cet égard est purement passive. … » ; cf. note à 2.7.1.

2. *Endeavour*, terme utilisé par Hobbes, correspondant anglais du latin *conatus*.

sommes en possession d'un bien quand il est en notre pouvoir de manière telle que nous pouvons en user quand il nous plaît. Ainsi, un homme affamé a de la *joie* quand les secours arrivent, même avant d'avoir le plaisir d'en bénéficier ; et un père en qui le bien-être même de ses enfant procure de la joie est toujours, tant que ses enfants sont dans cet état, en possession de ce bien, car il lui suffit d'y réfléchir pour avoir ce plaisir.

§ 8

La tristesse

La *tristesse* est un malaise de l'esprit, soit à la pensée d'un bien perdu dont on aurait pu jouir plus longtemps, soit à l'épreuve d'un mal présent.

§ 9

L'espoir

L'*espoir* est ce plaisir de l'esprit que tout homme éprouve à la pensée de la jouissance future probable d'une chose qui est à même de le réjouir.

§ 10

La crainte

La *crainte* est un malaise de l'esprit à la pensée d'un mal à venir qui peut nous arriver.

§ 11

Le désespoir

Le *désespoir* est la pensée de l'inaccessibilité d'un bien, qui agit différemment sur l'esprit des gens, produisant parfois un malaise ou une douleur, parfois de l'inactivité et de l'indolence.

§ 12

La colère

La *colère* est un malaise ou une décomposition de l'esprit quand il a reçu une injure et qu'il a l'intention effective de se venger.

§ 13

L'envie

L'*envie* est un malaise de l'esprit produit par la considération d'un bien que nous désirons et qui est obtenu par quelqu'un dont nous pensons qu'il n'aurait pas dû l'avoir avant nous.

§ 14

Les passions présentes en tout homme

Les deux derniers, l'*envie* et la *colère,* qui ne sont pas produits par la douleur et le plaisir par eux seuls, mais qui mélangent la considération de nous et celle des autres, ne se rencontrent pas en tout homme car tous n'ont pas en outre
232 cette capacité de faire valoir leur mérite | ou de vouloir se venger. Mais toutes les autres, qui se réduisent dans la douleur ou le plaisir, se trouvent en tout homme. Car nous *aimons, désirons, nous réjouissons* et *espérons* seulement par rapport au plaisir; nous *haïssons*, *craignons* et *déplorons* seulement en dernière instance par rapport à la douleur. *In fine*, toutes ces passions sont mises en branle par des choses dans la seule mesure où elles paraissent être les causes de plaisir ou de douleur, ou être jointes d'une façon ou d'une autre au plaisir ou à la douleur. Ainsi, étendons-nous couramment notre haîne au sujet (du moins s'il est un agent dotés de sens ou de volonté) qui a produit en nous de la douleur, car la crainte qui s'en suit est une douleur durable. Mais nous n'aimons pas de façon aussi constante ce qui nous a fait du bien, parce que le plaisir n'agit pas aussi fortement sur nous que la douleur, et que nous ne sommes pas aussi disposés à espérer qu'il le fera encore. Mais ceci soit dit en passant.

§ 15

Que sont plaisir et peine

Par *plaisir* et *douleur*, joie et malaise, on doit comprendre (comme je l'ai déclaré plus haut) que je désigne non seulement les douleurs et les plaisirs corporels, mais n'importe quels joie ou mésaise ressentis, qu'il provienne de n'importe quelle sensation ou réflexion agréable ou désagréable.

§ 16

On doit en outre considérer que par rapport aux passions, la suppression ou *la réduction d'une douleur* est considérée et agit comme un *plaisir*, et la perte ou la diminution d'un plaisir comme une peine.

§ 17

La honte

La plupart des passions, également, agissent chez la plupart des gens sur le corps et y produisent des changements variés ; mais ils ne sont pas toujours visibles et ne font donc pas nécessairement partie de l'idée de chaque passion. Car la *honte*, qui est un malaise de l'esprit à la pensée d'un acte indécent ou qui diminuera l'estime appréciée que les autres ont pour nous, n'est pas toujours accompagnée de rougeur.

§ 18

Ces exemples visent à montrer comment nos idées de passions sont tirées de la sensation et de la réflexion

Je ne voudrais pas qu'on se méprenne ici sur mes intentions : elles ne sont pas de faire un traité des passions. Il y a beaucoup plus de passions que je n'en ai mentionné, et celle que j'ai relevées demanderaient chacune un traité bien plus long et plus précis. Je n'ai cité que celles-ci comme autant d'exemples de modes du plaisir et de la douleur qui résultent dans notre esprit des différentes considérations du bien et | du 233
mal. J'aurais pu donner comme exemple d'autres modes du plaisir et de la douleur, plus simples que ceux-ci, comme la douleur de la faim et de la soif et le plaisir de manger et de

boire [d]pour ôter la douleur ; [e]la douleur des yeux sensibles[e], le plaisir de la musique, la douleur des chicaneurs vétilleux et inutiles, et le plaisir d'une conversation raisonnable avec des amis ou d'une étude bien menée dans la recherche et la découverte de la vérité[d]. Mais les passions nous intéressant beaucoup plus, j'y ai plutôt choisi mes exemples et j'ai montré comment les idées que nous en avons sont dérivées de la sensation et de la réflexion.

d. Dans la première édition, on lisait : « …quand on est ainsi , la douleur du mal de dents ou le plaisir d'une conversation raisonnable avec un ami, ou la découverte d'une vérité spéculative après un travail… ».

e. Coste traduit ici « la douleur qu'on sent quand on a les dents agacées ».

CHAPITRE 21

LE POUVOIR

§ 1

Comment vient cette idée

Les sens informent quotidiennement l'esprit de l'altération des idées simples qu'il observe dans les choses extérieures; l'esprit remarque ainsi comment une idée arrive à son terme et cesse d'être et comment une autre qui auparavant n'était pas, commence à exister. Il réfléchit aussi sur ce qui se passe en lui et observe un changement constant d'idées, quelquefois par l'impression d'objets extérieurs sur les sens, quelquefois du fait de son propre choix. Et de ce qu'il note se produire avec une telle constance, il conclut que les mêmes changements dans des choses identiques se produiront à l'avenir par les mêmes agents selon le même processus; ce faisant, il considère en une chose la possibilité de subir le changement d'une idée simple et en une autre la possibilité de produire ce changement; et il acquiert ainsi l'idée que l'on nomme *pouvoir*.

Ainsi dit-on que le feu a le *pouvoir* de fondre l'or, c'est-à-dire de détruire la consistance de ses éléments insensibles et par conséquent sa dureté et de le rendre fluide; que l'or a le *pouvoir* d'être fondu; que le soleil a le *pouvoir* de blanchir la

cire et la cire le *pouvoir* d'être blanchie par le soleil, pouvoir par lequel le jaune est détruit et à sa place existe le blanc. Dans ces cas, et dans les cas semblables, le *pouvoir* est considéré par référence au changement des idées perceptibles. On ne peut en
234 effet observer l'altération | d'une chose ni une opération sur elle si ce n'est par les changements observables de ses idées sensibles ; et l'on ne peut concevoir l'altération d'une chose qu'en concevant le changement de certaines de ses idées.

§ 2

Pouvoir actif et pouvoir passif

Ainsi conçu le pouvoir est double : ou bien capable de produire un changement ou bien capable de le subir ; le premier peut être appelé *pouvoir actif* et le second *pouvoir passif*. Quant à savoir si la matière n'est pas totalement privée de pouvoir actif et Dieu son auteur véritablement au-dessus de tout pouvoir passif, si les Esprits créés, de statut intermédiaire, ne sont pas les seuls capables à la fois de pouvoir actif et de pouvoir passif, cela mérite peut-être examen. Cependant, je ne me consacrerai pas à cette recherche maintenant car ma tâche présente n'est pas de chercher l'origine du pouvoir mais la manière dont nous en acquérons l'idée. Mais les pouvoirs actifs constituent une part importante de nos idées complexes de substances naturelles (on va le voir dans la suite[1]) et je les présente ainsi d'après le sens commun alors qu'elles ne sont peut-être pas de vrais pouvoirs actifs comme tendent à les représenter nos pensées hâtives ; aussi n'est-il pas déplacé, je crois, de renvoyer par cette allusion l'esprit à la considération de Dieu et des Esprits pour avoir l'idée la plus claire de pouvoir actif.

1. Cf. 2.23.7 ; voir aussi 2.22.11

§ 3

Pouvoir implique relation

Je reconnais que le *pouvoir inclut une sorte de relation* (une relation à l'action ou au changement) – et d'ailleurs, quand on l'examine attentivement, toute idée, quel qu'en soit le genre, n'en fait-elle pas autant ? Ainsi, nos idées d'étendue, de durée, de nombre, n'incluent-elles pas toutes une relation secrète de leurs éléments ? Figure et mouvement ont en eux de façon bien plus visible quelque chose de relatif. Et les qualités sensibles comme les couleurs, les odeurs, etc., que sont-elles sinon les pouvoirs de corps différents, en relation à notre perception, etc. ? Si on les considère en elles-mêmes ne dépendent-elles pas de la masse, de la figure, de la texture et du mouvement des éléments ? Et tout ceci inclut une sorte de relation. Notre idée de pouvoir, donc, peut avoir à mon sens une place parmi les autres idées simples, et peut être considérée comme l'une d'entre elles, puisqu'elle est une de celles qui constituent un élément primordial de nos idées complexes de substances, nous aurons par la suite l'occasion de l'observer[1].

§ 4

L'idée la plus claire de pouvoir actif est obtenue de l'esprit

Nous sommes dotés à profusion d'idées *de pouvoir passif*, grâce à presque toutes les sortes de choses sensibles ; pour la plupart, on ne peut | manquer d'observer que leurs qualités 235
sensibles, et même leur substance, sont soumises à un flux continuel ; c'est donc avec raison qu'on les considère comme susceptibles de changer encore.

Du *pouvoir actif* (*pouvoir* au sens propre), on n'a pas moins d'exemples, puisque pour tout changement observé l'esprit doit trouver quelque part un pouvoir capable de le produire, ainsi que, dans la chose même, la possibilité de le recevoir. Mais, à bien considérer les choses, les corps ne

1. Cf. 2.23.7.

donnent guère par les sens d'idée de *pouvoir actif* aussi claire et distincte que celle que nous avons par réflexion sur les opérations de l'esprit.

Car tout pouvoir est lié à une action et il n'y a que deux sortes d'action dont nous ayons une idée : la pensée et le mouvement ; voyons donc d'où nous viennent les idées les plus claires des *pouvoirs*, causes de ces actions :

1. le corps ne donne aucune idée de l'activité de penser ; ce n'est que par réflexion que nous l'acquérons ;

2. on n'a pas non plus l'idée de commencement du mouvement à partir du corps : un corps en repos ne nous offre aucune idée du *pouvoir actif* de mouvoir, et quand il est lui-même mis en mouvement, ce mouvement est plutôt une passion qu'une action en lui. Ainsi, quand une boule de billard obéit au coup de la queue, ce n'est pas une action de la balle mais une pure passion ; et de même quand, par une poussée, elle met en mouvement une autre balle qui est sur son passage, elle ne fait que lui communiquer le mouvement qu'elle a reçu d'une autre et elle en perd elle-même autant que l'autre en reçoit. Et ceci ne nous donne qu'une idée très obscure du *pouvoir actif* de mouvoir d'un corps : nous l'observons seulement transférer un mouvement et non le produire. C'est de fait une idée très obscure de *pouvoir*, celle qui contient non la production de l'action mais la continuation de la passivité ; et tel est le cas du mouvement dans un corps poussé par un autre : le maintien du changement produit en lui quand il passe du repos au mouvement n'est pas plus une action que le maintien du changement de forme par le même coup.

L'idée de commencement de mouvement n'est acquise que par réflexion sur ce qui se passe en nous, où nous trouvons par expérience que, simplement en le voulant, simplement par une pensée de l'esprit, nous pouvons mouvoir les parties de notre corps qui étaient auparavant au repos.

Ainsi, il me semble que nous n'avons qu'une idée obscure très imparfaite du *pouvoir actif* par l'observation des sens sur

les opérations des corps : les corps ne nous présentent en eux-mêmes aucune idée du pouvoir de commencer une action, que ce soit le mouvement ou la pensée. Mais si, de la poussée que les corps opèrent les uns sur les autres sous ses yeux, quelqu'un | pense tirer une idée claire de *pouvoir*, cela sert 236
également mon dessein puisque la *sensation* est l'une des voies par lesquelles l'esprit acquiert ses idées. Je pensais seulement intéressant de voir en passant si l'esprit ne reçoit pas ses idées *de pouvoir actif* de façon plus claire à partir de ses propres opérations qu'à partir de la sensation externe.

§ 5

Deux pouvoirs : volonté et entendement

Une chose au moins est à mon sens évidente : nous trouvons en nous le *pouvoir* de commencer ou de s'abstenir, de continuer ou d'achever, plusieurs actes de l'esprit, plusieurs mouvements du corps par [a-]une simple pensée ou une préférence de l'esprit ordonnant "commandant", l'accomplissement ou le non-accomplissement de telle ou telle action particulière[-a]. Ce pouvoir qu'a l'esprit de commander ainsi la prise en compte d'une idée ou son ignorance, de préférer en toute situation le mouvement d'une partie du corps à son repos ou vice versa, c'est ce qu'on appelle la *volonté*. [b-]L'exercice effectif de ce pouvoir, qui consiste à dicter une action particulière ou son omission, est ce que l'on appelle une *volition* ou un *vouloir*. L'abstention ou l'accomplissement de cette action à la suite d'un tel ordre, d'un tel commandement de l'esprit est dite *volontaire*, et toute action accomplie sans cette pensée de l'esprit est dite *involontaire*[-b].

a. Texte de la deuxième édition (et suivantes) qui remplace . « … le choix ou la préférence de l'esprit … ».

b. Deuxième édition et suivantes, qui remplace . « … et le fait de préférer l'un à l'autre, c'est ce que l'on nomme *volition* ou *vouloir* . ».

Le pouvoir de perception[1] est ce que l'on nomme *entendement*. La perception, qu'on regarde comme l'acte de l'entendement, est de trois sortes : 1) la perception des idées dans l'esprit ; 2) la perception de la signification des signes ; 3) la perception [c-]de la liaison ou de l'opposition,[-c] de la convenance ou de la disconvenance, qui existe entre n'importe quelle idée. Ces trois sortes sont toutes attribuées à l'entendement, ou pouvoir perceptif, même si [d-]l'usage autorise l'expression *je comprends*, [*j'entends*] dans les deux derniers cas seulement[-d].

§ 6

Facultés

Ces pouvoirs de l'esprit (*percevoir* et *préférer*) sont habituellement désignés d'un autre nom : on dit communément que *l'entendement* et la *volonté* sont deux *facultés* de l'esprit. Le mot conviendrait s'il était utilisé comme le doivent être les
237 mots : | sans engendrer de confusion, comme je crains qu'on l'ait fait, dans la pensée des gens qui supposent que ces mots représentent des êtres réels dans l'âme, qui accomplissent ces actes d'entendement et de volition. Quand on dit en effet que la volonté est la faculté ordonnatrice et supérieure de l'âme, qu'elle est ou n'est pas libre, qu'elle détermine les facultés inférieures, qu'elle suit les décisions de *l'entendement*, etc., ceux qui veillent soigneusement sur leurs idées et dirigent leur pensée d'après l'évidence des choses plus que d'après le son des mots, peuvent comprendre ces expressions et les expressions semblables dans un sens clair et distinct ; pourtant cette façon de parler des *facultés* en a égaré beaucoup, je le crains :

c. Quatrième édition et suivantes.

d. Texte de la quatrième édition et suivante qui remplace : « … en rigueur de termes, l'acte de l'entendement est habituellement appliqué aux deux derniers … ».

1. Comparer avec 2.9.1.

elle leur a donné la notion confuse qu'il y a en nous d'autant d'agents distincts avec chacun leur domaine et leur autorité respectives, commandant, obéissant et accomplissant différentes actions, comme autant d'êtres distincts. Ce qui n'a pas été une mince occasion de disputes, d'obscurité, d'incertitude dans les questions sur le sujet.

§ 7

Origine des idées de liberté et de nécessité

Chacun, je pense, trouve en soi un *pouvoir* de commencer ou non, de continuer ou d'achever, plusieurs actions en lui-même. [e]-De la considération de l'étendue de ce pouvoir de l'esprit sur les actions de l'homme que chacun trouve en soi, naissent les idées de liberté et de nécessité-[e].

§ 8

Ce qu'est la liberté

Toutes les actions dont on a l'idée se réduisent, je l'ai dit, à deux : la pensée et le mouvement ; et donc dans la mesure où un homme a un pouvoir de penser ou de ne pas penser, de se mouvoir ou de ne pas se mouvoir selon la préférence ou la direction de son esprit, dans cette mesure il est *libre*. Quand on n'a pas de façon égale le pouvoir d'accomplir ou de s'abstenir, quand faire ou ne pas faire ne procèdent pas à égalité de la préférence de l'esprit qui a ordonné l'un ou l'autre, alors l'homme n'est pas *libre*, bien que peut-être l'action soit volontaire. Ainsi l'idée de *liberté* est l'idée du pouvoir qu'a

e. Deuxième édition et suivantes, qui remplace : « Le pouvoir de l'esprit de préférer à tout moment une de ces actions à l'abstention, ou vice versa, est cette faculté que l'on appelle, comme je l'ai dit, la *volonté*. L'exercice effectif de ce pouvoir est appelé *volition* ; et l'abstention ou l'accomplissement de cette action à la suite d'une préférence de l'esprit est appelée *volontaire*. De là, nous avons les idées de *liberté* et de *nécessité* qui viennent de la considération de l'étendue de ce pouvoir de l'esprit sur les actions, non seulement de l'esprit, mais de tout l'agent, de l'homme entier ».

un agent de faire une action particulière ou de s’en abstenir, selon la détermination ou la pensée de l’esprit qui préfère l’un plutôt que l’autre. Là où l’agent n’a pas le pouvoir de produire
238 l’un des deux | selon sa [f-]*volition*, là il n’a pas la *liberté*[-f] ; cet agent est soumis à la *nécessité*. Mais il peut y avoir pensée, il peut y avoir volonté, il peut y avoir volition, là où il n’y a pas de *liberté* ; ce que l’examen rapide d’un ou deux exemples évidents peut rendre clair.

§ 9

La liberté présuppose l’entendement et la volonté

Une balle de tennis, envoyée par une raquette ou immobile à terre, n’est considérée par personne comme un *agent libre*. Si l’on en cherche la raison, on verra que c’est parce qu’on conçoit qu’une balle de tennis ne pense pas et qu’elle n’a par conséquent aucune volition ni préférence pour le mouvement plutôt que pour le repos ou vice versa ; elle n’a donc pas de *liberté*, elle n’est pas un agent libre ; au contraire, ses mouvements comme son repos tombent sous l’idée de *nécessaire* et en portent le nom. De même, un homme qui tombe dans l’eau parce qu’un pont cède sous ses pas n’a pas de ce fait de liberté, il n’est pas un agent libre ; car, malgré sa volition, malgré sa préférence (tomber plutôt que ne pas tomber), s’abstenir de ce mouvement n’est pas en son pouvoir et l’arrêt ou la cessation de ce mouvement ne suivent pas de sa volition ; sur ce point, il n’est donc pas *libre*. De même, quelqu’un qui se frappe ou frappe un ami d’un mouvement convulsif du bras qu’il n’est pas en son pouvoir [g-]par volition ou détermination de l’esprit d’[-g] arrêter ni d’éviter, personne ne dira qu’il dispose en ceci de *liberté* ; chacun le plaint pour cette action nécessaire et contrainte.

f. Deuxième édition et suivantes, qui remplace « …préférence, il n’y a pas de *liberté*… ».

g. Deuxième édition et suivantes, qui remplace « . par sa préférence ou sa volition d’ . ».

§ 10

La liberté n'appartient pas à la volonté

Autre exemple; supposez un homme transporté pendant son sommeil dans une chambre où se trouve une personne qu'il est impatient de voir et qu'il y soit enfermé de sorte qu'il soit hors de son pouvoir de sortir; il se réveille, il est heureux de se trouver en compagnie si désirée et il demeure volontairement là, c'est-à-dire il préfère rester plutôt que s'en aller. Ma question : n'est-ce pas rester volontairement? Je pense que personne n'en doutera; et pourtant, étant enfermé, il n'a évidemment pas la liberté de ne pas rester, il n'a aucune liberté de sortir. Ainsi, *la liberté n'est pas une idée attachée à la volition* ou à la préférence, mais à la personne qui a le pouvoir de faire ou d'éviter de faire selon que l'esprit choisira ou ordonnera. Notre idée de liberté a la même extension que ce pouvoir et pas plus. Car là où une limite vient s'opposer à ce pouvoir, là où une contrainte ôte l'indifférence ou la capacité d'agir en l'un ou l'autre sens, la liberté disparaît aussitôt et avec elle la notion que l'on en a. | 239

§ 11

Volontaire, opposé à involontaire, pas à nécessaire

Nous en avons suffisamment d'exemples, souvent plus qu'il n'en faut, avec le corps. Le cœur d'un homme bât, le sang circule, et il n'a pas le pouvoir de l'arrêter par une pensée ou une volition. Et donc, en ce qui concerne ces mouvements dont l'arrêt ne dépend pas de son choix et ne pourrait procéder d'une directive de son esprit qui le préférerait, il n'est pas un *agent libre*. Des mouvements convulsifs agitent ses jambes; il *voudrait* désespérément en arrêter le mouvement et pourtant, par aucun pouvoir de l'esprit, il ne le peut (comme dans cette vieille maladie étrange nommée *Chorea sancti Viti* [1]), et il danse indéfiniment : dans cette action, il n'est pas

1. Danse de Saint-Guy.

libre mais il est soumis à la nécessité de bouger, comme une pierre qui tombe ou une balle de tennis lancée par une raquette. Ailleurs, la paralysie empêche les jambes d'obéir à la décision de l'esprit qui voudrait déplacer son corps à un autre endroit. Dans tous ces cas, il y a manque de *liberté*, bien que l'absence même de mouvement du paralytique, qui la préfère au mouvement, soit réellement volontaire. *Volontaire n'est donc pas opposé à nécessaire, mais à involontaire*. Car on peut préférer ce qu'on peut faire à ce qu'on ne peut pas faire, préférer l'état dans lequel on est à son absence ou son changement, même si la nécessité l'a rendu en tant que tel inaltérable.

§ 12

Ce qu'est la liberté

Il en est des pensées de l'esprit comme des mouvements du corps : quand on a le pouvoir de penser à une chose ou de l'ignorer selon ce que préfère l'esprit, alors on *dispose de liberté*. Un homme éveillé a nécessairement une idée constamment présente à l'esprit : il ne dispose pas de la *liberté* de penser ou de ne pas penser, pas plus que de la *liberté* de toucher ou non un autre corps avec le sien. Par contre, porter son attention d'une idée à l'autre relève souvent de son choix; donc sa *liberté* à l'égard de ses idées est aussi grande que celle à l'égard des corps qui le soutiennent : il peut se déplacer à loisir de l'une à l'autre. Il y a cependant pour l'esprit quelques idées, comme pour le corps quelques mouvements, qui ne peuvent en certaines circonstances être évitées ni chassées, même à grand peine. Soumis à la torture, un homme n'a pas la *liberté* de se défaire de l'idée de douleur ni de se divertir par d'autres considérations; et parfois une passion violente bouleverse nos pensées comme un ouragan nos corps, sans nous
240 laisser la | liberté de penser à d'autres choses que nous préférerions. Mais dès que l'esprit retrouve le pouvoir d'arrêter ou de continuer, de commencer ou d'éviter un mouvement extérieur du corps ou un mouvement intérieur des pensées,

selon qu'il juge à propos de préférer l'un à l'autre, alors nous considérons à nouveau l'homme comme un *agent libre*.

§ 13

Ce qu'est la nécessité

Dès que la pensée fait totalement défaut, dès que manque totalement le pouvoir d'agir ou de s'abstenir [h]-selon la directive de la pensée-[h], alors s'introduit la *nécessité*. Celle-ci, chez un agent capable de volition pour qui commencer ou continuer une action est contraire à la préférence de l'esprit, se nomme *compulsion ;* quand empêcher ou arrêter une action est contraire à sa volition, on l'appelle *inhibition* [1]. Les agents qui n'ont aucune pensée ni volition, sont en tout des agents nécessaires.

§ 14

La liberté n'appartient pas à la volonté

Si tel est, comme je le crois, le cas, voyez si cela ne mettrait pas un terme à la question agitée depuis longtemps et à mon sens absurde parce qu'inintelligible : *La volonté de l'homme est-elle ou non libre ?* Car, si je ne me trompe, de ce que j'ai dit découle que la question même est tout à fait incohérente : il est aussi sensé de demander si la *volonté* de l'homme est libre que de demander si son sommeil est rapide ou sa vertu carrée ; on ne peut pas plus attribuer la *liberté* à la *volonté* que la rapidité du mouvement au sommeil ou la quadrature à la vertu. Chacun s'esclafferait autant de l'absurdité de la première question que de celle des autres, car il est évident que les modifications du

h. Deuxième édition et suivantes.

1. Coste traduit l'anglais *restraint* par *cohibition* et ajoute en note : « Ce mot n'est pas français, mais je m'en sers faute d'autre ; car, si je ne me trompe, nous n'en avons aucun pour exprimer cette idée. En effet, le P. Tachart, dans son *Dictionnaire Latin et Français* n'a pu bien expliquer le terme latin *cohibitio,* que par cette périphrase : l'action d'empêcher qu'on ne fasse quelque chose »

mouvement n'appartiennent pas au sommeil, ni la différence de figure à la vertu. Quiconque examinera bien la question verra tout aussi clairement que la *liberté*, qui n'est qu'un pouvoir, n'appartient qu'à des agents et ne peut être un attribut ou une modification de la *volonté* qui n'est, elle aussi, qu'un pouvoir.

§ 15
Volition

[i-]Si grande est la difficulté d'expliquer les actions internes par des mots et d'en donner des notions claires, que je dois ici prévenir mon lecteur que *ordonner, diriger, choisir, préférer*, etc. que j'ai utilisés, n'exprimeront assez distinctement la *volition* que s'il réfléchit à ce qu'il fait lui même quand il *veut*. Par exemple *préférer*, qui semble peut-être le mieux exprimer
241 l'acte de *volition*, | ne le fait pas avec précision. Car bien qu'un homme préfère voler plutôt que marcher, qui peut dire qu'il ait jamais voulu voler ? [-i] Une *volition* est évidemment [j-]un acte de l'esprit qui exerce sciemment le pouvoir qu'il estime avoir sur une part de l'homme, en l'employant pour une action particulière ou en l'en détournant[-j]. Et qu'est-ce que la volonté si ce n'est la *faculté* de le faire ? Et cette faculté est-elle en fait plus qu'un pouvoir, le pouvoir de l'esprit de déterminer ses pensées à [k-]produire, continuer, arrêter une action dans la mesure où cela dépend[-k] de nous ? Car peut-on nier que tout agent qui a le pouvoir de penser à ses actions, de préférer leur accomplissement ou leur omission à leur contraire, a cette faculté nommée *volonté ?* La *volonté* n'est donc rien d'autre que ce pouvoir. Quant à la *liberté*, elle est pour l'homme le pouvoir de faire ou de s'abstenir de faire une action

i. Deuxième édition et suivantes.

j. Deuxième édition et suivantes, qui remplace . « seulement choisir effectivement ou préférer s'abstenir plutôt que faire, ou faire plutôt qu'ignorer, une action particulière en notre pouvoir, à laquelle on pense ».

k. Deuxième édition et suivantes, qui remplace . « préférer une action à l'abstention, ou vice versa, dans la mesure où cela semble dépendre.. ».

particulière, selon que faire ou s'abstenir est effectivement préféré par l'esprit – ce qui revient à dire : selon que l'homme lui-même le *veut*.

§ 16

Les pouvoirs appartiennent aux agents

Il est donc évident que la *volonté* n'est qu'un pouvoir ou une capacité, et la *liberté* un autre pouvoir ou capacité. Aussi, demander si *la volonté a la liberté* [1], c'est demander si un pouvoir a un autre pouvoir, une capacité une autre capacité, question d'emblée trop absurde pour être discutée, pour demander une réponse. Car qui ne voit que des pouvoirs n'appartiennent qu'à des *agents*, et sont *attributs des substances seules, et non des pouvoirs* eux-mêmes ? Aussi poser la question « la volonté est-elle libre ? », c'est en fait demander si la *volonté* est une substance, un agent, ou au moins le supposer, puisque la liberté ne peut être en propre attribuée à rien d'autre. Si on peut à proprement parler appliquer *liberté* à *pouvoir*, c'est en l'attribuant au pouvoir en l'homme de produire ou d'éviter de produire par choix ou préférence un mouvement dans des parties de son corps ; c'est ce qui fait qu'on le dit libre, et qui constitue la liberté même. Mais si quelqu'un demandait : « la liberté est-elle libre ? », il serait soupçonné de ne pas bien comprendre ce qu'il dit ; et on estimerait que mérite les oreilles de *Midas* celui qui, sous prétexte que *riche* est une appellation induite par la possession de richesses, demanderait si les richesses elles-mêmes sont riches. | 242

§ 17

Certes, le *nom* de *faculté* que les gens ont donné à ce pouvoir appelé *volonté,* et qui les a conduits à parler de la volonté comme agissante, peut, grâce à une utilisation qui camoufle son sens authentique, servir pour masquer un peu

1. Cf. Descartes, *Principes*, I, 39, etc.

l'absurdité ; pourtant, en réalité, la *volonté* ne signifie qu'un pouvoir, une capacité de préférer ou de choisir ; et quand on considère, sous le nom de *faculté*, la volonté comme elle est : une pure capacité de faire une chose, l'absurdité qui consiste à dire qu'elle est libre ou non se découvre facilement. S'il était raisonnable en effet de parler de prétendues *facultés* comme d'êtres distincts qui peuvent agir (on le fait quand on dit que la *volonté* commande, qu'elle est libre), on devrait créer une *faculté* de parler, une *faculté* de marcher, une *faculté* de danser, qui produisent ces actions qui ne sont que des modes du mouvement, tout autant que nous faisons de la *volonté* et de l'*entendement* les *facultés* qui produisent les actions de choisir et de percevoir qui ne sont que des modes de la pensée. Et l'on peut avec autant de propriété dire que c'est la *faculté* de chanter qui chante, la *faculté* de danser qui danse, et dire que c'est la *volonté* qui choisit ou l'entendement qui conçoit, ou, comme on en a l'habitude, que la *volonté* dirige l'entendement, que l'entendement obéit ou n'obéit pas à la *volonté ;* c'est parler de façon aussi appropriée et intelligible que de dire que le pouvoir de parler dirige le pouvoir de chanter ou le pouvoir de chanter obéit ou désobéit au pouvoir de parler.

§ 18

Cette façon de parler a malgré tout prévalu et elle a, je pense, produit bien du désordre. Car, [liberté et volonté] sont dans l'esprit (ou en l'homme) différents pouvoirs de faire diverses actions et l'homme les met en œuvre comme il le juge utile. Mais le pouvoir de faire une action n'est pas agi par le pouvoir de faire une autre action : le pouvoir de penser n'agit pas sur le pouvoir de choisir, ni le pouvoir de choisir sur le pouvoir de penser ; pas plus que le pouvoir de danser n'agit sur le pouvoir de chanter ou le pouvoir de chanter sur le pouvoir de danser, comme on le verra facilement dès qu'on y réfléchit. C'est pourtant ce qu'on dit quand on dit : « La volonté agit sur l'entendement ou l'entendement sur la volonté ».

§ 19

Je reconnais que telle ou telle pensée effective peut être
occasion de volition ou d'exercice du pouvoir humain de
choix ; | ou que le choix effectif de l'esprit peut produire la 243
pensée de ceci ou cela ; de même que chanter effectivement tel air peut être l'occasion de danser tel pas, et telle danse l'occasion de chanter tel air. [1-]Mais, en tout ceci, ce n'est pas un *pouvoir* qui agit sur un autre, c'est l'esprit qui agit et exerce ces pouvoirs, c'est l'homme qui fait l'action, c'est l'agent qui a le pouvoir ou est capable de faire. Car les *pouvoirs* sont des relations, non des agents ; et ce[-1] *qui a ou n'a pas le pouvoir d'agir est ce qui, seul, est libre ou non*, et ce n'est pas le pouvoir lui-même. Car liberté ou absence de liberté ne peuvent appartenir qu'à ce qui a ou n'a pas le pouvoir d'agir.

§ 20

La liberté n'appartient pas à la volonté

Attribuer aux *facultés* ce qui ne leur appartient pas, c'est ce qui a provoqué cette façon de parler ; or, avec le nom de *facultés*, introduire dans les discussions sur l'esprit l'opinion qu'elles agissent a, je crois, aussi peu fait progresser notre connaissance de cette partie de nous-même que l'usage fréquent de cette invention (les *facultés*) à propos des opérations du corps ne nous a aidés dans la connaissance médicale. Je ne nie pas qu'il y ait des *facultés* aussi bien dans le corps que dans l'esprit : tous deux ont leur *pouvoir* d'agir, autrement ni l'un ni l'autre ne pourrait agir car rien ne peut agir s'il n'est pas capable d'agir ; et ce qui n'est pas capable d'agir n'a pas le *pouvoir* d'agir.

1. Quatrième édition et suivante, qui remplace : « …car les pouvoirs sont des relations, non des agents ; mais c'est l'esprit ou l'homme qui agit, qui exerce ces pouvoirs, qui fait l'action qu'il a le pouvoir ou est capable de faire. Cela … ».

Je ne nie pas non plus que ces termes et leurs semblables doivent avoir leur place dans l'usage ordinaire du langage qui les a rendus courants. Ce serait faire preuve de trop d'affectation que de les abandonner complètement, et la philosophie même lorsqu'elle paraît en public, même si elle n'apprécie guère les habits extravagants, doit avoir la complaisance de se vêtir selon la mode et la langue usuelles du pays, pour autant qu'elles puissent s'accorder avec la vérité et la clarté[1].

L'erreur est venue de ce que l'on a parlé des facultés comme d'autant d'agents distincts et qu'on les a ainsi représentées : si l'on demandait ce qui digérait la viande dans l'estomac, la réponse immédiate et suffisante était *la faculté digestive ;* qu'est-ce qui fait sortir les choses du corps ? *la faculté expulsive ;* qu'est-ce qui meut ? *la faculté motrice*. Et
244 de même pour l'esprit : la *faculté* | *intellectuelle* ou entendement, entendait, et la *faculté élective* ou volonté, voulait ou commandait, ce qui en bref revient à dire que la capacité de digérer digère, la capacité de mouvoir meut et la capacité de comprendre comprend. Car *faculté, capacité, pouvoir* ne sont à mon sens que des noms différents pour la même chose ; et ces expressions mises en termes intelligibles se résument à ceci : la digestion est accomplie par quelque chose qui est capable de digérer, le mouvement par quelque chose capable de mouvoir, et l'entendement par quelque chose capable d'entendre ; et ce serait, effectivement, très étrange s'il en était autrement ; aussi étrange que si un homme était libre sans être capable d'être libre.

§ 21

Mais elle appartient à l'agent ou à l'homme

Pour en revenir à la recherche sur la liberté, je pense que la question n'est pas à proprement parler *la volonté est-elle libre ?* mais *un homme est-il libre ?* Aussi je pense que

1. Cf. 3.9.4, 8.

1) Dans la mesure où, par [m-]l'orientation, par le choix, de son esprit qui préfère[-m] l'existence d'une action à son inexistence et vice versa, quelqu'un peut la faire exister ou ne pas exister, dans cette mesure il est *libre*. Car si je peux, par une pensée dirigeant le mouvement de mon doigt, le faire bouger alors qu'il était immobile ou vice versa, il est évident que sous ce rapport je suis libre; et si je peux, par une pensée analogue de l'esprit qui préfère l'un à l'autre, produire des mots ou du silence, j'ai la liberté de parler ou de rester muet; *et dans les limites de ce pouvoir d'agir ou de ne pas agir par la détermination de la pensée préférant l'un à l'autre, dans ces limites, un homme est libre*. Car comment penser quelqu'un plus libre que lorsqu'il a le pouvoir de faire ce qu'il veut? Et dans la mesure où l'on peut, en préférant une action à son absence ou le repos à une action, produire l'action ou le repos, on peut faire ce qu'on veut. Préférer ainsi une action à son absence, c'est la vouloir; et on ne peut guère imaginer un être plus libre que lorsqu'il est capable de faire ce qu'il veut. Et donc, en ce qui concerne les actions qui sont à la portée de son pouvoir, un homme semble aussi libre qu'il peut l'être grâce à la liberté même.

§ 22

L'homme n'est pas libre quant au vouloir

Mais l'esprit curieux de l'homme, qui veut se débarrasser autant que possible de toute culpabilité, fût-ce au prix d'une
condition pire que celle de la fatale nécessité, | ne s'en satisfait 245
pas. La liberté, si elle ne va pas plus loin, lui sera inutile. Et cela passe pour un thèse valable de dire qu'un homme n'est pas du tout libre s'il n'est pas libre de vouloir autant qu'il ne l'est de faire ce qu'il veut. Et donc à propos de la liberté de l'homme on pose encore cette autre question : « Est-ce qu'un

m. Deuxième édition et suivantes, qui remplace : « choix ou préférence de ».

homme est libre de vouloir ? », c'est à mon sens ce que l'on entend quand on discute de la liberté de la volonté. Et à ce sujet, j'estime que :

§ 23

2)Vouloir ou [n-]une volition[-n], est une action et la liberté consiste dans le pouvoir d'agir ou de ne pas agir ; donc, dès qu'est proposée à la pensée une action possible sur le moment, on ne peut être libre quant au vouloir ou à l'acte de volition. La raison en est évidente : il est inévitable que l'action dépendant de la volonté existe (ou n'existe pas), et, puisque son existence (ou sa non-existence) suit parfaitement de la détermination et de la préférence de la volonté, on ne peut s'empêcher de vouloir l'existence (ou la non-existence) de cette action. Il est absolument nécessaire qu'on veuille l'un ou l'autre, c'est-à-dire qu'on préfère l'un à l'autre, puisque l'un des deux doit s'en suivre nécessairement, et que ce qui s'en suit effectivement s'en suit par le choix et la détermination de l'esprit, c'est-à-dire par le fait qu'on le veuille. Car si l'on ne le voulait pas, cela n'existerait pas, et ainsi en ce cas, quant à l'acte de vouloir, on ne serait pas libre ; la liberté en effet consiste dans le pouvoir d'agir ou de ne pas agir qui fait défaut, quant à la volition, dans une telle situation [1].

[o-]Il est inévitable et nécessaire de préférer faire une action qui est en son pouvoir (ou de s'en abstenir), une fois qu'elle est proposé à la pensée ; on doit nécessairement *vouloir* l'un

n. Cinquième édition, remplace : « choisir ».

o. Quatrième édition et suivante, remplace : « Comme il est nécessaire et inévitable (toute action en son pouvoir est pensée en une fois) de préférer soit de poser soit de s'abstenir, et de cette préférence, l'action ou son omission suit certainement et est authentiquement volontaire. »

1. Coste écrit en note : « Pour bien entrer dans le sens de l'Auteur, il faut toujours avoir dans l'esprit ce qu'il entend par *volition* et *volonté*, comme il l'a expliqué ci-dessus, § 5 et § 15. Cela soit dit une fois pour toutes. »

ou l'autre, et de cette préférence ou volition, l'action ou l'abstention suit certainement ; elle est réellement | volontaire. 246
Mais l'acte de volition, ou le fait de préférer l'un des deux, est ce qu'on ne peut éviter, et donc, du point de vue de cet acte de *vouloir,* on est soumis à la nécessité et donc on ne peut être libre ; sauf si liberté et nécessité peuvent co-exister et si l'on peut être à la fois libre et lié[-o].

§ 24

Voici donc qui est évident : devant toute proposition d'action immédiate, *on n'a pas la liberté de vouloir ou de ne pas vouloir parce qu'on ne peut s'abstenir de vouloir* ; la liberté est en effet dans le pouvoir d'agir ou de s'abstenir d'agir et en cela seulement. Car si l'on reste assis, on dit pourtant qu'on a la liberté parce que l'on peut marcher si on le *veut.* [p-]Si l'on marche, on a aussi la liberté, non pas parce qu'on marche ou qu'on bouge, mais parce qu'on peut rester immobile si on le *veut*[-p]. Mais si l'on est assis et immobile et que l'on n'a pas le pouvoir de se bouger, on n'a pas de liberté ; et de même si l'on tombe dans un précipice, bien qu'on soit en mouvement, on n'a pas de liberté parce qu'on ne pourrait arrêter ce mouvement si on le voulait. Puisqu'il en est ainsi, il est évident que quelqu'un qui marche et à qui l'on propose d'arrêter de marcher, n'a pas la liberté de vouloir ou non se déterminer à marcher (ou à s'arrêter) : il doit nécessairement préférer l'un ou l'autre, marcher ou ne pas marcher.

Ainsi en est-il pour toutes les autres actions en notre pouvoir proposées de cette façon, et qui sont le plus grand nombre. Car à voir le grand nombre d'actions volontaires qui se succèdent au cours de notre vie éveillée, il n'y en a pas beaucoup qui soient pensées ou proposées à la *volonté* avant de devoir être faites. Et dans de telles actions comme je l'ai montré, quant au *vouloir* l'esprit n'a pas le pouvoir d'agir ou

p. Première à quatrième éditions ; supprimé dans la cinquième édition.

de ne pas agir, alors que là est la liberté : en ce cas l'esprit n'a pas le pouvoir de s'abstenir de *vouloir ;* dans ces actions, il ne peut éviter une détermination ; que la considération soit aussi courte ou la pensée aussi rapide que possible, l'esprit conserve ou change l'état antérieur, continue l'action ou l'interrompt. Il est donc manifeste que l'ordre et la direction se font en préférant ou en négligeant l'un par rapport à l'autre, et de ce fait la continuation ou le changement deviennent inévita-
247 blement volontaires. |

§ 25

La volonté est déterminée par quelque chose d'extérieur

Puisque donc il est évident que dans la plupart des cas on ne dispose pas de la liberté de *vouloir* ou de ne pas *vouloir*, la question suivante est : « Dispose-t-on de la liberté de vouloir ce qui plaît entre mouvement et repos ? ». La question est en elle-même si manifestement absurde qu'elle nous convainc que la liberté ne concerne pas la volonté. Car demander si on est libre de vouloir soit le mouvement soit le repos, soit parler soit le silence, bref ce qui plaît, c'est demander si on peut *vouloir* ce qu'on veut, ou se plaire à ce qui plaît : une question qui à mon sens n'a pas besoin de réponse. Ceux qui en font un problème doivent supposer une volonté qui déterminerait les actes d'une autre, et une autre qui déterminerait celle-là, et ainsi de suite à l'infini.

§ 26

Pour éviter ce genre d'absurdités, rien n'est plus utile que d'établir dans l'esprit des [q-]idées déterminées des choses étudiées[-q]. Si les idées de liberté et de volition étaient, comme il le faudrait, bien définies dans l'entendement et toujours présentes à l'esprit lors des discussions à leur sujet, je crois

q. Quatrième édition et suivante, qui remplace : « … notions claires et stables… », traduit par Coste « …idées distinctes et déterminées … ».

qu'une bonne partie des difficultés qui embarrassent la pensée des gens et brouillent leur entendement serait bien plus facilement résolue, et nous repérerions où est l'obscurité engendrée par la signification confuse des termes et où celle engendrée par la nature de la chose.

§ 27
La liberté

D'abord, donc, il faut soigneusement se souvenir du fait que ce qui fait la liberté c'est que l'existence ou la non-existence d'une action dépende de notre volition, et non pas qu'une action ou son contraire dépende de notre préférence. Un homme debout sur une falaise dispose de la liberté de sauter vingt mètres plus bas dans la mer, non pas parce qu'il a le pouvoir de faire l'action contraire (sauter vingt mètres plus haut) qu'il ne peut accomplir, mais il est libre parce qu'il a le pouvoir de sauter ou de ne pas sauter. Mais si une force plus grande que la sienne le retient ou le précipite en bas, en ce cas il n'est plus libre; faire cette action particulière ou s'en abstenir | n'est plus en son pouvoir. Un prisonnier solidement **248**
enfermé dans une pièce de deux mètres-carrés et qui se trouve du côté nord de sa chambre a la liberté de marcher deux mètres vers le sud, parce qu'il peut marcher ou ne pas marcher. Mais en même temps, il n'a pas la liberté de faire le contraire, marcher deux mètres vers le nord.

La liberté consiste donc dans le fait d'être capable d'agir ou de ne pas agir selon ce qu'on choisit ou *veut*.

§ 28
Ce qu'est la volition

[r-]*En second lieu*, nous devons nous souvenir que la *volition* (ou le *vouloir*) est un acte de l'esprit dirigeant sa

r. Du § 28 au § 60, le texte ci-dessus est propre aux éditions deux à cinq ; il remplace les § 28 à 38 de la première édition. On trouvera en note, au fur et à

pensée à la production de n'importe quelle action, et exerçant de ce fait son pouvoir de la produire. Pour ne pas multiplier les termes, je demanderai la permission de comprendre également ici sous le terme d'*action* l'abstention d'une action proposée : *rester assis* ou *demeurer en silence* (quand on propose de marcher ou de parler) sont de simples abstentions, mais elles exigent autant la détermination de la *volonté* et elles ont des conséquences aussi importantes que les actions opposées : elles peuvent pour cette raison être prises assez facilement pour des actions. Je le dis pour ne pas être mal compris
249 lorsque je parlerai ainsi par souci de brièveté[-r]. |

§ 29

Ce qui détermine la volonté

En troisième lieu, la *volonté* n'est autre que le pouvoir de l'esprit d'orienter les facultés opératoires d'un homme au mouvement ou au repos, dans la mesure où elles dépendent d'une telle orientation ; et donc, quand on demande ce qui détermine la volonté, la vraie réponse, c'est : l'esprit ; car ce qui détermine le pouvoir général de diriger dans telle ou telle direction particulière, c'est uniquement l'agent lui-même exerçant son pouvoir de cette façon particulière.

Si l'on n'est pas satisfait de cette réponse, c'est qu'évidemment le sens de la question « qu'est-ce qui détermine la

mesure des sections qui en reprennent des éléments, les passages de la première édition : voir notes des § 28 (ci-dessous), 41, 48, 49, 50, 54, 55, 56, 58.

Texte du § 28 de la première édition : « En second lieu, nous devons nous souvenir que la volition ou le vouloir ne concerne que ce qui est en notre pouvoir, et donc n'est autre que le fait de préférer faire quelque chose à ne pas le faire : l'action au repos, ou l'inverse. Bien ; mais qu'est-ce que préférer ? Ce n'est rien d'autre que d'être plus satisfait par l'un que par l'autre. Est-on donc indifférent au fait d'être satisfait ou insatisfait par une chose plus que par une autre ? Cela dépend-il du choix de vouloir ou de ne pas vouloir être plus satisfait d'une chose que d'une autre ? A cette question, l'expérience de chacun, je pense, amène à répondre non. Il s'ensuit que » … (suite au § 29 de la première édition, en note du § 41 de ce texte).

volonté ? » est : « qu'est-ce qui meut l'esprit à déterminer en chaque cas particulier son pouvoir général de diriger vers tel mouvement ou tel repos particuliers ? » Et à cette question, je réponds : le motif pour persévérer dans le même état ou la même action n'est que la satisfaction effective qu'on y trouve ; et le motif pour en changer est toujours un *malaise* [1] ; rien ne nous fait changer d'état ou d'action si ce n'est un *malaise* ; c'est le grand motif qui travaille l'esprit pour le mettre à l'action – action que, par souci de brièveté, j'appellerai *déterminer la volonté*, je vais m'en expliquer plus longuement.

§ 30

Volonté et désir ne doivent pas être confondus

Mais pour y parvenir il faut faire quelques remarques préliminaires : j'ai tenté plus haut d'exprimer l'acte de *volition* par *choisir, préférer* et des termes semblables qui signifient le désir aussi bien que la volition, faute d'autres termes pour marquer cet acte de l'esprit dont le nom propre est *vouloir* ou *volition*. C'est pourtant un acte très simple : qui désire comprendre ce qu'il est, le découvrira en réfléchissant sur son propre esprit, en observant ce qu'il fait quand il *veut*, bien mieux qu'à l'aide de quelque ensemble de sons articulés.

Cette vigilance à l'égard de toute mystification par des expressions qui ne préserveraient pas assez la différence entre la volonté et divers actes de l'esprit qui en sont tout à fait distincts, est à mon sens des plus nécessaires. Car je vois la volonté souvent confondue avec plusieurs autres affections, et spécialement avec le *désir*, et l'une mise pour l'autre ; ceci

1. Coste, qui traduit *Uneasiness* par *Inquiétude* ajoute la note suivante : « *Uneasiness*. C'est le mot anglais que le terme d'*Inquiétude* ne rend qu'imparfaitement. Voyez ce que j'ai dit ci-dessus dans une note sur ce mot, chap. XX, § 6 p.(…). Il importe surtout ici d'avoir dans l'esprit ce qui a été remarqué dans cet endroit, pour bien entendre ce que l'auteur va dire dans le reste de ce chapitre sur ce qui nous détermine à cette suite d'actions dont notre vie est composée. » Voir notes à 2.7.1, 2.20.6 et 2.21.31.

chez des gens qui n'accepteraient pas d'être critiqués pour leur
250 absence de notions | distinctes des choses et d'exposition claire sur le sujet[1]. Cette confusion n'a pas été, je pense, une occasion négligeable d'obscurités et d'erreurs sur la question, et il faut donc autant que possible l'éviter. Car celui qui réfléchira sur ce qui se passe en son esprit quand il *veut*, verra que la volonté (ou pouvoir de volition) ne porte [s-]que sur nos propres actions ; elle s'y accomplit et n'a pas d'autre portée, et cette *volition* n'est autre[-s] que la détermination particulière de l'esprit par laquelle, en une simple pensée, il s'efforce de donner naissance, suite, ou congé à une action qu'il estime en son pouvoir.

Si l'on y réfléchit, il devient clair que la *volonté* est parfaitement distincte du *désir :* dans la même action, le désir peut avoir une orientation tout à fait différente de celle que notre *volonté* nous donne. Quelqu'un peut m'obliger, sans que je puisse refuser, à utiliser envers autrui de moyens de persuasion dont je peux souhaiter au moment où je lui parle qu'ils n'aient pas d'influence ; en ce cas, il est évident que *volonté* et *désir* s'opposent : je veux l'action qui va dans un sens tandis que mon désir va dans un autre. Quelqu'un qui se sent délivré par un violent accès de goutte d'un assoupissement ou d'un manque d'appétit, désire être libéré également de sa douleur aux pieds ou aux mains (car où il y a douleur, il y a désir d'en être délivré), et pourtant il appréhende que la suppression de la douleur puisse déplacer l'humeur dangereuse vers une partie plus vitale, si bien que sa volonté n'est plus déterminée à aucune action qui puisse ôter sa douleur. D'où il est évident que *désirer* et *vouloir* sont deux actes

s. Deuxième à quatrième éditions seulement ; omis dans la 5e édition.

1. Coste précise en note : « Mr Locke en vouloit ici au P. Malebranche » ; cf. *Recherche*, 4.2.1.

distincts de l'esprit et que par conséquent la *volonté* qui n'est que le pouvoir de *volition* est plus distincte encore du *désir*.

§ 31

Le malaise détermine la volonté

Revenons donc à notre recherche quant à ce qui, dans le champ de l'action, détermine la volonté. Après avoir réexaminé la question, je suis porté à croire que ce n'est pas, comme on le suppose ordinairement, le plus grand bien envisagé mais un *malaise* (souvent le plus pressant) | auquel on est actuellement 251
soumis ; c'est ce qui successivement détermine la volonté et nous porte aux actions que nous faisons. Ce *malaise*, on peut le nommer d'après ce qu'il est : *désir*, *malaise* de l'esprit dû à un bien absent ; toute douleur du corps quelle qu'elle soit, toute inquiétude de l'esprit, est un *malaise*, et il lui est toujours joint un désir égal à la douleur (ou *malaise*) ressentie, qui n'en est guère discernable. Car le *désir* n'étant que *malaise* par manque d'un bien absent, ce bien absent (par analogie à toute douleur ressentie) c'est d'être à l'aise ; et tant que cet aisance n'est pas atteinte, on peut appeler *désir* ce malaise – car personne ne ressent de douleur sans souhaiter en être délivré [1], avec un désir égal à la douleur et inséparable de lui.

Le désir est malaise

Outre le désir d'être délivré de la douleur, il en est aussi un autre, le désir d'un bien positif absent ; ici aussi le désir et le *malaise* sont égaux : autant l'on désire un bien absent, autant on

1. L'anglais utilise l'expression : « to be eased of », qui reprend *ease* et *uneasiness*. Coste, qui traduit le premier par *quiétude* et le second par *inquiétude*, ajoute une note sur les difficultés de traduction : « *Ease* est le mot Anglois dont se sert l'auteur pour exprimer cet *état de l'Âme lorsqu'elle est à son aise*. Le mot de *quiétude* ne signifie peut-être pas exactement cela, non plus que celui d'*inquiétude* l'état contraire. Mais je ne puis faire autre chose que d'en avertir le lecteur, afin qu'il y attache l'idée que je viens de marquer. C'est de quoi je le prie de se bien ressouvenir, s'il veut entrer exactement dans la pensée de l'auteur ».

vit douloureusement son absence. Pourtant un bien absent ne produit pas une douleur en rapport avec la grandeur qu'il a ou qu'il est censé avoir, alors que toute douleur produit un désir qui lui est égal ; l'absence d'un bien n'est en effet pas toujours une douleur, alors que la présence d'une douleur l'est. Et donc on peut envisager un bien absent sans désir ; mais dans la mesure où quelque part il y a du désir, il y a du *malaise*.

§ 32

Que le désir soit un état de *malaise*, sera vite découvert par toute personne qui réfléchit sur lui-même. Qui n'a senti dans le *désir* ce que le Sage dit de l'espoir (qui n'en est pas très différent) : « espoir différé, langueur du cœur »[1], et ceci, proportionnellement à la grandeur du *désir* qui parfois excite le *malaise* au point de faire crier « donne-moi des enfants (donne-moi la chose désirée) ou je meurs »[2] ? La vie même et tous ses délices sont un fardeau qui ne peut être supporté sous
252 la longue et durable pression d'un tel *malaise*.|

§ 33

Le malaise du désir détermine la volonté

Le bien et le mal, présents ou absents, agissent sur l'esprit, c'est vrai ; mais ce qui de temps à autre détermine immédiatement la *volonté* à chaque acte volontaire, c'est le *malaise* du *désir* fixé sur un bien absent, négatif (comme l'indifférence à quelqu'un qui souffre), ou positif (comme la jouissance d'un plaisir). Que ce soit ce *malaise* qui détermine la volonté aux actions volontaires successives dont est faite la plus grande part de la vie et qui nous mènent par des voies diverses à des buts divers, je vais tenter de le montrer par l'expérience aussi bien que par la raison de la chose.

1. *Proverbes*, 13.12.
2. *Genèse*, 30.1.

§ 34

C'est le ressort de l'action

Quand on est parfaitement satisfait de son état (c'est-à-dire quand on est absolument sans *malaise*), quelle activité, quelle action, quelle *volonté* y-a-t-il encore, si ce n'est de persévérer ? L'observation personnelle suffira à chacun. C'est pourquoi nous voyons le Créateur très sage, attentif à notre constitution et sachant ce qui détermine la *volonté*, mettre en l'homme le *malaise* de la faim, de la soif et d'autres désirs naturels qui reviennent en leur temps, pour mouvoir et déterminer sa *volonté* en faveur de sa conservation personnelle et de la continuité de l'espèce. Car on peut penser que si la simple contemplation de fins bonnes (à laquelle nous sommes portés par ces divers *malaises*) avait été suffisante pour déterminer la *volonté* et nous mettre à l'œuvre, nous n'aurions eu aucune de ces douleurs naturelles, et peut-être en ce monde peu ou aucune douleur. *Il vaut mieux se marier que brûler*, dit saint Paul[1], et l'on peut y voir ce qui détermine d'abord l'homme à la jouissance de la vie conjugale ; la sensation d'une petite brûlure a plus de pouvoir sur nous que la perspective des plaisirs les plus grands.

§ 35

Ce n'est pas le plus grand bien positif qui détermine la volonté, mais le malaise

Le bien, le plus grand bien, détermine la volonté est une maxime qui paraît si bien établie sur le consentement général de l'humanité entière que je ne suis nullement étonné de l'avoir prise pour assurée lors de la première publication de
mes pensées sur la question. | Et beaucoup, je pense, esti- 253
meront plus excusable d'avoir alors fait ainsi, que d'oser maintenant prendre mes distances avec une opinion si commune.

1. *1re Epître aux Corinthiens*, 7.9.

Pourtant une enquête plus approfondie me contraint de conclure que, le *bien*, le *plus grand bien*, même appréhendé et reconnu comme tel, ne détermine pas la *volonté* tant que le désir suscité en proportion ne nous a pas rendu *mal à l'aise* de son absence. Persuadez un homme, tant qu'il vous plaira, que l'abondance a des avantages sur la pauvreté, faites lui voir et reconnaître que les agréables commodités de la vie sont meilleures qu'une pénurie sordide – et pourtant aussi longtemps qu'il se satisfait de cet état, qu'il n'y trouve aucun *malaise*, il ne change pas ; sa *volonté* n'est jamais déterminée à une action qui l'en ferait sortir. Qu'un homme soit le plus possible convaincu des avantages de la vertu, de sa nécessité pour celui qui se propose de grandes choses en ce monde ou qui a de grands espoirs pour le monde à venir, nécessité aussi grande que celle de la nourriture pour la vie – et pourtant aussi longtemps qu'il n'est pas « assoiffé et affamé de justice »[1] qu'il ne ressent pas le *malaise* de son absence, sa *volonté* ne sera déterminée à aucune action d'acquisition de ce plus grand bien qu'il reconnaît – au contraire, tout autre *malaise* ressenti prendra sa place et portera sa *volonté* vers d'autres actions. D'un autre côté, qu'un ivrogne voie que sa santé se détériore, que ses biens se perdent, que le discrédit, les maladies et le besoin de tout, y compris de sa boisson chérie, le guettent dans la vie qu'il mène – malgré cela, le retour du *malaise* devant l'absence de ses compagnons, le désir accoutumé de son petit verre à l'heure habituelle le ramènent à la taverne bien qu'il ait devant les yeux la perte de la santé, de ses biens et peut-être des joies d'une autre vie ; et le moindre de ses biens n'est pas méprisable : il reconnaît au contraire qu'il est bien plus grand que le picotement du vin sur son palais ou les conversations oiseuses d'une bande d'éponges. Ce n'est pas faute d'avoir vu le plus grand bien, car il le voit et le confesse, et entre ses moments d'ivresse il prendra la résolution de

1. *Matthieu*, 5.6.

poursuivre le plus grand bien; mais quand le *malaise* dû à la
privation de son plaisir habituel revient, le | plus grand bien 254
reconnu perd son emprise et le *malaise* présent détermine la *volonté* à l'action accoutumée; celle-ci gagne ainsi plus de poids pour l'occasion suivante, alors qu'il se fait en même temps la promesse secrète de ne plus agir ainsi : c'est la dernière fois qu'il agira contre la possession des plus grands biens. Ainsi est-il, de temps à autres, dans l'état de ce malheureux qui se plaignait : « Je vois le meilleur, je l'approuve et je fais le pire »[1] : phrase dont la vérité et la validité sont reconnues par l'expérience constante, phrase qui peut ainsi – et sans doute pas autrement – être rendue aisément intelligible.

§ 36

Car ôter le malaise, c'est le premier pas vers le bonheur

Si l'on cherche la raison de ce que l'expérience rend si évident en fait, et si on examine pourquoi c'est le *malaise* seul qui agit sur la volonté et la détermine dans ses choix, on verra que seule une détermination à la fois peut mener la volonté à une action, et que donc le *malaise* présent que nous subissons, détermine naturellement la volonté au bonheur que nous cherchons tous dans nos actions. Car, dans la mesure où nous subissons un *malaise*, nous ne pouvons nous sentir ni heureux ni sur la voie du bonheur. La douleur et le *malaise* sont ressentis et inférés par chacun comme incompatibles avec le bonheur, ternissant même le goût des bonnes choses; un peu de douleur corrompt tout le plaisir qui nous réjouit. Et donc ce qui déterminera le choix de notre *volonté* pour l'action suivante sera toujours l'éloignement de la douleur, jusqu'à la fin, première étape indispensable vers le bonheur.

1. Ovide, *Métamorphoses*, VII, 20-1.

§ 37

Car le malaise seul est présent

Une autre raison pour laquelle seul le *malaise* détermine la volonté peut être que lui seul est présent, et qu'il est contre la nature des choses que ce qui est absent agisse où il n'est pas[1]. Peut-être répondra-t-on que la contemplation peut faire revenir le bien absent dans l'esprit et le rendre présent; l'idée de ce bien peut effectivement être dans l'esprit et envisagée là
255 comme présente; mais il n'y aura rien dans | l'esprit comme bien présent, capable de contre-balancer l'éloignement du *malaise* auquel on est soumis tant qu'il ne suscite pas le désir; et le *malaise* qui en résulte prévaut dans la détermination de la *volonté*. Jusqu'alors, l'idée dans l'esprit de n'importe quel bien n'y est que comme les autres idées: objet de pure spéculation inactive; elle n'agit pas sur la volonté et ne met pas à l'œuvre – j'en donnerai la raison par la suite. Combien de gens à qui l'on a représenté en tableaux vivants les joies indicibles du ciel, les ont reconnues à la fois possibles et probables, et se contentent pourtant de s'occuper de leur bonheur ici-bas? Le *malaise* dominant de leurs désirs, attachés aux plaisirs de cette vie, déterminent tour à tour la *volonté* et pendant ce temps ils ne font pas un pas, ils ne se meuvent pas d'un iota vers les bonnes choses de l'autre vie, considérées comme infiniment plus grandes.

§ 38

Car ceux qui reconnaissent possibles les joies du Ciel ne les cherchent pas

Si la *volonté* était déterminée par la vision du bien, tel qu'il apparaît (plus ou moins grand) à l'entendement qui le contemple (comme c'est le cas de tout bien absent), et si le bien était comme le suppose l'opinion commune ce qui meut et oriente la *volonté*, je ne vois pas comment la *volonté* pourrait jamais se détacher des joies infinies et éternelles du

1. La physique mécaniste refusait l'action à distance.

ciel, une fois celles-ci proposées et jugées possibles. Car tout bien absent – qui du seul fait d'être proposé et perçu déterminerait la volonté, mettant ensuite à l'action – n'est qu'un bien possible, et non un bien infailliblement certain; il est donc inévitable que le bien infiniment plus grand qui est possible détermine la volonté avec constance et régularité, et que l'on continue sa course vers le ciel avec constance et permanence, sans jamais s'arrêter ni orienter ses actions vers un autre but : la condition éternelle d'un état futur dépasse infiniment l'espoir de richesse, d'honneur ou de tout plaisir temporel autre que l'on pourrait se proposer, même si l'on reconnaissait que ces plaisirs sont ceux que l'on atteindra avec le plus de probabilité. Car rien de ce qui est à venir | n'est encore possédé **256**
et donc l'attente de ces biens mêmes peut être déçue. Si effectivement le plus grand bien envisagé déterminait la volonté, un tel bien ne pourrait que s'emparer de la volonté dès sa présentation et la maintenir à la poursuite de ce bien qui passe infiniment tout bien, sans jamais plus s'en écarter. La volonté a un pouvoir sur les pensées et les dirige autant que les autres actions; et, s'il en était ainsi, elle attacherait donc l'esprit à la contemplation de ce bien.

Tel serait l'état de l'esprit et la pente ordinaire de la *volonté* dans toutes ses orientations, si elle était déterminée par ce qui est pensé et vu comme le plus grand bien. Mais qu'il n'en est pas ainsi, l'expérience le laisse percevoir [1] : le bien que l'on dit le plus grand est souvent négligé, pour apaiser les *malaises* successifs provoqués par notre désir en quête de bagatelles. Au contraire, alors que le plus grand bien reconnu, éternel et inexprimable, qui parfois a mu et affecté l'esprit, ne domine pas de façon constante la *volonté*, nous voyons que n'importe quel *malaise* important, une fois son emprise assurée sur la *volonté*, ne lui laisse pas de répit; voilà de quoi nous convaincre quant à ce

1. Coste traduit : « Mais c'est ce qui ne paraît pas clairement par l'expérience. »

qui détermine la *volonté*. Ainsi, n'importe quelle douleur corporelle violente, l'indomptable passion d'un homme follement amoureux, ou le désir impatient de vengeance, gardent la volonté absorbée, à l'arrêt. La volonté ainsi déterminée ne permet jamais à l'entendement d'abandonner son objet; toutes les pensées de l'esprit, tous les pouvoirs du corps, sont employés sans relâche en ce sens, sous l'influence de ce *malaise* débordant, aussi longtemps qu'il dure. Il me semble dès lors évident que la volonté, pouvoir de nous mettre à l'action en un sens plutôt qu'un autre, est déterminée en nous par le *malaise*. Et je voudrais que chacun observe s'il n'en est pas ainsi en lui.

§ 39

Le désir accompagne tout malaise

Je me suis surtout attaché jusqu'ici au cas du *malaise* lié au désir, comme ce qui détermine la *volonté*, parce que c'est le plus important et le plus perceptible; la *volonté* détermine rarement une action – et aucune action volontaire n'est accomplie – sans
257 qu'un *désir* ne l'accompagne |. C'est à mon sens la raison pour laquelle la *volonté* et le *désir* sont si souvent confondus. Il ne faut pourtant pas considérer les autres *malaises*, qui constituent ou au moins accompagnent la plupart des autres passions, comme totalement exclus. *L'aversion*, *la peur*, *la colère*, *l'envie*, *la honte*, etc., ont aussi chacune leur *malaise* et influencent ainsi la *volonté*. Dans la vie et la pratique, aucune de ces passions n'est simple et isolée, totalement séparée des autres; pourtant habituellement, dans les exposés et les réflexions, la passion la plus forte et la plus manifeste dans l'état présent de l'âme, donne son nom à l'ensemble.

Je pense même qu'il n'y a guère de passions sans *désir* qui lui soit lié. Partout où il y a *malaise*, il y a certainement désir, car nous désirons constamment le bonheur et dans la mesure où nous éprouvons du *malaise*, il est certain que nous manquons de bonheur à notre point de vue, quels que soient par ailleurs notre état et notre condition. En outre, le moment présent n'est pas pour nous éternel [1], et donc, quel que soit le plaisir ressenti, nous regardons au delà du présent et le désir accompagne notre anticipation, ce qui entraîne aussi la *volonté*. Ainsi, dans la *joie* elle-même, ce qui maintient l'action qui réjouit, c'est le désir de la conserver et la peur de la perdre. Et quand un plus grand *malaise* intervient dans l'esprit, la *volonté* est par là immédiatement déterminée à une nouvelle action, et la jouissance présente est négligée.

§ 40

Le malaise le plus pressant détermine naturellement la volonté

Mais, puisqu'en ce monde nous sommes assiégés de *malaises* divers et distraits par différents *désirs*, la question suivante sera naturellement : « Quel est celui qui, dans la détermination de la *volonté* à l'action ultérieure, a la primauté ? » ; et à cette question, la réponse est : « Normalement, le plus pressant parmi ceux dont on estime pouvoir se libérer ». Car la *volonté* est le pouvoir de diriger nos facultés opératoires vers une certaine action dans un certain but ; aussi, ne peut elle à aucun moment être mise en branle par ce qu'on estime à ce moment inaccessible ; ce serait supposer qu'à dessein un être intelligent vise un but uniquement à | peine perdue (ce à quoi revient d'agir 258
pour ce que l'on estime inaccessible). C'est pourquoi de très grands *malaises* ne meuvent pas la volonté quand ils sont jugés incurables : en ce cas, ils ne mobilisent pas nos efforts. Mais ceci mis à part, c'est le *malaise* le plus important et le plus pressant ressenti sur le moment qui normalement détermine la *volonté* dans la suite d'actions volontaires qui constituent notre vie. Le plus grand *malaise* présent est l'aiguillon de l'action constamment ressenti et déterminant pour la plus grande part la *volonté*

1. Coste, qui traduit à traduit à tort : « Notre Éternité ne dépend pas du moment présent », exprime sa difficulté à traduire et ajoute une note où il signale qu'il a lu à Locke sa traduction qui n'a rien trouvé à redire à ce passage.

dans le choix de l'action ultérieure. Nous devons toujours avoir à l'esprit que l'objet propre et unique de la volonté, c'est une de nos actions et rien d'autre; et puisqu'en la *voulant* nous ne produisons rien d'autre qu'une action qui est en notre pouvoir, là est le terme de la *volonté*, qui ne va plus loin.

§ 41

Tous désirent le bonheur

[t]Si l'on demandait ensuite ce qui meut le *désir*, je répondrais : le bonheur et lui seul. *Bonheur* et *Malheur* sont

t. Dans la première édition, le § 29 (suite de § 28 en note du § 28 de ce texte) défendait une thèse qui sera corrigée dans les § 41 et 42 des éditions suivantes : « En troisième lieu, la volonté ou préférence est déterminée par quelque chose extérieure à elle. Voyons par quoi. Si la volonté consiste seulement à être plus satisfait, comme on l'a montré, il est facile de savoir ce qui détermine la volonté, ce qui satisfait le plus : chacun sait que c'est le bonheur, ce qui en fait partie ou y collabore ; et c'est ce que l'on appelle *Bien*. *Bonheur* et *Malheur* sont les noms de deux opposés, dont on ignore les limites ultimes : c'est « ce que l'œil n'a pas vu, ce que l'oreille n'a pas entendu, ce qui n'est pas monté dans le cœur de l'homme » Mais nous avons des impressions très vives de certains degrés de l'un et de l'autre, produites par de nombreux cas de volupté et de joie d'un côté, de tourment et de chagrin de l'autre ; pour abréger, je les comprendrai sous le nom de plaisir et de douleur, plaisir et douleur de l'esprit aussi bien que du corps. « Avec lui, plénitude de joie, et délices éternelles ». Ou, en vérité, ils sont tous de l'esprit, même si certains ont leur source dans l'esprit du fait de la pensée et d'autres dans le corps du fait du mouvement. Le bonheur est le plaisir le plus grand dont nous soyons capable, et le malheur la douleur la plus grande. Or, du fait que le plaisir et la douleur sont produits en nous par l'opération en différents degrés de certains objets sur l'esprit ou sur le corps, ce qui est capable de nous produire du plaisir est ce pour quoi nous peinons et que nous appelons *bien*, et ce qui est capable de nous procurer de la douleur, nous l'évitons et l'appelons *mal ;* la seule raison en est l'aptitude à procurer du plaisir ou de la douleur, en quoi consiste notre bonheur ou notre malheur. En outre, parce que les degrés de plaisir et de douleur peuvent aussi être préférés à juste titre, même si ce qui est capable de produire un degré quelconque de plaisir est bien en soi, et même si ce qui est capable de produire un degré quelconque de douleur est mal, il arrive souvent que nous ne les nommions pas ainsi quand ils entrent en compétition avec un bien ou un mal plus grand dans son genre. Et donc, si l'on

les noms de deux opposés, dont nous ignorons les limites extrêmes : c'est « ce que l'œil n'a pas vu, ce que l'oreille n'a pas entendu, ce qui n'est pas monté dans le cœur de l'homme »[1] ; mais nous avons des impressions très vives de certains degrés de l'un et de l'autre, produites par de nombreux cas de volupté et de joie d'un côté, de tourment et de chagrin de l'autre. Pour abréger, je les inclurai sous les noms de plaisir et de douleur, et il y a plaisir et douleur de l'esprit aussi bien que du corps : « Avec lui, plénitude de joie, plaisir éternel »[2] ; ou, plus exactement, plaisir et douleur relèvent tous de l'esprit, même si certains ont leur source dans l'esprit du fait de la pensée et d'autres dans le corps du fait de certaines modifications du mouvement.

§ 42

Ce qu'est le bonheur

Le *bonheur* donc, dans toute son étendue, est le plaisir maximal dont nous soyons capables, et le malheur la douleur maximale. Le plus bas niveau de ce qu'on peut nommer *bonheur* est une libération de toute douleur et un plaisir présent, tels que sans eux il est impossible d'être satisfait.
Plaisir et douleur sont produits en nous par | l'action de 259
certains objets sur l'esprit ou sur le corps selon des intensités différentes ; aussi appelons-nous *bien* ce qui a la capacité de nous procurer du plaisir, et *mal* ce qui est capable de nous procurer de la douleur, avec, pour seule raison, leur aptitude à

estime correctement ce qu'on appelle *bien* et *mal*, on verra que beaucoup tient à la comparaison : la cause de tout degré plus élevé de plaisir a la nature du bien et réciproquement, et c'est ce qui détermine le choix et provoque la préférence. Le bien donc, le plus grand bien est cela seul qui détermine la volonté. » (suite de la première édition en note du § 48).

1. *1re Épître aux Corinthiens*, 2.9.
2. *Psaumes*, 16.11.

procurer du plaisir ou de la douleur, en quoi consistent notre *bonheur* ou notre *malheur*.

En outre, même si ce qui est capable de produire un niveau quelconque de plaisir est *bien* en soi, et ce qui est capable de produire un niveau quelconque de douleur est *mal*, il arrive souvent que nous ne les nommions pas ainsi quand ils entrent en compétition avec un bien ou un mal plus grands dans leur genre : quand il y a rivalité, on est amené à juste titre à avoir des préférences, et il en est de même entre les degrés de plaisir et de douleur. Si donc on veut évaluer correctement ce qu'on entend par *bien* et *mal*, on verra que cela réside en grande partie dans la comparaison : la cause de tout degré moindre de douleur, autant que celle de tout degré supérieur de plaisir, a la nature de *bien*, et *vice versa*.

§ 43

Quel bien est désiré, et quel bien ne l'est pas

Voila ce qu'on appelle *bien* et *mal* ; et le bien est l'objet propre du *désir* en général. Pourtant un bien perçu et reconnu comme tel ne motive pas nécessairement le *désir* de chaque homme ; seule motive ce qui est en lui considéré comme une part nécessaire du bonheur. Tout autre bien, quelle que soit sa grandeur effective ou manifeste, n'excite pas le *désir* de celui qui ne le considère pas comme élément du bonheur apte, pour le moment, à le satisfaire. Le *bonheur*, selon cette conception, chacun le poursuit perpétuellement et *désire* ce qui en fait partie ; d'autres choses tenues pour bonnes, il peut les regarder sans *désir*, les négliger, être content sans elles.

Personne, je pense, ne manque de bon sens au point de nier qu'il y ait un plaisir de la connaissance, et les plaisirs des sens ont trop de serviteurs pour qu'on se demande si les hommes y sont ou non attachés ; or, supposons que quelqu'un place sa satisfaction dans les plaisirs sensuels et un autre dans les plaisirs de la connaissance : chacun des deux ne peut pas ne
260 pas reconnaître dans le but de l'autre un grand plaisir, | et

pourtant aucun des deux ne fait de la jouissance de l'autre un élément de son bonheur; leur *désir* n'est donc pas sollicité; chacun est satisfait, sans avoir ce que l'autre possède et sa volonté n'est donc pas déterminée à le chercher. Mais dès que le studieux, dont la *volonté* n'a jamais été déterminée à souhaiter la bonne chère, les sauces relevées ou les bons vins, par le goût agréable qu'il y décelait, devient *mal à l'aise* à cause de la faim ou de la soif, il est déterminé à manger et à boire immédiatement la nourriture simple qu'il trouve, peut-être avec indifférence. D'un autre côté, l'épicurien s'attelle au travail quand la honte ou le désir de se faire bien voir de sa maîtresse le rendent *mal à l'aise* par manque de savoir.

Ainsi, bien que les gens soient appliqués et constants dans la poursuite du bonheur, ils peuvent avoir une claire vision d'un bien excellent, le reconnaître pour tel et ne pas être concerné ni motivé par lui, s'ils pensent qu'ils peuvent construire sans lui leur bonheur. Quant à la douleur, elle concerne toujours les gens : on ne peut ressentir aucun *malaise* sans être motivé. Pour cette raison, on est toujours *mal à l'aise*[1] quand manque ce qu'on estime nécessaire pour le bonheur; et, dès qu'un bien semble participer à sa part de bonheur, on commence à le *désirer*.

§ 44

Pour quelle raison le plus grand bien n'est pas toujours désiré

Chacun, je pense, peut l'observer en lui comme chez les autres : le *plus grand bien visible* n'engendre pas toujours des désirs humains proportionnels à la grandeur qu'il paraît avoir et qu'on lui reconnaît, alors que n'importe quelle incommodité mineure motive et fait agir pour s'en libérer. La raison en est évidente; elle tient à la nature de notre *bonheur* et de notre *malheur* mêmes.

1. Note de Coste : « *Uneasie*, c'est-à-dire *non à leur aise*, s'il était permis de parler ainsi, ou *mésaises*, comme on a parlé autrefois ».

Une douleur présente, quelle qu'elle soit, fait partie de notre *malheur* présent; mais un bien absent ne fait à aucun moment nécessairement partie de notre *bonheur* actuel et son absence ne fait pas partie de notre *malheur*. Si c'était le cas, nous serions perpétuellement et infiniment malheureux, car il
261 y a une infinité de degrés de bonheur que | nous ne possédons pas. Dès que tout *malaise* est écarté, une dose modérée de bien suffit à contenter les gens sur le moment, et une suite de plaisirs de faible intensité dont ils jouissent normalement font un bonheur dont ils peuvent se satisfaire. Si ce n'était pas le cas, il n'y aurait pas place pour ces actions indifférentes [1] manifestement frivoles qui déterminent si souvent la *volonté*, où l'on gaspille volontairement une si grande partie de la vie; un tel relâchement ne peut d'aucune façon s'accorder avec une détermination constante de la *volonté* ou du *désir* en faveur du plus grand bien apparent.

Qu'il en soit ainsi, peu de gens ont besoin, je pense, d'aller bien loin de chez eux pour en être convaincus. De fait, il y en a peu dont le bonheur en cette vie soit tel qu'il leur apporte une suite constante de plaisirs modérés sans mélange de *malaise*; ils seraient pourtant heureux de rester sur terre pour toujours, même s'ils ne peuvent nier que peut-être il existe un état de joies durables et éternelles après cette vie, bien au-delà de tout bien que l'on peut trouver ici. Plus, il ne peuvent ignorer que cet état est plus probable que l'acquisition et le maintien de cette maigre ration d'honneurs, de richesses ou de plaisirs qu'ils cherchent, et pour lequel ils délaissent l'état éternel. Et pourtant, saisissant parfaitement cette différence, se contentant de la possibilité d'un bonheur parfait, durable et assuré dans un état futur, tout à fait convaincus qu'on ne peut l'atteindre ici, ils limitent leur bonheur à quelque petite jouissance, à un but en cette vie, et ils refusent de faire des joies du Ciel un élément de leur bonheur : aussi

1. Au sens de l'époque : actions inutiles au salut mais non illicites.

leurs désirs ne sont-ils pas motivés par ce plus grand bien apparent et leur *volonté* n'est-elle déterminée à aucune action ni aucun effort pour l'atteindre.

§ 45
Pourquoi, sans désir, il ne meut pas la volonté

Les besoins ordinaires de la vie emplissent une bonne part de l'existence de *malaises* (*faim, soif, chaleur, froid, fatigue* au travail, *lassitude* face à leur retour perpétuel, etc.) ; ajoutons à cela les maux accidentels, ainsi que les *malaises* fantasmatiques (la course aux *honneurs*, aux *pouvoirs*, aux *richesses*,
etc.) installés en nous par les habitudes de la mode, | de 262
l'exemple et de l'éducation, plus encore un millier d'autres désirs déréglés que l'accoutumance nous fait prendre pour naturels : nous verrons alors que seule une toute petite partie de la vie est suffisamment exempte de ces *malaises* pour nous laisser à l'écoute d'un bien absent plus éloigné. Nous sommes rarement assez à l'aise et assez protégés de la sollicitation des désirs naturels ou acquis pour que la *volonté* ne soit pas dominée tour à tour par une succession constante de *malaises*, issus des besoins naturels ou des habitudes acquises amassés; à peine exécutée l'action à laquelle une détermination de la *volonté* nous attachait, aussitôt un autre *malaise* est prêt à nous mettre à l'œuvre.

Ôter les douleurs qui oppriment sur le moment, c'est se sortir du malheur et donc la première chose à faire pour être heureux ; or un bien absent, même s'il est réfléchi, reconnu et estimé, ne fait pas partie de ce malheur ; il est donc écarté, pour laisser place à l'élimination des *malaises* ressentis; ceci jusqu'à ce qu'un examen attentif et répété rapproche de l'esprit ce bien absent, lui confère de la saveur et suscite en nous du désir ; ce désir commence alors à faire partie de notre *malaise* présent, il vient à égalité avec les autres et doit être satisfait; selon sa grandeur et son poids, il en vient alors à déterminer à son tour la *volonté*.

§ 46

Examiner comme il le faut suscite le désir

Ainsi, examiner comme il le faut un bien proposé donne le pouvoir de susciter les désirs en juste rapport avec la valeur de ce bien; ainsi peut-il, à son tour et à sa place, agir sur la *volonté* et être poursuivi. Car même un bien apparaissant comme le plus grand et reconnu comme tel n'atteint pas la *volonté* tant qu'il n'a pas suscité en l'esprit des désirs et ne nous a pas rendu *mal à l'aise* de son manque : auparavant nous ne sommes pas dans sa sphère d'activité puisque la *volonté* n'est déterminée que par les *malaises* qui nous sont présents, mais dès qu'ils sont là, ils nous sollicitent constamment, prêts à donner à la *volonté* sa détermination suivante. L'hési-
263 tation |, quand elle existe, n'est que de savoir quel désir sera le premier satisfait et quel *malaise* le premier supprimé.

Voilà pourquoi, tant qu'un *malaise* ou un désir demeurent à l'esprit, il n'y a aucune latitude pour que le *bien* comme tel parvienne à la *volonté* et la détermine en quoi que ce soit. Car, on l'a dit, le premier pas de nos efforts vers le bonheur est de nous sortir complètement des confins du malheur, et de n'en plus rien éprouver; et donc la *volonté* ne peut se consacrer à rien, tant que le moindre *malaise* ressenti n'est pas totalement éradiqué; mais, dans la multitude de besoins et de désirs qui nous assiègent en cet état d'imperfection, nous risquons de ne jamais en être libérés en ce monde.

§ 47

Le pouvoir de suspendre l'exécution de tout désir laisse place à l'examen

Puisqu'un grand nombre de *malaises* constamment nous pressent et tentent de déterminer la volonté, il est naturel, je l'ai dit, que le *malaise* le plus grand et le plus fort détermine la *volonté* à l'action prochaine. Il y réussit en général, mais pas toujours; car la plupart du temps, l'expérience le montre, l'esprit a le pouvoir de *suspendre*[1] l'exécution et la satisfaction de n'importe quel désir et donc de chacun à son tour ; il a ainsi la liberté d'en étudier l'objet, de les examiner sous toutes leurs faces, de les comparer à d'autres.

C'est là que réside la liberté de l'homme ; et c'est du mauvais usage de cette liberté que provient cette grande diversité d'erreurs, d'égarements, de fautes où l'on se précipite en passant sa vie à la recherche du bonheur, dès que l'on brusque la décision de la volonté et que l'on s'engage trop vite, sans examen nécessaire. Pour l'éviter, on a le pouvoir de *suspendre* l'exécution de tel ou tel désir, comme tout un chacun peut quotidiennement l'expérimenter en lui.

Ceci me semble être la source de toute liberté, et ce en quoi paraît consister ce que l'on appelle (à tort, à mon sens) *volonté libre*. Car pendant ce *suspens* de tout désir, avant que la *volonté* ne soit déterminée à l'action, avant que l'action (qui suit cette détermination) ne soit posée, on a la possibilité d'examiner, de considérer, de juger le bien ou le mal de ce qu'on va faire. Et quand, après un sérieux | *examen*, on a jugé, **264**
on a fait son devoir, tout ce qu'on peut ou ce qu'on doit faire dans la quête du bonheur[2]. Ce n'est pas un défaut mais une perfection de notre nature, que de désirer, de vouloir et d'agir selon le résultat ultime d'un examen correct.

§ 48

Être déterminé par son propre jugement ne limite pas la liberté

[u]Loin de restreindre ou de diminuer la liberté, c'est plutôt cela qui en fait l'excellence et l'utilité mêmes ; ce n'est pas une réduction de la liberté, mais c'est son but et son intérêt ; plus

u. Texte de la deuxième édition (et suivantes) identique au § 30 de la première édition jusque « … plus l'est la perfection. ».

1. Cf. Malebranche, *Traité de la Nature et de la Grâce*, 3.6, 3.16.
2. Cf. *infra* § 52.

l'on s'éloigne d'une telle détermination[v], plus on approche du malheur et de l'esclavage. Pour une nature raisonnable, loin d'être une qualité ou une perfection, l'indifférence totale d'un esprit qui ne pourrait être déterminé par son ultime jugement sur le bien et le mal attendus du choix, serait une imperfection, aussi grande que l'inverse : ne pas être indifférent à agir ou à ne pas agir avant la détermination de la volonté. Un homme a la liberté de porter la main à la tête ou de rester immobile ; il est totalement indifférent à l'égard de l'un et de l'autre, et ce serait pour lui une imperfection si ce pouvoir lui faisait défaut, s'il était privé de cette indifférence ; mais l'imperfection serait aussi grande s'il avait la même indifférence (lever la main ou ne pas bouger) alors que son acte lui protégerait la tête ou les yeux du coup qu'il voit arriver.

Que le désir ou le pouvoir de préférer soit déterminé par le bien, et que le pouvoir d'agir soit déterminé par la *volonté*, *sont des perfections* aussi grandes l'une que l'autre ; et plus la détermination est assurée, plus l'est la perfection. Bien plus, si nous étions déterminés par quoi que ce soit d'autre que le dernier choix de l'esprit jugeant du bien ou du mal d'une action, nous ne serions pas libres, [w]-car le but véritable de notre liberté est que nous puissions atteindre le bien que nous choisissons. Et donc tout homme est, par sa constitution d'être intelligent, soumis à la nécessité que sa pensée et son jugement le déterminent à *vouloir* le meilleur pour lui ; il serait, autrement, sous la détermination de quelqu'un
265 d'autre que lui – ce qui est un défaut de liberté[1]. |

Et nier que la *volonté* de quelqu'un suive en chaque détermination son jugement, c'est dire qu'un homme *veut* et agit pour un but qu'il ne voudrait pas atteindre au moment où

v. La première édition disait : « ... une telle détermination au bien, ... ».
w. Ajout de la cinquième édition.

1. Cf. *Treatise of Government* (*Traité du Gouvernement civil*), II, § 6, 22, 57, 59, 60, etc. ; Descartes, *Méditations*, IV.

il *veut* et agit en ce sens. Car s'il préfère ceci à toute autre chose à ce moment, il est évident qu'il en pense plus de bien et qu'il aimerait l'avoir plus que toute autre; à moins qu'il puisse l'avoir et ne pas l'avoir, le *vouloir* et ne pas le *vouloir* au même moment; contradiction trop manifeste pour être admise-[w].

§ 49

Les agents les plus libres sont ainsi déterminés

[x] Si nous pensons à ces *êtres supérieurs* qui sont au-dessus de nous et qui jouissent d'une parfaite félicité, nous estimerons avec raison qu'ils sont, plus que nous, *fermement déterminés dans le choix du bien* ; pour autant nous n'avons aucune raison de penser qu'ils soient moins heureux ou moins libres. Et s'il convenait à de pauvres créatures finies comme nous de se prononcer sur ce que peuvent la sagesse et la bonté infinies, nous pourrions, je crois, dire que Dieu même ne peut choisir ce qui n'est pas bien; la liberté du Tout-Puissant ne l'empêche pas d'être déterminé par ce qui est le meilleur.

§ 50

Une détermination constante à poursuivre le bonheur ne limite pas la liberté

[y] Pour corriger ce qu'a d'erroné cette idée de liberté, demandons-nous : qui voudrait être idiot pour être, moins

x. Texte identique au § 31 de la première édition.

y. Texte parallèle aux § 32 et 33 de la première édition ; plus précisément, identique jusque « … la honte et le malheur sur soi… », la première édition poursuit : « Si l'absence de limite pour le choix, ou pour les actes mauvais, c'était cela la liberté, la véritable liberté, les fous et les idiots seraient les seuls hommes libres. Mais personne, je crois, ne choisirait d'être fou pour l'amour d'une telle liberté, si ce n'est celui qui est déjà fou, § 33. Bien que la préférence de l'esprit soit toujours déterminée par l'apparence du bien, le plus grand bien, la personne qui a le pouvoir (qui constitue seul la liberté) d'agir ou de ne pas agir selon cette préférence, est néanmoins libre : une telle détermination ne diminue pas ce pouvoir. Celui qui est libéré de ses chaînes, dont la porte de prison s'ouvre, est totalement libre, parce qu'il peut

qu'un homme sage, déterminé par un sage examen ? Est-ce respecter le nom de liberté que de se donner la liberté de faire le fou et d'attirer honte et malheur sur soi ? Si ne plus se laisser conduire par la raison et se priver de l'examen du jugement qui nous gardent de choisir ou de faire le pire, c'était cela la liberté, la véritable liberté, les fous et les idiots seraient les seuls hommes libres. Mais personne, je crois, ne choisirait d'être fou par amour d'une telle liberté, si ce n'est celui qui déjà est fou. Le désir constant du bonheur et l'exigence qu'il nous impose d'agir pour être heureux ne sont par personne, je pense, pris pour une limitation de la liberté, du moins une limitation dont on devrait se plaindre. Dieu Tout-Puissant est lui-même soumis à la nécessité d'être heureux ; et plus un être est intelligent, plus il approche de la perfection et du bonheur infinis. Pour que, dans cet état d'ignorance, nous, créatures à
266 courte vue, puissions | ne pas manquer la vraie félicité, nous sommes dotés du pouvoir de suspendre tout désir particulier, de l'empêcher de déterminer la volonté et de nous engager dans l'action.

Agir ainsi, c'est *s'arrêter* quand on n'est pas assez assuré de la route ; examiner, c'est *consulter un guide ;* déterminer la *volonté* après enquête, c'est *suivre la direction de ce guide ;* et celui qui a le pouvoir d'agir ou de ne pas agir selon ce qu'ordonne cette détermination, c'est un *agent libre ;* cette détermination ne diminue pas le pouvoir qui définit la liberté. Celui

aussi bien partir que rester, comme il le préfère, même si sa préférence est déterminée à rester par l'obscurité de la nuit, le mauvais temps ou l'absence d'autre logis. Il n'en demeure pas moins libre, bien que ce qui lui apparaît alors comme un bien plus grand détermine absolument sa préférence, et le fait rester en prison. J'ai utilisé le mot *préférence* plutôt que *choix* pour exprimer l'acte de volition, car *choix* a une signification plus douteuse, et jouxte plutôt le désir, et ainsi est référé à des choses éloignées ; tandis que la volition ou l'acte de vouloir ne signifie proprement rien d'autre que la production effective de ce qui est volontaire » (suite de la première édition en note du § 54).

qui est libéré de ses chaînes, dont la porte de prison s'ouvre, est totalement *libre*, parce qu'il peut aussi bien partir que rester, selon ce qu'il préfère ; et s'il préfère rester parce qu'il y est déterminé par l'obscurité de la nuit, par le mauvais temps ou par l'absence d'autre logement, il n'en demeure pas moins libre, bien que le désir d'un certain confort qu'il peut avoir ici détermine totalement sa préférence et le fasse rester en prison.

§ 51
La nécessité de poursuivre le véritable bonheur, fondement de la liberté

De même, donc, que la plus haute perfection d'une nature raisonnable réside en la poursuite attentive et constante du bonheur authentique et ferme, de même le souci de soi, de ne pas prendre un bonheur imaginaire pour un bonheur réel, est le fondement nécessaire de notre *liberté*. Plus sont forts les liens qui nous attachent à la poursuite inébranlable du bonheur en général (notre plus grand bien, qu'en tant que tel nos désirs suivent toujours), plus nous sommes libres de toute détermination nécessaire de notre *volonté* à une action particulière et libres de toute obéissance nécessaire au désir focalisé sur un bien particulier (qui lui paraît préférable aussi longtemps que nous n'avons pas soigneusement examiné s'il est ordonné ou contraire à notre bonheur réel) ; et donc tant que nous ne sommes pas informés sur cette question autant que l'exige l'importance du sujet et la nature du cas, la nécessité de préférer et de poursuivre le vrai bonheur comme notre plus grand bien oblige à suspendre la satisfaction de son désir dans les cas particuliers.

§ 52
En voici la raison

Le pivot de la *liberté* des êtres raisonnables, dans les
efforts assidus qu'ils déploient à la poursuite | de la félicité 267
authentique, est de pouvoir *suspendre* cette poursuite dans les cas particuliers tant qu'ils n'ont pas regardé au-delà et qu'ils ne se sont pas informés pour savoir si la chose particulière

alors proposée ou désirée va dans le sens du but premier, si elle fait effectivement partie de ce qui est leur bien le plus grand. Car l'inclination, la tendance au bonheur de leur nature est pour eux une obligation et une raison de prendre soin de ne pas se tromper de bonheur ni de le manquer ; elles les engagent donc nécessairement à la circonspection, à la délibération et à la prudence dans la conduite des actions particulières qui sont les moyens d'obtenir ce bonheur. Quelle que soit la nécessité déterminant à la poursuite de la béatitude authentique, la même nécessité, dotée de la même force, établit le *suspens*, la *délibération* et la circonspection envers tout désir qui se présente : le satisfaire, n'est-ce pas interférer avec notre vrai bonheur et nous en détourner ?

Ceci me semble être le grand privilège des êtres raisonnables finis ; et je voudrais qu'on se demande sérieusement si la source et la mise en œuvre majeures de toute la *liberté* qu'ont les hommes, qu'ils peuvent acquérir, ou qui peut leur être utile, et dont dépend la tournure de leurs actions, ne réside pas en ce qu'ils peuvent *suspendre* leurs désirs, et les empêcher de déterminer leur *volonté* à une action jusqu'à ce qu'ils en aient soigneusement et correctement *examiné* le bien et le mal, autant que l'exige l'importance de la chose. Ceci, nous sommes capables de le faire ; et quand nous l'avons fait, nous avons fait notre devoir, tout ce qui est en notre pouvoir, et tout ce qui est effectivement nécessaire[1].

Puisque pour guider son choix la *volonté* a besoin de connaissance, tout ce que l'on peut faire est de tenir sa *volonté* dans l'indétermination jusqu'à ce que soient *examinés* le bien et le mal de ce que l'on désire. Ce qui s'en suit, procède selon une chaîne de conséquences liées l'une à l'autre, dépendant toutes de la dernière détermination du jugement, elle-même fruit soit d'un coup d'œil rapide et précipité soit de l'*examen* réfléchi souhaitable ; l'expérience montre en effet qu'on est à

1. Cf. *supra*, § 47.

même, dans la plupart des cas, de suspendre la satisfaction présente d'un désir.

§ 53

Maîtriser les passions, c'est accroître correctement sa liberté

Mais si un trouble extrême s'empare de tout l'esprit – ce qui arrive parfois quand par exemple la douleur de la torture ou un | *malaise* impétueux (comme l'amour, la colère ou toute 268
autre passion violente qui nous emporte) ne nous laissent pas la liberté de penser, lorsque nous ne sommes pas assez maîtres de notre esprit pour considérer à fond et examiner correctement – Dieu qui connaît notre fragilité, qui compatit à notre faiblesse et n'attend pas de nous plus que ce que nous ne pouvons faire, qui voit ce qui était en notre pouvoir et ce qui ne l'était pas, ce Dieu jugera comme un père tendre et plein de pitié. Mais éviter une obéissance trop rapide à nos désirs, modérer et restreindre nos passions de sorte que l'entendement puisse être *libre* d'examiner et qu'une raison sans préjugé puisse donner son jugement, c'est ce dont dépend la droite orientation de notre conduite vers le vrai bonheur ; c'est bien ce à quoi il faut au plus haut point employer nos soins et nos efforts.

Nous devons en cela prendre la peine d'adapter le goût de l'esprit aux véritables bien et mal intrinsèques, qui sont dans les choses ; il faut aussi éviter qu'un bien important, supposé ou reconnu possible, échappe à l'esprit sans y laisser sa saveur et son désir, avant que nous n'ayons formé un appétit correspondant par l'examen souhaitable de sa vraie valeur, et que nous ne nous soyons rendus mal à l'aise du fait de son absence ou de la peur de le perdre. Et chacun peut aisément vérifier jusqu'où il en a le pouvoir, en prenant des résolutions qu'il peut observer. Et que personne ne dise qu'il ne peut gouverner ses passions, ni les empêcher de se déchaîner et de pousser à l'action ; car ce qu'il peut faire devant un prince ou un grand, il peut le faire seul ou en présence de Dieu, s'il le veut.

§ 54

Comment les hommes en viennent à suivre différentes voies

[z]Par ce qui vient d'être dit, il est facile d'expliquer comment il arrive, bien que tous les hommes désirent le bonheur, que leur volonté les mène de façon si contraire, et pour certains donc jusqu'au mal. Sur ce point, je dis que les choix variés et contraires que font les hommes à travers le monde prouvent, non pas qu'ils ne poursuivent[a] pas tous le bien, mais que la même chose n'est pas bonne pour chacun de la même manière. [b-]Cette variété de quêtes montre que chacun ne met pas son bonheur dans la même chose, ou ne choisit pas
269 le même chemin pour y arriver[-b]. Si tous les | intérêts de l'homme étaient limités à cette vie, que l'un s'adonne à l'étude et l'autre à la chasse, que l'un choisisse le luxe et la débauche et l'autre la sobriété et la richesse, découleraient non de ce que chacun ignore son propre bonheur mais de ce que le bonheur de chacun soit placé en des choses différentes. A un patient qui avait les yeux enflammés, son médecin avait donc raison de dire : « Si vous avez plus de plaisir à boire du vin qu'à jouir de votre vue, le vin est bon pour vous ; mais si le plaisir de voir est pour vous plus grand que celui de boire, le vin ne vaut rien ».

z. Texte parallèle au § 34 de la première édition (qui fait suite au § 33 donné en note du § 50) ; le § commence par : « La chose suivante à étudier est : si notre volonté est déterminée par le Bien, comment se fait-il que la volonté des gens les mène de façon si contraire, et donc pour certains jusqu'au mal. » (suite identique à partir de la deuxième phrase, sauf quelques corrections limitées ; celles qui sont significatives sont signalées dans les notes suivantes).

a. Première édition : « choisissent ».

b. Phrase ajoutée dans la deuxième édition et les suivantes.

§ 55

[c]Les esprits aussi bien que les palais diffèrent dans leur goût ; et vous chercherez avec autant d'efficacité à faire aimer par tous les hommes les richesses et la gloire (où certains mettent pourtant leur bonheur), que vous ne comblerez la faim de tous avec du fromage ou du homard : bien que ce soient pour certains des mets fort agréables et délicieux, ils sont pour d'autres repoussants et écœurants ; beaucoup préféreraient avec raison les protestations d'un ventre affamé à ces plats qui pour d'autres sont des festins. De là vient, je pense, que les anciens philosophes ont en vain cherché si le souverain bien [d] était constitué par les richesses, par les plaisirs physiques, par la vertu ou par la contemplation ; il aurait été aussi raisonnable de discuter sur le fruit (la pomme, la prune ou la noix) dont la saveur est la meilleure et de se diviser en sectes d'après ce critère. Car de même que les goûts agréables ne dépendent pas des choses mêmes mais de leur convenance à tel ou tel palais particulier (ce qui peut varier considérablement), de même le plus grand bonheur consiste dans la jouissance de ces choses qui produisent le plus grand plaisir, et dans l'absence de celles qui produisent du trouble ou de la douleur ; et pour des personnes différentes, ce sont des choses très différentes.

Si donc les hommes n'avaient d'espoir que pour cette vie, s'ils ne pouvaient goûter de plaisir qu'en cette vie, il ne serait ni étrange ni déraisonnable que leur recherche de bonheur fût d'éviter tout ce qui les gêne ici et de poursuivre [e] tout ce qui
les contente ; et | il n'est pas étonnant que s'y découvre de la 270
variété et de la différence. Car s'il n'y avait pas de perspective

c. Texte parallèle au § 35 de la première édition (qui fait suite au § 34 décrit en note du § 54) ; deux corrections significatives seulement, signalées dans les notes ci-dessous. Suite de la première édition en note du § 56.

d. *Summum bonum*, en latin dans le texte.

e. Première édition : « préférer ».

au-delà de la tombe, l'inférence : « Mangeons et buvons (jouissons de ce qui nous fait plaisir), car demain nous mourrons »[1] serait assurément correcte. Voici, à mon sens, la raison pour laquelle, [f-]bien que le désir de tous les hommes tende au bonheur, il n'est pourtant pas mu par le même objet[-f]. Les hommes peuvent choisir des choses différentes, et pourtant choisir tous correctement : qu'on les compare seulement à un ensemble de pauvres insectes où les uns sont des abeilles qui aiment les fleurs et leur douceur, d'autres des scarabées qui aiment d'autres genres de mets ; ils en profitent une saison et meurent pour ne jamais plus exister.

§ 56

Comment il se fait que les gens choisissent mal

[g] Ceci, dûment pesé, donnera, je pense, une vision claire de l'état de la liberté humaine. La liberté consiste, c'est évident, dans le pouvoir de faire ou de ne pas faire ; de faire ou de s'abstenir de faire comme on le *veut ;* on ne peut le nier. Mais ceci ne semble concerner que les actions de l'homme qui suivent une volition, d'où l'on pose cette nouvelle question : a-t-il ou non la liberté de *vouloir* ? On y a répondu que, dans la plupart des cas, un homme n'a pas la liberté de s'abstenir d'un acte de volition : il doit exécuter un acte de sa *volonté*, qui fait exister ou ne pas exister l'action proposée.

Il existe pourtant un cas où un homme dispose de liberté à l'égard de sa *volonté* : c'est quand il choisit un bien éloigné comme fin à poursuivre : ici, un homme peut suspendre la détermination de son choix pour ou contre la chose proposée,

f. Première édition : « … bien que la volonté de tous les hommes soit déterminée par le bien, elle n'est pourtant pas déterminée par le même objet ».

g. Le début de la section est entièrement un ajout de la 2e édition et des suivantes. Le dernier paragraphe est identique dans toutes les éditions à une différence près, signalée en note. Suite de la première édition en note du § 58.

1. *Isaïe*, 22, 33 et 1 *Corinthiens*, 15, 32.

jusqu'à ce qu'il ait examiné si ce bien est effectivement de nature, en lui-même et par ses conséquences, à lui apporter le bonheur. Car une fois qu'il l'a choisi et qu'il en a ainsi fait un élément de son bonheur, la chose proposée excite son désir, et cela engendre en lui un *malaise* proportionné, qui détermine sa *volonté* et dans toutes les occasions qui se présentent le motive à la poursuite de ce qu'il a choisi.

On peut ainsi voir comment il se fait qu'un homme puisse à juste titre mériter une punition, même s'il est certain que, dans toutes les actions qu'il *veut*, | il veuille et veuille néces- **271**
sairement ce qu'il juge alors être bien. Car, bien que sa *volonté* soit toujours déterminée par ce que son entendement juge bon, cela ne l'excuse pourtant pas : par un choix trop hâtif de son propre chef, il s'est imposé à lui-même des mesures erronées de bien et de mal, qui, toutes fausses et fallacieuses qu'elles soient, ont la même influence sur ses conduites ultérieures que si elles étaient vraies et justes. Il a déformé son propre palais et doit être responsable envers lui-même de la maladie et de la mort qui s'en suit. La loi éternelle et la nature des choses ne doivent pas être altérées pour s'adapter à son choix déréglé. Si le mépris ou l'abus de la liberté qu'il a d'examiner ce qui doit vraiment et réellement contribuer à son bonheur l'égare, l'égarement qui s'en suit doit être imputé à son propre choix. Il avait le pouvoir de suspendre sa détermination, il lui avait été donné de pouvoir examiner, de prendre soin de son propre bonheur, et de veiller à ne pas être trompé. Il ne pouvait jamais juger meilleur d'être trompé que de ne pas l'être dans un question d'une si grande et si intime importance.

Ce qui vient d'être dit peut aussi faire connaître la raison pour laquelle les hommes en ce monde préfèrent des choses différentes et poursuivent le bonheur par des voies contraires. Et pourtant, puisque les hommes[h] demeurent constants et

h. La première édition ajoutait ici un texte supprimé dès la deuxième édition : « … sont toujours déterminés par le bien, un bien plus grand, et … ».

décidés en matière de bonheur et de malheur, la question demeure : « Comment les hommes en viennent-ils à préférer le pire au meilleur, et à choisir ce qui de leur propre aveu les a rendu malheureux ? ».

§ 57

Pour rendre raison de la diversité et de la contrariété des voies qu'empruntent les hommes alors que tous cherchent à être heureux, il faut étudier la source des différents *malaises* qui font que la volonté préfère telle action volontaire.

À cause de douleurs corporelles

1. Certains viennent de causes qui ne sont pas en notre pouvoir, comme quand le corps souffre de manque, de maladie, d'agressions extérieures (la torture, etc.) : quand ces causes sont présentes et violentes, la plupart forcent la *volonté*
272 et détournent | de la vertu, de la piété, de la religion et de ce qu'on croyait auparavant conduire au bonheur : on ne tente plus, ou on abandonne, on n'est plus capable de prendre en compte un bien futur éloigné et on n'éveille plus en soi un désir suffisant pour contre-balancer le malaise ressenti dans ces tourments corporels et maintenir la ferme *volonté* des actions choisies parce qu'elles mènent au bonheur futur. [i]-Un pays proche a récemment été le théâtre tragique où l'on a pu trouver des exemples, si l'on en manquait et-[i] si le monde n'en fournissait pas assez dans tous les pays et tous les temps, qui confirment cette opinion reçue : « La nécessité contraint aux choses les plus viles » [j] ; il y a donc de fortes raisons de formuler la prière : « Ne nous induis pas en tentation » [1].

i. Coste omet ce passage, allusion possible à la Révocation de l'Édit de Nantes (1685) et à la persécution qui a suivi ; cf. *Correspondence*, lettre n° 2609.

j. En latin dans le texte : « Necessitas cogit ad Turpia ».

1. *Matthieu*, 6.13 ; *Luc*, 11.4.

À cause de désirs erronés basés sur des jugements erronés

2. D'autres *malaises* viennent de notre désir de biens absents, désir toujours proportionnel au jugement et à l'appréciation portés à l'égard du bien absent dont il dépend.

Des deux côtés, nous risquons d'être diversement égarés, et ceci par notre faute.

§ 58

Notre jugement d'un bien ou d'un mal présents est toujours juste

[k] En premier lieu, j'étudierai les jugements erronés sur des biens et des maux futurs, qui égarent le désir. Car en ce qui concerne le bonheur et le malheur actuels, considérés seuls et abstraction faite de toute conséquence, *un homme ne choisit jamais à tort :* il sait ce qui lui plaît le plus et le préfère effectivement. Les choses dans leur jouissance immédiate sont ce qu'elles paraissent; le bien apparent et le bien réel sont en ce cas toujours identiques[1]. Car douleur ou plaisir sont exactement aussi grands, et pas plus, qu'on les ressent; et donc le bien ou le mal présents sont réellement tels qu'ils paraissent.

Donc si chacune de nos actions s'achevait en elle-même et n'entraînait aucune conséquence, [l-]on ne se tromperait certainement jamais dans le choix du bien[-l] : toujours, on préférerait infailliblement le meilleur. Si les douleurs du labeur honnête et celles de la faim et du froid étaient présentées ensemble, personne n'hésiterait dans son choix; si la satisfaction d'une

k. Texte parallèle au § 37 de la première édition (qui fait suite au § 36 décrit en note du § 56); la première phrase remplace l'introduction de la première édition : « A ceci, je réponds que … ». Quelques corrections significatives seulement sont signalées dans les notes ci-dessous. La suite de la première édition sera donnée en note du § 59.

l. Première édition : « …nous ne voudrions jamais autre chose que le bien, … ».

1. Voir la controverse entre Malebranche, Arnauld et Bayle sur la différence entre bien apparent et bien réel, à partir du *Traité de la Nature et la Grâce* de Malebranche.

273 convoitise et les joies du ciel | étaient ensemble offertes en jouissance à quelqu'un, il ne balancerait ni se tromperait dans [m-]la détermination de son choix[-m].

§ 59

[n] Mais, au moment où l'on pose un acte volontaire, le bonheur ou le malheur qui en découlent ne sont pas offerts ensemble; l'acte volontaire n'est que la cause antécédente du bien et du mal qu'il traîne derrière lui et qu'il nous inflige une fois l'acte accompli; [o] aussi, les désirs voient-ils plus loin que la jouissance immédiate et élèvent-ils l'esprit vers un *bien* absent, selon qu'on l'estime nécessaire à la naissance où à l'accroissement du bonheur. De l'évaluation de cette nécessité dépend son attrait : sans elle, le *bien* absent ne motive pas. En effet, la limitation étroite de nos capacités, que nous ressentons communément ici-bas, ne nous permet de jouir que d'un plaisir à la fois; dès lors que tout malaise est loin, ce plaisir est suffisant pour que l'on estime que l'on est heureux tant qu'il dure; dans cet état, ce n'est pas tout bien éloigné ni même tout bien apparent qui nous affectent; parce que l'absence de douleur et la jouissance ressenties suffisent au bonheur du moment, on n'a pas envie de prendre le risque d'un changement : contenté, on s'estime déjà heureux et cela suffit; car, qui est contenté est heureux. Mais dès qu'un nouveau malaise surgit, ce bonheur est troublé et il faut se mettre une nouvelle fois en quête de bonheur.

m. Première édition : « … le choix et la détermination de sa volonté. ».

n. Le début de ce paragraphe (jusqu'à la note suivante) est semblable à la fin du § 37 de la première édition.

o. La fin du paragraphe remplace la fin suivante de la première édition : « Ce qui est préféré et qui nous fait vouloir faire ou ne pas faire une action en notre pouvoir, c'est le bien plus grand, paraissant résulter de ce choix dans toutes ses conséquences, pour autant qu'elles soient effectivement présentes à notre vue. » Suite du texte de la première édition en note du § 60.

§ 60

À cause d'un jugement erroné sur ce qui constitue un élément nécessaire du bonheur

[p-]On a tendance à en déduire que l'on peut être heureux sans ce plus grand *bien* absent, et c'est une des grandes raisons qui font que, souvent, on ne soit pas porté à le désirer. Aussi longtemps, en effet, qu'on est occupé de telles pensées, les joies d'un état futur ne motivent pas : on est peu concerné ou mal à l'aise ; la *volonté*, libre de toute détermination par de tel désirs, est abandonnée à la poursuite de satisfactions plus proches et cherche à supprimer les malaises qu'elle ressent tant que lui manquent les satisfactions qu'elle attend.

Modifiez seulement les conceptions d'un homme sur ce sujet : qu'il voie que la vertu et la religion sont nécessaires à son bonheur, qu'il regarde l'état futur de bénédiction ou de malheur et y voie Dieu, juste juge,[-p] prêt à « rendre à chacun selon ses œuvres : vie éternelle à ceux qui, par leur | persévé- 274
rance à bien faire, recherchent gloire, honneur et immortalité, vie éternelle; mais indignation et colère, tribulation et angoisse pour toute âme qui fait le mal »[1] ; pour cet homme,

p. Première édition : « Ainsi ce qui détermine le choix de la volonté et gagne la préférence, est le bien, le bien plus grand. Mais c'est seulement le bien qui apparaît, celui qui implique l'espoir d'ajouts à notre bonheur, par l'augmentation de nos plaisirs, soit en degrés, espèces ou durée, soit par la prévention la diminution ou l'amoindrissement de la douleur. Ainsi la tentation d'un goût agréable entraîne une nausée, un malaise et peut-être la mort pour celui qui ne regarde pas plus loin que ce bien apparent, que le plaisir apparent, celui qui ne voit pas le mal lointain et caché ; et l'espoir d'adoucir ou d'écarter une douleur plus grande adoucit la potion d'un autre et la lui fait avaler volontiers, alors qu'elle est en elle-même écœurante et déplaisante. Ces deux personnes sont poussées à ce qu'elles font par l'apparence du bien, même si l'un trouve la quiétude et la santé, et l'autre la maladie et la destruction. Et donc, pour celui qui voit au-delà de ce monde et qui est totalement persuadé que Dieu, le juste juge, … » (suite avec la citation de *Romains*, 2.6-9, comme ci-dessous).

1. *Romains*, 2.6-9.

dis-je, qui envisage l'état différent (bonheur parfait ou malheur) promis à tout homme après cette vie ici-bas en fonction de son comportement, les mesures du bien et du mal qui gouvernent son choix seront fortement modifiées. Aucun, en effet, des plaisirs et des douleurs de cette vie ne peut supporter la comparaison avec le bonheur infini ou le malheur extrême d'une âme immortelle par la suite, et donc les actions qui sont en son pouvoir seront choisies non pas selon le plaisir ou la douleur passagers qui les accompagnent ici-bas, mais parce qu'elles servent à assurer le parfait bonheur durable par la suite.

§ 61

Présentation plus précise des jugements erronés

[q]Pour rendre plus précisément compte du fait que les hommes se précipitent souvent dans le malheur alors qu'ils cherchent tous avec application le bonheur [r], il faut étudier comment il se fait que les *choses* soient représentées au désir *sous des apparences trompeuses* : c'est parce que le *jugement* se prononce de façon erronée à leur sujet. Pour voir l'étendue et les causes du jugement erroné, nous devons nous souvenir qu'on juge des choses bonnes ou mauvaises en deux sens.

D'abord, ce qui est proprement bon ou mauvais n'est rien d'autre que le pur plaisir ou la pure douleur [1].

Ensuite, le plaisir et la douleur présents ne sont pas les seuls [s-]objets propres du désir capables de mouvoir une créature qui peut prévoir[-s] : agit aussi ce qui est, par son efficace ou

q. La première édition est ici – jusqu'au § 64 – reprise sans grandes modifications dans les éditions suivantes (§ 39-42 de la première édition).

r. Première édition : « … et préfèrent toujours le bien apparent plus grand, … ».

s. Deuxième édition et suivantes, qui remplace : « ne peuvent que mouvoir la volonté et déterminer le choix d'une créature qui peut prévoir ».

1. Cf. Malebranche, *Recherche de la Vérité*, 4, 10, § 1. Voir aussi *Essay*, 2.20.2, 2.28.5.

ses conséquences, capable de nous les procurer à distance ; et donc les *choses qui entraînent du plaisir et de la douleur sont* également *considérées comme bonnes ou mauvaises*.

§ 62

Le *jugement erroné* qui *égare* et attache souvent la volonté du moins bon côté, s'appuie sur une évaluation incorrecte des diverses comparaisons entre bien et du mal. Le *jugement erroné* dont je parle ici n'est pas ce que quelqu'un pense de la façon dont un autre se détermine, mais ce que chacun est lui-même obligé de reconnaître erroné. Puisqu'en effet je pose pour principe assuré
que tout être intelligent cherche vraiment | le bonheur, [t-](qui 275
consiste dans la jouissance du plaisir sans mélange notable de malaise)[-t], il est impossible, sauf *jugement erroné*, que quelqu'un mette volontairement dans sa potion quelque chose d'amer, ou délaisse une chose en son pouvoir qui le satisferait et complèterait son bonheur. Je ne parlerai pas ici de la méprise qui est la conséquence d'une erreur invincible (elle mérite à peine le nom de *jugement erroné*), mais de *ce jugement erroné* que chacun est lui-même obligé de reconnaître tel.

§ 63

En comparant le présent et le futur

I. Donc, en ce qui concerne le plaisir et la douleur présents, on l'a dit [1], l'esprit ne se méprend jamais sur ce qui est effectivement bien ou mal : le plus grand plaisir ou la plus grande douleur sont effectivement tels qu'ils apparaissent. Le plaisir et la douleur présents témoignent de leur différence et de leurs degrés avec une telle clarté qu'il ne laissent place à aucune erreur ; pourtant *quand on compare plaisir ou douleur présents et plaisir ou douleur futurs* (ce qui est habituellement le cas pour les déterminations

t. Deuxième édition et suivantes, qui remplace : « et jouirait de tous les plaisirs possibles et ne souffrirait aucune douleur ».

1. Coste mentionne : § 58.

les plus importantes de la volonté), *les jugements sont souvent erronés* parce qu'on les évalue alors qu'ils se situent à des distances différentes : les objets proches des yeux risquent d'être estimés plus grands que ceux qui ont une plus grande taille mais sont plus éloignés ; il en va de même pour les plaisirs et les douleurs : celui qui est présent risque de gagner et celui qui est éloigné perd à la comparaison. Ainsi la plupart des gens ressemblent à des héritiers prodigues qui jugent facilement qu'*un tiens vaut mieux que deux tu l'auras*, et, pour la possession de peu, renoncent à la réversion de beaucoup. Mais que ce *jugement soit erroné*, chacun doit le reconnaître quelle que soit la nature de son plaisir : ce qui est futur deviendra assurément présent, et comme il jouira alors du même avantage de la proximité, il se montrera dans toute sa taille et découvrira l'erreur délibérée de celui qui en avait jugé selon des critères inégaux.

Si le plaisir de boire était accompagné, au moment où on lève son verre, des maux d'estomac et de tête que certains sont sûrs de subir peu de temps après, quel que soit le plaisir trouvé à la chope, personne à mon sens ne laisserait alors le vin parvenir à ses lèvres – alors qu'en fait il en avale chaque jour ;
276 le choix du mauvais côté | ne vient que de l'illusion produite par une différence minime de temps. Mais si le plaisir et la douleur peuvent être ainsi réduits, du seul fait d'une modification de quelques heures, à combien plus forte raison une plus grande différence de temps aura-t-elle le même effet sur un homme dont le jugement droit n'aurait pas fait ce que fera le temps, à savoir s'approprier plaisir ou douleur, les considérer comme présents, et en prendre la mesure véritable. C'est ainsi qu'on se trompe soi-même sur le plaisir ou la douleur purs, ou sur les vrais degrés du bonheur ou du malheur : le futur perd son juste poids et ce qui est présent est préféré comme le plus considérable.

Je ne parle pas ici du *jugement erroné* qui non seulement amoindrit mais aussi réduit totalement à néant ce qui est absent : lorsqu'on jouit de ce dont on peut jouir dans l'immédiat et se l'approprier, concluant à tort qu'aucun mal ne s'en suivra. Ce cas n'est pas fondé en effet sur la comparaison entre la grandeur d'un bien futur et celle d'un mal futur, ce dont je parle ici, mais sur une autre sorte de jugement erroné qui concerne le bien ou le mal, considérés comme causes et sources du plaisir ou de la peine qui s'en suivront.

§ 64

Leurs causes

Mal juger quand on compare son plaisir ou sa douleur présents avec ceux à venir, me semble *dû à la constitution faible et limitée de l'esprit.* On ne peut jouir bien de deux plaisirs à la fois, et quand on est pris par la douleur, on ne peut même pas jouir du moindre plaisir. Le plaisir présent, sauf s'il est trop faible ou quasi-inexistant, remplit une âme limitée, il absorbe tout l'esprit au point de ne guère laisser de pensée pour les choses absentes. Ou si, parmi les plaisirs, il en est qui ne sont pas assez forts pour exclure la considération de choses éloignées, alors l'aversion pour la douleur est telle qu'une once de douleur éteint tout plaisir ; un peu d'amertume dans la coupe, et le goût de sucré disparaît.

De là vient qu'à tout prix on désire être délivré du mal présent que ne peut égaler, pense-t-on, rien d'absent : soumis à la douleur présente, on ne se croit plus capable du moindre degré de bonheur. Les plaintes journalières des gens en sont la preuve
manifeste | : la douleur ressentie est la pire de toutes, et ils crient 277
avec angoisse : « N'importe quoi plutôt que ça ; rien ne peut être aussi intolérable que ce dont je souffre maintenant ». D'où tous les efforts et toutes les pensées, destinées à se libérer avant toute chose du mal présent, première condition nécessaire du bonheur, quoi qu'il s'en suive. Rien, pense-t-on sous l'emprise de la passion, ne peut excéder ni même égaler le malaise qui pèse si lourdement. L'abstinence d'un plaisir qui s'offre est une douleur, douleur souvent très aiguë car le désir est enflammé par les attraits d'un objet proche ; aussi ne faut-il pas s'étonner que

cette abstinence agisse de la même manière que la douleur, qu'elle amoindrisse l'avenir pour la pensée ; elle nous force, pour ainsi dire, à l'embrasser aveuglément.

§ 65

[u] Ajoutez à cela que le bien absent (ou, ce qui est la même chose, le plaisir à venir) est rarement capable, surtout s'il est d'une espèce inconnue, de contrebalancer un malaise présent, qu'il soit de douleur ou de désir. Car, son importance se réduisant à ce qui sera effectivement goûté au moment de la jouissance, les gens sont assez enclins à le déprécier pour qu'il laisse place à un désir présent, et à conclure par eux-mêmes qu'à l'épreuve il risque de ne pas être au niveau de sa réputation ou de l'opinion courantes : souvent, ils ont expérimenté que non seulement ce que les autres ont exalté, mais aussi ce qu'ils ont eux-mêmes savouré avec plaisir à un moment, s'est montré insipide et repoussant à un autre ; dès lors, ils n'y voient aucun motif de renoncer à une jouissance présente. Mais c'est une façon *erronée de juger* quand on l'utilise à propos du bonheur d'une autre vie, et ils doivent le confesser, sauf à dire que Dieu ne peut rendre heureux ceux qu'il a voulus tels. Car cette autre vie est prévue pour être un état de bonheur, et elle doit donc certainement s'accorder aux désirs et aux souhaits de chacun : le goût de chacun fût-il aussi différent là-bas qu'ici, la manne du ciel n'en conviendra pas moins à chaque palais. Mais en voilà assez sur le *jugement erroné* porté sur le plaisir et la douleur, présents et futurs, comparés entre eux, c'est-à-dire quand l'absent est considéré comme à venir. |

u. Paragraphe absent (sauf la dernière phrase, concluant le paragraphe 64) dans la première édition.

§ 66

En considérant les conséquences des actions

[v] II. *En ce qui concerne les choses bonnes ou mauvaises par leurs conséquences*, et par leur capacité de nous donner du bien ou du mal à terme, *on juge de façon erronée de plusieurs façons*.

1. Quand on *juge* qu'il en découle moins de mal qu'en réalité.

2. Quand on *juge* que, même si les conséquences sont importantes, elles ne sont pas tellement certaines, qu'elles peuvent échouer; ou que certains moyens permettent de les éviter, comme le labeur, l'habileté, la conversion, le repentir, etc. Il serait facile de montrer, si j'examinais sérieusement chaque cas séparément, que ce sont des façons *erronées de juger* ; mais je mentionnerai seulement ceci en général : c'est une façon tout à fait erronée d'agir, que de risquer un plus grand bien pour un plus petit, à partir de conjectures incertaines, avant l'examen convenant à l'importance de la chose et à l'intérêt que nous avons à ne pas nous tromper. Chacun, je pense, doit le reconnaître, surtout s'il considère les *causes* habituelles de ce *jugement erroné*, dont voici quelques exemples :

§ 67

Causes

I. *L'ignorance* : celui qui juge sans s'informer autant que possible, ne peut échapper à la responsabilité de son *jugement erroné*.

II. *L'inadvertance* : quand on néglige même ce qu'on sait. C'est une ignorance affectée et présente, qui égare le jugement autant que l'autre. Juger, c'est pour ainsi dire équilibrer un compte, et déterminer dans quelle colonne est la différence. Si donc l'une des colonnes était renseignée à la hâte, et si

v. Les paragraphes 66 et 67 correspondent aux paragraphes 43 et 44 de la première édition.

plusieurs sommes qui auraient dû faire partie du calcul étaient négligées, cette précipitation engendrerait un *jugement* aussi *erroné* que s'il s'agissait d'une totale ignorance.

La cause la plus ordinaire de ce défaut, c'est la prévalence d'un plaisir ou d'une douleur actuels, accrue par notre nature faible et passionnée, tenaillée par le présent. Pour vaincre cette précipitation, l'entendement et la raison nous ont été donnés et si nous en faisons un usage correct, nous pourrons chercher, voir et ensuite juger la situation. [w-]Sans liberté, l'entendement ne serait d'aucune utilité ; sans entendement, la liberté (si cela existait) ne
279 signifierait rien. Si l'on voit ce qui peut | faire bien ou mal, ce qui peut rendre heureux ou malheureux, sans être capable de s'en approcher ou de s'en éloigner d'un pas, vaut-il mieux voir ? Celui qui a la liberté de courir dans le noir total, quelle est sa liberté ? Est-elle meilleure que s'il était ballotté çà et là, comme une chimère au gré du vent. Être mû par une impulsion aveugle extérieure ou par une impulsion aveugle intérieure, la différence est minime. Aussi la première et grande utilité de la liberté est-elle d'empêcher la précipitation aveugle ; exercer sa liberté c'est d'abord s'arrêter, ouvrir les yeux, regarder et prendre en considération la conséquence de ce qu'on va faire, autant que l'exige l'importance de la question[-w]. Paresse et négligence, passion et emportement, prévalence de la mode ou des dispositions acquises, ont souvent part à ce qui provoque ces *jugements erronés*, je ne m'en inquiéterai pas plus ici ; [x-]je crois nécessaire de mentionner encore un seul autre jugement erroné, parce que on ne le remarque peut-être pas souvent alors qu'il a une grande portée[-x].

w. Quatrième édition et suivante.

x. Deuxième édition et suivantes.

§ 68

[y]Tous les gens désirent le bonheur, c'est hors de doute. Mais, on l'a déjà observé, quand ils sont sans douleurs, ils risquent de s'offrir le premier plaisir venu, ou celui que l'habitude leur a fait chérir, et de s'en satisfaire; heureux, jusqu'à ce qu'un nouveau désir les rende mal à l'aise, perturbe ce bonheur, et leur montre qu'ils ne le sont pas, ils ne cherchent pas plus loin, et leur volonté n'est plus déterminée à agir à la recherche d'un autre bien, connu ou apparent. On découvre que l'on ne peut jouir de toutes sortes de biens sans que l'un exclue l'autre; dès lors, on ne fixe pas ses désirs sur le plus grand bien apparent, sauf si on l'a estimé nécessaire à son bonheur. Si l'on pense pouvoir être heureux sans lui, celui-ci ne motive pas.

Une autre occasion de *jugement erroné* : quand on prend pour inutile au bonheur ce qui l'est en fait. Cette erreur nous égare dans le choix du bien que nous visons et très souvent également dans les voies qui y mènent, s'il s'agit d'un bien éloigné. Mais quelle que soit l'erreur, que nous placions le bonheur là où il n'est pas en fait ou que nous en négligions les moyens comme s'ils étaient inutiles, quand un homme manque son but principal, le bonheur, il doit reconnaître qu'il n'a pas bien jugé. Ce qui contribue à cette erreur, c'est le caractère désagréable, réel ou prétendu, des actions qui mènent au bonheur : cela paraît si | absurde de se rendre malheureux **280**
pour arriver au bonheur, que les gens ont peine à s'y résoudre.

§ 69

Nous pouvons changer l'agrément ou le désagrément des choses

La dernière chose à examiner sur ce point est donc la suivante : est-il du pouvoir de l'homme de modifier l'agrément ou le désagrément qui accompagne tout type d'action ? Il est évident qu'en de nombreux cas il le peut. Les hommes

y. Deuxième édition et suivante.

peuvent et doivent rectifier leur palais et donner de la saveur à ce qui n'en a pas, ou est supposé ne pas en avoir ; la sensibilité des esprits est aussi variée que celle des corps et, comme elle, peut être modifiée. Aussi est-ce une erreur de penser que les hommes ne peuvent transformer en plaisir et en désir le caractère déplaisant ou indifférent d'actions, s'ils se contentent de faire ce qui est en leur pouvoir. Une examen attentif, en certains cas, fera l'affaire ; l'exercice, l'application et la coutume conviendront la plupart du temps. Par indifférence ou par dégoût, on peut ne pas consommer de pain ou de tabac, alors qu'on a montré leur utilité pour la santé ; la raison et la réflexion recommanderont l'essai ; on commencera d'abord à en prendre, puis l'usage et l'habitude les rendront agréables [1].

Qu'il en soit ainsi pour la vertu, c'est certain : les actions sont plaisantes ou déplaisantes, soit par elles-mêmes soit en tant que moyens pour une fin plus élevée ou plus désirable. Manger un plat bien assaisonné, agréable au palais, peut émouvoir l'esprit par la jouissance même, sans référence à un autre but ; la considération du plaisir d'être fort et en bonne santé (ce à quoi sert cette viande) peut y ajouter un nouveau goût, qui serait capable de faire avaler une potion désagréable. Dans ce dernier cas, toute action devient plus ou moins plaisante par la seule considération du but, et par ce qu'on est plus ou moins persuadé que cette action y mène ou qu'elle lui est nécessairement liée. Mais le plaisir de l'action même est bien mieux acquis ou augmenté par l'habitude et l'exercice. Essayer réconcilie souvent avec ce qui à distance est considéré avec aversion ; la répétition nous amène progressivement à aimer ce qui a pu nous déplaire au premier essai.

Les habitudes ont de puissants charmes ; par le *malaise* ou le plaisir, elles rendent si attractifs ce que nous prenons l'habitude de faire, que nous ne pouvons nous abstenir (ou au

1. Cf. *Some Thoughts concerning Education* (*Pensées sur l'éducation*), § 14, 24.

moins nous ne pouvons supporter aisément l'abstention) d'actions que l'exercice répété nous rend familières et par là précieuses. Ceci est manifeste, et l'expérience de chacun lui montre qu'il peut le mettre en pratique ; et pourtant, dans la comportement des hommes en quête de bonheur, c'est un rôle négligé, à un point tel que l'on estimera sans doute paradoxale l'affirmation selon laquelle les hommes peuvent se rendre
plus ou moins agréables choses ou actions, | et peuvent ainsi 281
corriger ce que l'on rend à bon droit responsable d'une grande part de leurs errements. La mode et l'opinion commune ayant établi des notions erronées, et l'éducation et la coutume de mauvaises habitudes, la juste valeur des choses en est déplacée et le palais des hommes en est corrompu ; il faudrait prendre la peine de les rectifier ; des habitudes inverses devraient changer nos plaisirs, et donner saveur à ce qui est nécessaire, ou qui conduit, au bonheur. Ceci, chacun doit reconnaître qu'il le peut ; quand le bonheur sera perdu, quand le malheur l'atteindra, il avouera qu'à tort il a négligé le bonheur ; et il se condamnera lui-même pour cela. Je le demande à chacun : cela ne lui est-il pas souvent arrivé ?[-y].

§ 70

Préférer le vice à la vertu, jugement manifestement erroné

[z-]Je ne m'étendrai pas plus sur les *jugements erronés* et sur la négligence de ce qui est au pouvoir des hommes, causes de leurs erreurs ; on en ferait un volume et ce n'est pas mon affaire. Mais quelles que soient les fausses notions et la honteuse négligence de ce qui est en leur pouvoir, qui détournent les hommes de leur marche vers le bonheur et leur font

z. Seconde édition et suivantes, qui remplace : « Il est certain, je pense, que le choix de la volonté est partout déterminé par le bien apparent plus grand, même s'il est présenté à tort par l'entendement ; et il serait impossible que les gens poursuivent des routes si différentes dans le monde s'ils n'avaient pas des mesures différentes du bien et du mal. Néanmoins… ». Ceci mis à part, le § 70 correspond au § 45 de la première édition.

prendre, comme on voit, des routes si diverses dans la vie, il demeure certain que[-y] la moralité établie sur ses fondements authentiques ne peut que déterminer le choix de toute personne qui ne ferait que réfléchir. Celui qui n'est pas assez raisonnable pour réfléchir sérieusement sur le bonheur et le malheur infinis, doit nécessairement se critiquer lui-même de ne pas faire de l'entendement l'usage qu'il devrait. Les récompenses et les peines d'une autre vie, que le Dieu tout puissant a établies comme sanction de cette loi, ont suffisamment de poids pour déterminer le choix contre tout plaisir et toute douleur que cette vie peut offrir, quand la vie éternelle est considérée, fût-ce comme simplement possible, ce que personne ne peut mettre en doute[1]. Celui qui admettra qu'un bonheur excellent infini est au moins la conséquence possible d'une vie bonne ici-bas, et qu'un état contraire peut-être le prix d'une vie mauvaise, doit reconnaître qu'il juge de façon tout à fait déréglée s'il ne conclut pas qu'une vie vertueuse, avec l'espoir assuré de la bénédiction éternelle qui peut arriver, doit être préférée à une vie de vices avec la crainte de cet état affreux de malheur qui très probablement peut s'abattre sur le coupable – ou, au mieux, l'espérance incertaine et terrible de l'annihilation. C'est évidemment ainsi, même si la vie
282 vertueuse ici-bas | ne recueille que douleur et la vie déréglée plaisir continuel; dans la plupart des cas, cependant, il en va différemment et les mauvais n'ont pas beaucoup d'avantages dont se vanter, même dans leurs biens présents; à la réflexion, ils ont même, je pense, la plus mauvaise part ici-bas.

Mais quand le bonheur infini est mis en balance avec le malheur infini, si ce qui arriverait de pire à l'homme pieux s'il se trompe correspond au meilleur qui puisse arriver au mauvais s'il a raison, qui peut, sans folie, en courir le risque? Qui choisirait en pleine santé d'esprit, de risquer la possibilité d'un malheur infini quand il n'a rien à gagner dans cette affaire

1. Cf. 2.28.8 et 11 note.

s'il se trompe ; alors que, de l'autre côté, l'homme sage ne risque rien en échange du bonheur infini qu'il doit gagner si son espoir est récompensé ? Si l'homme bon a raison, il est éternellement heureux ; s'il se trompe, il n'est pas malheureux : il ne sent rien. De l'autre côté, si le mauvais a raison, il n'est pas heureux et s'il se trompe, il est infiniment malheureux. Ne faut-il pas que ce soit très évidemment un jugement erroné que de ne pas voir immédiatement à quel côté il faut en ce cas donner la préférence ? J'ai évité de dire quoi que ce soit de la certitude ou de la probabilité de la vie future, voulant montrer ici le *jugement erroné* que fait toute personne, de son propre aveu, selon ses propres principes quels qu'il soient, dès qu'il préfère pour quelque raison que ce soit les brefs plaisirs d'une vie déréglée, alors qu'il sait et ne peut être que certain, qu'une vie future est au moins possible [1].

§ 71
Récapitulation

[z-]Concluons cette enquête sur la liberté humaine : je craignais depuis le début que ce chapitre dans sa première forme ne contienne une erreur ; depuis sa publication un ami très perspicace la sentait, sans pouvoir me la montrer précisément ; aussi ai-je dû revoir plus à fond ce chapitre. Ce faisant, je suis tombé sur une faute très simple, presque imperceptible, que j'avais faite en mettant un mot, apparemment indifférent, pour un autre ; cette découverte m'a mis sur la voie de la conception que dans cette seconde édition je présente au public cultivé [2]. Elle est en bref celle-ci.

a. Seconde édition et suivantes.

1. Cf. Pascal, *Pensées* (éd. Brunschvicg) § 233 (= Lafuma, § 451).

2. L'allusion est à Molyneux, voir Locke, *Correspondence* (ed. E.S. de Beer) : lettres 1643 du 15 juillet 1693 et 1652 du 12 août 1693, etc.

La *liberté* est un pouvoir d'agir ou de ne pas agir selon que l'esprit le détermine[1]. Le pouvoir de conduire les facultés opératoires au mouvement ou au repos, selon les circonstances, c'est ce que nous appelons la *volonté*[2]. Ce qui, dans la
283 suite des | actions volontaires, détermine la *volonté* à changer d'opération, c'est un malaise présent, qui est désir, ou qui du moins est toujours accompagné d'un malaise dû au *désir*. Le désir est toujours motivé par le mal, en ce qu'il le fuit, car une libération totale de la douleur fait toujours nécessairement partie du bonheur.

Mais tout *bien*, notamment tout *plus grand bien*, ne meut pas constamment le *désir*, parce qu'il peut ne pas être une part nécessaire de notre bonheur, ou ne pas être estimé tel. Car tout ce que nous désirons, ce n'est qu'être heureux. Et, bien que ce *désir* général de bonheur agisse constamment et invariablement, la satisfaction d'un *désir* particulier peut être suspendue et ne déterminer la volonté à une action ultérieure jusqu'à ce que nous ayons mûrement examiné si le bien apparent particulier que nous désirons alors est un élément de notre vrai bonheur ou est en accord (ou désaccord) avec lui. Le résultat du jugement après cet examen, c'est ce qui détermine de façon ultime l'homme, qui ne pourrait pas être *libre* si sa *volonté* était déterminée par autre chose que son *désir* guidé par son propre *jugement*[z].

[b]-Je sais que certains situent la liberté dans l'*indifférence* humaine, antécédente à la détermination de la *volonté*[3]. Je souhaiterais que ceux qui accordent une telle importance à une *indifférence antécédente*, comme ils l'appellent, nous disent clairement si cette prétendue indifférence est antécédente à la pensée et au jugement de l'entendement, aussi bien qu'au

b. Ajout de la cinquième édition.

1. Cf. 2.21.8.
2. Cf. 2.21.5.
3. Cf. Locke, *Correspondence*, lettre à Limborch, n° 2979.

décret de la *volonté*. Car il est assez difficile de la situer entre elles, c'est-à-dire immédiatement après le jugement de l'entendement et avant la détermination de la *volonté :* la détermination de la *volonté* suit immédiatement le jugement de l'entendement; placer la liberté dans une *indifférence* antécédente à la pensée et au jugement de l'entendement me semble placer la liberté dans un état de ténèbres, où l'on ne peut voir ni dire quoi que ce soit d'elle, car on ne reconnaît jamais qu'un agent est capable de liberté, si ce n'est comme conséquence de sa pensée et de son jugement.

Je ne suis pas tatillon en matière d'expressions, et je consens à dire, avec ceux qui aiment parler ainsi, que la liberté est placée dans l'*indifférence* ; mais c'est une *indifférence* qui demeure après le jugement de l'entendement; et même après la détermination de la *volonté ;* et c'est une indifférence non point de l'homme (car après avoir jugé ce qui est le meilleur – faire ou s'abstenir –, il n'est plus indifférent), mais c'est une *indifférence* des pouvoirs opératoires de l'homme, qui, avant ou après le décret de la *volonté*, demeurent également capables d'opérer ou de s'abstenir d'opérer |, et se trouvent dans un état **284**
que l'on peut appeler, si l'on veut, *indifférence ;* et, dans les limites de cette *indifférence*, et pas plus, l'homme est libre.

Par exemple : j'ai la capacité de bouger la main ou de la laisser au repos; ce pouvoir opératoire est indifférent au mouvement et au repos de ma main; je suis alors, dans ce domaine, parfaitement libre. Ma *volonté* détermine ce pouvoir opératoire au repos : je suis pourtant libre, parce que l'indifférence de mon pouvoir opératoire, d'agir ou de ne pas agir, demeure; le pouvoir de mouvoir la main n'est pas du tout altéré par la détermination de la *volonté* qui pour le moment commande le repos; l'*indifférence* de ce pouvoir d'agir ou de ne pas agir est exactement ce qu'il était auparavant, comme ce sera évident si la *volonté* le vérifie en ordonnant le contraire. Mais si ma main, durant son immobilité, est saisie de paralysie, l'*indifférence* de ce pouvoir opératoire s'en est allée, et avec elle ma liberté : je n'ai plus de liberté en ce domaine. Inversement, si ma main est mise en mouvement par des convulsions, l'*indifférence* de cette faculté opératoire est détruite par ce mouvement et ma liberté est en ce cas perdue ; je suis soumis à la nécessité de mouvoir la main. Ceci, je l'ai ajouté pour montrer en quelle sorte d'*indifférence* me semble consister la liberté, et en aucune autre, réelle ou imaginaire[-b].

§ 72[c]

Avoir des notions vraies sur la nature et l'étendue de la *liberté* est d'une telle importance, qu'on me pardonnera, je l'espère, la digression où m'a entraîné ma tentative d'explication. Les idées de volonté, de *volition*, de *liberté* et de *nécessité* se sont naturellement présentées à moi dans ce chapitre sur le pouvoir.
285 Dans l'édition précédente, j'avais exposé mes pensées à ce sujet | en fonction des lumières que j'avais alors ; mais aujourd'hui,

c. Seconde édition et suivantes, qui remplace le paragraphe 46 de la première édition : « A propos de cette idée simple de pouvoir, j'ai saisi l'occasion d'expliquer nos idées de *volonté*, de *volition*, de *liberté*, et de *nécessité ;* elles sont plus composées que ne le sont les modes simples et pourraient donc être mieux situées parmi les idées plus complexes. Car la volonté, par exemple, contient l'idée du pouvoir de préférer faire plutôt que de ne pas faire une action particulière (ou vice versa) à laquelle elle a pensé ; cette préférence est un authentique mode de pensée, et donc l'idée que représente le mot *volonté* est une idée complexe et mêlée, constituée des idées simples de pouvoir et d'un certaine mode de pensée. Et l'idée de liberté est encore plus complexe, car elle est constituée des idées de pouvoir d'agir ou de ne pas agir en conformité avec la volition. Mais j'espère qu'on me pardonnera d'avoir transgressé la méthode que je m'étais moi-même proposée, si je l'ai un moment délaissée pour expliquer des idées de grande importance, comme celles de *volonté*, de *liberté* et de *nécessité*, ici où elles se présentent d'elles-mêmes pour ainsi dire, et se déploient sur leurs racines spécifiques. En outre, comme j'ai déjà suffisamment illustré ce que j'entends par modes simples et la façon dont l'esprit les acquiert (et je ne souhaite pas énumérer toutes les idées particulières de chaque sorte), celles de volonté, de liberté et de nécessité peuvent servir d'exemples de modes mixtes, dont j'ai l'intention de traiter maintenant ».

amant de la vérité plutôt qu'adorateur de mes propres doctrines, je reconnais avoir changé d'opinion, car j'estime avoir découvert une raison de le faire. Dans ce que j'avais d'abord écrit, j'avais suivi la vérité avec une entière impartialité, jusqu'à l'endroit où, à mon sens, elle me conduisait. Mais, ni assez orgueilleux pour m'imaginer infaillible, ni assez fourbe pour cacher mes erreurs par crainte de ternir ma réputation, je n'ai pas eu honte de publier avec le même culte sincère pour la vérité ce qu'avait suggéré une recherche plus précise. Il n'est pas impossible que certains estiment vraie ma première théorie, d'autres (j'en ai déjà trouvé) la dernière, d'autres encore aucune ; je ne serai nullement surpris de cette variété d'opinions humaines : les déductions impartiales de la raison sur les points controversés sont extrêmement rares, et les déductions exactes sur des notions abstraites pas très faciles, surtout si elles sont d'une certaine longueur. Je m'estimerai donc très redevable à toute personne qui, à partir de ces principes ou d'autres, épurera cette question de la *liberté* des difficultés qui demeurent peut-être encore.

Avant de terminer ce chapitre, il peut être opportun et utile pour obtenir des conceptions plus claires du pouvoir, d'attacher ses pensées à un vision un peu plus exacte de l'*action*. J'ai dit précédemment [1] que nous n'avons d'idées que de deux sortes d'*action* : le *mouvement* et la *pensée ;* mouvement et pensée sont dénommés *actions* et pris pour tels, et pourtant à les considérer de près, on verra qu'ils ne le sont pas toujours exactement. Car, si je ne m'abuse, il existe des cas de chaque espèce qu'à bien considérer on prendra plutôt pour des *passions* que pour des *actions* et, par suite, pour les simples effets de pouvoirs passifs en des choses qui, en l'occurrence, sont néanmoins prises pour des *agents*. Dans ces cas en effet, la substance qui se meut ou pense, reçoit l'impression qui la met à l'*action* de façon purement extérieure, et donc agit simplement par la capacité qu'elle a de recevoir une telle

1. Cf. 2.21.4.

impression d'un agent extérieur; un tel pouvoir n'est pas à proprement parler un *pouvoir actif*, mais une simple capacité passive dans la chose. Parfois, la substance ou l'agent se met lui-même à l'*action* par son propre pouvoir, et ceci est à proprement parler un *pouvoir actif*. Quelle que soit dans une substance la modalité qui lui fasse produire un effet, celle-ci est nommée *action ;* par exemple, une substance solide agit par son mouvement sur les idées sensibles d'une autre sub-
286 stance ou les modifie, d'où l'on nomme cette modalité | du mouvement une action. Pourtant le mouvement dans cette substance solide n'est, tout bien considéré, qu'une passion, si elle est uniquement reçue d'un agent externe. Ainsi il n'y a de *pouvoir actif* en aucune substance au repos qui serait incapable d'entamer en elle-même ou en une autre substance un mouvement. De même pour la *pensée* : le pouvoir de recevoir des idées ou des pensées par l'opération d'une substance externe est appelé *pouvoir* de penser; mais ce n'est qu'un *pouvoir passif*, ou une capacité; par contre, être à même d'évoquer à volonté des idées perdues de vues et comparer celles qu'on estime pertinentes, voilà un *pouvoir actif*.

Cette analyse peut être utile pour nous garantir des erreurs concernant les *pouvoirs* et les *actions* auxquelles peuvent nous conduire la grammaire et les formes courantes des langues : ce qui est signifié par les *verbes* que les grammairiens appellent *actifs* ne signifie pas toujours une *action ;* par exemple, les propositions *Je vois la lune ou une étoile*, ou *Je sens la chaleur du soleil* sont exprimées par des *verbes actifs* et pourtant elles ne signifient en moi aucune action par laquelle j'agirais sur ces substances, mais la réception des idées de lumière, de rondeur, de chaleur, où je ne suis pas actif, mais purement passif, sans pouvoir m'empêcher, dans cette position des yeux et du corps, de les recevoir. Mais quand je tourne les yeux d'une autre côté, quand j'écarte mon corps des rayons du soleil, je suis vraiment actif, car, de mon propre choix, par un pouvoir qui est en moi, je me mets moi-même en mouvement ; une telle action est le fait d'un *pouvoir actif*.

§ 73 [d]

J'ai donc dressé sous vos yeux le tableau rapide de nos idées *originaires*, dont tout le reste est dérivé et constitué. Si je voulais, comme philosophe [1], considérer et examiner quelles sont les causes dont elles dépendent et ce dont elles sont faites, je crois qu'on peut toutes les réduire à ce tout petit nombre d'idées primaires et originaires :

– l'*étendue*,
– la *solidité*,
– la *mobilité*, ou pouvoir d'être mû,

idées que nous recevons des sens par le corps ;

– la *perceptivité*, ou pouvoir de percevoir ou de penser,
– la *motivité*, ou pouvoir de mouvoir[e]

idées que par réflexion nous recevons de notre esprit.
Qu'on me permette | d'utiliser ces deux termes nouveaux, 287
pour ne pas risquer d'être mal compris en utilisant des termes équivoques[2].[f] Si nous ajoutons à celles-ci

– l'*existence*,
– la *durée*,
– le *nombre*,

d. § 47, dans la première édition.

e. Ces deux lignes remplacent dans la quatrième et la cinquième éditions : « …penser et le pouvoir de mouvoir… » des éditions 1 à 3.

f. La phrase précédente est ajoutée à partir de la 4e édition.

1. Cf. 1.1.2 note.

2. Coste ajoute la note suivante à sa traduction : « Si Mr. *Locke* s'excuse à ses lecteurs de ce qu'il emploie ces deux mots, je dois le faire à plus forte raison, parce que la langue française permet beaucoup moins que l'anglaise qu'on fabrique de nouveaux termes. Mais dans un ouvrage de pur raisonnement, comme celui-ci, rempli de disquisitions si fines et si abstraites, on ne peut éviter de faire des mots, pour pouvoir exprimer de nouvelles idées. Nos plus grands puristes conviendront sans doute que dans un tel cas, c'est une liberté qu'on doit prendre, sans craindre de choquer leur délicatesse ».

qui appartiennent à la fois à l'une et à l'autre sorte, nous aurons sans doute toutes les idées originaires dont dépend le reste. Par elles en effet pourraient être expliquées, je pense, la nature des couleurs, des sons, des goûts, des odeurs et toutes les autres idées que nous avons, à la seule condition d'avoir des facultés suffisamment aiguisées pour percevoir les nombreuses modifications d'étendue et de mouvement des corps minuscules qui produisent en nous ces diverses sensations. Mais mon but présent n'est que de chercher ce qu'est la connaissance des choses dans l'esprit, grâce aux idées et manifestations que Dieu l'a rendu capable de recevoir d'elles, et comment l'esprit acquiert cette connaissance; ce n'est pas de chercher leurs causes ou la façon dont elles sont produites; je ne vais donc pas, me mettre, à l'inverse du dessein de cet essai, à chercher de façon philosophique la constitution particulière des corps et la configuration des éléments par lesquelles ils ont le pouvoir de produire en nous les idées des qualités sensibles. Je n'entrerai pas plus avant dans cette recherche; il suffit pour mon propos d'observer que l'or ou le safran ont le pouvoir de produire en nous l'idée de jaune; et la neige ou le lait, l'idée de blanc; on peut avoir ces idées par la vue seule, sans examiner la texture des éléments de ces corps ou le mouvement des particules qui rebondissent sur eux pour engendrer en nous cette sensation particulière; pourtant, lorsque nous dépassons les pures idées de l'esprit et voulons chercher leurs causes, nous ne pouvons concevoir qu'il y ait autre chose dans tout objet sensible qui produise en nous différentes idées, sinon les différents masse, figure, nombre,
288 texture et mouvement de ses éléments insensibles[1].|

1. Cf. 2.8.8-15.

CHAPITRE 22

LES MODES MIXTES

§ 1

Ce que sont les modes mixtes

Dans les chapitres précédents, j'ai traité des modes simples et montré, à partir d'exemples choisis parmi les plus importants, ce qu'ils sont et comment nous les acquérons ; il faut examiner maintenant ceux que j'appelle *modes mixtes* (comme les idées complexes marquées du nom d'*obligation*, d'*ivresse* [1], de *mensonge*, etc.) : ils sont constitués de combinaisons variées d'idées simples de sortes différentes et je les ai donc appelées *modes mixtes* pour les distinguer des modes plus simples, constitués seulement d'idées simples de la même sorte. Les modes mixtes sont eux aussi [2] des combinaisons d'idées simples, considérées comme marques caractéristiques non pas d'êtres réels dotés d'une existence stable, mais d'idées éparses et indépendantes assemblées par l'esprit ; on les distingue par là des idées complexes de substances.

1. Coste remplace par *amitié*.

2. Cf. la définition des modes, 2.12.4.

§ 2

Produits par l'esprit

Par rapport à ses idées simples, l'esprit est totalement passif : il les reçoit toutes de l'existence et des opérations des choses telles que la sensation et la réflexion les présente, sans être capable d'en former aucune ; l'expérience le montre [1]. Mais l'examen attentif des idées dont on parle en ce moment et que j'appelle *modes mixtes* montrera que leur origine est tout à fait différente. L'*esprit exerce* souvent *un pouvoir actif quand il crée ces* diverses *combinaisons* ; car, une fois doté d'idées simples, il peut les assembler de façons diverses et créer une variété d'idées complexes sans examiner si elles existent dans la nature selon cet assemblage. De là vient, je pense, que l'on nomme ces idées *notions* comme si elles avaient leur origine et leur permanence dans la pensée des hommes plutôt que dans la réalité des choses et comme s'il suffisait, pour former de telles idées, que l'esprit assemble leur parties et que l'entendement les estime compatibles sans examiner si elles ont une existence réelle [2].

289 Pourtant, je ne nie pas que nombre | d'entre elles puissent être tirées de l'observation de plusieurs idées simples existant selon une combinaison identique à celle de l'entendement. Ainsi, le premier qui forma l'idée d'*hypocrisie* a pu la tirer d'abord de l'observation de quelqu'un qui faisait montre de bonnes qualités qu'il n'avait pas ; il a pu aussi la former en son esprit sans avoir de modèle à copier. Il est évident qu'au début des langues et des sociétés humaines plusieurs des idées complexes issues des conventions posées entre les hommes ont nécessairement été dans l'esprit de certains avant d'exister ailleurs ; et beaucoup de noms qui tenaient lieu de telles idées complexes étaient en usage

1. Cf. définition de l'idée simple, 2.1.2 et 2.12.1.

2. Pour ce passage, cf. 3.5.2, et pour ce qui suit en général comparer avec tout le chapitre 3.5.

(donc ces idées étaient formées) avant que n'existassent les combinaisons dont ils tiennent lieu[1].

§ 3

Parfois acquises par explication de leur nom

En fait, maintenant que les langues sont formées et abondent de mots tenant lieu de telles combinaisons, *on acquiert d'habitude ces idées complexes grâce à l'explication des termes qui en tiennent lieu.* Puisqu'elles sont constituées d'un ensemble d'idées simples combinées, ces idées peuvent être représentées par des mots à l'esprit de celui qui les comprend, même si cette combinaison complexe d'idées simples ne lui a jamais été présentée dans la réalité. Ainsi un homme peut recevoir l'idée de *sacrilège* ou de *meurtre* en énumérant les idées simples dont le mot tient lieu, sans jamais avoir vu perpétré l'un ou l'autre[2].

§ 4

Les noms assemblent les éléments des modes mixtes en une idée

Puisque tout *mode mixte* comprend de nombreuses idées simples distinctes, il semble raisonnable de chercher *d'où ce mode tient son unité* et comment cette multitude-là en vient à constituer une seule idée, alors que cette combinaison n'existe pas toujours assemblée dans la nature. Ma réponse sera : il est évident que le mode tient son unité d'un acte de l'esprit qui combine diverses idées simples en un tout et les considère comme une seule idée complexe composée de ces parties ; la marque de cette union, ou ce qui la complète selon l'opinion commune, c'est le nom donné à cette combinaison.

1. Coste précise en note « Supposé par exemple que le premier homme ait fait une loi contre le crime qui consiste à tuer son père ou sa mère, en le désignant de *parricide*, avant qu'un tel crime eût été commis, il est visible que l'idée complexe que le mot de *parricide* signifie, n'exista d'abord que dans l'esprit du législateur et de ceux à qui cette loi fut notifiée ».

2. Cf. 3.5.16.

Car c'est en fonction des noms que les gens règlent habituellement l'inventaire des différentes espèces de modes mixtes ; ils n'admettent le plus souvent de considérer un
290 certain nombre d'idées simples comme | une seule idée complexe que si ces ensembles ont un nom. Ainsi, bien que *meurtre d'un vieillard* soit par nature aussi propre à être assemblé en idée complexe que *meurtre du père*, il n'y a pourtant pas de nom qui tienne précisément lieu du premier, alors que *parricide* sert de marque pour le second ; d'où le premier n'est pas pris pour une idée complexe déterminée, ni pour une espèce d'action distincte du fait de tuer un jeune ou quelqu'un d'autre.

§ 5

Pourquoi fait-on des modes mixtes

Si l'on cherchait plus avant *pourquoi les gens élaborent diverses combinaisons d'idées simples* en *modes* distincts quasiment stables et en négligent d'autres qui par nature sont aussi propres à être assemblés en idées distinctes, on en trouverait la raison dans la finalité même du langage. Celui-ci en effet a pour but de marquer les pensées humaines ou de les communiquer les uns aux autres avec le plus de célérité possible[1] ; habituellement donc, les gens constituent en modes complexes et nomment les collections d'idées fréquemment utilisées dans leur façon de vivre et leur conversation ; les autres, qu'ils ne mentionnent que rarement, ils les laissent sans nom qui les assemblerait ; ils préfèrent, quand c'est nécessaire, énumérer les idées qui les constituent à travers les noms particuliers qui en tiennent lieu, plutôt que d'encombrer leur mémoire en multipliant les idées complexes avec leur nom, alors qu'ils n'auraient que rarement, sinon jamais, l'occasion de les utiliser[2].

1. Cf. 3.1.1-3.
2. Cf. 3.5.7.

§ 6

Pourquoi des mots d'une langue n'ont pas de correspondant dans une autre

Ceci nous montre[a] *d'où vient que toute langue contienne beaucoup de termes propres qui ne peuvent être traduits mot pour mot dans une autre*. Les modes, les coutumes, les habitudes et les diverses façons de vivre dans une nation font que certaines combinaisons d'idées deviennent coutumières et nécessaires, alors qu'un autre peuple n'a jamais eu l'occasion de les créer ni même d'y penser; et des noms leur sont naturellement attachés pour éviter de longues périphrases dans la vie de tous les jours; ce qui produit dans l'esprit toutes ces idées complexes distinctes. Par exemple ὀστρακισμός en grec, et *Proscriptio* en latin, [b-]étaient des mots qui n'avaient
dans d'autres langues | aucun correspondant exact, car ils 291
tenaient lieu d'idées complexes qui n'existaient pas dans l'esprit des gens d'autres nations[-b]. Là où manquait la coutume, manquait la notion de cette action et le besoin de combinaison d'idées unies ou quasiment liées ensemble, par ces termes. Et dans d'autres pays donc, il n'y avait pas de nom pour ces actions.

§ 7

Et pourquoi les langues changent

On voit également ici la *raison des transformations constantes* des langues, de leur création de termes neufs et de l'abandon des anciens. À cause du changement d'habitudes et d'opinions, qui entraînent de nouvelles combinaisons d'idées auxquelles il est nécessaire de penser souvent pour en parler, on annexe de nouveaux noms à ces idées pour éviter de longues descriptions. Ainsi, deviennent-elles de nouvelles

a. La première édition disait *nous donne la raison* au lieu de *nous montre*.

b. Texte des quatrième et cinquième éditions qui remplace : « tenaient lieu d'idées complexes qui n'étaient pas dans l'esprit d'un autre peuple, et donc n'avaient pas de nom qui leur corresponde en d'autres langues ».

espèces de modes complexes. Combien d'idées différentes sont ainsi habillées d'un nom court, et quel gain de temps alors et de salive ! Pour s'en apercevoir, il suffit d'énumérer toutes les idées qu'évoquent *sursis* ou *appel* et d'utiliser au lieu de ces noms une périphrase pour les faire comprendre !

§ 8

Où existent les modes mixtes

J'aurai l'occasion de reprendre plus amplement cette question quand j'en arriverai à l'exposé sur les mots et leur usage[1], mais je n'ai pu éviter ici de mentionner ainsi les noms de *modes mixtes*, qui sont des combinaisons passagères et fugitives d'idées simples : ils ont une courte existence uniquement à l'intérieur de l'esprit humain, et même là n'existent pas au-delà du moment où on y pense ; *ils n'apparaissent jamais avec autant de constance et de permanence que dans leur nom* ; aussi, avec cette sorte d'idées, les noms risquent-ils d'être pris pour les idées mêmes. Si l'on se demandait en effet où existe l'idée de *triomphe* ou celle d'*apothéose*, elles ne pourraient exister, c'est évident, nulle part dans les choses mêmes : étant des actions qui demandent du temps pour être accomplies, elles ne pourraient exister toutes ensemble. Et quant à l'esprit de l'homme où l'on suppose que sont logées les idées de ces actions, elles y ont aussi une existence très incertaine. On est donc amené à les attacher aux noms qui les provoquent en nous.

1. Livre 3.

§ 9

Comment on acquiert les idées de modes mixtes

Il y a donc trois façons *d'acquérir les idées complexes de modes mixtes :*

a. Par expérience et *observation* des choses mêmes. | Ainsi 292
en voyant deux hommes lutter ou s'escrimer nous acquérons l'idée de lutte ou d'escrime.

b. Par *invention*, en assemblant volontairement plusieurs idées simples dans l'esprit ; ainsi, celui qui le premier inventa l'imprimerie ou la gravure en avait l'idée à l'esprit, avant qu'elle n'existât.

c. De la façon la plus courante, *par l'explication de noms* d'actions jamais vues, ou de notions invisibles et par l'énumération (les plaçant donc pour ainsi dire devant l'imagination) de toutes les idées qui participent à sa constitution et en sont les éléments. Car, après avoir emmagasiné des idées simples dans l'esprit par *sensation* et *réflexion*, après s'être habitué aux noms qui en tiennent lieu, on peut représenter à autrui par des noms toute idée complexe qu'on voudrait lui faire concevoir, de sorte que cette idée complexe ne contienne aucune idée simple qu'il ignorât et qu'il lui donne le même nom que nous.

Car toute idée complexe peut être résolue de façon ultime en idées simples, celles qui la composent et l'ont au début constituée, bien qu'éventuellement les ingrédients immédiats – si je peux ainsi m'exprimer – soient aussi des idées complexes. Par exemple, le *mode mixte* dont tient lieu le mot *mensonge* est fait des idées simples suivantes :

a. *des sons articulés* ;

b. *certaines idées dans l'esprit du locuteur* ;

c. *ces mots qui sont les signes de ces idées* ;

d. *ces signes, assemblés par affirmation ou négation autrement que ne le sont les idées signifiées dans l'esprit du locuteur.*

Je pense qu'il n'est pas nécessaire d'aller plus loin dans l'analyse de cette idée complexe nommée *mensonge*. Ce que j'ai dit suffit à montrer qu'il est fait d'idées simples, et je ne pourrais que fort ennuyer mon lecteur en lui faisant une énumération plus minutieuse de toutes les idées simples particulières qui participent à la constitution de cette idée complexe : d'après ce qu'on a dit plus haut, il est tout à fait capable de le faire pour lui-même.

On peut faire la même chose pour toute idée complexe : qu'elle soit composée ou non, elle peut à terme être résolue en idées simples, matériau de toute connaissance acquise ou possible. Et il ne faut pas craindre que l'esprit soit par là réduit à un trop petit nombre d'idées, si l'on considère la masse inépuisable de modes simples qu'offrent à eux seuls le nombre et la figure. Les *modes mixtes*, qui résultent de nombreuses combinaisons d'idées simples diverses et de leur modes infinis, sont fort nombreux, c'est facile à imaginer. Avant d'achever, nous verrons que personne ne doit craindre de voir
293 freiné le développement de ses pensées, | même si elles se limitent comme je le prétends aux idées simples reçues de la sensation et de la réflexion et à leur nombreuses combinaisons.

§ 10

Mouvement, pensée et pouvoir, de nombreux modes en ont été faits

Il est intéressant de noter, *parmi toutes les idées simples, celles qui le plus souvent ont été transformées en mode, celles dont on a le plus souvent fait des modes mixtes*, avec attribution de nom. C'est le cas de trois idées : la pensée, le mouvement (les deux idées qui couvrent toutes les actions), et le pouvoir dont on pense que ces actions découlent. Ces idées simples de pensée, de mouvement et de pouvoir, dis-je, ont été fréquemment transformées en modes et ces transformations ont produit des modes très complexes dotés d'un nom.

L'action est en effet la grande préoccupation de l'humanité et la seule matière dont traitent les lois ; il n'est donc pas étonnant qu'on prenne en compte les divers modes de pensée et de mouvement, qu'on observe leurs idées, qu'on les pose dans la mémoire et leur assigne un nom ; autrement les lois ne pouvaient qu'être mal faites, et le vice ou le désordre mal réprimés. Et aucune communication ne pourrait se dérouler correctement entre hommes sans de telles idées complexes, dotées d'un nom ; c'est pourquoi les gens fixent des noms et gardent à l'esprit des idées prétendument fixées pour les modes d'actions distingués par leurs causes, leurs moyens, leur objet, leur fin, leurs instruments, leur époque, leur lieu, entre autres circonstances, ainsi que pour les pouvoirs liés à ces actions : par exemple, l'audace est le pouvoir de parler ou d'agir selon ses désirs face aux autres, sans trouble ni crainte, et les Grecs disposent d'un mot particulier pour l'aisance de parole παρρησία ; ce pouvoir, cette capacité humaines de faire quelque chose, quand il est acquis par la pratique répétée d'une même chose, est cette idée que l'on nomme *habitude* ; quand il est intense et prêt à se transformer en action, on l'appelle *disposition* : ainsi la *susceptibilité* est une disposition ou un penchant à la colère [1].

Enfin, regardons certains modes d'action comme l'*étude* et l'*assentiment,* actions de l'esprit, *courir* et *parler,* actions du corps, *vengeance* et *meurtre*, actions des deux à la fois, pour voir qu'il ne s'agit de rien d'autre que d'ensembles d'idées simples constituant les idées complexes signifiées par ces noms. | 294

1. Coste remplace le dernier exemple par : « ainsi la tendresse est une disposition à l'amitié ou à l'amour ».

§ 11

Divers noms semblent signifier une action, mais ne signifient que l'effet

Puisque le pouvoir est la source d'où procède toute action, les substances où siègent ces pouvoirs sont appelées *causes* quand elles font passer ce pouvoir en acte ; et les substances ainsi produites, ou les idées simples que le pouvoir à l'œuvre introduit en une chose, sont appelées *effets. L'efficace* par laquelle est produite la nouvelle substance ou la nouvelle idée est nommée, dans la chose qui exerce ce pouvoir, *action* ; mais, dans la chose en qui une idée simple est changée ou produite, elle est nommée *passion* ; quelque diverse que soit cette efficace et quoique ses effets soient presque infinis, il est possible à mon avis de ne la concevoir chez les agents raisonnables que comme des modes de la pensée et du vouloir, et chez les agents corporels que comme des modalités du mouvement. À mon avis, dis-je, on ne peut la concevoir autrement. Car, outre ceux-là, s'il y avait un autre genre d'action qui produise des effets, je dois avouer que je n'en ai aucune notion, aucune idée, et qu'elle est donc parfaitement étrangère à mes pensées, à mes perceptions, à ma connaissance, qu'elle m'est aussi obscure que l'idée de cinq autres sens ou qu'à un aveugle les idées de couleur. Et par conséquent, *de nombreux mots qui semblent exprimer une action ne signifient rien de l'action ni du processus, mais* [signifient] *simplement l'effet* avec des détails de la chose sur qui elle s'exerce, ou la cause agissante. Par exemple, *création*, *annihilation* ne contiennent aucune idée de l'action ou de la façon dont elles ont été produites, mais simplement l'idée de la cause et de la chose effectuée. Quand un paysan dit « le froid fait geler l'eau », bien que *faire geler* semble désigner une *action*, l'expression ne signifie en vérité rien d'autre que l'effet, à savoir que l'eau qui était liquide[1] est devenue dure et solide; l'expression ne contient aucune idée de l'action qui a produit l'effet[2].

1. Cf. Spinoza, lettre 64.
2. Cf. 2.21.1-4 et 2.26.1.

§ 12

Les modes mixtes, faits aussi d'autres idées

Même si le pouvoir et l'action forment la majeure partie des modes mixtes dotés d'un nom familier à l'esprit et à langue des gens, point n'est besoin, je crois, de mentionner ici que d'autres idées simples et leurs diverses combinaisons *ne sont pas* exclues. Bien moins encore sera-t-il besoin, à mon avis, *d'énumérer tous les modes mixtes* qui ont été fixés et dotés de nom. Ce serait dresser un dictionnaire de la plupart des mots utilisés en théologie, en morale, en droit, en politique, et en maintes autres sciences. Tout ce qu'exige mon
projet actuel, c'est de montrer quelle sorte | d'idées sont celles 295
que j'appelle *modes mixtes*, comment l'esprit les acquiert, de montrer que ce sont des compositions à partir d'idées simples fournies par la sensation et la réflexion. Et je pense l'avoir fait.

CHAPITRE 23

NOS IDÉES COMPLEXES DE SUBSTANCES

§ 1

Comment sont faites les idées de substances

Comme je l'ai déclaré[1], l'esprit dispose d'un grand nombre d'idées simples, introduites par les *sens,* telles qu'elles sont trouvées dans les choses extérieures, ou par la *réflexion* sur ses propres opérations ; l'esprit se rend compte également qu'un certain nombre de ces idées simples vont toujours ensemble ; parce que ces idées sont présumées appartenir à une seule et même chose et que les mots sont adaptés à la compréhension commune et utilisés pour l'échange rapide, elles sont désignées d'un seul nom en tant qu'unies ainsi en une seule chose. Mais, par inattention, ce nom risque ultérieurement d'être mentionné et pris pour une seule idée simple, lui qui est en fait un agrégat de plusieurs idées[2]. Nous n'imaginons pas, je l'ai dit[3], comment ces idées simples peuvent subsister par elles-mêmes et, dès lors, nous

1. Cf. 2.1.3, 4.
2. Cf. 2.22.8, et 3.6 en général.
3. Cf. 1.4.18, 2.12.6, 2.13.19-20.

prenons l'habitude de supposer un *substrat* dans lequel elles subsistent, dont elles sont l'effet, et que pour cette raison nous appelons *substance*[a].

§ 2

Notre idée de substance en général

Aussi, toute personne examinant sa *notion de pure substance en général*, découvrirait qu'il n'en a absolument aucune autre idée que la supposition seule d'un je-ne-sais-quoi, support de qualités capables de produire en nous des idées simples; et ces qualités sont communément appelées *accidents*. Si l'on demandait quelle est la chose à laquelle sont inhérents la couleur ou le poids, il ne trouverait à dire que « Les éléments étendus solides ». Et si on lui demandait
296 la nature de ce en quoi inhèrent cette solidité et cette étendue |, il ne serait pas dans une situation meilleure que l'*Indien* déjà cité[1]; il disait que le monde était soutenu par un grand éléphant et on lui demanda : « Sur quoi l'éléphant repose-t-il ? »; il répondit : « Sur une grande tortue »; mais on insista : « Qui soutient la tortue au large dos? », et il répliqua : « Quelque chose, je ne sais quoi ».

Ici donc, comme dans tous les cas où nous utilisons des mots sans idées claires et distinctes, nous parlons comme des

a. La cinquième édition ajoute en note : « Cette section qui n'avait pour but que de montrer comment les individus de diverses espèces de substance en sont venues à être considérées comme des idées simples et à avoir ainsi des noms simples (à savoir à partir de la substance ou du substrat simple supposé qui a été considérée comme la chose même dans laquelle est inhérent ce complexe d'idées qui nous la représente, et dont ce complexe résulte) a été prise par erreur pour une présentation de l'idée de substance en général, et comme telle on l'a critiquée en ces termes : … (suit une citation de *Discourse of the Vindication of the Trinity,* de Stillingfleet). À cette objection de l'Évêque de Worcester, notre auteur répond ainsi : … » (suitune citation de la *lettre à l'Évêque de Worcester*, textes donnés en annexe, fin de volume 2).

1. 2.13.19.

enfants à qui l'on demande ce qu'est une chose qu'ils ne connaissent pas : ils répondent volontiers : « C'est *quelque chose* » ; et dit par un enfant aussi bien que par un homme, cela ne signifie rien de plus, en fait, que : « Je n'en sais rien ; je n'ai pas du tout d'idée distincte de la chose que je prétends connaître et exposer ; j'en suis donc complètement ignorant. »

L'idée que nous avons, à laquelle nous donnons le nom général de *substance*, n'est donc que le support, prétendu mais inconnu, des qualités dont nous découvrons l'existence et dont nous imaginons qu'elles ne peuvent subsister *sine re substante* (sans quelque chose qui les supporte); et nous appelons ce support *substantia*, ce qui au sens propre, équivaut en bon français à *qui se tient sous*, ou *soutenant*[b].

§ 3

Les sortes de substances

Après avoir ainsi formé une idée obscure et relative de substance en général, on acquiert les idées de *sortes particulières de substances* en constituant des combinaisons d'idées simples d'après la co-existence perçue par l'expérience et l'observation des sens, combinaisons que l'on suppose alors découler de la constitution interne particulière (ou essence inconnue) de cette substance[1]. On acquiert ainsi l'idée d'homme, de cheval, d'argent, d'eau, etc. Mais j'en appelle à l'expérience propre de chacun : qui en a une idée claire autre que *certaines idées simples coexistant ensemble ?* Les qualités

b. Ajouté à la cinquième édition : « A partir de ce paragraphe, l'Évêque de Worcester a levé une objection, comme si la doctrine de notre auteur à propos des idées avait totalement écarté de ce monde la substance. Ses mots dans ce second paragraphe sont là pour prouver qu'il est une des personnes pratiquant cette nouvelle façon de raisonner, qui ont presque complètement écarté la substance de la partie raisonnable de ce monde. Ce à quoi, l'auteur répond : … » (extrait de la lette à l'Évêque de Worcester et 3e lettre à l'Évêque, textes donnés en annexe, volume 2).

1. Cf. 3.6.9.

ordinaires, observables dans le fer ou le diamant, forment assemblées l'idée complexe authentique de ces substances,
297 qu'un forgeron ou un joaillier couramment connaissent mieux | qu'un philosophe qui, quoiqu'il dise des formes substantielles, n'a pas d'autre idée de ces substances que *ce qui est construit par un assemblage de ces idées simples que l'on peut trouver en elles*.

Il faut simplement noter que nos idées complexes de substances outre toutes les idées simples qui la constituent, incluent toujours l'idée confuse de *quelque chose* auquel elles appartiennent, et en quoi elles subsistent. Quand on parle d'une sorte de substances, on dit que c'est une *chose* qui a telle ou telle qualité : le corps est une *chose* qui est étendue, dotée de figure, apte à se mouvoir ; l'Esprit est une *chose* capable de penser ; de même, la dureté, la friabilité et le pouvoir d'attirer le fer sont, dit-on, des qualités que l'on trouve dans l'aimant. Ces façons de parler et leurs analogues, suggèrent que la substance est supposée toujours être *quelque chose* outre l'étendue, la figure, la solidité, le mouvement, la pensée et autres idées observables, même si on ne sait pas ce que c'est.

§ 4

Pas d'idée claire de substance en général

Quand donc on parle d'une sorte particulière de substances, comme celle de *cheval*, de *pierre*, etc., ou quand on y pense, l'idée qu'on en a n'est que la somme, la collection, des nombreuses idées simples de qualités sensibles que l'on trouve habituellement unies dans les choses nommées *cheval*, *pierre*. Et pourtant, parce qu'on ne peut pas concevoir comment elles subsisteraient seules, ou comment elles subsisteraient l'une dans l'autre, on suppose qu'elle existent dans une chose commune qui les supporte ; *et ce support est dénoté par le nom substance*, bien qu'il soit certain que l'on n'a aucune idée claire et distincte de cette *chose* que l'on suppose être un support.

§ 5

L'idée d'Esprit est aussi claire que l'idée de corps

Il en va de même pour les opérations de l'esprit (penser, raisonner, avoir peur, etc.) : inférant qu'elles ne subsistent pas par elles-mêmes, et ne percevant pas comment il est possible qu'elles appartiennent à un corps, ou qu'elles soient produites par lui, on tend à penser que ce sont les actions d'une autre substance que l'on appelle *Esprit*. Ainsi, puisque l'on n'a, de la matière, aucune autre idée ou notion que *"quelque chose" où subsistent effectivement ces nombreuses qualités sensibles qui affectent nos sens*, en supposant une substance où *penser*, *connaître*, *douter*, et le *pouvoir de mouvoir*, etc., subsistent effectivement, on a, c'est évident, *une notion aussi claire de la substance de l'Esprit que de celle du corps ;* l'une est supposée être (sans qu'on sache ce que c'est) le *substrat* pour les idées simples reçues de l'extérieur, et l'autre est supposée être (avec la même ignorance de ce qu'elle est) le *substrat* pour les | 298
opérations que l'on expérimente à l'intérieur de soi. Il est donc manifeste que l'idée de *substance* corporelle dans la matière est aussi difficile à concevoir et à saisir que l'idée de *substance* spirituelle, ou *Esprit*.

On ne peut donc pas plus conclure de ce que l'on n'a pas de notion de la *substance* de l'*Esprit* à sa non-existence, que l'on ne peut pour la même raison nier l'existence du corps ; il est aussi rationnel d'affirmer qu'il n'y a pas de corps parce que l'on [c-]n'a aucune[-c] idée claire et distincte de la *substance* de la matière, que de dire qu'il n'y a pas d'Esprit, parce que l'on n'a aucune idée claire et distincte de la *substance* d'un Esprit.

c. Remplace dans les quatrième et cinquième éditions le texte suivant des trois premières éditions : « ne peut connaître son essence, comme on l'appelle, ou avoir aucune … ».

§ 6

Les sortes de substances

Donc, quelle que soit la nature secrète et abstraite de la *substance* en général, *toutes les idées que nous avons des sortes particulières de substances* ne sont que diverses combinaisons d'idées simples coexistant dans la cause de leur union; cause inconnue certes mais qui assure la subsistance autonome du tout. C'est par cette combinaison d'idées simples, et par rien d'autre, que l'on se représente des sortes particulières de *substances ;* voilà les idées des espèces diverses de substances que l'on a dans l'esprit; voilà seulement ce que l'on signifie aux autres par leur nom d'espèce (*homme*, *cheval*, *soleil*, *eau*, *fer*) : en entendant ces mots, quiconque comprenant la langue construit dans son esprit une combinaison de ces diverses idées simples qu'il a couramment observées ou imaginées co-exister sous cette dénomination; et il suppose qu'elles résident toutes dans cette chose[1] commune inconnue, qu'elles lui sont pour ainsi dire attachées, et que cette chose même n'est inhérente à rien d'autre.

Et pourtant il est en même temps manifeste, et chacun le vérifiera en analysant ses propres pensées, qu'on n'a pas d'autre idée d'une *substance* (que ce soit *or*, *cheval*, *fer*, *homme*, *vitriol*, *pain*) que celles qu'on a des seules qualités sensibles qu'on suppose inhérentes dans un substrat dont on suppose l'existence, substrat qui a pour fonction d'offrir, pour ainsi dire, un support à ces qualités ou idées simples qu'on a observées unies dans la réalité. Ainsi l'idée de *soleil*, qu'est-elle sinon l'agrégat des différentes idées simples suivantes :
299 *brillant, brûlant, arrondi, doté d'un mouvement régulier,* | *à une certaine distance de nous*[2], et d'autres encore peut-être –

1. Rappel . *chose* traduit non seulement *thing* mais aussi *subject*, réalité apparentée à substrat.

2. Les deux dernières idées sont moins *simples* que les premières , Locke s'en explique notamment ensuite.

selon que celui qui pense au soleil et qui en parle a été plus ou moins précis dans l'observation des qualités, idées ou propriétés sensibles de cette chose qu'il appelle *soleil ?*

§ 7

Les pouvoirs, une grande part des nos idées complexes de substance

Recueillir puis assembler le plus grand nombre d'idées simples existant effectivement dans une sorte, c'est avoir l'idée la plus parfaite d'une sorte particulière de *substances*; parmi ces idées, il faut compter les pouvoirs actifs, et les capacités passives [1], qui ne sont certes pas des idées simples mais qu'on peut, sans trop d'erreur en ce qui nous concerne ici et pour faire bref, classer comme telles. Ainsi, le pouvoir d'attirer le fer est-il une des idées composant l'idée complexe de la substance nommée *aimant*, et le pouvoir d'être ainsi attiré est une partie de l'idée complexe nommée *fer ;* et ces pouvoirs sont censés faire partie des qualités inhérentes de ces choses.

Car toute *substance*, par les pouvoirs qu'on y observe, peut aussi bien modifier certaines qualités sensibles en d'autres choses que produire en nous les idées simples que nous en recevons immédiatement; et par ces nouvelles qualités sensibles introduites en d'autres choses, elle découvre ces pouvoirs qui affectent médiatement les sens, aussi régulièrement que le font immédiatement ses qualités sensibles. Par exemple dans le *feu*, les sens perçoivent immédiatement la chaleur et la couleur, qui, bien considérées, ne sont que les pouvoirs qu'a le feu de produire en nous ces idées. Nous percevons aussi par les sens la couleur et la fragilité du *charbon de bois*, et nous recevons ainsi la connaissance d'un autre pouvoir du feu, celui de changer la couleur et la consistance du bois. Le feu nous découvre, dans le premier cas immédiatement et dans le second cas médiatement, ces différents pouvoirs; aussi les considérons-nous comme faisant partie

1. Cf. 2.21.2.

des qualités du feu; et nous en faisons une partie des idées complexes de feu. Car tous ces pouvoirs que nous découvrons se réduisent à l'altération de certaines qualités sensibles des choses sur lesquels ils s'exercent; ils font en sorte que ces choses nous exhibent de nouvelles idées sensibles [1].

C'est pourquoi j'ai compté ces pouvoirs parmi les idées simples qui composent l'idée complexe de sorte de *substances*, bien que ces pouvoirs considérés en eux-mêmes soient en fait des idées complexes. C'est en ce sens large que
300 je veux être compris quand je | range *parmi les idées simples certaines des potentialités* évoquées quand nous songeons à des substances particulières. Car les différents pouvoirs qui y sont doivent être considérés, si nous voulons avoir de vraies notions distinctes des différentes sortes de substances.

§ 8
Pour quelle raison

Il ne faut pas non plus s'étonner de ce que *les pouvoirs constituent une grande part des idées complexes de substances ;* les qualités secondaires sont en effet celles qui servent la plupart du temps à distinguer les substances les unes des autres, et constituent couramment une part importante de l'idée complexe des diverses sortes de substances. Car les sens nous font défaut quand il faut découvrir la masse, la texture, la figure des éléments minuscules des corps dont dépendent leur constitution réelle [2] et leurs différences ; et nous sommes trop heureux d'utiliser leurs qualités secondaires comme traits ou marques caractéristiques qui permettent de former dans l'esprit des idées du corps et de le distinguer des autres. Et toutes ces qualités secondaires, on l'a montré, ne sont que de simples pouvoirs ; ainsi, la couleur et le goût de l'opium sont-ils, comme les vertus soporifiques et calmantes,

1. Cf. 2.8.23.
2. Cf. 3.6.6.

de simples pouvoirs qui dépendent de ses qualités primaires, et qui lui permettent de produire différents effets sur différentes parties du corps[1].

§ 9

Trois sortes d'idées constituent nos idées complexes de substances

Les idées qui constituent nos idées complexes de substances corporelles sont de trois sortes[2] :

Premièrement, les idées des qualités primaires de choses, qui sont découvertes par les sens, et qui sont dans la chose, même quand on ne les perçoit pas : la masse, la figure, le nombre, la situation, le mouvement des parties du corps qui sont vraiment en elle, qu'on les remarque ou non.

Deuxièmement, les qualités secondaires sensibles, qui dépendent des primaires et ne sont donc que les pouvoirs qu'ont les substances de produire diverses idées en nous par nos sens ; et ces idées ne sont pas dans les choses mêmes, si ce n'est comme tout est en sa cause.

Troisièmement, l'aptitude, observée en toute substance, à donner ou recevoir des altérations de ses qualités primaires, telles que la substance ainsi altérée produise en nous des idées différentes de celles qu'elle produisait auparavant ; et on les appelle pouvoirs actifs ou passifs. Ces pouvoirs, dans la mesure où l'on en a une appréhension ou une notion, se réduisent à des idées simples sensibles. Car, quelle que soit | 301
l'altération qu'un *aimant* ait le pouvoir de produire dans les parties minuscules du fer, nous n'aurions absolument aucune notion de quelque pouvoir d'agir sur le fer si le mouvement sensible du fer ne le faisait pas découvrir. Et je ne doute pas qu'il existe mille changements que les corps couramment manipulés ont le pouvoir de produire en un autre, et pourtant

1. Cf. 2.9.8.
2. Cf. 2.8.23 *sq.*

nous n'en avons aucun soupçon parce qu'ils n'apparaissent jamais sous formes d'effets sensibles.

§ 10

Les pouvoirs constituent une grande part de nos idées complexes de substances

Les *pouvoirs* forment donc à juste titre *une grande partie de nos idées complexes de substances*. Celui qui examinera son idée complexe d'*or*, verra que nombre des idées qui la composent ne sont que des pouvoirs ; ainsi le pouvoir de fondre dans le feu sans se perdre, le pouvoir d'être dissous dans l'*eau régale*, sont des idées aussi nécessaires à la constitution de l'idée complexe d'or que sa couleur et son poids ; et si l'on considère sérieusement ces deux qualités, elles ne sont elles aussi que différents pouvoirs. Car, pour parler exactement, le jaune n'est pas réellement dans l'or ; c'est, dans l'or, un pouvoir de produire cette idée en nous par les yeux, quand on l'éclaire correctement. Et la chaleur, que l'on ne peut séparer de notre idée de *soleil*, n'est en réalité pas plus dans le soleil que ne l'est la couleur blanche qu'il introduit dans la cire. Ces qualités sont de façon équivalente des pouvoirs dans le soleil : par le mouvement et la figure de ses parties insensibles, il agit sur l'homme de telle manière qu'il ait l'idée de chaleur ; et il agit sur la cire en la rendant capable de produire en l'homme l'idée de blanc.

§ 11

Ce qui est actuellement qualités secondaires des corps disparaîtrait si l'on pouvait découvrir les qualités primaires des éléments minuscules

Si nous avions des sens assez aigus pour discerner les éléments minuscules des corps et la constitution réelle dont dépendent leurs qualités sensibles, je ne doute pas qu'ils produiraient en nous des idées totalement différentes ; ce qui est maintenant la couleur jaune de l'or disparaîtrait alors, et à sa place nous verrions une texture admirable d'éléments d'une certaine taille et d'une certaine figure.

C'est ce que nous découvrent avec évidence les microscopes ; ce qui, en effet, produit à l'œil nu une certaine couleur se découvre, par l'acuité accrue des sens, être une chose tout à fait différente ; ce changement, pour ainsi dire, du rapport entre la masse des éléments minuscules d'un objet coloré et notre vision ordinaire produit des idées différentes de celles que produisait auparavant l'objet. Ainsi, le sable ou le verre pilé, qui sont opaques | et blancs à l'œil nu, sont translucides au 302
microscope ; et un cheveu vu ainsi, perd sa couleur originale : il est en grande part transparent, avec un mélange de couleurs brillantes et chatoyantes, analogue à ce qui paraît dans la réfraction des diamants et d'autres corps translucides. Le sang, à l'œil nu, apparaît entièrement rouge mais un bon microscope qui fait paraître ses éléments plus petits ne montre que quelques petits globules rouges nageant dans une liqueur transparente ; comment paraîtraient ces globules rouges, si l'on trouvait des verres grossissant mille ou dix mille fois plus, on ne le sait[1].

§ 12

Notre capacité de découvrir est adaptée à notre état

Le sage Architecte infini qui nous a faits, nous et les choses qui nous entourent, a adapté nos sens, nos facultés et nos organes aux besoins de la vie et à la tâche que nous avons à accomplir ici. Par nos sens, nous sommes capables de connaître et de distinguer les choses, de les examiner suffisamment pour les tourner à notre usage et aménager de façons diverses les conditions de cette vie ; nous pénétrons suffisamment leur admirable organisation et leurs merveilleux effets pour admirer et magnifier la sagesse, le pouvoir et la bonté de leur auteur ; une telle connaissance, qui convient à notre condition actuelle, il ne nous manque aucune faculté pour l'atteindre ; mais il ne paraît pas que Dieu ait voulu que nous

1. Cf. 2.8.13.

en ayons une connaissance parfaite, claire et adéquate : ce n'est peut être pas à la portée d'un être fini. Nous sommes munis de facultés (aussi grossières et faibles soient-elles) qui nous en découvrent assez dans les créatures pour nous mener à la connaissance du Créateur et à la connaissance de notre devoir. Et nous sommes suffisamment dotés d'aptitudes pour faire face aux besoins de cette vie; telle est notre tâche en ce monde[1].

Mais si nos sens devenaient plus rapides ou plus perçants, la manifestation et l'agencement extérieur des choses auraient pour nous une tout autre figure; et j'ai tendance à penser qu'elles seraient incompatibles avec notre être, ou du moins avec notre bien-être en cette partie de l'univers que nous habitons. Celui qui songe à la difficulté pour notre constitution de supporter un déplacement dans l'atmosphère vers un lieu à peine plus élevé que celui dans lequel nous sommes habitués à respirer, à juste titre se contentera de ce globe terrestre qui nous a été alloué pour demeure, où l'Architecte parfaitement sage a conformé nos organes aux corps qui doivent les affecter. Si le sens de l'ouïe n'était que mille fois
303 supérieur, un bruit perpétuel ne nous distrairait-il pas ? | Et dans la retraite la plus calme, nous pourrions moins bien dormir et méditer qu'au milieu d'une bataille navale. Bien plus, si quelqu'un avait la vision (le sens qui donne le plus d'informations) mille ou cent mille fois plus perçante que ne la rend le meilleur des microscopes, des choses cent millions de fois inférieures au plus petit objet actuellement visible seraient visibles à l'œil nu; il serait ainsi plus près de découvrir la texture et le mouvement des éléments minuscules des choses corporelles, et pour beaucoup d'entre elles, il aurait probablement des idées de leur constitution interne. Mais il serait alors dans un monde totalement différent du monde des autres : rien ne lui apparaîtrait de la même façon qu'aux autres

1. Cf. 2.32.14.

et les idées visibles de chaque chose seraient différentes. Aussi, je me demande si le reste de l'humanité et lui pourraient discuter des objets de la vision ou s'entendre sur les couleurs, à partir du moment où les apparences seraient si radicalement différentes [1]. Une telle rapidité, une telle acuité de la vue ne supporteraient peut-être pas les rayons du soleil ni même la lumière du jour; elle ne pourrait percevoir d'un coup qu'une très faible partie d'un objet, et de très près seulement. Si, à l'aide de ces yeux microscopiques (si je peux ainsi m'exprimer), on pouvait pénétrer plus que de coutume dans la composition secrète, dans la texture radicale des corps, le changement serait d'un maigre profit si cette acuité visuelle ne pouvait servir pour aller au marché où à la bourse, si l'on ne pouvait pas voir à une distance correcte ce qui est à éviter ni distinguer les choses auxquelles il a affaire grâce aux qualités secondaires qui servent aux autres. Celui qui aurait assez d'acuité visuelle pour voir la configuration des éléments minuscules du ressort d'une horloge et pour chercher la structure et la poussée particulières dont dépend son mouvement, découvrirait sans doute quelque chose d'admirable; mais si ses yeux ainsi constitués ne pouvaient voir à la fois l'aiguille et les chiffres du cadran et donc lire de loin l'heure, leur propriétaire ne tirerait pas bénéfice de cette acuité: en démasquant l'architecture secrète des éléments de la machine, elle lui ferait manquer son utilité.

§ 13

Hypothèse sur les Esprits

Permettez-moi de présenter ici une hypothèse fantaisiste qui m'est venue. On a quelque raison de croire (si l'on peut
accorder crédit à des récits que notre philosophie | ne peut 304
justifier) que les Esprits peuvent revêtir des corps, de masse, forme ou structure différentes; leur grand avantage sur nous ne

1. Cf. 2.8.2;2.9.9.

viendrait-il pas alors de ce qu'ils peuvent se constituer des organes de sensation et de perception adaptés à leur projet du moment et aux détails de l'objet à observer ? Quelle connaissance, excédant toute autre, chez celui qui ne disposerait que de la faculté de modifier la structure de ses yeux, au point de rendre ce sens capable de tous ces divers degrés de vision, que l'utilisation des verres nous a – au début par hasard – fait concevoir ! Quelles merveilles découvrirait celui qui pourrait adapter ses yeux à tous les genres d'objets, de sorte qu'il verrait quand il le veut la figure et le mouvement des particules microscopiques du sang et des autres liqueurs animales, aussi distinctement qu'il voit à d'autres moments la forme et le mouvement des animaux eux-mêmes !

Mais pour nous, dans l'état où nous sommes actuellement, des organes inaltérables façonnés pour découvrir la figure et le mouvement des éléments minuscules des corps dont dépendent les qualités sensibles que normalement nous voyons, ne seraient sans doute d'aucun avantage. Dieu nous a sans doute faits au mieux de notre condition actuelle ; il nous a ajustés à la proximité des corps qui nous environnent et dont nous nous servons. Et, même si les facultés dont nous disposons ne nous permettent pas d'accéder à une connaissance parfaite des choses, elles seront suffisantes pour les fins dont on a parlé, qui nous intéressent au premier chef.

Je prie mon lecteur d'excuser cet étalage d'imagination débridée, à propos de la façon dont percevraient des êtres supérieurs. Aussi fantaisiste que ce soit, je me demande si l'on peut imaginer quoi que ce soit sur la connaissance angélique autrement qu'ainsi, et d'une façon ou d'une autre en rapport avec ce que l'on trouve et l'on observe en soi. Il est indéniable que le pouvoir et la sagesse infinis de Dieu peuvent former une créature dotée d'un millier de facultés et de façons de percevoir les choses extérieures autres que celles que nous avons ; et pourtant nos pensées ne peuvent aller au-delà de nos propres facultés, tellement il est impossible d'étendre nos hypothèses mêmes au-delà des idées reçues de nos propres sensation et réflexion. Supposer au moins que les anges revêtent parfois un corps ne doit pas surprendre, puisque certains des plus anciens et des plus cultivés des Pères de l'Église [1] semblent avoir cru qu'ils avaient des corps. Il est au moins certain que leur état et leur mode d'existence nous sont inconnus.| 305

§ 14
Les idées complexes de substance

Mais, pour revenir à notre sujet (nos idées de substance et la façon dont nous les recevons), je dirai que *notre idée spécifique de substance* n'est autre que *un ensemble constitué d'un certain nombre d'idées simples, considérées comme unies en une seule chose*. Bien que cette idée de substance soit couramment appelée *appréhension simple*, et son nom *terme simple*, elle est en fait une idée complexe et composée. Ainsi l'idée qu'un français signifie par le nom *cygne* est : *couleur blanche, long cou, bec rouge, pattes noires, pied palmé, le tout d'une certaine taille, avec le pouvoir de nager dans l'eau, de faire un certain type de bruit*; et, pour quelqu'un qui a longtemps observé ce type d'oiseaux, encore d'autres propriétés peut-être qui se réduisent toutes à des idées simples sensibles, toutes unies en une seule chose commune.

§ 15
Les idées de substances spirituelles sont aussi claires que celles des substances corporelles

Outre les idées complexes de substances sensibles matérielles dont je viens de parler, nous sommes capables, grâce aux idées simples tirées des opérations de notre esprit quotidiennement expérimentées en nous (telles penser, entendre, vouloir, connaître, pouvoir de commencer un mouvement,

1. Cf. Origène, *Periarchon*, 1.6 ; Bernard, *Homélies sur les Cantiques*, 6 ; Augustin, *De Genesi ad Litteram*, 3.10.

etc.) coexistant en une substance, de former *l'idée complexe d'un Esprit immatériel*.

Ainsi, en assemblant les idées de pensée, de perception, de liberté, et le pouvoir de mouvoir les autres choses et soi-même, nous avons une perception et une notion aussi claires des substances immatérielles que des substances matérielles. En effet, assembler soit les idées de penser et de vouloir, soit le pouvoir de mettre en mouvement ou d'arrêter un mouvement corporel, avec une substance dont on n'a pas d'idée distincte, nous donne l'idée d'un *Esprit* immatériel ; et en assemblant les idées d'éléments solides continus et le pouvoir d'être mû, avec une substance dont pareillement nous n'avons pas d'idée positive, nous avons l'idée de matière. L'une et l'autre sont des idées claires et distinctes ; l'idée de penser et de mouvoir un corps est aussi claire et distincte que l'idée d'étendue, de solidité et de mobilité. Car notre idée de substance est, dans les deux cas, également obscure ou inexistante. Elle n'est qu'un "je ne sais quoi" supposé pour supporter ces idées que l'on nomme *accidents*.

[d]C'est par manque de réflexion que nous tendons à penser
306 que | nos sens ne nous montrent que des choses matérielles. Tout acte de sensation, s'il est bien examiné, donne une vision égale des deux parties de la nature, la corporelle et la spirituelle. Car, tandis que je connais par la vue ou l'ouïe, etc., qu'il existe un être corporel à côté de moi, l'objet de cette sensation, je connais en fait de façon plus certaine qu'il y a un être spirituel en moi qui voit et entend. Il faut admettre que ce ne peut être l'action d'une matière purement insensible, et que cela ne pourrait pas non plus exister sans un être pensant immatériel[-d] [1].

d. Ajout de la quatrième et de la cinquième éditions.

1. Raisonnement de type cartésien (la pensée est plus sûre que l'objet de pensée). Cet argument semble s'opposer à la thèse de la sur-addition de la pensée à la matière défendue ailleurs (4.3.6), mais voir ci-dessous le § 32 ; comparer aussi avec 4.10.13-16.

§ 16

Aucune idée d'une substance abstraite

Avec tout ce que nous savons du corps : l'idée complexe *étendu, figuré, coloré* et toutes les autres qualités sensibles, nous sommes aussi loin de l'idée de substance de corps que si nous n'en savions rien du tout. Et malgré toute la connaissance et toute la familiarité que nous croyons *avoir* avec la matière, malgré les multiples qualités que les gens assurent percevoir et connaître dans les corps, on s'apercevra peut-être à la réflexion que l'on *n'a pas plus d'idées primaires relatives aux corps, ni de plus claires, qu'on n'en a relatives à l'Esprit immatériel.*

§ 17

La cohésion des éléments solides et la poussée, idées primaires des corps

Nos idées primaires propres au corps (en tant que distinct de l'*Esprit*), *sont la cohésion d'éléments solides* et donc séparables *et un pouvoir de communiquer le mouvement par poussée.* Telles sont, je pense, les idées originaires du corps, qui lui sont propres et particulières (car la figure n'est que la conséquence d'une étendue finie)[1].

§ 18

La pensée et la motivité [2], idées primaires de l'Esprit

Nos idées propres à *l'Esprit et lui appartenant sont la pensée et la volonté* (ou pouvoir de mettre en mouvement un corps par la pensée) ainsi que la liberté qui en découle. Car de même qu'un corps ne peut que communiquer par poussée son mouvement au corps au repos qu'il heurte, de même l'Esprit peut mettre les corps en mouvement ou ne pas le faire, comme il lui plaît. Les idées d'existence, de durée et de mobilité sont communes aux deux.

1. Comparer avec 2.8.9.
2. Terme expliqué au § 28.

§ 19

Les Esprits, capables de mouvement

Il n'y a aucune raison pour que l'attribution du mouvement à l'Esprit paraisse étrange. En effet, je n'ai pas d'autre idée du mouvement que le changement de distance par rapport à d'autres considérés en repos ; et je constate que les Esprits comme les corps ne peuvent agir que là où ils sont, et que les Esprits agissent en fait à des moments différents en divers lieux ; de ce fait, je ne peux que reconnaître que tous les Esprits finis (je ne parle pas ici de l'Esprit Infini) changent de lieu. Car mon âme, être tout aussi réel que mon corps, est
307 certainement aussi capable | que lui de changer de distance par rapport à un autre corps (ou être) ; il est donc capable de mouvement. Et si un mathématicien peut prendre en compte une certaine distance ou un changement de distance entre deux points, on peut certainement concevoir une distance et un changement de distance entre deux Esprits, et donc concevoir leur mouvement, leur rapprochement ou leur séparation l'un par rapport à l'autre.

§ 20

Chacun sent en lui que son âme peut penser, vouloir et agir sur son corps au lieu où elle est, et non pas sur un corps ou en un lieu à cent kilomètres d'elle. Personne ne peut imaginer que son âme puisse penser ou mouvoir un corps à Oxford quand il est à Londres ; et il ne peut ignorer que, unie à son corps, elle change constamment de place pendant tout le voyage entre Oxford et Londres, comme la voiture ou le cheval qui le transportent ; et on peut dire, je pense, qu'elle est vraiment en mouvement pendant tout ce temps. Ou, si on a quelque difficulté à trouver en cela une idée suffisamment claire du mouvement de l'âme, la séparation de l'âme et du corps à la mort l'offrira, je pense. Car estimer que l'âme sort du corps ou s'en sépare et ne pas avoir d'idée de son mouvement, cela me paraît impossible.

§ 21

Si l'on dit que l'âme ne peut changer de lieu parce qu'elle n'a pas de lieu sous prétexte les Esprits ne sont pas *in loco* mais *ubi* [1], je suppose que pour beaucoup cette façon de parler aura moins de poids à notre époque peu faite pour admirer ces tournures incompréhensibles et accepter qu'elles nous trompent. Mais si quelqu'un pense que cette distinction a un sens, et qu'elle peut s'appliquer à notre propos actuel, je lui demande de l'exprimer en français compréhensible et d'en tirer une raison qui montre que les Esprits immatériels ne sont pas capables de mouvement. Il est vrai que l'on ne peut attribuer à Dieu le mouvement ; ceci non parce qu'il est un Esprit immatériel, mais parce qu'il est un Esprit infini.

§ 22

Comparaison des idées d'âme et de corps

Comparons donc notre idée complexe d'Esprit immatériel et notre idée complexe de corps, et voyons s'il y a plus d'obscurité en l'une qu'en l'autre, et en laquelle. Notre idée de corps, pour moi, est *une substance solide étendue, capable de communiquer le mouvement par poussée* ; et l'idée de notre âme [e-]en tant | qu'Esprit immatériel[-e], est celle d'une substance 308
qui pense et a le pouvoir de produire le mouvement en un

e. Ajout à partir de la quatrième édition.

1. Mot à mot : non pas "*dans un lieu*, mais *là où*". Note de Coste : « Comme ces mots employés de cette manière, ne signifient rien, il n'est pas possible de les traduire en Français. Les Scholastiques ont cette commodité de se servir de mots auxquels ils n'attachent aucune idée ; et à la faveur de ces termes barbares, ils soutiennent tout ce qu'ils veulent, *ce qu'ils n'entendent pas aussi bien que ce qu'ils entendent*. Mais quand on les oblige d'expliquer ces termes par d'autres qui soient usités dans une langue vulgaire, l'impossibilité où ils sont de le faire, montre nettement qu'ils ne cachent sous ces mots qu'un vain galimatias, et un jargon mystérieux par lequel ils ne peuvent tromper que ceux qui sont assez sots pour admirer ce qu'ils n'entendent point ».

corps par la volonté ou la pensée. Telles sont, je pense, *nos idées complexes d'âme et de corps, en tant qu'opposées*.

Voyons maintenant quelle est celle qui contient le plus d'obscurité et de difficulté de compréhension. Je sais que les gens dont les pensées sont immergées dans la matière et l'esprit soumis au point de réfléchir rarement à quoi que ce soit qui les dépasse, risquent de dire qu'ils ne peuvent comprendre une chose qui pense, ce qui est peut-être vrai. Mais j'affirme que, bien considéré, ils ne peuvent pas mieux comprendre une chose étendue[1].

§ 23

La cohésion des éléments solides, aussi difficile à concevoir que la pensée dans l'âme

Si quelqu'un dit qu'il ne connaît pas ce qui pense en lui, il entend par là qu'il ne connaît pas ce qu'est la substance de cette chose pensante. Pas plus ne connaît-il, je le soutiens, ce qu'est la substance de la chose solide. S'il ajoute qu'il ne sait pas comment il pense, je réponds qu'il ne sait pas plus comment il est étendu, comment les éléments solides du corps sont unis ou adhèrent ensemble pour constituer l'étendue.

En effet, la pression des particules de l'air peuvent expliquer la *cohésion des divers éléments de matière* qui sont plus gros que les particules de l'air et qui ont des pores moins grosses que les corpuscules de l'air; pourtant le poids ou la pression de l'air n'expliquera pas la cohésion des particules mêmes de l'air et ne pourra en être cause. Et si la pression de l'éther, ou d'une matière plus subtile que l'air, peut unir et maintenir fortement ensemble les éléments d'une particule d'air aussi bien que de n'importe quel autre corps, il ne peut pourtant pas se lier lui-même et tenir assemblés les éléments

1. Référence à la pensée cartésienne et à la position de Malebranche (nous n'avons pas de connaissance si parfaite de la nature de l'âme que de la nature des corps : cf. *Recherche*, 3. 2.7.4).

qui constituent chacun des moindres corpuscules de cette *matière subtile*. Et donc, quelle que soit l'ingéniosité de l'explication qui montre que les éléments des corps sensibles sont tenus ensemble par la pression d'autres corps insensibles extérieurs, cette hypothèse ne va pas jusqu'aux éléments de l'éther même. Plus évidente est la preuve que les éléments des autres corps sont tenus assemblés par la pression extérieure de l'éther et qu'ils ne peuvent avoir d'autre cause imaginable de leur cohésion et de leur union, plus on reste dans l'ignorance concernant la cohésion des éléments des corpuscules d'éther même : on ne peut les concevoir sans éléments, puisque ce sont des corps, donc des choses divisibles ; et on ne peut non plus concevoir comment leurs éléments restent unis, puisque leur fait défaut la cause de la cohésion que l'on propose pour les éléments des autres corps [1]. | 309

§ 24

En réalité, *la pression de n'importe quel fluide ambiant, aussi grande soit-elle ne peut nullement être la cause intelligible de la cohésion des éléments solides de la matière*. En effet, ce type de pression peut bien empêcher la séparation perpendiculaire de deux surfaces polies, comme dans l'expérience des deux marbres polis [2], mais il ne peut absolument pas empêcher la séparation par un mouvement parallèle aux surfaces. Car le fluide ambiant qui a totale liberté de s'installer en chaque point d'espace déserté par le mouvement latéral, ne s'oppose pas plus au mouvement des corps joints de cette façon qu'il ne résisterait au mouvement d'un corps entouré de tous côtés de ce fluide et ne touchant aucun autre corps. Et donc s'il n'y avait aucune autre cause de cohésion, toutes les parties du corps

1. Cf. 2.4 ; cf. Malebranche, *Recherche*, Eclaircissement 16, § 16.

2. Par exemple, expérience invoquée par Mersenne dans un lettre à Descartes pour prouver l'impossible existence d'air entre deux surfaces – cf. réponse de Descartes . lettre du 9 janvier 1639.

devraient être séparées aisément par un tel mouvement glissant latéral. En effet, si la pression de l'éther était la cause effective de la cohésion, partout où cette cause n'agit pas, il ne pourrait y avoir aucune cohésion ; et puisqu'elle ne peut agir contre une telle séparation latérale (comme je l'ai montré), en tout plan possible coupant une masse de matière, il ne pourrait y avoir plus de cohésion que celle de deux surfaces polies qui, quelle que soit la pression possible d'un fluide, glisseront toujours aisément l'une sur l'autre.

Aussi, quelle que soit l'idée claire que l'on pense avoir de l'étendue du corps, (qui n'est autre que la cohésion des éléments solides), celui qui réfléchira correctement sera fondé à conclure qu'il lui est aussi facile d'avoir une idée claire de la *façon dont pense l'âme que de la façon dont le corps est étendu*. En effet, l'union et la cohésion des éléments solides d'un corps sont tout ce qui fait son étendue, et donc on comprendra très mal *l'étendue* du corps tant que l'on ne comprendra pas en quoi consiste l'union et la cohésion de ses éléments ; et ceci me semble aussi incompréhensible que les façons de penser et leurs causes.

§ 25

Je le reconnais, la plupart des gens se demandent souvent : comment peut-on voir une difficulté dans ce que l'on croit observer quotidiennement ? Ne voit-on pas, diront-ils, les éléments des corps fermement adhérer ensemble ? Qu'y a-t-il de plus ordinaire ? Quel doute peut-on en avoir ? Il en va de même, dirai-je, pour la *pensée et* le *mouvement volontaire :* ne l'expérimente-t-on pas en soi à tout moment, et donc comment peut-on en douter ? Le fait est clair, je le reconnais, mais si l'on y regardait de plus près et si l'on examinait comment il se produit, alors à mon sens on resterait perplexe
310 dans un | cas comme dans l'autre : on ne peut pas plus comprendre comment les éléments d'un corps sont unis que comment soi-même on perçoit ou on bouge. J'aimerais qu'on

m'explique de façon compréhensible comment les éléments d'or ou de cuivre (qui étaient avant leur fusion aussi distincts que des particules d'eau, ou de sable dans un sablier) deviennent en quelques instants si unis et adhérent si bien les uns aux autres que les bras humains les plus forts ne peuvent les séparer : même un chercheur sera, je crois, dans l'impossibilité de satisfaire sa curiosité et celle d'autrui sur ce point.

§ 26

Les petits corps qui composent le fluide que l'on nomme *eau* sont tellement minuscules que je n'ai jamais entendu personne dire que le microscope (certains agrandissent pourtant, m'a-t-on dit, dix mille ou même bien plus de cent mille fois) leur permettait de percevoir la diversité des masses, figures ou mouvements de ces petits corps. Et les particules d'eau sont également si parfaitement disjointes les unes des autres que la moindre force les sépare de façon perceptible. Bien plus, si on considère leur mouvement perpétuel, on doit reconnaître qu'elles n'ont aucune cohésion.

Pourtant, que survienne seulement un froid vif et elles s'unissent, se solidifient, ces petits atomes se solidarisent et ne sont plus séparables, si ce n'est par une force vive. Celui qui pourrait voir les liens qui unissent si fort ces amas de petits corps séparés, celui qui pourrait connaître le ciment qui les fait adhérer si solidement les uns aux autres, découvrirait un grand secret, encore inconnu pourtant ; en outre, après cette découverte, il serait encore assez loin de rendre intelligible l'étendue des corps (qui est la cohésion de ses éléments solides), tant qu'il n'a pas pu montrer ce qui fait l'union ou la solidarité des éléments qui constituent ces liens ou ce ciment, ou l'union de la plus petite particule de matière qui existe. Ainsi apparaît-il que cette qualité primaire des corps que l'on prétend évidente se révèlera à l'examen aussi incompréhensible que tout ce qui appartient à l'esprit, et qu'*une substance étendue solide est aussi dure à concevoir qu'une substance immatérielle pensante*, quelles que soient par ailleurs les difficultés que l'on puisse soulever à son sujet.

§ 27

Poussons, en effet, un peu plus loin la réflexion; cette pression que l'on utilise pour expliquer la cohésion des corps est aussi inintelligible que la cohésion elle-même. En effet, si l'on considère la matière comme finie (comme elle l'est assurément), que l'on aille examiner les extrémités de l'univers et voir quels anneaux, quel crochet, on peut imaginer pour tenir cette masse de
311 matière en | une pression si étroite, d'où l'acier tient sa solidité et les éléments du diamant leur dureté et leur indissolubilité ; si la matière est finie, elle doit avoir des limites, et il doit y avoir quelque chose qui l'empêche de s'éparpiller. Si, pour éviter cette difficulté, quelqu'un s'abandonne à l'hypothèse abyssale de la matière infinie, il faut qu'il considère l'éclairage qu'apporte cette hypothèse à la *cohésion* des corps : approche-t-il d'une meilleure intelligibilité en réduisant la cohésion à une hypothèse, celle qui est la plus absurde et la plus incompréhensible de toutes ?

Si l'on s'inquiète de la nature, de la cause ou de la procédure qui font que notre corps (qui pourtant n'est que la cohésion d'éléments solides) est étendu, cette extension paraît ainsi bien moins claire et distincte que l'idée de pensée.

§ 28

La communication du mouvement par la poussée ou par la pensée, également intelligibles

Autre idée du corps que nous ayons : le pouvoir de *communiquer le mouvement par poussée ;* et pour notre esprit, le pouvoir de *produire le mouvement par la pensée.* Ces idées, l'une du corps, l'autre de notre âme, l'expérience quotidienne nous les fournit de façon claire. Mais si nous cherchons en plus comment cela se produit, nous *sommes également dans l'obscurité*. Car la communication du mouvement par poussée (où un corps perd autant de mouvement que n'en gagne l'autre), cas le plus commun, ne peut être conçue que comme le passage du mouvement d'un corps à l'autre, ce qui est à mon sens aussi obscur et inconcevable que la façon dont notre esprit meut ou arrête par la pensée notre corps, choses que nous le voyons faire à tout instant.

L'augmentation du mouvement par poussée, que l'on observe ou que l'on croit arriver parfois, est encore plus difficile à comprendre; l'expérience quotidienne nous donne la preuve du mouvement produit aussi bien par la poussée que par la pensée ; mais les processus, nous ne pouvons guère les comprendre; nous sommes aussi perdus dans un cas que dans l'autre.

Aussi, de quelque manière que l'on considère le mouvement et sa communication à partir du corps ou de l'Esprit, *l'idée concernant l'Esprit est au moins aussi claire que celle concernant corps.* Et si l'on considère le pouvoir actif de mouvoir, ou *motivité* (si je puis le nommer ainsi), il est plus clair pour l'Esprit que pour le corps, puisque deux corps au repos placés côte à côte ne produiront jamais [1] en nous l'idée du pouvoir, qui serait en l'un, de mouvoir l'autre, si ce n'est par un mouvement emprunté; tandis que l'esprit [2], chaque jour, nous offre des idées d'un pouvoir actif de mouvoir les corps.

Il vaut donc la peine de se demander si le pouvoir actif n'est pas | l'attribut propre des Esprits et le pouvoir passif 312
celui de la matière [3]; [f]-d'où l'on peut conjecturer que les Esprits séparés ne sont pas totalement séparés de la matière, car ils sont à la fois actifs et passifs. L'Esprit pur, c'est-à-dire Dieu, est uniquement actif; la matière pure est uniquement

f. Ajout à partir de la quatrième édition.

1. Coste écrit en note marginale : « Voyez ci-dessus, chap. XXI, § 4, où cela est prouvé plus au long. »

2. On notera l'équivalence entre *Esprit* (*Spirit*) et *âme*, qui est ici exceptionnellement étendue à *esprit* (*Mind*) : cf. quatrième et dernière phrase de la section.

3. Cf. 2.21.4.

passive ; et on peut croire que les êtres qui sont à la fois actifs et passifs participent des deux⁻ᶠ.

Mais, quoi qu'il en soit, j'estime que nous avons autant d'idées, et d'aussi claires, relatives à l'Esprit que relatives au corps, car la substance de chacun nous est également inconnue ; et l'idée de pensée pour l'Esprit est aussi claire que celle d'étendue pour le corps ; et la communication du mouvement par la pensée, que nous attribuons à l'Esprit, est aussi évidente que la communication par la poussée que nous attribuons au corps. L'expérience constante nous rend sensibles aux deux, alors que notre entendement limité ne peut comprendre aucune des deux. Car si l'esprit regardait au-delà des idées originaires qui nous viennent par la sensation ou la réflexion, s'il voulait pénétrer dans leurs causes et la façon dont elles sont produites, nous verrions qu'il ne découvre jamais rien d'autre que sa propre myopie.

§ 29

Pour conclure, la sensation nous prouve qu'il y a des substances étendues solides, et la réflexion, qu'il y a des substances pensantes ; l'expérience [1] nous assure de l'existence de tels êtres, et que l'un a le pouvoir de mouvoir les corps par poussée, l'autre par la pensée, on n'en peut douter ; l'expérience, dis-je, nous dote à tout moment des idées claires de l'une et de l'autre. Mais nos facultés ne peuvent aller au-delà de ces idées telles que reçues de leur source propre. Si nous voulions chercher plus avant leur nature, leur cause, leur processus, nous ne percevrions pas la nature de l'étendue plus clairement que celle de la pensée. Si nous voulions mieux les expliquer, ce serait aussi facile pour l'une que pour l'autre : il

1. On notera la distinction entre sensation, vouée aux substances matérielles, la réflexion, vouée aux substances spirituelles, toutes deux distinguées de l'expérience qui ici inclut la succession, et qui seule connaît les relations (existence, causalité).

n'est pas plus difficile de concevoir comment une substance que l'on ne connaît pas pourrait mouvoir le corps par la pensée que de concevoir comment une substance que l'on ne connaît pas pourrait mettre le corps en mouvement par poussée. Aussi, ne sommes nous pas plus capables de découvrir en quoi consistent les idées relatives au corps que celles relatives à l'Esprit. D'où il me paraît probable que les idées simples reçues de la sensation et de la réflexion sont les limites de nos pensées. Au delà, malgré ses efforts, l'esprit ne peut avancer d'un iota; et il ne ferait aucune découverte même s'il sondait la nature et les causes cachées de ces idées.

§ 30

Comparaison des idées de corps et d'Esprit

Bref, l'idée que nous avons *de l'Esprit, comparée à | celle* 313
du corps se présente ainsi; la substance de l'Esprit nous est inconnue; et il en va de même pour la substance du corps : elle nous est également inconnue. De deux qualités primaires, ou propriétés du corps, (à savoir, éléments solides en cohésion et poussée) nous avons une idée claire et distincte; de même nous connaissons par idées claires et distinctes deux qualités primaires, ou propriétés, de l'Esprit : la pensée et le pouvoir d'agir, c'est-à-dire un pouvoir de commencer ou d'arrêter diverses pensées ou mouvements. Nous avons aussi les idées de diverses qualités inhérentes au corps, et nous en avons l'idée distincte et claire; ces qualités ne sont que les différents modes de l'étendue des éléments solides en cohésion et de leur mouvement. Nous avons de même l'idée des différents modes de la pensée : croire, douter, viser, craindre, espérer, qui ne sont tous que les différents modes de la pensée. Nous avons aussi les idées de vouloir, de mouvoir le corps en conséquence, et de se mouvoir soi-même avec le corps; car, on l'a montré, l'Esprit est capable de mouvement.

§ 31

La notion d'Esprit ne contient pas plus de difficultés que celle de corps

Pour finir, cette notion d'Esprit immatériel peut certes comporter certaines difficultés qui ne sont pas aisées à expliquer, mais nous n'avons donc pas plus de raison de nier l'existence de ce genre d'Esprits, ou d'en douter que nous n'en avons de nier l'existence du corps ou d'en douter ; car la notion de corps est encombrée de difficultés très ardues, impossibles peut-être à expliquer ou à comprendre. J'aimerais qu'on me donne en effet pour la notion d'Esprit un exemple plus embrouillé et plus incohérent que ce qu'implique la notion même de corps : la divisibilité à l'infini de toute étendue finie nous entraîne, que nous le voulions ou non, dans des conséquences impossibles à expliquer ou à rendre cohérentes, sources de difficultés plus grandes, d'absurdité plus manifeste que tout ce qui peut découler de la notion de substance connaissante immatérielle.

§ 32

Nous ne connaissons rien hors de nos idées simples

Et il ne faut absolument pas s'en étonner, puisque nous n'avons que quelques idées superficielles des choses, découvertes seulement à l'extérieur par les sens et à l'intérieur par l'esprit réfléchissant, sur ce qu'il expérimente en lui-même : nous n'avons donc aucune connaissance de ce qui est au-delà ; à plus forte raison n'en avons-nous pas de la constitution interne et de la vraie nature des choses, faute de facultés pour y
314 parvenir[1]. Et donc, parce que nous expérimentons et | que nous découvrons en nous la connaissance et le pouvoir de mouvoir volontairement, aussi certainement que nous expérimentons et nous découvrons dans les choses extérieures la cohésion et la séparation des éléments solides (c'est-à-dire l'étendue et le mouvement des corps), *nous avons autant de*

1. Cf. 3.6.9.

raison d'être satisfaits de notre notion d'Esprit immatériel que de notre notion de corps, et de l'existence de l'un autant que de celle de l'autre.

En effet, ce n'est pas plus une contradiction que la pensée existe séparée et indépendante de la solidité, que ce n'en est une que la solidité existe séparée et indépendante de la pensée : pensée et solidité ne sont que des idées simples indépendantes l'une de l'autre ; or, j'ai des idées aussi claires et distinctes en moi de la pensée que de la solidité ; donc je ne sais pas pourquoi on ne pourrait pas reconnaître aussi bien qu'existe une chose pensante sans solidité, c'est-à-dire *immatérielle*, qu'une chose solide sans pensée, c'est-à-dire la *matière* ; surtout qu'il n'est pas plus difficile de concevoir comment existerait la pensée sans matière que comment penserait la matière[1].

Car chaque fois que nous voulons aller au-delà des idées simples reçues de la sensation et de la réflexion, et plonger plus profondément dans la nature des choses, nous tombons aussitôt dans les ténèbres et l'obscurité, dans les embarras et les difficultés, et nous ne pouvons rien découvrir d'autre que notre propre aveuglement et notre propre ignorance. Mais du corps ou de l'Esprit immatériel, quelle que soit l'idée complexe la plus claire, il est évident que les idées simples qui les constituent ne sont autres que celles qui sont reçues de la sensation et de la réflexion ; et il en est de même pour toutes nos autres idées de substance, y compris celle de Dieu même.

§ 33
L'idée de Dieu

En effet, si nous examinons l'idée que nous avons de l'Être suprême incompréhensible[2], nous verrons que nous la recevons de la même manière, et que les idées complexes de

1. Cf. 4.3.6.
2. Cf. 4.10.

Dieu et des Esprits séparés sont constituées d'idées simples reçues de la *réflexion*. C'est-à-dire que nous acquérons d'abord, par ce que nous expérimentons en nous-même, les idées d'existence et de durée, de connaissance et de pouvoir, de plaisir et de peine, de beaucoup d'autres qualités et pouvoirs encore qu'il vaut mieux avoir que ne pas avoir; puis, quand nous voulons élaborer l'idée qui convienne le mieux possible à l'Être suprême, grâce à notre idée d'infini, nous donnons à chacune de ces idées plus d'ampleur, et nous constituons ainsi, par rassemblement de ces idées, notre idée
315 complexe de *Dieu*. Que l'esprit ait un tel pouvoir d'amplifier | certaines de ses idées reçues de la sensation et de la réflexion, a déjà été montré[1].

§ 34

Si j'ai l'impression de connaître quelques petites choses, dont certaines (ou toutes peut-être) imparfaitement, je peux construire l'idée : *connaître deux fois plus* et je peux la doubler encore, aussi longtemps que je peux ajouter un nombre et ainsi amplifier mon idée de connaissance, en étendant sa compréhension à toutes les choses existantes ou possibles. Je peux procéder de même à propos d'une connaissance plus parfaite : connaître toutes leurs qualités, leurs pouvoirs, leurs causes, leurs conséquences, leurs relations, etc., jusqu'à ce qu'on connaisse parfaitement tout ce qui s'y rapporte, et ainsi construire l'idée de connaissance infinie et sans limite. On peut faire la même chose pour le pouvoir, jusqu'à ce qu'on parvienne à ce qu'on nomme pouvoir infini, et aussi pour la durée de l'existence, sans commencement ni fin, et construire ainsi l'idée d'être éternel. Les degrés ou l'étendue selon lesquels on attribue à cet être souverain que l'on appelle Dieu l'existence, le pouvoir, la sagesse et toute autre perfection

1. Par exemple 2.13.4 et 2.17.4-21. Coste ajoute à une référence générale au chapitre XVII, une référence à 2.11.6.

(dont on peut avoir une idée), sont tous sans limite et infinis ; aussi construit-on la meilleure idée dont l'esprit est capable. Tout ceci est fait, dis-je, en amplifiant les idées simples que l'on reçoit des opérations de l'esprit par réflexion, ou par les sens à partir des choses extérieures, jusqu'à cette amplitude à laquelle l'infinité peut les porter[1].

§ 35

Car c'est l'infinité, jointe à nos idées d'existence, de pouvoir, de connaissance, etc., qui constitue l'idée complexe grâce à laquelle nous nous représentons le mieux possible l'Être suprême. Car, bien que Dieu en son essence propre (qu'assurément nous ne connaissons pas, puisque nous ne connaissons même pas l'essence réelle d'un cailloux, d'une mouche, ou de notre propre moi) soit simple et incomposé, je crois pouvoir dire que nous n'avons pas d'autre idée de Lui que l'idée complexe d'*existence*, de *connaissance*, de *pouvoir*, de *bonheur*, etc. *infinis et éternels ;* et ce sont toutes des idées distinctes, dont certaines qui sont relatives sont encore composées d'autres ; toutes ont leur origine, comme je l'ai montré, dans la *sensation* et la *réflexion* et elles participent à la constitution de l'idée ou de la notion que nous avons de Dieu.

§ 36

Aucune autre idée que celles tirées de la sensation et de la réflexion dans nos idées complexes d'Esprit

Il faut en outre observer que, l'infinité mise à part, il n'y a pas d'idée attribuée à Dieu qui ne soit aussi élément de notre idée complexe d'autres Esprits. Car nous ne sommes capables que d'idées simples appartenant aux corps, sauf celles que par | 316
réflexion nous recevons des opérations de notre propre Esprit ; et donc nous ne pouvons attribuer aux Esprits d'autres idées que celles que nous recevons de cette source. Et quand nous

1 Cf. 2.17.2.

contemplons des Esprits, toute la différence que nous pouvons mettre entre ces idées ne peut porter que sur leur étendue et leurs degrés divers de connaissance, de pouvoir, de durée, de bonheur, etc. Dans nos idées d'Esprit aussi bien que dans nos idées d'autres choses, nous sommes *limités aux idées reçues de la sensation et de la réflexion*; la preuve en est que nos idées d'Esprits, aussi loin que nous en poussions la perfection au-delà des corps, fût-ce à l'infini, n'incluent aucune idée de la façon dont ils communiquent l'un à l'autre leurs pensées. Certes, de ce que les Esprits séparés sont des êtres qui ont une connaissance plus parfaite et une plus grande félicité que nous, nous devons nécessairement conclure qu'ils doivent aussi avoir une façon plus parfaite que la nôtre de communiquer leurs pensées. Nous devons en effet nous contenter de signes corporels et notamment de sons, largement utilisés parce que signes les meilleurs et les plus rapides dont nous soyons capables; mais de la communication immédiate, nous ne faisons aucune expérience et nous n'avons donc aucune notion; aussi n'avons-nous aucune idée de la façon dont les Esprits qui n'utilisent pas de mots peuvent avec rapidité [communiquer]; et encore moins de la façon dont les Esprits qui n'ont pas de corps peuvent maîtriser leur propres pensées, les cacher ou les divulguer à plaisir; pourtant, nous ne pouvons que leur prêter nécessairement un tel pouvoir.

§ 37

Récapitulation

Ainsi, avons-nous vu *de quel genre sont les idées que nous avons des substances en tous genres,* en quoi elles consistent et comment nous les recevons. Je pense qu'en découlent trois choses très évidentes.

Premièrement, toutes nos idées des différentes sortes de substances ne sont que des collections d'idées simples, adjointes à la supposition de quelque chose auquel elles appartiennent et où elles subsistent – même si nous n'avons, de ce quelque chose supposé, absolument aucune idée claire et distincte.

Deuxièmement, toutes les [g-]idées simples, qui, ainsi unies dans un substrat commun, constituent nos idées complexes des différentes sortes de substances, ne sont autres[-g] que celles que nous avons reçues de la sensation et de la réflexion. Aussi, même pour les substances qui nous sont, pensons-nous, les
plus | familières et les mieux comprises, notre façon la plus 317
parfaite de les concevoir ne peut aller au-delà de ces idées simples. Et même pour celles qui semblent les plus éloignées de ce que nous utilisons, celles qui surpassent infiniment tout ce que l'on peut percevoir en soi par *réflexion* ou découvrir par *sensation* dans les autres choses, on ne peut accéder à autre chose qu'aux idées simples reçues d'abord de la *sensation* et de la *réflexion*, comme il est évident dans les idées complexes d'anges, et spécialement de Dieu même.

Troisièmement, la plupart des idées simples qui constituent nos idées complexes de substances, à bien les considérer, ne sont que des pouvoirs, même si nous avons tendance à les prendre pour des qualités positives ; par exemple, la plus grande part des idées qui constituent notre idée complexe d'*or* sont : *jaune, lourdeur, malléabilité, fusibilité, solubilité dans l'eau régale, etc*., toutes unies dans un *substrat* inconnu ; toutes ces idées ne sont rien d'autre qu'autant de relations aux autres substances et ne sont pas vraiment dans l'or considéré simplement en lui-même ; pourtant, elles dépendent de ces qualités primaires et authentiques de sa constitution interne, qualités qui lui confèrent cette aptitude à avoir un effet spécifique sur diverses autres substances, et à en subir un effet spécifique.

g. Texte qui remplace à partir de la quatrième édition le texte suivant : « …idées complexes que nous avons des substances, ne sont constituées d'aucune autre idée simple … ».

CHAPITRE 24

LES IDÉES COLLECTIVES DE SUBSTANCES

§ 1
Une seule idée

Outre les idées complexes de substances *singulières (homme, cheval, or, violette, pomme, etc.)*, l'esprit a aussi des *idées collectives complexes de substances ;* je les appelle ainsi parce que de telles idées sont composées de plusieurs substances singulières considérées comme unies en une idée; ainsi jointes, elles paraissent unes. Par exemple, l'idée d'un ensemble de gens qui forme une armée : elle est constituée d'un grand nombre de substances distinctes et pourtant elle est autant une seule idée que l'idée d'un homme unique. Et la grande idée collective de l'ensemble des corps signifiée par le nom de *monde* est tout autant une idée que l'idée de la moindre des particules de matière en lui. Il suffit | pour l'unité 318
d'une idée qu'elle soit considérée comme une seule représentation, une seule image, même si elle est composée du plus grand nombre d'éléments qui soit.

§ 2

Constituée par le pouvoir de composer dans l'esprit

Ces idées collectives de substances, l'esprit les construit par son pouvoir de composition [1], en unissant diversement des idées simples ou complexes en une seule – de même qu'il constituait par la même faculté l'idée complexe de substances singulières, composée d'un agrégat de diverses idées simples unies en une substance. Et de même que l'esprit assemble plusieurs idées d'unité et constitue ainsi le mode collectif, ou idée complexe, de nombre (*une vingtaine*, *une grosse* [2], etc.), de même il assemble plusieurs substances singulières et constitue les idées collectives de *troupe*, d'*armée*, d'*essaim*, de *ville*, de *flotte* ; et tout le monde sent que chacune est représentée à l'esprit en une seule idée, en un seul point de vue. Sous cette notion, les choses diverses sont ainsi considérées parfaitement unes autant que ne le sont un bateau ou un atome. Et il n'est pas plus difficile de concevoir comment une armée de dix mille hommes constitue une seule idée que de concevoir comment un homme constitue une seule idée : il est aussi facile à l'esprit d'unir l'idée d'un grand nombre d'hommes et de la considérer comme une que d'unir en une idée précise toutes les idées différentes qui constituent la composition d'un homme et de les considérer toutes ensemble comme une.

§ 3

Toutes les choses artificielles sont des idées collectives

Au nombre de ces idées collectives, il faut compter la plupart des choses artificielles, du moins celles qui sont composées de substances distinctes. Et, en vérité, si l'on considère bien toutes les idées collectives telles que *armée, constellation, univers* en tant qu'unies en autant d'idées distinctes, elles ne sont que les représentations artificielles de

1. Cf. 2.11.6.
2. Douze douzaine.

l'esprit assemblant des choses fort éloignées, indépendantes les unes des autres, sous une seule perspective afin de mieux les contempler, de mieux en traiter parce qu'unies en une seule conception et signifiées par un seul nom. Car rien n'est si éloigné, si contraire que l'esprit ne puisse par cet art de la composition l'inclure en une idée comme on le voit dans le
nom *univers.*| 319

CHAPITRE 25

LA RELATION

§ 1
Ce qu'est la relation

Outre les idées (simples ou complexes) des choses telles qu'elles sont en elles-mêmes, il en est d'autres que l'esprit acquiert en les comparant les unes et les autres. L'entendement, quand il considère quelque chose, n'est pas limité à ce seul objet : il peut "porter" toute idée au-delà d'elle-même ou, au moins, regarder au-delà d'elle et voir son rapport avec n'importe quelle autre. Quand l'esprit considère une chose de manière à la "mener" à une autre, à la poser à ses côtés, à porter son regard de l'une à l'autre, c'est une *relation* ou un *rapport*, selon le sens de ces termes; et les dénominations données à des choses positives, qui impliquent ce rapport et servent de marques pour mener la pensée au-delà de la chose même nommée, à quelque chose qui en est distinct, c'est ce qu'on appelle des *relatifs*; les choses ainsi assemblées sont les *termes de la relation*.

Ainsi, quand l'esprit considère *Caïus* en tant que cette chose positive, il n'introduit dans cette idée que ce qui existe réellement en Caïus. Ainsi, quand je le considère comme un homme, je n'ai dans l'esprit que l'idée complexe de l'espèce *homme* ; de même, quand je dis « Caïus est un homme blanc », je n'ai que la considération simple d'un homme qui a la couleur blanche. Mais quand je donne à Caïus le nom *mari*, je suggère une autre personne, et quand je lui donne le nom *plus blanc*, je suggère quelque chose d'autre; dans les deux cas, ma pensée est menée à quelque chose au-delà de Caïus, et deux choses sont prises en considération.

Toute idée, simple ou complexe, peut être l'occasion d'assembler ainsi deux idées et de les saisir en quelque sorte d'un seul coup, tout en les considérant encore comme distinctes; aussi, toute idée peut être le fondement d'une relation. Comme dans l'exemple ci-dessus, le contrat et la cérémonie de mariage avec *Sempronia* est occasion de la dénomination ou relation de mari; et la couleur blanche est l'occasion qui fait qu'on le dise *plus blanc que plâtre.*

§ 2

Les relations sans termes corrélatifs ne sont pas facilement perçues

Ces relations, et les *relations* semblables, *exprimées par*
320 *des termes relatifs* | *auxquels d'autres termes correspondent*
en une supposition réciproque (comme *père* et *fils*, *plus grand* et *plus petit*, *cause* et *effet*) sont manifestes à chacun, qui perçoit d'emblée la relation. Car *père* et *fils*, *mari* et *femme* et ce genre de termes corrélatifs, paraissent appartenir l'un à l'autre et, par accoutumance, ils s'harmonisent et se répondent aisément dans la mémoire des gens, au point que dès que l'un est nommé les pensées se portent d'abord au-delà de la chose ainsi nommée. Personne ne néglige une relation et ne la met en doute quand elle est si manifestement indiquée.

Mais dans les langues où les noms corrélatifs font défaut, la relation n'est pas toujours si facilement perçue. *Concubine* est sans doute un nom relatif, autant que *épouse*, mais dans les langues où ce mot et les mots semblables n'ont pas de termes corrélatifs les gens ne sont pas aussi capables de les comprendre ainsi : il leur manque cette marque évidente de relation qui existe entre corrélatifs, qui semblent se justifier l'un l'autre et ne pouvoir exister qu'ensemble. D'où beaucoup de ces noms qui bien considérés incluent effectivement des relations évidentes, ont été appelés *dénominations externes*. Mais tous les noms, qui ne sont pas uniquement des sons vides, doivent signifier une idée ; ou bien cette idée est dans la chose à laquelle on applique le nom – et alors elle est positive et considérée comme unie à la chose qui reçoit la dénomination, et existe en elle – ou bien elle vient de ce que l'esprit y trouve un rapport à quelque chose de distinct et considère les deux ensemble ; l'idée implique alors une relation.

§ 3

Certains termes absolus contiennent une relation

Il existe une autre sorte de *termes relatifs* qui ne sont pas considérés comme relatifs ni même comme dénominations externes, qui paraissent signifier quelque chose d'absolu dans la chose et cachent pourtant une relation tacite et moins observable. Ainsi, les termes *apparemment positifs* de *vieux, grand, imparfait,* etc., dont je parlerai de façon plus développée dans les chapitres suivants[1].

§ 4

La relation est différente des choses reliées

On peut noter en outre que les idées de relation peuvent être identiques chez des gens qui ont des idées fort différentes des choses reliées et ainsi comparées. Par exemple ceux qui ont des idées très différentes de *l'homme*, peuvent néanmoins s'accorder sur la notion de *père*, qui est une notion surajoutée à la substance (*homme*) et qui se réfère uniquement à un acte de cette chose (appelée *homme*), acte où ce dernier | participa à la 321

1. 2.26 et 28.

génération d'un être de même espèce que lui – que l'homme soit par ailleurs tout ce qu'on voudra.

§ 5

Des changements de relation peuvent exister sans changement des choses

La *nature* de la *relation*, donc, est de référer ou de comparer deux choses, l'une à l'autre ; et de cette comparaison, une chose ou les deux, reçoivent un nom. Si l'une de ces choses est écartée ou disparaît, la relation cesse ainsi que la dénomination qui en résulte, même si l'autre chose ne subit en elle-même aucune altération. Par exemple, Caïus, que je considère aujourd'hui comme père, ne le sera plus demain, du seul fait de la mort de son fils et sans aucune altération en lui-même. Bien plus, il suffit que l'esprit change l'objet auquel il compare quelque chose, pour que la même chose reçoive des dénominations contraires en même temps. Par exemple, Caïus, comparé à diverses personnes, peut être dit plus vieux et plus jeune, plus fort et plus jeune, etc.

§ 6

La relation n'est qu'entre deux choses

Tout ce qui existe, peut exister ou peut être considéré comme une chose unique, est positif ; non seulement, donc, les idées simples et les substances, mais aussi les modes, sont des êtres positifs, bien que les éléments qui les constituent soient très souvent relatifs l'un à l'autre : le tout ensemble est considéré comme une chose et produit en nous l'idée complexe d'une seule chose, son idée est dans l'esprit comme image unique, bien que ce soit un agrégat de divers éléments ; il est, sous un nom unique, une chose ou une idée positive ou absolue. Ainsi, un triangle a des éléments relatifs quand on les compare les uns aux autres et pourtant l'idée du tout est une idée absolue positive ; on peut dire la même chose d'une famille, d'une musique, etc., car il ne peut y avoir de relation qu'entre deux choses, considérées comme telles. Il doit toujours y avoir deux idées ou deux choses dans une relation, qu'elles soient en elles-mêmes réellement séparées, ou qu'on les considère comme distinctes, et principes ou occasions de comparaison.

§ 7

Tout est objet possible de comparaison

À propos de la relation en général, voici ce qu'il faut observer.

Premièrement, *rien* (idée simple, substance, mode, relation, et nom de chacun) *n'échappe à une quasi infinité de* considérations par le biais de références à d'autres choses. C'est une part non négligeable des pensées et du vocabulaire des gens. Par exemple, un homme unique, peut soutenir à la fois toutes les relations suivantes (sans compter les autres) :
père, | *frère, fils, grand-père, petit-fils, beau-père, gendre,* 322
mari, ami, ennemi, sujet, général, juge, mécène, client, professeur, européen, anglais, insulaire, serviteur, maître, propriétaire, capitaine, supérieur, inférieur, plus grand, plus petit, plus vieux, plus jeune, contemporain, semblable, dissemblable, et ainsi de suite presque à l'infini. Il peut y avoir autant de relations que d'occasions de le comparer à d'autres choses, sous tous les aspects, accords ou désaccords possibles. Car, comme je l'ai dit, la relation est une façon de comparer, de considérer deux choses ensemble, et de donner une appellation issue de cette comparaison à l'une, aux deux et parfois à la relation même.

§ 8

Les idées de relation sont souvent plus claires que les choses reliées

Deuxièmement, voici ce qu'on peut ajouter à propos de la *relation* ; bien qu'elle ne fasse pas partie de l'existence réelle des choses mais soit quelque chose d'extérieur et de surajouté, les idées représentées par des mots relatifs sont souvent plus claires et distinctes que les idées des substances auxquelles elles appartiennent. Notre notion de *père*, de *frère*, est bien plus claire et distincte que notre notion d'*homme*. Ou, si vous voulez, la *paternité* est une chose dont il est plus facile d'avoir une idée claire que de l'*humanité ;* et je peux bien plus facilement concevoir ce qu'est un ami que ce qu'est Dieu, car la connaissance d'une seule action ou d'une seule idée simple est souvent suffisante pour me donner la notion d'une relation ; mais pour connaître un être substantiel, une collection exacte de multiples idées est nécessaire. Celui qui compare deux choses peut difficilement être accusé d'ignorer le point à partir duquel il les compare, et donc quand il les compare, il a forcément une idée très claire de cette relation.

Les idées de *relation peuvent* donc, pour le moins*, être plus claires et distinctes à l'esprit que celles des substances*; habituellement, il est difficile de connaître toutes les idées simples qui sont effectivement dans une substance, mais il est en général assez facile de connaître les idées simples qui constituent la relation à laquelle je pense, ou pour laquelle j'ai un nom. Par exemple, si l'on compare deux hommes par rapport à un parent commun, il est très facile de former l'idée de *frères* sans pourtant avoir l'idée parfaite d'*homme*. En effet, les mots relatifs signifiants aussi bien que les autres tiennent
323 lieu d'idées seulement, et celles-ci | sont toutes simples ou constituées d'idées simples ; aussi, pour connaître l'idée précise que représente le terme relatif, il suffit d'avoir une conception claire du fondement de la relation, ce qui est possible sans avoir une idée claire parfaite de la chose à laquelle cette relation est attribuée. Par exemple, parce que je sais que l'une a pondu l'œuf dont l'autre est sorti, j'ai une idée claire de la relation de mère à poussin entre les deux casoars de St James's Park, même si je n'ai sans doute qu'une idée très obscure et imparfaite des oiseaux eux-mêmes.

§ 9

Les relations ont toutes les idées simples comme termes ultimes

Troisièmement, bien qu'on puisse comparer les choses à de très nombreux points de vue, et qu'il y ait donc une multitude de relations, elles ont *toutes* pour *termes ultimes* et pour objets les *idées simples* de sensation ou de réflexion, qui constituent à mon sens tout le matériau de notre connaissance. Pour l'expliquer, je prendrai le cas des relations les plus importantes dont on ait la notion : certaines peuvent paraître fort éloignées de la *sensation* ou de la *réflexion* ; [a-]on verra que pourtant leur idée a bien cette origine et il sera indubitable que la notion qu'on en a n'est qu'une certaine idée simple, et qu'elle dérive donc originairement de la sensation et de la réflexion[-a].

§ 10

Les termes menant l'esprit au-delà de la chose nommée sont relatifs

Quatrièmement, la relation est la considération d'une chose liée à une autre qui lui est étrangère ; d'où il est évident que tous les mots qui contraignent l'esprit à passer à une idée autre que l'idée supposée exister réellement dans la chose ainsi nommée, sont des mots relatifs. Par exemple un homme *noir*, *gai*, *pensif*, *altéré*, *fâché*, *étendu* [b], ces mots et leurs semblables sont tous absolus, par ce qu'ils ne signifient ni ne sous-entendent rien d'autre que ce qui existe réellement, ou est supposé exister, en l'homme ainsi nommé. Mais *père*, *frère*, *roi*, *mari*, *plus noir*, *plus gai*, etc. sont des mots qui, outre la chose qu'ils nomment, impliquent aussi quelque chose d'autre, séparé et extérieur à l'existence de cette chose.

§ 11

Conclusion

Après avoir posé, à propos de la *relation* en général, ces prémisses, je vais maintenant continuer en montrant sur quelques exemples comment toutes nos idées de relation sont constituées, comme les autres, d'idées simples et que, toutes,

a. Après avoir omis « …qui constituent à mon sens tout le matériau de la connaissance… », Coste omet la traduction de la fin de ce paragraphe.

b. Coste remplace *étendu* par *sincère*.

quelle que soient leur élaboration ou leur éloignement des
324 sens, | ont pour élément ultime les idées simples. Je commencerai par la relation la plus utilisée, celle qui concerne toutes les choses qui existent ou peuvent exister, la relation de *cause* à *effet*. Comment son idée est dérivée des deux sources de la connaissance, la *sensation* et la *réflexion*, je vais le montrer dans le prochain chapitre.

CHAPITRE 26

LA CAUSE ET L'EFFET, ET AUTRES RELATIONS

§ 1
D'où l'on tient leurs idées

Quand on perçoit la vicissitude constante des choses, on ne peut manquer d'observer que diverses entités (aussi bien qualités que substances) commencent à exister, qu'elles reçoivent l'existence de la présence et de l'action adaptées d'un autre être. Cette observation fait naître les idées de *cause* et d'*effet*. Ce qui produit n'importe quelle idée simple ou complexe, est dénoté par le nom général de *cause* et ce qui est produit, par le nom d'*effet*.

Ainsi, voit-on que dans la substance nommée *cire*, la fluidité – idée simple qui n'était pas en elle au début – est produite de façon constante par la présence d'un certain degré de chaleur : on appelle alors l'idée simple de chaleur (liée à la fluidité de la cire) sa cause, et la fluidité son effet. On observe aussi que la substance *bois*, qui est une collection d'idées simples ainsi dénommée, est transformée en une autre substance nommée *cendres* par la mise en présence du feu, c'est-à-dire en une autre idée complexe, constituée d'une collection d'idées simples tout à fait différente de l'idée complexe appelée *bois ;* on considère alors le feu (par rapport aux cendres) comme la cause, et les cendres comme l'effet. Ainsi, tout ce qu'on considère comme conduisant ou participant à la production d'une idée simple particulière, ou à une collection d'idées simples – substance aussi bien que mode – qui n'existait pas auparavant, a de ce fait pour l'esprit la relation de cause et on lui en donne le nom [1].

§ 2

Création, génération, altération

Ainsi, par ce que les sens peuvent découvrir de l'action des corps les uns sur les autres, l'esprit acquiert la notion de *cause*
325 | et d'*effet* : la *cause* est ce qui fait qu'une autre chose (idée simple, substance aussi bien que mode) commence à être ; et l'*effet* est ce qui trouve son commencement en autre chose ; aussi l'esprit distingue sans grande difficulté l'origine des choses en deux classes :

1) Quand la chose est entièrement faite à neuf (aucune partie n'a jamais existé avant), comme quand une nouvelle particule de matière commence effectivement à exister dans la nature des choses, alors qu'elle n'avait pas l'être auparavant ; c'est ce qu'on appelle *création*.

2) Quand une chose est composée de particules existant auparavant, quoique cette chose même n'ait eu auparavant aucune *existence* sous la forme de cette collection d'idées simples assemblant de ce point de vue les particules préexistantes (comme cet homme, cet œuf, cette rose, cette cerise, etc.).

[a] Quand ceci se dit d'une substance produite dans le cours ordinaire de nature par un principe interne, mais qui est mis en œuvre par un agent ou une cause externes selon des processus insensibles que nous ne percevons pas, ceci s'appelle *génération*.

1. Cf. 2.21.1-4 et 2.22.12.

[b] Quand la cause est extrinsèque et que l'effet est produit par une séparation sensible ou une *juxtaposition* d'éléments discernables, on l'appelle *fabrication*, et toutes les choses artificielles sont de ce genre.

[c] Quand une idée simple est produite en une chose où elle n'était pas avant, on appelle cela une *altération*.

Ainsi un homme est engendré, une image est fabriquée et les deux sont altérées quand une nouvelle qualité sensible, ou idée simple, est produite en l'un ou l'autre, sans y être auparavant ; les choses ainsi introduites dans l'existence, qui n'étaient pas là auparavant, sont des *effets* et les choses qui les ont engendrées à l'existence sont des *causes*.

En ce cas et dans tous les autres cas, on peut observer que la notion de *cause* et d'*effet* a sa source dans les idées reçues de la sensation ou de la réflexion et cette relation, quelle que soit sa compréhension, a son terme ultime en elles. Car, pour avoir l'idée de *cause* et d'*effet*, il suffit de considérer une idée simple ou une substance comme si elle commençait à exister par l'opération d'une autre, sans connaître le moyen de cette opération.

§ 3

Relations de temps

Le *temps* et le *lieu* aussi sont les fondements de relations fort étendues, et au moins tous les êtres finis sont concernés par elles. Mais j'ai déjà montré ailleurs[1] comment nous acquérons ces idées, aussi suffit-il ici de noter que la plupart des dénominations des | choses basées sur le temps sont uni- 326
quement des relations. Ainsi quand on dit que la reine Élisabeth [I] a vécu soixante neuf ans et régné quarante-cinq ans, ces mots impliquent seulement la relation de cette durée à une autre, et ne signifient rien de plus que ceci : la durée de son existence fut égale à soixante neuf révolutions annuelles du

1. Cf. 2.13 et 14.

soleil et la durée de son gouvernement à quarante-cinq. Il en est de même pour tous les mots qui répondent à la question *combien*. Ou encore, quand on dit que Guillaume le Conquérant a envahi l'Angleterre vers les années 1070, cela signifie ceci : en prenant pour une seule longue ligne chronologique la durée de l'époque de Notre-Sauveur jusqu'à nos jours, l'expression montre à quelle distance des deux extrêmes a eu lieu cette invasion; et tous les mots portant sur le temps répondant à la question *quand* font de même · ils ne font que montrer la distance de tel point du temps à une période plus éloignée, à partir de laquelle nous mesurons et en relation à laquelle donc nous considérons ce point.

§ 4

Outre ceux-là, d'autres termes temporels tiennent lieu, pense-t-on ordinairement, d'idées positives. Pourtant, bien analysés, ils se révèlent relatifs · ainsi *jeune, vieux, etc.* qui impliquent et désignent la relation de telle chose à une certaine durée dont on a l'idée à l'esprit. Ainsi, après s'être fait à l'idée que la durée de vie normale d'un homme est de soixante-dix ans, on dit qu'un homme est jeune ; on veut alors dire qu'il n'a vécu qu'une petite partie du temps habituellement vécu par les hommes. Et quand on l'appelle *vieux*, on entend qu'il a vécu jusqu'à la limite que d'habitude les hommes ne franchissent pas. Ainsi, ne fait-on que comparer la durée de vie ou l'âge particuliers de tel homme à l'idée de la durée que l'on pense propre à cette sorte d'êtres animés.

Ceci est évident dès qu'on applique ces noms à d'autres choses : un homme est dit jeune à vingt ans et très jeune à sept ans, mais au contraire on dit qu'un cheval est vieux à vingt ans et un chien à sept ans, parce que pour chacun, on compare l'âge à différentes idées de durée mentalement fixées comme propres à ces sortes d'animaux, selon le cours ordinaire de la nature. Mais le soleil et les étoiles, qui ont pourtant survécu à plusieurs générations d'homme, ne sont pas dits vieux, parce

qu'on ignore la durée que Dieu fixe à cette sorte d'êtres. Ce terme appartient en propre aux choses que l'on voit s'achever dans le cours ordinaire en un certain temps par dépérissement naturel; on a ainsi dans l'esprit une sorte de modèle | auquel 327
comparer les diverses étapes de leur durée et, du fait de cette relation, on les appelle *jeune* ou *vieux* – ce qu'on ne peut faire pour un rubis ou un diamant, dont on ignore la durée de vie habituelle.

§ 5

Relations de lieu et d'étendue

La *relation de lieu* ou de distance entre les choses est aussi facile à observer; comme: *dessus, dessous, à un mile de Charing-Cross, en Angleterre, à Londres*. Mais, comme pour la durée, il y a, pour l'étendue et la masse, des idées qui sont relatives alors qu'on les signifie par des noms que l'on croit positifs, comme *grand, petit* qui sont en fait des relations. Ici encore, on se fixe mentalement l'idée de la grandeur de diverses espèces de choses, par celles dont on a l'habitude et on en fait comme des modèles à partir desquels on nomme la masse des autres. Ainsi, on parle d'une grosse pomme quand on en voit une qui est plus grosse que celles dont on a eu l'habitude, et d'un petit cheval quand on en voit un qui n'atteint pas la taille de l'idée qui pour nous appartient ordinairement aux chevaux; et pour le gallois, ce sera un grand cheval, alors qu'il sera petit pour un flamand: les races élevées diffèrent en leur pays et ils en tirent des idées de tailles différentes, à partir desquelles, ils définissent le grand et le petit.

§ 6

Les termes absolus tiennent souvent lieu de relations

De même, *fort et faible ne sont que des dénominations relatives* de pouvoir, comparées à l'idée actuelle d'un pouvoir plus ou moins grand. Ainsi, quand on dit *un homme faible*, on vise un homme qui n'a pas autant de force ou de pouvoir de mouvoir que n'en ont habituellement les autres, ou les autres de

cette taille ; on compare alors sa force à l'idée que l'on a de la force normale des gens, ou des gens de cette taille. De même quand on dit que les créatures sont toutes des choses faibles, *faible* ici, n'est qu'un terme relatif signifiant la disproportion entre le pouvoir de Dieu et celui des créatures. Et donc, quantité de mots du langage courant (peut-être la plupart) tiennent lieu seulement de relations, alors qu'à première vue ils semblent ne pas avoir cette signification. Par exemple, *le bateau a les provisions nécessaires : provisions* et *nécessaires* sont tous les deux des mots relatifs, l'un relatif à l'utilisation future, et l'autre à l'accomplissement du voyage prévu. Pourquoi toutes ces
328 relations sont-elles limitées aux idées | dérivées de la *sensation* ou de la *réflexion* qu'elles ont pour termes, c'est trop évident pour avoir besoin d'explication.

CHAPITRE 27 [a]

IDENTITÉ ET DIFFÉRENCE

§ 1

En quoi consiste l'identité

Une autre occasion de comparaison que saisit souvent l'esprit, c'est l'être même des choses; considérant une chose comme existant en un temps et un lieu déterminés, on la compare avec elle-même à un autre moment, et à partir de là on forme les idées d'*identité* et de *différence* ; voir une chose (quelle qu'elle soit) en tel lieu à tel moment, nous rend sûrs que c'est la chose elle-même, et pas une autre qui existe en même temps en un autre lieu, même si elle lui ressemble par ailleurs au point qu'on ne puisse l'en distinguer. C'est en cela que consiste l'*identité* : si l'on compare le moment présent et un moment donné de leur existence antérieure, les idées auxquelles on attribue l'identité ne diffèrent pas du tout de ce qu'elles étaient. On ne constate jamais en effet (on ne conçoit même pas que ce soit possible) deux choses de même espèce

a. Ce chapitre a été ajouté lors de la deuxième édition, puis maintenu dans les éditions suivantes. Les chapitres suivants sont re-numérotés en conséquence.

existant au même lieu en même temps et on en conclut à juste titre que tout ce qui existe en tel endroit à tel moment exclut toute chose du même genre et là elle seule est soi. Quand donc on demande si une chose est la même ou non, la question porte toujours sur quelque chose qui a existé en tel temps en tel lieu, et qui à ce moment était évidemment la même que soi et pas une autre.

Il s'en suit qu'une chose unique ne peut commencer deux fois son existence, et deux choses ne peuvent avoir un unique commencement. Il est impossible en effet que deux choses du même genre soient ou existent au même moment, exactement dans le même lieu, comme il est impossible qu'une seule et même chose soit en des lieux différents. Donc ce qui a eu un commencement unique est la même chose, et ce qui a commencé en un temps et un lieu différents n'est pas le même, il est différent. Les difficultés rencontrées concernant cette relation viennent de ce qu'on n'a assez veillé à avoir des
329 notions précises des choses auxquelles on l'attribue. |

§ 2
L'identité des substances

Nous n'avons d'idées que de trois sortes de substances : 1) Dieu, 2) les intelligences finies, 3) les *corps*.

– Premièrement, Dieu est sans commencement, éternel, inaltérable et omniprésent. Il ne peut donc y avoir aucun doute sur son identité.

– Deuxièmement, les Esprits[1] finis ont commencé à exister chacun en leur temps et en leur lieu déterminés ; la relation à ce temps et à ce lieu déterminera donc pour chacun son identité, aussi longtemps qu'il existera.

1. *Esprit* avec majuscule correspond à l'anglais *spirit*, avec minuscule, il correspond à l'anglais *mind*.

– Troisièmement, la même chose vaudra de toute particule de matière : si aucune addition ou soustraction de matière n'a lieu, elle est la même.

Ces trois sortes de substances, comme on les appelle, ne s'excluent pas les unes les autres du même lieu ; mais chacune doit exclure du même lieu celles qui sont du même genre ; ceci doit être conçu comme nécessaire, autrement les notions et les noms *identité* et *différence* seraient dénués de sens ; et on ne pourrait distinguer entre elles les substances ni quoi que ce soit d'autre.

Par exemple, si deux corps pouvaient être au même lieu en même temps, alors ces deux parcelles de matière (grandes ou petites, peu importe) devraient être une seule et même chose. Bien plus, tous les corps devraient être une seule et même chose ; pour la même raison, en effet, que deux particules de matière seraient en un unique endroit, tous les corps le seraient aussi ; et si cette hypothèse est valable, elle supprime la distinction entre identité et différence, entre l'un et le multiple, et la rend vaine. Mais, puisqu'il est contradictoire que deux (ou davantage) soient un, l'identité et la différence sont des relations et des façons de comparer bien fondées et utiles à l'entendement.

L'identité des modes

Toutes les autres choses ne sont que modes ou relations qui portent en dernière instance sur la substance ; et pour elles aussi, l'identité ou la différence de chaque existence singulière sera déterminée de cette même façon. Seules les choses dont l'existence est dans la succession – telles que les actions des êtres finis (*mouvement* et *pensée*) toutes deux faites d'une succession continue – diffèrent de façon indubitable ; chacune en effet périt au moment où elle commence et ne peut donc exister en des temps ou en des lieux différents, alors qu'un être permanent peut en des temps différents exister en des lieux distants. Donc aucun mouvement ou aucune pensée, consi-

dérés en des temps différents, ne peuvent être les mêmes, puisque chacun de leurs éléments a un commencement
330 d'existence différent. |

§ 3

Principe d'individuation [1]

Ce qui vient d'être dit permet de trouver facilement ce qu'on a tellement cherché : le *Principium Individuationis* : il est évident que c'est l'existence même; elle assigne à un être d'une certaine sorte un temps et un lieu propres, incommunicables à deux êtres du même genre. Bien que cela paraisse plus aisé à comprendre pour les substances et les modes simples, ce n'est pas plus difficile à comprendre, quand on y réfléchit, pour les modes composés si l'on fait attention à ce à quoi on l'applique.

Supposons par exemple un atome, c'est-à-dire un corps permanent sous une surface invariable, existant en un temps et un lieu déterminés. Il est évident que, considéré à un moment quelconque de son existence, il est à ce moment le même que soi; car il est à ce moment ce qu'il est et rien d'autre, et donc il est le même et doit continuer ainsi tant que son existence continuera : tant qu'il en sera ainsi il sera le même et aucun autre.

Parallèlement, si deux atomes (ou plus) sont unis en une même masse, chacun de ces atomes sera le même, selon la règle précédente. Et tandis qu'ils existent ensemble, la masse composée des mêmes atomes doit être la même masse ou le même corps, quelle que soit la forme du mélange; mais si l'on ôte l'un des atomes, ou si on en ajoute un nouveau, ce ne sera plus la même masse ni le même corps.

Quant aux créatures vivantes, leur identité ne dépend pas de la masse de particules identiques, mais de quelque chose d'autre. En elles, en effet, la variation de grandes quantités de matière ne modifie pas l'identité : un chêne, jeune plant

1. En latin dans le texte : *principium individuationis*.

devenant grand arbre puis arbre élagué, est toujours le même chêne; et un poulain devenu cheval, parfois gras parfois maigre, est toujours le même cheval, bien que dans les deux cas il ait pu y avoir un changement manifeste d'éléments. Ainsi, aucun n'est plus constitué vraiment des mêmes masses de matière, bien que le premier soit vraiment le même chêne et le second le même cheval. La raison en est que dans les deux cas, masse de matière et corps vivant, *identité* n'est pas appliqué à la même chose.

§ 4

L'identité des plantes

On doit donc étudier où est la différence entre un chêne et une masse de matière. Elle est à mon avis en ceci : une masse de matière n'est qu'une cohésion de particules de matière unies n'importe comment; un chêne par contre est une disposition des particules telle que soient ainsi constitués les éléments d'un chêne, et que | l'organisation de ces éléments permette la 331
réception et la distribution de la nourriture de façon à ce que la plante se perpétue et donne bois, écorce, feuilles, etc. de chêne; telle est la vie végétale. Une plante, c'est donc une organisation d'éléments en un corps cohérent partageant une vie commune; par conséquent une plante continue à être la même plante tant qu'elle partage la même vie, même si cette vie est communiquée à de nouvelles particules de matière, vitalement unies à la plante vivante en organisation permanente semblable, conforme à l'espèce de la plante.

Cette organisation, toujours présente en tout ensemble de *matière*, est en effet, dans tel agrégat singulier, différente de toute autre; elle est cette vie individuelle qui existe de façon permanente, aussi bien en amont qu'en aval de cet instant, sous la forme d'une même continuité d'éléments se succédant insensiblement dans l'union au corps vivant de la plante; et pour cette raison, cette vie est l'identité qui fait la même plante ([b-]et, fait de tous ces éléments, les éléments de la même plante[-b]) aussi longtemps que ces éléments existent unis sous cette organisation continue, propre à transférer la vie commune à tous les éléments ainsi unis.

§ 5
L'identité des êtres animés

Il n'y pas assez de différence entre ce cas et celui des *animaux* pour qu'il soit impossible d'en tirer ce qui fait un être animé et le préserve comme le même ; il y a dans les machines quelque chose de semblable qui peut servir à l'illustrer. Qu'est-ce, par exemple, qu'une montre ? Il est évident que ce n'est qu'une organisation, qu'un assemblage d'éléments en vue d'une fin, fin qu'elle est capable d'atteindre quand on lui ajoute une force suffisante. Si l'on supposait que cette machine soit un corps permanent, dont les éléments organisés seraient réparés, augmentés ou diminués par l'addition ou la soustraction constantes d'éléments insensibles dotés d'une vie commune, on aurait quelque chose de très semblable au corps d'un être animé. À cette différence près que, chez l'être animé, l'organisation pertinente et le mouvement qui constituent la vie débutent ensemble puisque le mouvement vient de l'intérieur ; mais, dans les machines, la force, qui vient manifestement de l'extérieur, est souvent absente bien que l'organe soit en état et prêt à la recevoir.

§ 6
L'identité de l'homme

Ceci montre également en quoi consiste l'identité d'un même homme : uniquement en la participation à la même vie,
332 entretenue | par un flux de particules de matière qui se succèdent, vitalement unies au même corps organisé. Placer l'*identité* de l'homme et celle des autres êtres animés ailleurs qu'en un corps

b. Addition des quatrième et cinquième éditions.

bien organisé à un moment donné puis conservé par l'organisation vivante de particules de matière s'agrégeant successivement à lui, c'est affronter la difficulté de faire d'un embryon, d'un homme âgé, d'un fou, d'un sage, un même homme, sans avoir à supposer possible que *Seth*, *Ismaël*, *Socrate*, *Pilate*, saint *Augustin* et *César Borgia* soient le même homme. Si, en effet, l'*identité* de l'âme faisait à elle seule le même homme, et si rien dans la nature de la matière n'empêchait le même Esprit individuel de s'unir à différents corps, il serait possible que ces gens d'époques éloignées et de caractères différents aient été le même homme.

Cette façon de parler doit venir d'un emploi très étrange du mot *homme*, appliqué à une idée dont on exclut le corps et la forme extérieure. Et cette façon de parler s'accorderait encore plus mal avec les notions des philosophes qui acceptent la transmigration et estiment que l'âme humaine peut être envoyée pour ses méfaits dans un corps de bête, hébergement convenable doté d'organes qui ne cherchent que la satisfaction des inclinations bestiales. Et pourtant, je pense que personne, fût-il sûr que l'âme d'*Héliogabale* est dans un de ses pourceaux, ne dirait que ce pourceau est *homme* ou *Héliogabale*.

§ 7
L'identité selon son idée

Ce n'est donc pas à l'unité procurée par la substance que se réduisent toutes les sortes d'*identité*; cette unité ne détermine pas dans tous les cas l'*identité*. Pour la concevoir et en juger correctement, il faut examiner l'idée dont le mot [*identité*] tient lieu [1]. C'est une chose d'être la même *substance*, une autre d'être le même *homme* et une troisième d'être la même *personne*, si *personne*, *homme* et *substance* sont trois noms tenant lieu d'idées différentes; car telle est l'idée appartenant à

1. Exigence première de l'*Essai* : la précision des mots par référence à l'idée, voir *Essay*, Epître au lecteur ; 2.13.27 ; 3.10-11 et 4.3.8.

ce nom, telle aussi doit être l'*identité*. Si l'on y avait fait un peu plus attention, on aurait évité bon nombre de ces confusions qui souvent paraissent sur cette question et semblent conduire à de grandes difficultés; spécialement sur l'*identité personnelle*, que nous allons donc par la suite examiner un peu.

§ 8

Le même homme

Un être animé est un corps organisé vivant; en conséquence et comme nous l'avons remarqué, le même être animé
333 est la même vie continuée, | communiquée aux diverses particules de matière quand elles viennent successivement s'unir à ce corps vivant organisé. [c-]On donne sans doute d'autres définitions, mais la simple observation établit de façon indubitable que l'idée que nous avons à l'esprit, et dont le son *homme* est le signe sur nos lèvres, n'est autre que celle d'un être animé de telle forme déterminée[-c]. A mon sens en effet, je peux être sûr que, voyant une créature de même forme et de même constitution que lui, chacun l'appellerait encore *homme* même s'il n'avait pas plus de raison qu'un *chat* ou qu'un *perroquet*; et quiconque entendrait un *chat* ou un *perroquet* discourir, raisonner et philosopher ne l'appellerait pas autrement que *chat*, ou *perroquet* et dirait que l'un est un *homme* grossier et irrationnel, et l'autre un *perroquet* très rationnel et intelligent. [c-]Un récit que nous a laissé un auteur de grande renom suffit pour étayer la supposition d'un *perroquet* rationnel. Comme il le dit :

> J'avais toujours eu envie de savoir de la propre bouche du prince Maurice de Nassau ce qu'il y avait de vrai dans une histoire que j'avais ouï dire plusieurs fois au sujet d'un perroquet qu'il avait pendant qu'il était dans son gouvernement du Brésil. Comme je crus que vraisemblablement je ne le verrais plus, je le priais de

c. Addition des quatrième et cinquième éditions.

m'en éclaircir. On disait que ce perroquet faisait des questions et des réponses aussi justes qu'une créature raisonnable aurait pu faire, de sorte que l'on croyait dans la maison de ce prince que ce perroquet était possédé. On ajoutait qu'un de ces chapelains qui avait vécu depuis ce temps-là en Hollande, avait pris une si forte aversion pour les perroquets à cause de celui-là, qu'il ne pouvait pas les souffrir, disant qu'ils avaient le Diable dans le corps. J'avais appris toutes ces circonstances et plusieurs autres qu'on m'assurait être véritables ; ce qui m'obligea de prier le prince Maurice de me dire ce qu'il y avait de vrai en tout cela. Il me répondit avec sa franchise ordinaire et en peu de mots, qu'il y avait quelque chose de véritable, mais que la plus grande partie de ce qu'on m'avait dit était faux. Il me dit que lorsqu'il vint dans le Brésil, il avait ouï parler de ce perroquet, et qu'encore qu'il crût qu'il n'y avait rien de vrai dans le récit qu'on lui en faisait, il avait eu la curiosité de l'envoyer chercher, quoiqu'il fût fort loin du lieu où le prince faisait sa résidence : que cet oiseau était fort vieux et fort gros ; et que lorsqu'il vint dans la salle où le prince était avec plusieurs hollandais auprès de lui, le perroquet dit dès qu'il les vit : « Quelle compagnie d'hommes blancs est celle-ci ? » On lui demanda en lui montrant le Prince *qui il était*. Il répondit que c'était *quelque général*. On le fit | approcher, et le Prince lui 334
demanda : « D'où venez-vous ? » Il répondit : « De Marinnan ». Le Prince : « À qui êtes-vous ? » Le perroquet : « À un portugais. » Le Prince : « Que fais-tu là ? » Le perroquet : « Je garde les poules ». Le Prince se mit à rire, et dit : « Vous gardez les poules ? »Le perroquet répondit : « Oui, moi ; et je sais bien faire *chuc chuc* » – ce qu'on a accoutumé de faire quand on appelle les poules, et que le perroquet répéta plusieurs fois. Je rapporte les

paroles de ce beau dialogue en français, comme le Prince me les dit[d]. Je lui demandai encore en quelle langue parlait le perroquet. Il me répondit que c'était en brésilien. Je lui demandai s'il entendait cette langue. Il me répondit que non, mais qu'il avait eu soin d'avoir deux interprètes, un brésilien qui parlait hollandais, et l'autre hollandais qui parlait brésilien, qu'il les avait interrogés séparément, et qu'ils avaient rapporté tous deux les mêmes paroles. Je n'ai pas voulu omettre cette histoire, parce qu'elle est fort singulière, et qu'elle peut passer pour certaine. J'ose dire au moins que ce prince croyait ce qu'il me disait, ayant toujours passé pour un homme de bien et d'honneur. Je laisse aux naturalistes le soin de raisonner sur cette aventure, et aux autres hommes la liberté d'en croire ce qu'il leur plaira. Quoiqu'il en soit, il n'est peut-être pas mal d'égayer quelque fois la scène par de telles digressions, à propos ou non[α].

J'ai pris soin de donner au lecteur le texte entier, avec les mots mêmes de l'auteur, parce qu'il ne me semble pas l'avoir trouvé incroyable : on ne peut imaginer qu'un homme d'un tel talent, qui avait de quoi corroborer ses témoignages, prenne là où c'était inutile tant de peine pour que cette histoire (qu'il estime incroyable et donc aussi ridicule) soit de si près liée non seulement à un homme qu'il présente comme son ami, mais aussi à un prince en qui il reconnaît beaucoup d'honnêteté et de piété. Le prince qui, c'est évident, atteste cette histoire et notre auteur qui la lui emprunte, appellent tous deux ce locuteur, un *perroquet* ; mais je le demande à quiconque estime qu'une telle histoire vaut la peine d'être contée : à supposer que ce perroquet et tous ceux de son espèce

α. *Memoirs of what past in* Christendom *from 1672 to 1679*, p. 57/392 [2e édition, Londres 1692, par Sir William Temple, *The Library of John Locke*, n°1961]. La traduction est celle de Coste, reprise à l'édition de Hollande de l'ouvrage en 1692.

---

d. Dans le texte anglais, le dialogue avec le perroquet (depuis « d'où venez-vous ? ») est en français.

aient toujours parlé comme l'a fait celui-là, aux dires du prince, | n'auraient-ils pas été pris pour une race d'animaux 335 rationnels ? Et malgré tout cela, leur aurait-on accordé le titre d'*hommes* plutôt que celui de *perroquets* ? -c

A mon sens, ce n'est pas l'idée seule d'*être pensant* ou *rationnel* qui constitue l'idée d'*homme* au sens de la plupart des gens, mais celle d'*un corps fait de telle ou telle manière et qui lui est joint*. Et si telle est l'idée d'*homme*, le même corps qui dure sans se dissoudre d'un seul coup doit, aussi bien que le même Esprit immatériel, concourir à faire le même *homme*.

§ 9
L'identité personnelle

Après avoir posé ces prémisses pour trouver en quoi consiste l'*identité personnelle*, il faut examiner ce dont tient lieu [le mot] *personne*. Je crois que [le mot tient lieu de l'expression] *un être pensant, intelligent, qui a raison et réflexion et qui peut se regarder soi-même*[1] *comme soi-même, comme la même chose qui pense en différents temps et lieux*;

1. *Même* traduit ici *self*. Il faudrait pouvoir distinguer en français les deux termes anglais *same* et *self*, en utilisant des termes différents. En français, seule la construction des termes indique la différence, puisque *self* attaché à un pronom est toujours traduit par *même* lié à un pronom (*soi-même, moi-même*), et *same* est traduit par un *même* séparé ; pour éviter les confusions j'ai souvent rendu *self* par le pronom réfléchi *(soi)* sans adjoindre *même*, ce qui se justifie plus encore quand Locke utilise *self* isolé (cf. quelques lignes plus bas « the same self continued in the same substance ») ; il est alors indispensable de le transposer en *moi* ou *soi (moi* quand le sujet est *je*, et *soi* quand le sujet est impersonnel (*on*)). Coste, confronté à la même difficulté, était plus gêné que nous par la nouveauté de l'usage de *self* isolé en anglais et de *soi* en français. Il dit en effet en note « Le *moi* de Mr. *Pascal* m'autorise en quelque manière à me servir du mot *soi*, *soi-même*, pour exprimer ce sentiment que chacun a en lui-même qu'il est le *même* ; j'y suis obligé par une nécessité indispensable, car je ne saurais exprimer autrement le sens de mon auteur, qui a pris la même liberté dans sa langue. Les périphrases que je pourrais employer dans cette occasion, embarrasseraient le discours, et le rendraient peut-être tout-à-fait inintelligible ».

ce qu'il fait uniquement par la conscience[1] qui est inséparable de la pensée, et qui lui est à mon sens essentielle (car il est impossible à quiconque de percevoir sans percevoir qu'il perçoit). Quand nous voyons, entendons, sentons, goûtons, éprouvons, méditons, ou voulons quelque chose, nous savons que nous le faisons, et il en va toujours de même au moment de nos sensations ou de nos perceptions[2]. Et de cette façon, chacun est pour lui-même ce qu'il nomme *soi* (laissant pour le moment de côté la question de savoir si le même *soi* persévère dans la même substance ou dans une autre). En effet, puisque la conscience accompagne toujours la pensée, puisque c'est ce qui fait de chacun ce qu'il appelle *soi*, puisque c'est ce qui le distingue de toutes les autres choses pensantes, c'est en elle seule que réside l'*identité personnelle,* c'est-à-dire le fait pour un être rationnel d'être toujours le même. Aussi loin que peut

1. Coste traduit ici, comme plusieurs fois ensuite, par « sentiment ». Il ajoute une note témoignant de la nouveauté du terme pour le français de l'époque, en son sens « psychologique » au moins : « Le mot anglais est *consciousness* qu'on pourrait exprimer en latin par celui de *conscientia, si sumatur pro actu illo hominis quo sibi est conscius* [s'il est pris pour l'acte de l'homme par lequel celui-ci est témoin pour lui-même]. Et c'est en ce sens que les Latins ont souvent employé ce mot, témoin cet endroit de Cicéron (*Epist. ad Famil.* Lib. VI, Epist. 4) *Conscientia reactæ voluntatis maxima consolatio est rerum incommodarum* [la conscience de la volonté droite est la meilleure consolation pour les choses fâcheuses]. En français, nous n'avons à mon avis que les mots de *sentiment et* de *conviction*, qui répondent en quelque sorte à cette idée. Mais en plusieurs endroits de ce chapitre ils ne peuvent qu'exprimer fort imparfaitement la pensée de Mr. Locke qui fait absolument dépendre l'*identité personnelle* de cet acte de l'homme *quo sibi est conscius* [par où l'homme est témoin pour soi-même]… ». Finalement Coste s'autorise de Malebranche (*Recherche*, 3.2.7.4; Vrin-CNRS, 1972, p. 451) qui parle de *conscience* pour la connaissance de l'âme par elle-même et l'identifie au sentiment *intérieur que nous avons de nous-mêmes*. La traduction sera constamment *conscience*, même si le terme, devenu désormais fréquent à nos oreilles, ne peut rendre la nouveauté du terme pour les lecteurs de Locke et de Coste à l'époque.

2. Cf. 2.1.1.

remonter la conscience dans ses pensées et ses actes passés, aussi loin s'étend l'identité de cette *personne* ; c'est le même *soi* maintenant et alors ; c'est le même *soi* que celui qui est maintenant en train de réfléchir sur elle, qui a posé alors telle action.

§ 10

La conscience constitue l'identité personnelle

Mais on cherche en outre à savoir s'il s'agit de l'identité d'une même substance.

Peu de gens s'estimeraient autorisés à en douter, si les perceptions (et la conscience qu'on en a) demeuraient toujours présentes à l'esprit, permettant à la même chose pensante d'être toujours consciemment présente et de passer pour manifestement la même que soi.

Mais un point semble faire difficulté : cette conscience est toujours interrompue par l'oubli. Il n'y a pas dans la vie de moment où nous ayons | sous les yeux en une seule vision toute 336
la suite de nos actions passées ; au contraire, même les meilleures mémoires perdent de vue une partie de leurs actions quand elles s'intéressent à une autre. Et nous, pendant la plus grande partie de notre vie, nous avons des moments où nous ne réfléchissons pas à notre *moi* passé, car nous sommes absorbés par les pensées présentes ; et dans le sommeil profond, nous n'avons absolument aucune pensée, ou au moins nous n'en avons pas qui soit accompagnée de cette conscience caractéristique des pensées de l'éveil. Dans tous ces cas donc notre conscience est interrompue et nous perdons de vue notre *moi* passé ; en naissent des doutes : sommes-nous ou non la même chose pensante, c'est-à-dire la même substance [1] ?

Doute raisonnable ou non, peu importe : il ne concerne pas du tout l'*identité personnelle* ; car la question est ici :

1. Cf. 2.1.10-19.

« Qu'est-ce qui fait la même *personne* ? », et non pas : « Est-ce la même substance identique qui pense toujours dans la même *personne* ? », question qui n'a ici aucun intérêt ; car différentes substances, qui ont effectivement part à la même conscience, sont unies par elle en une unique personne, de même que différents corps sont unis par la même vie en un unique être animé, dont l'identité est préservée, à travers ce changement de substances, par l'unité d'une vie qui demeure.

En effet, puisque c'est la même conscience qui fait qu'un homme est lui-même à ses propres yeux, l'*identité personnelle* dépend de cette conscience seule, qu'elle soit annexée à une seule substance individuelle, ou qu'elle ait la possibilité de durer à travers une succession de substances diverses. Car, dans la mesure où un être intelligent peut reproduire l'idée de n'importe quelle action passée avec la même conscience qu'il en avait à l'époque et y ajouter la même conscience qu'il a de n'importe quelle action présente, dans cette mesure il est le même *soi personnel*. Car c'est par la conscience qu'il a de ses pensées et de ses actions présentes qu'il est maintenant *soi* pour *soi-même ;* et ainsi, il demeurera le même *soi*, dans la limite des actes passés et à venir que peut couvrir la même conscience. Par l'écoulement du temps ou par le changement de substance, il ne serait pas deux *personnes*, pas plus qu'un homme ne deviendrait deux hommes en portant après la coupure d'un sommeil plus ou moins long des vêtements différents de ceux d'hier. C'est en effet la même conscience qui unit des actions séparées en une même *personne*, quelles que soient les substances qui ont participé à leur production.

§ 11

L'identité personnelle à travers le changement de substance

Qu'il en soit ainsi, nous en avons une sorte de preuve dans notre corps même : toutes ses particules sont une partie de notre *moi,* (de notre *moi* pensant et conscient)[1] tant qu'elles sont vitalement unies au même soi conscient qui pense, de telle sorte que nous sentons quand elles sont touchées ou atteintes par un bien ou un mal qui leur arrive et dont elles sont conscientes. Ainsi | chacun considère que les membres de son corps sont une partie de lui-même : il partage leurs affections et se soucie d'eux. Coupez une main, séparez-la ainsi de la conscience que nous avons de sa chaleur, de sa froideur et de ses autres affections : elle ne fait plus alors partie de ce qui est *soi-même*, pas plus que le morceau de matière le plus éloigné. Ainsi voit-on que la *substance* qui constituait le *soi personnel* à un moment peut avoir changé à un autre, sans changer l'*identité* personnelle. On ne doute pas qu'il s'agisse de la même personne, bien que les membres qui en faisaient jusqu'ici partie aient été coupés. 337

§ 12

Est-elle dans le changement de substance pensante ?

Mais la question est : « Si la même substance qui pense est changée, peut-il s'agir de la même personne ? » ; ou « si elle reste la même, peut-il s'agir de personnes différentes ? ».

Ma réponse est : d'abord cela ne fait pas du tout problème à ceux qui mettent la pensée dans une constitution animale purement matérielle, dénuée de toute substance immatérielle[2]. Que leur supposition, en effet, soit vraie ou fausse, il conçoivent évidemment que l'identité personnelle est préservée par autre chose que l'identité de substance, comme l'identité de l'être animé est préservée par l'identité de vie et non par l'identité de substance. Donc, seuls ceux qui placent la pensée en une substance immatérielle doivent montrer, avant de discuter avec les premiers, pourquoi l'identité personnelle ne

1. Jeu de mot intraduisible sur *même* : « our *selves :* i.e. our thinking conscious *self* ».

2. Cf. 4.3.6.

peut pas être préservée lors du changement de substance immatérielle ou dans une variété de substances immatérielles singulières, tout comme l'identité de l'être animé est préservée lors du changement de substance matérielle, ou dans une variété de corps singuliers; sauf s'ils disent: « C'est un unique Esprit immatériel qui fait que c'est la même vie chez les bêtes, comme c'est un Esprit immatériel qui fait que c'est la même personne chez les hommes », ce que n'admettront pas les cartésiens au moins, qui craindraient de faire des animaux des choses qui pensent aussi[1].

§ 13

Revenons maintenant à la première partie de la question : « Si la même substance pensante (à supposer que seules les substances immatérielles pensent) est changée, peut-il s'agir de la même personne ? ». Je réponds que la question ne peut être résolue, sauf par ceux qui savent quel genre de substance ils sont, qui savent que cette substance pense, et savent si la conscience des actions passées peut être transférée d'une substance pensante à une autre.

Je reconnais que si être la même conscience était le fait d'un seul et même acte individuel, le transfert ne pourrait alors avoir lieu; mais elle n'est que la représentation actuelle d'une action passée; aussi, reste-t-il à montrer pourquoi il serait impossible que ce qui en fait n'a jamais été, soit représenté à
338 l'esprit comme ayant existé. Et | donc, déterminer à quel point la conscience des actions passées est attachée à un agent individuel de sorte qu'il serait impossible qu'un autre ait cette conscience, nous sera difficile tant que nous ignorerons quel genre d'action ne peut être posé sans être accompagné d'un acte réfléchi de perception et comment ces actions sont produites par des substances pensantes qui ne peuvent penser sans en être conscientes.

1. Cf. Descartes, lettre à H. More, du 5 février 1649.

Mais ce que nous appelons *la même conscience* n'étant pas le fait d'un seul et même acte individuel, pourquoi une substance raisonnable ne pourrait-elle se le représenter comme fait par elle alors qu'elle ne l'a jamais fait, et qu'un autre agent l'a peut-être fait; pourquoi une telle représentation ne pourrait-elle être dépourvue de la réalité d'un fait, comme le sont les diverses représentations du rêve que nous prenons malgré tout pour vraies quand nous rêvons ? La réponse sera difficile à tirer de la nature des choses. Et tant que nous n'aurons pas une vision plus claire de la nature des substances pensantes, il vaut mieux s'en remettre à la bonté de Dieu si l'on veut être certain qu'il n'en est jamais ainsi : si le bonheur ou le malheur d'une de ses créatures sensibles est en jeu, Dieu ne va pas transférer de l'une à l'autre, à cause d'une erreur fatale de leur part, une conscience qui implique récompense ou punition [1].

Ceci peut-il être un argument contre ceux qui placeraient la pensée dans l'agitation d'un système d'esprits – animaux [2] ? Je laisse à d'autres le soin d'y réfléchir, et je reviens à la question : on doit reconnaître que si la même conscience (on a montré qu'elle était tout autre chose que la figure ou le mouvement numériquement identique du corps) peut être transférée d'une substance pensante à une autre, il sera possible que deux substances pensantes ne fassent qu'une personne. Car, si la

1. Interprétation proposée : C'est l'unité par la conscience qui fait la personne; mais unir par la conscience deux actes temporellement distincts n'est pas le fait d'un même acte de conscience; on n'a donc aucune garantie de l'unité de la conscience et donc de la personne. On pourrait en effet unir par la conscience des faits sans parenté d'auteurs, comme dans le rêve; donc l'unité de la personne n'a pas de garantie objective; seule la bonté divine garantit la pensée utile et permet d'éviter la conséquence qui empêcherait l'unité de la conscience et donc de la personne.

On peut voir dans ce propos à la fois une allusion à la garantie divine selon Descartes, mais ici relue en contexte pratique, et une critique de la doctrine du péché originel.

2. Cf. Descartes, *Traité de l'homme*, A.T., XI, p. 129 *sq*.

même conscience demeure, que ce soit dans la même substance ou dans d'autres, l'identité personnelle demeure.

§ 14

Quant à la seconde partie de la question (« si la même substance immatérielle demeure, peut-il s'agir de deux personnes distinctes ? »), elle me paraît fondée sur cette autre question : « Le même être immatériel, conscient des actions accomplies à une époque antérieure, peut-il être totalement dépouillé de toute conscience de son existence passée et la perdre au point de ne plus jamais pouvoir la retrouver ? Peut-il "ouvrir un nouveau compte" à l'occasion d'une nouvelle étape et avoir une conscience qui ne puisse outrepasser ce nouvel état ? »

Ceux qui défendent la préexistence l'acceptent évidemment, puisqu'ils admettent que l'âme n'a plus conscience de ce qu'elle faisait dans cet état de préexistence où elle était totalement
339 séparée du | corps ou quand elle informait un autre corps ; et s'ils ne l'admettaient pas, l'expérience évidente serait contre eux. Aussi, puisque l'identité personnelle se limite à la conscience, un Esprit préexistant qui n'est pas demeuré tout ce temps en silence, doit nécessairement constituer différentes personnes[1]. Imaginez un *platonicien* ou un *pythagoricien* chrétiens qui penseraient que si Dieu a terminé son travail de création le septième jour, leur âme existe depuis lors, et qui se figureraient qu'elle est passée en différents corps humains. J'ai ainsi rencontré un homme qui était persuadé que son âme avait été celle de Socrate – à tort ou à raison, je n'en discuterai pas, mais je sais au moins qu'au poste qu'il occupait et qui n'était pas négligeable, il passait pour un homme très rationnel, et ses publications ont montré que le talent et la culture ne lui faisaient

1. Interprétation proposée : puisque l'identité personnelle se définit par la conscience que l'on a de soi-même, un être qui aurait pré-éxisté comme pur esprit et ne se souviendrait pas de ce qu'il a senti et dit dans cette première période, constituerait plusieurs personnes.

pas défaut ; qui dirait qu'il peut, sans conscience d'aucun acte ou pensée de Socrate, être néanmoins la même personne que Socrate ?

Prenons quelqu'un qui réfléchit sur soi et en conclut qu'il a en lui un Esprit immatériel qui en lui pense et le conserve identique à travers les changements constants de son corps, ce qu'il appelle *lui-même* ; qu'il suppose aussi que la même âme était en *Nestor* ou en *Thersite* au siège de *Troie*, – ce qui est possible, comme il est possible qu'elle soit actuellement l'âme de n'importe quel autre homme (les âmes en effet, pour autant que nous connaissions quelque chose de leur nature, sont indifférentes à toute parcelle de matière, et donc la supposition ne contient aucune absurdité apparente) ; mais cet homme n'a aucune conscience actuellement des actions de *Nestor* et de *Thersite* ; se conçoit-il alors comme la même personne que l'un ou l'autre, et le peut-il ? Peut-il être concerné par telle de leurs actions, se les attribuer ou juger qu'elles sont les siennes, plus que les actions de n'importe quel autre qui ait jamais existé ?

En fait, puisque sa conscience ne s'étend à aucune des actions d'aucun de ces deux personnages, notre homme ne forme pas un seul *soi* avec l'un ou l'autre, pas plus que si l'âme (ou Esprit immatériel) qui à présent l'informe avait été créée et avait commencé à exister au moment où elle a commencé à informer son corps actuel ; et ceci tout en accordant que le même Esprit qui avait informé le corps de *Nestor* ou de *Thersite*, était numériquement identique à celui qui maintenant informe son propre corps. Car il ne deviendrait pas pour autant la même personne que *Nestor*, pas plus que si certaines particules de matière, autrefois éléments de *Nestor*, étaient maintenant éléments de cet homme : sans la même conscience, la même substance immatérielle unie à n'importe quel corps ne constitue pas la même personne, pas plus que la
même particule de | matière sans conscience, unie à n'importe 340
quel corps, ne constitue la même personne. Mais qu'il prenne

seulement conscience d'une des actions de *Nestor*, et le voilà qui se prend pour la même personne que *Nestor*.

§ 15

On peut ainsi concevoir sans difficulté ce qu'est la même personne à la Résurrection : son corps n'a pas exactement la même constitution ni les mêmes éléments qu'ici-bas, la même conscience allant plutôt de pair avec l'âme qui l'anime. Pourtant, l'âme seule ne pourrait guère suffire pour constituer à travers les changements du corps le même *homme*, sauf aux yeux de celui qui fait de l'âme *l'homme* entier.

Imaginez en effet que l'âme d'un prince, consciente de sa vie antérieure de prince, entre dans le corps d'un savetier pour lui donner forme, sitôt celui-ci déserté par son âme propre : il est évident qu'il serait la même personne que le prince et qu'il ne serait responsable que des actes du prince ; mais qui dirait qu'il s'agit du même homme ? Le corps participe à la constitution de l'homme, et je suppose qu'en ce cas il déterminerait aux yeux de chacun quel est l'homme ; et l'âme avec toutes ses pensées princières n'y constituerait pas un autre homme. Il demeurerait le même savetier aux yeux de tous, lui excepté.

Je sais que, selon les façons habituelles de parler, *la même personne* et *le même homme* tiennent lieu d'une seule et même chose. De fait, tout le monde est toujours libre de parler comme il lui plaît, d'attacher tels sons articulés à telles idées qu'il estime convenir et de les changer aussi souvent qu'il lui plaît. Pourtant, quand on cherche ce qui fait le même *Esprit*, le même *homme*, ou la même *personne*, on doit fixer mentalement les idées d'*Esprit*, d'*homme* ou de *personne*, et quand on a décidé ce qu'elles signifient pour soi, il n'est pas difficile de déterminer, pour chacune de ces idées ou pour d'autres semblables, quand elles sont les *mêmes* et quand elles ne le sont pas.

§ 16

La conscience fait la même personne

La même substance immatérielle, ou âme, ne constitue pas, seule, en tout lieu et en tout état, le même homme ; et pourtant, c'est manifestement la conscience, aussi loin qu'elle s'étende – fût-ce aux siècles passés –, qui unit en une même personne des existences et des actions temporellement les plus distantes, aussi bien que les existences et les actions du moment qui vient de passer. Tout ce qui donc a conscience[1] d'actions présente et passée est la même personne, dépositaire de ces deux actions.

Si j'avais la même conscience[2] | d'avoir vu l'arche de Noé 341
dans le Déluge et d'avoir vu l'inondation de la Tamise l'été dernier, ou d'écrire maintenant, je ne pourrais pas douter que moi qui écris maintenant ceci, qui ai vu la Tamise déborder et qui ai vu l'inondation du Déluge, j'étais bien le même *moi*, *moi* situé en n'importe quelle substance; je ne pourrais pas plus en douter que de ce que moi qui écris ceci, suis, alors que j'écris ceci, le même *moi* que j'étais hier (que je sois ou non constitué de la même et unique substance, matérielle ou immatérielle). Car pour être le même *soi*, peu importe si le *soi* actuel est constitué de la même substance ou d'autres : un acte accompli il y a mille ans, que je m'approprie aujourd'hui par cette conscience de soi[3], me concerne autant que ce que j'ai fait il y a un moment, et j'en suis au même titre responsable.

1. Coste ajoute : *un sentiment intérieur*.

2. Coste traduit : *Si je sentais également*...

3. Le néologisme *self-consciousness* utilisé par Locke paraissait à Coste difficile à traduire (« ... qu'on ne saurait rendre en Français dans toute sa force »).

§ 17
Le soi dépend de la conscience

Le *soi* est cette chose (peu importe la substance qui la constitue : spirituelle ou matérielle, simple ou composée) pensante, sensible (ou consciente) au plaisir et à la douleur, apte au bonheur ou au malheur et portant de ce fait intérêt à *soi* même jusqu'aux limites de sa conscience. Par exemple, tout le monde estime que son petit doigt, tant qu'il est objet de cette conscience, fait partie de *soi* autant que ce qui en fait le plus partie; si ce petit doigt était coupé et si la conscience partait avec lui en délaissant le reste du corps, le petit doigt serait évidement la *personne*, la *même personne*, et le *soi* n'aurait alors aucun rapport avec le reste du corps. Dans ce cas, quand une partie est séparée d'une autre, ce qui fait la même personne et constitue le *soi* inséparable, c'est la conscience qui accompagne la substance. Il en va de même à propos des substances éloignées dans le temps : ce que la *conscience* de cette chose pensante présente peut accompagner, c'est cela et rien d'autre qui fait avec elle la même *personne* et un seul *soi* et qui s'attribue ainsi et s'approprie toutes les actions de cette chose, comme les siennes propres [1] (dans les limites exactes de cette conscience). Tous ceux qui réfléchissent s'en apercevront.

§ 18
Objet de récompense et de peine

Sur cette *identité personnelle* reposent tout le Droit et la Justice de la récompense et du châtiment; bonheur et malheur
342 sont en effet ce | qui intéresse chacun pour *lui-même* et l'on ne s'inquiète pas de ce qui arrive à une substance qui ne serait pas liée à cette conscience ou affectée par elle. Dans l'exemple que

1. ...*owns all the actions of that thing as its own* : double sens de *own*, qui pourrait aussi être traduit : ... *qui reconnaît comme siennes toutes les actions de cette chose.*

je viens de donner en effet, il est évident que si la conscience suivait le petit doigt coupé, ce même *soi* qui était hier intéressé par le corps entier comme partie de *soi*-même, ne pourrait aujourd'hui qu'admettre comme siennes propres les actions de ce corps ; pourtant, si le même corps continuait à vivre, et si, immédiatement après la séparation d'avec le petit doigt, il avait sa propre conscience singulière dont la petit doigt ne saurait rien, il ne serait pas du tout concerné par le petit doigt comme une partie de *soi*-même; il ne pourrait reconnaître aucune de ses actions, ni se la voir imputer.

§ 19

On peut ainsi voir en quoi consiste l'*identité personnelle* : non pas dans l'identité de substance, mais, je l'ai dit, dans l'identité de *conscience*. Et donc si *Socrate* et le maire actuel de *Quinborough* s'accordent dans cette identité, ils sont la même personne. Si le même *Socrate*, éveillé d'une part, endormi d'autre part, ne partagent pas la même conscience, *Socrate* éveillé et *Socrate* endormi ne sont pas la même personne; punir *Socrate* éveillé pour ce que pense *Socrate* endormi (dont le Socrate éveillé n'a jamais été conscient) ne serait pas plus juste que de punir, parce que leurs apparences sont si proches qu'on ne peut les distinguer (cela s'est vu), un jumeau pour ce que son frère a fait, alors qu'il n'en sait rien.

§ 20

Mais on présentera peut-être une nouvelle objection: supposez que je perde complètement mémoire de parties de ma vie, sans pouvoir les remémorer; je n'en serai peut-être jamais plus conscient; ne suis-je pourtant pas la même personne qui a posé ces actes, qui a eu ces pensées ? J'en ai été conscient, même si je les ai maintenant oubliés.

Voici ma réponse : il faut faire attention à la référence du mot *je*. En ce cas, c'est seulement l'homme ; et comme on présuppose que le même homme est la même personne, on suppose facilement que *je* tient également lieu de *la même personne*. Mais s'il était possible que la même personne ait à différents moments des consciences distinctes et incommunicables, le même homme constituerait sans doute différentes personnes à différents moments. On peut observer que tel est bien le sentiment de l'humanité dans les déclarations les plus solennelles de ses opinions : les lois humaines ne punissent pas le *fou* pour les actes du *sage*, ni le *sage* pour ce qu'a fait le *fou ;* elles font d'elles deux personnes [1].

343 Notre façon de parler en français l'explique | en quelque manière : quand on dit que quelqu'un *n'est plus soi-même*, qu'il est *hors de soi*, on insinue par ces expressions que ceux qui les utilisent ou les ont utilisées pensaient que le *soi* avait changé; la même personne, le même *soi*, n'est plus en cet homme.

§ 21

La différence entre identité d'homme et identité de personne

Pourtant, il est difficile de concevoir que *Socrate*, même homme individuel, soit deux personnes. Pour trouver un peu d'aide, il faut examiner ce que l'on entend par *Socrate*, ou le même *homme* individuel. Ce ne peut être que

– soit, *premièrement*, la même substance pensante, immatérielle et individuelle, bref une âme numériquement identique, et rien d'autre ;

– soit, deuxièmement, le même être animé, sans aucun rapport à une âme immatérielle ;

– soit, troisièmement, le même Esprit immatériel, uni au même être animé.

Or, quelle que soit la supposition retenue, il est impossible de faire de l'identité personnelle autre chose que la conscience, ou de l'étendre au-delà des limites de la conscience.

1. Comparer avec § 22.

D'après la première en effet, on doit admettre comme possible qu'un homme né de différentes femmes à des moments différents, puisse être le même homme; quiconque admettrait cette façon de parler, devrait admettre qu'il est possible que le même homme soit deux personnes distinctes, comme deux êtres qui ont vécu à des époques différentes sans connaissance mutuelle de leurs pensées.

D'après la seconde et la troisième, *Socrate* ne peut aucunement être le même homme en cette vie et après, si ce n'est par la même conscience. Si l'*identité humaine* est prise pour la chose que nous appelons *identité personnelle*, il n'y aura pas de difficulté à admettre que le même homme soit la même personne; mais alors ceux qui mettent l'*identité humaine* uniquement dans la conscience doivent réfléchir à la façon dont ils feront de l'enfant *Socrate* le même homme que *Socrate* après la Résurrection. Quel que soit pour certains ce qui fait l'*homme* et donc ce qui fait le même homme individuel (et l'accord est sans doute difficile), nous ne pouvons mettre l'identité personnelle ailleurs que dans la conscience (elle seule constitue ce qu'on appelle le *soi*) sans nous jeter dans de grandes absurdités.

§ 22

Mais l'homme saoul et l'homme dessaoulé ne sont-ils pas la même personne ? Autrement, pourquoi serait-il puni pour les faits qu'il a commis quand il était saoul, alors qu'il n'en sera plus jamais conscient par la suite ?

Il est la même personne, comme un somnambule est la même personne et donc responsable de tout méfait qu'il commettrait pendant son sommeil : dans les deux cas, les lois
humaines | punissent selon une justice qui dépend de ce 344
qu'elles peuvent connaître ; ici, elles ne peuvent avec certitude faire la différence entre ce qui est réel et ce qui est contrefait, et quand on a été ivre ou endormi, l'ignorance ne peut être une

excuse. [e-]Certes, la punition est liée à la personnalité, et la personnalité à la conscience ; or l'ivrogne n'a peut-être pas été conscient de ce qu'il faisait ; les tribunaux humains le puniront cependant à juste titre, car le fait plaide contre lui, mais le manque de conscience ne peut plaider en sa faveur[e]. Au dernier jour au contraire, quand les secrets de tous les cœurs seront manifestés, on peut penser avec raison que personne ne sera tenu pour responsable de ce qu'il ignore totalement ; il recevra son jugement selon que sa conscience l'accuse ou l'excuse[1].

§ 23

La conscience seule constitue le soi

Il n'y a que la conscience qui puisse unir en une même personne des existences éloignées, et non l'identité de substance. Car, quelle que soit la substance, quelle que soit sa structure, il n'y a pas de personne sans conscience[2] : [ou alors] un cadavre pourrait être une personne, aussi bien que n'importe quelle substance sans conscience.

Pourrions-nous supposer deux consciences distinctes et incommunicables faisant agir le même corps, l'une de jour et l'autre de nuit, et en sens inverse la même conscience qui ferait agir par intervalles des corps distincts ? Je me demande si, dans le premier cas, *celui qui travaille de jour* et *celui qui travaille de nuit* ne seraient pas deux personnes aussi distinctes que *Socrate* et *Platon* ; et si dans le second cas, il n'y aurait pas une personne en deux corps différents, tout comme un homme reste le même dans des vêtements différents.

e. Phrase ajoutée dans l'errata de la deuxième édition, puis dans les éditions suivantes.

1. Cf. *Épître aux Romains*, 2.15-16 ; *1re Épître aux Corinthiens*, 4.5 ; *2e Épître aux Corinthiens*, 5.10.

2. Cf. 2.1.19.

Il ne sert absolument à rien de dire que dans les cas précédents les *consciences* sont les mêmes ou diffèrent en fonction de substances immatérielles identiques ou différentes, qui introduiraient en même temps la conscience dans ces corps : que ce soit vrai ou faux, cela ne change rien, puisqu'il est évident que l'*identité personnelle* serait dans les deux cas déterminée par la conscience, qu'elle soit attachée à une substance immatérielle individuelle ou non. Si l'on accorde en effet que la substance pensante de l'homme doit être nécessairement supposée immatérielle, il n'en demeure pas moins évident que la chose pensante immatérielle peut se défaire parfois de sa conscience passée, puis la retrouver; comme en témoigne souvent chez l'homme l'oubli des actions passées, et le fait que plusieurs fois il retrouve trace de | conscience passée complètement perdue depuis vingt ans. 345
Supposez que ces intervalles de mémoire et d'oubli alternent régulièrement jour et nuit, et vous aurez deux personnes qui auront le même Esprit immatériel, tout comme dans l'exemple précédent vous aviez deux personnes avec le même corps. Ainsi le *soi* n'est pas déterminé par l'identité ou la différence de substance – ce dont il ne peut être sûr – mais seulement par l'identité de conscience.

§ 24

De fait, le *soi* peut concevoir que la substance dont il est maintenant constitué a existé auparavant, unie au même être conscient. Mais, sans conscience, cette substance n'est plus le même *soi*, elle n'en fait pas plus partie qu'une autre; c'est évident dans l'exemple déjà donné du membre coupé [1]n'ayant plus aucune conscience de sa chaleur, de sa froideur ou d'autres affections, l'homme ne le considère plus comme faisant partie de lui, aussi bien que n'importe quel autre élément matériel de l'univers. Et il en sera de même pour toute

1. Cf. ci-dessus, 2. 27.17.

substance immatérielle qui serait démunie de cette conscience qui fait que je suis *moi* pour *moi-même :* s'il y avait une part de son existence dont je ne puisse me souvenir pour la joindre à ma conscience actuelle, qui me fait *moi* maintenant, cette part ne serait pas plus mon *moi* que n'importe quel autre être immatériel. Car tout ce qu'une substance a pensé ou fait – dont je ne peux me souvenir ni faire par la conscience ma propre pensée ou ma propre action – ne m'appartiendra pas plus que si cela avait été pensé ou fait par un autre être immatériel existant n'importe où ; et ce même si c'est une part de moi qui l'a pensé ou fait.

§ 25

Je le reconnais, l'opinion la plus probable est que cette conscience est attachée à une substance immatérielle individuelle, dont elle est une affection.

Que les hommes en décident comme il leur plaît selon leurs hypothèses diverses ; tout être intelligent sensible au bonheur ou au malheur doit reconnaître qu'il y a quelque chose qui est *soi-même*, qui l'intéresse et qu'il voudrait voir heureux ; que ce *soi* a existé plus d'un instant de façon continue, et qu'il peut donc exister encore des mois et des années comme il l'a fait, sans qu'aucune limite assurée ne puisse être mise à cette durée ; et peut-être le même *soi* existera grâce à la même conscience maintenue à l'avenir. Par cette conscience, il se découvre lui-même le *même soi* que celui qui a fait il y a
346 quelques années telle action | qui le rend aujourd'hui heureux (ou malheureux).

Dans toute cette présentation du *soi*, ce n'est pas l'identité numérique de la substance que l'on considère comme la cause du même *soi*, mais la même conscience continuée, qui a pu unir plusieurs substances puis les quitter à nouveau ; tant qu'elles restaient en union vitale avec ce qui était alors le siège de cette conscience, ces substances faisaient partie du même *soi*. Ainsi toute partie de mon corps vitalement unie à ce qui est conscient en moi, fait partie de mon *moi ;* mais quand elle est séparée de l'union vitale qui transmet cette conscience, ce qui était il y a un moment partie de moi, ne l'est plus maintenant – pas plus qu'une partie du *moi* d'un autre homme n'est partie de moi ; et il n'est pas impossible qu'elle devienne d'ici peu une partie réelle d'une autre personne. C'est ainsi qu'une même substance numérique devient part de deux personnes différentes, et c'est ainsi que la même personne peut demeurer sous les changements de substance.

Si l'on arrivait à imaginer un Esprit totalement dépouillé de la mémoire ou de la conscience de ses actions passées – comme notre propre esprit qui est toujours privé d'une grande part des siens et parfois de tous – l'union ou la séparation d'une telle substance spirituelle n'engendrerait pas de changement d'identité personnelle, pas plus que ne le fait l'union ou la séparation d'une particule de matière. Toute substance vitalement unie à tel être pensant actuel, est une partie de ce *même moi* qui maintenant est ; et tout ce qui lui est uni par la conscience de ses actions passées, fait aussi partie du *même soi*, le même alors et maintenant à la fois.

§ 26

Personne, *terme juridique*

Personne est, à mon sens, le nom que l'on donne à ce *soi*. Dès qu'un homme découvre ce qu'il appelle *lui-même*, je pense qu'un autre peut dire que c'est la même *personne*. Ce terme est un terme judiciaire assignant des actions et leur mérite ; il n'appartient donc qu'à des êtres intelligents, capables de loi, de bonheur et de malheur. Cette personnalité s'étend à ce qui est passé, au-delà de ce qui existe actuellement, grâce à la conscience seule : la personnalité par elle devient concernée et responsable, elle reconnaît et s'impute à elle-même des actions passées, exactement d'après le même principe et pour la même raison que les actions présentes.

Tout ceci est fondé sur l'intérêt pour le bonheur, nécessairement lié à la conscience, puisque ce qui est conscient du plaisir et de la douleur désire que ce *soi* qui est conscient soit heureux. Et donc toute action qu'il ne peut accorder ou approprier à ce *soi* actuel par la conscience, ne peut pas plus l'intéresser que si elle n'avait jamais existé ; recevoir un plaisir
347 ou une douleur, c'est-à-dire une récompense ou un châtiment | pour une telle action, revient à devenir heureux ou malheureux au premier jour, sans l'avoir aucunement mérité.

Supposez en effet qu'un homme soit aujourd'hui puni pour ce qu'il a fait dans une autre vie, dont il pu perdre toute conscience[1] ; quelle différence y-a-t-il entre cette punition et le fait d'être créé malheureux ? C'est en ce sens que l'apôtre nous dit qu'au Dernier Jour, quand chacun « recevra selon ses actes, alors les secrets de [tous les] cœurs seront manifestés »[2]. La sentence sera justifiée par la conscience qu'aura chaque personne, quel que soit le corps où elle apparaît, quelle que soit aussi la substance où cette conscience s'insère, qu'*elle-même* demeure *celle* qui a commis ces actions et mérite ainsi cette punition.

§ 27

Je suis prêt à croire qu'en traitant de cette question j'ai formulé certaines hypothèses qui paraîtront étranges à certains lecteurs, et qui le sont sans doute. Mais je pense qu'elles sont excusables au vu de l'ignorance où nous sommes de la nature de cette chose pensante que nous avons en nous et que nous considérons comme notre *soi*. Si l'on savait ce qu'elle est, comment elle est liée à l'agitation d'un certain système d'esprits animaux[3], si elle peut (ou non) accomplir ses actes

1. Situation analogue à celle du péché originel, refusé par Locke (cf. *Reasonnableness of Christianity*, premiers paragraphes).

2. Voir note à 2.27.22. Comparer avec *Essai*, 1.4.5.

3. Cf. ci-dessus § 13.

de pensée et de mémoire hors d'un corps organisé comme le nôtre, si Dieu a voulu qu'un tel Esprit ne soit jamais uni qu'à un tel corps, où la mémoire dépende de la constitution correcte des organes, alors nous pourrions découvrir l'absurdité de certaines des hypothèses que j'ai faites.

Mais si, comme nous le faisons maintenant couramment dans l'obscurité où nous sommes, nous prenons l'âme humaine pour une substance immatérielle, aussi indépendante de la matière qu'indifférente à elle, la nature des choses ne peut rendre absurde l'hypothèse que la même âme puisse être unie à différents corps à différents moments, et constituer avec eux un seul homme à tel moment; pas plus que l'hypothèse selon laquelle ce qui était hier un élément du corps d'un mouton devient le lendemain un élément du corps d'un homme, et que dans cette union, il constitue un élément vital de Melibœus [1], tout comme hier il l'était pour son bélier.

§ 28

La difficulté issue du mauvais usage des noms

Pour conclure, toute substance qui commence à exister doit nécessairement demeurer la même durant son existence; toute composition de substances qui commence à exister doit garder pendant l'union de ces | substances la même agréga- 348
tion; tout mode qui commence à exister est, durant son existence, le même. Et donc si la composition est faite de substances distinctes, de divers modes, la même règle s'applique. D'où il paraît que toute la difficulté ou toute l'obscurité de cette question vient plutôt du mauvais usage des noms que de l'obscurité des choses mêmes; car quel que soit le contenu de l'idée spécifique à laquelle on applique le nom, si l'on s'en tenait fermement à l'idée, la distinction entre le même et le différent serait aisément conçue, et aucun doute ne pourrait surgir.

1. Nom d'un berger, cf. Virgile, *Bucoliques*, 1,6.

§ 29

L'existence continue fait l'identité

Si l'on suppose que l'idée d'*homme* est *Esprit rationnel*, il est facile en effet de savoir ce qu'est le *même homme :* le *même Esprit*, qu'il soit séparé ou incarné, sera le *même homme*. Si l'on fait l'hypothèse que ce qui fait un homme c'est un Esprit rationnel vitalement uni à un corps dont les éléments ont une certaine configuration, tant que demeure cet Esprit rationnel avec cette configuration des éléments (même si elle perdure en un corps en constant devenir), on aura le *même homme*. Mais si pour quelqu'un l'idée d'*homme* n'est que *l'union vitale d'éléments selon une certaine forme*, ce sera le *même homme* aussi longtemps que cette union et cette forme vitales, demeurent dans un tout qui n'est le même que par la succession continue d'un flux de particules. Car, quelle que soit la composition de l'idée complexe, tant que l'existence en fait une chose singulière sous une certaine dénomination, la même existence continuée la maintient comme la même réalité individuelle sous la même dénomination[f].

f. La cinquième édition ajoute en note : « La théorie de l'identité et de la différence contenue en ce chapitre est estimée, par l'évêque de Worcester inconciliable avec la doctrine de la foi chrétienne sur la Résurrection des morts. Sa façon d'argumenter est : « La raison de croire à la Résurrection du même corps dépend selon les principes de monsieur Locke de l'idée d'identité. » A quoi notre auteur répond : [citation de la *Troisième Lettre à l'évêque de Worcester*, donnée en annexe du volume 2] ».

CHAPITRE 28

LES AUTRES RELATIONS

§ 1
[Relation] proportionnelle

Outre le temps, le lieu et la causalité dont on a parlé, qui sont occasions de comparer ou de relier les choses entre elles, il y a, je l'ai dit[1], une infinité d'autres occasions; en voici quelques unes. | 349

Je nommerai *d'abord* l'idée simple qui peut avoir des éléments ou des degrés et procure ainsi l'occasion de comparer entre elles, à partir de cette idée simple, les choses où elle réside. Ainsi, *plus blanc*, *plus sucré*, *plus grand*, *égal*, *davantage*, etc. Ces relations dépendent de l'égalité ou de l'excès de la même idée simple en plusieurs choses; elles peuvent donc, si l'on veut, être appelées *relations de proportion*. Ces relations ne portent que sur les idées simples reçues de la sensation et de la réflexion, c'est trop évident pour avoir à le prouver.

1. 2.25.7.

§ 2

Naturelle

Deuxièmement, il existe une autre occasion de comparer des choses entre elles ou de considérer une chose tout en y incluant une autre; ce sont les conditions d'origine ou de commencement; elles ne seront pas modifiées par la suite, si bien que les relations qui en dépendent sont aussi durables que les choses auxquels elles appartiennent. Par exemple, *père* et *fils*, *frères*, *cousins germains :* ils sont en relation par la communauté de sang à laquelle ils participent à différents degrés; ou *compatriotes :* ceux qui sont nés dans le même pays ou le même territoire. C'est ce que j'appelle des *relations naturelles.*

On peut, à ce sujet, noter que l'humanité a adapté ses notions et ses mots aux besoins de la vie commune et non à la vérité et à l'étendue des choses. Car il est certain qu'en réalité, entre le géniteur et le rejeton, la relation est la même dans toutes les races animales et chez l'homme ; pourtant on dit rarement que ce taureau est le grand-père de ce veau ou que ces deux pigeons sont cousins germains. Il est très utile de rendre visibles et de souligner ces relations chez l'homme grâce à des noms différents, car il arrive que des lois, comme d'autres rapports entre nous, aient à mentionner et à considérer l'homme sous ces relations, et de ces relations naît également le caractère obligatoire de plusieurs devoirs parmi les hommes. Au contraire, on n'a pas ou peu de raisons de s'intéresser à ces relations chez l'animal et on n'a pas jugé utile de leur donner des noms singuliers différents [1].

Ceci, dit en passant, nous éclaire sur les différents états et sur l'évolution des langues : elles ne sont faites que pour les commodités de la conversation et sont donc adaptées aux notions des gens et aux échanges intellectuels coutumiers,

1. Cf. 3.5.7.

non à la réalité ou à l'étendue des choses, aux différents
aspects qu'on peut y trouver,| ni aux différentes considérations 350
abstraites que l'on peut construire[1]. Quand les gens n'ont pas de notions philosophiques[2], ils n'ont pas de termes pour les exprimer; et il ne faut pas s'étonner que les hommes n'aient pas construit de noms pour les choses dont ils n'ont pas à discourir. D'où l'on imagine aisément pourquoi dans certains pays il est possible de ne pas avoir de nom pour le cheval, et pourquoi ailleurs, là où on est plus attentif au pedigree des chevaux qu'à sa généalogie, on puisse avoir non seulement un nom pour tel ou tel cheval, mais aussi pour leurs diverses relations de parenté.

§ 3
Instituée

Troisièmement, pour considérer une chose en relation avec une autre, on se fonde parfois sur l'acte qui confère à quelqu'un un droit moral, un pouvoir ou une obligation de faire quelque chose. Par exemple, un Général, c'est celui qui a le pouvoir de commander une armée, et une *armée* sous les ordres d'un Général est l'ensemble des hommes armés obligés d'obéir à un même homme; un *citoyen* ou un *bourgeois*, c'est quelqu'un qui a droit à certains privilèges en tel ou tel lieu. Puisque tout cet ensemble de relations dépend de la volonté des gens ou de l'accord dans la société, je les appelle *instituées* ou *volontaires*; on peut les différencier de la relation naturelle en ce que la plupart, sinon toutes, sont d'une manière ou d'une autre modifiables et séparables de la personne qui les avait à un moment, alors qu'aucune des substances ainsi mises en relation n'est détruite.

Or, toutes ces relations sont, comme les autres, réciproques et impliquent un rapport mutuel entre deux choses; et

1. Cf. 3.9.8.
2. Cf. 3.9.3.

pourtant, parce que manque souvent à l'une des deux choses un nom relatif qui indiquerait cette référence, les gens n'y prêtent habituellement pas attention et la relation est souvent ignorée. Par exemple, on reconnaît facilement que *protecteur* et *bénéficiaire* sont des relations, mais *connétable* ou *dictateur* ne sont pas, à première vue, aussi facilement considérés comme tels, parce qu'il n'y a pas de nom particulier pour ceux qui sont soumis à un dictateur ou un connétable, qui exprimerait une relation avec eux ; il est pourtant sûr qu'ils ont chacun un certain pouvoir sur d'autres et leur sont donc dans cette mesure reliés, tout autant qu'un protecteur à son bénéficiaire ou un général à son armée.

§ 4
Morale

Quatrièmement, il existe une autre sorte de relation, qui est la conformité ou l'opposition entre les actions volontaires des gens et la règle à laquelle on les réfère pour les juger. On
351 peut l'appeler, je pense, *relation morale* car elle est ce qui | donne leur nom à nos actions morales. Elle mérite l'analyse, car aucune part de la connaissance n'exige de nous plus de soin dans la recherche d'idées déterminées[a] et dans la mise à l'écart, autant que faire se peut, de l'obscurité et de la confusion. Quand les actions humaines sont élaborées en idées complexes, avec fins, objets, conditions et circonstances divers, elles sont autant de *modes mixtes*, comme je l'ai montré[1], avec des noms attribués à la plupart. Ainsi, en posant que la gratitude est la disposition à reconnaître et à rendre une preuve d'amitié reçue, que la polygamie est le fait

a. Dans toute cette section, la quatrième et la cinquième éditions remplacent *clair et distinct* (qui justifiaient les contraires *obscurité et confusion* qui suivent) par *déterminé* ; cf. *Épître au lecteur*, ajout *in fine* dans la quatrième édition.

1. 2.22.10.

d'avoir plus d'une femme en même temps, quand nous construisons ainsi ces notions en notre esprit nous avons là autant d'idées déterminées de modes mixtes. Mais tout ce qui intéresse nos actions n'est pas là ; il ne suffit pas d'en avoir des idées déterminées et de connaître quels noms appartiennent à telle ou telle combinaison d'idées. Au-delà, nous avons un intérêt plus grand : connaître si des actions ainsi constituées sont moralement bonnes ou mauvaises.

§ 5

Bien et mal moraux

Le bien et le mal, comme on l'a montré en 2.10.2 et 2.21.42, ne sont que le plaisir et la douleur, ou ce qui est occasion ou cause de plaisir ou de douleur pour nous. Le *bien moral et le mal moral* sont alors seulement la conformité ou l'opposition de nos actions volontaires à une loi, lesquelles attirent sur nous bien ou mal, de par la volonté et le pouvoir de celui qui a fait la loi. Ce bien et ce mal, ce plaisir ou cette douleur liés, par décret de celui qui a fait la loi, à l'observance ou l'infraction de la loi, c'est ce qu'on appelle *récompense* et *punition.*

§ 6

Les règles morales

Ces *règles morales*, ou lois, auxquelles les hommes réfèrent en général leurs actions pour juger de leur rectitude ou de leur vice, sont à mon sens de *trois ordres,* qui ont chacune leur sanction propre (récompense ou punition). Il serait en effet totalement vain de vouloir imposer une loi aux actions libres de l'homme sans y attacher la sanction d'un bien et d'un mal pour déterminer sa volonté ; on doit donc, dès qu'on veut une loi, vouloir aussi une récompense ou une punition attachées à cette loi. Un être intelligent imposerait en vain une règle aux actions d'un | autre, s'il n'avait pas le pouvoir de **352**
récompenser l'obéissance ou de punir l'infraction à cette règle

par un bien ou un mal (qui ne soient pas les produits naturels et les conséquences de l'acte même : ce seraient alors des effets naturels heureux ou malheureux ; ils agiraient d'eux-mêmes, sans loi). Si je ne me trompe, telle est la nature véritable de la loi au sens propre.

§ 7
Lois

Les *lois* auxquelles les hommes rapportent en général leurs actions pour juger de leur rectitude ou de leur défaut, me paraissent être les trois suivantes :

1. La loi *divine* ;
2. la loi *civile* ;
3. la loi de l'*opinion*, ou de la *réputation*[b], si je peux ainsi l'appeler ;

Par la relation à la première d'entre elles, les gens jugent si les actions sont des péchés ou des devoirs ; à la seconde, si elles sont criminelles ou innocentes ; et à la troisième, si elles sont des vertus ou des vices.

§ 8
La loi divine, mesure du péché et de l'obéissance

Premièrement, [c]-la loi *divine* ; j'entends par là cette loi que Dieu a posée pour les actions des hommes, qu'elle leur soit promulguée par la lumière de la Nature ou par la voix de la Révélation. Que Dieu ait donné une règle selon laquelle les hommes doivent se gouverner eux-mêmes-[c], je pense que personne n'est assez stupide pour le nier : Il a le droit de le faire, nous sommes ses créatures ; Il a bonté et sagesse pour orienter nos actions vers ce qui est le meilleur, et Il a le pouvoir de leur donner autorité par des récompenses et des

b. Dans la première édition, nommée *loi philosophique*.

c. Remplace « …que Dieu ait donné une loi à l'humanité, … » à partir de la deuxième édition.

punitions, d'un poids et d'une durée infinis dans une autre vie ; personne ne peut nous tenir à l'écart de son bras[1]. [d-]Là est le seul véritable critère de la *rectitude morale* ; et[-d] c'est par comparaison avec cette loi que les hommes jugent prioritairement de ce qui dans leurs actions est moralement bien ou mal : en tant que *devoirs* ou en tant que *péchés*, ces actions vont-elles leur procurer bonheur ou malheur des mains du TOUT-PUISSANT ?

§ 9

La loi civile, mesure du crime et de l'innocence

Deuxièmement, la loi *civile*, règle posée par la Cité aux actions de ceux qui lui appartiennent, est une autre règle : les hommes y rapportent leurs actions pour juger si elles sont ou non *criminelles*. Cette loi, personne ne l'oublie : les récompenses et les peines qui la sanctionnent sont à la disposition du pouvoir qui fait la loi et lui servent, à lui qui est la force de la Cité, qui s'est engagé à protéger la vie, la liberté et les possessions de ceux
qui vivent selon ses | lois, et qui a le pouvoir d'ôter la vie, la 353
liberté et les biens de celui qui désobéit : telle est la punition des offenses commises contre cette loi[2].

d. Ajout à partir de la deuxième édition.

1. Cf. 4.3.18 *sq.*

2. Un des rares parallèles de l'*Essai* avec le second *Traité du Gouvernement* : la fonction du législatif est de sauvegarder les propriétés des membres de la Cité, propriétés définies comme vie, liberté et biens ; cf. *Traité du gouvernement*, II, § 123, etc. Le texte de la section suivante poursuit le parallèle (cf. note textuelle donnant la forme de la première édition, ou ce qu'il en reste en fin de section suivante en son état actuel), en insistant sur la dualité : délégation de pouvoir au représentant / liberté de penser conservée (cf. *Lettre sur la Tolérance* et Spinoza, *Tractatus Theologico-Politicus*).

§ 10

La loi philosophique, loi de la vertu et du vice

Troisièmement, [e]-la loi de l'opinion ou de la réputation. *Vertu* et *vice* sont des noms prétendus ou supposés signifier partout des actions droites ou erronées par nature ; et dans la mesure où ils sont effectivement utilisés ainsi, ils coïncident avec la *loi divine* mentionnée ci-dessus [1]. Pourtant, quoiqu'on prétende, on voit bien que les noms de *vertu* et de *vice*, dans la façon dont ils sont concrètement appliqués dans les diverses nations et sociétés humaines à travers le monde, sont constamment attribués aux seules actions valorisées ou discréditées dans ce pays ou cette société. Et l'on ne doit pas trouver étrange que les gens donnent partout la nom de *vertu* aux actions qui chez eux sont estimées, et qu'ils nomment *vice* ce qu'ils tiennent pour blâmable : autrement, ils se condamneraient eux-mêmes, en estimant juste ce qu'ils ne couvriraient pas de louanges et mauvais ce qu'ils laisseraient passer sans blâme. Ainsi-[e] la mesure de ce que l'on appelle partout *vertu* et *vice*, c'est cette

e. Texte remplaçant, à partir de la deuxième édition, le texte suivant de la première édition : « La troisième, je la nomme *loi philosophique*, non parce que les philosophes la construisent, mais parce qu'ils s'en sont énormément occupés, qu'ils en ont beaucoup parlé ; cette loi est celle de la vertu et du vice dont on a plus parlé peut-être que des autres, et dont on ignore pourtant plus souvent comment elle acquiert une telle autorité pour distinguer et dénommer les actions des gens, et quelles sont ses véritables critères. Pour bien comprendre cela, nous devons considérer que les gens s'unissent en sociétés politiques, résignent auprès de la République la jouissance de toute leur force, et donc ne peuvent plus l'employer contre leurs concitoyens hors de ce que les lois de leur pays commandent ; et pourtant ils conservent le pouvoir de penser du bien ou du mal, d'approuver ou de désapprouver les actions de ceux avec qui ils vivent et discutent. Si donc on l'examine bien, on verra que …».

1. Coste transcrit différemment cette formule peu claire par elle-même : « tant qu'ils sont réellement appliqués en ce sens, la *Vertu* s'accorde parfaitement avec la *Loi Divine* dont je viens de parler ; et le *Vice* est tout-à-fait la même chose que ce qui est contraire à cette Loi ».

approbation ou cette désapprobation, cette louange ou ce blâme, qui par consentement tacite et secret s'installent en diverses sociétés, tribus et associations humaines à travers le monde : des actions y acquièrent ainsi crédit ou disgrâce, selon le jugement, les normes ou les habitudes du lieu.

[f-]Les hommes se sont en effet unis en sociétés politiques, ils ont résigné auprès de la république [1] la jouissance de toute leur force, et donc ils ne peuvent plus l'employer contre leurs concitoyens hors de ce que les lois de leur pays commandent ; et pourtant ils conservent le pouvoir de penser le bien ou le mal, d'approuver ou de désapprouver les actions de ceux avec qui ils
vivent et | discutent [2]. Par cette approbation et ce désaveu ils 354
établissent entre eux ce qu'ils appelleront *vertu* et *vice*[-f].

§ 11

Que telle soit bien la *mesure* ordinaire de la vertu et du vice, sera clair dès que l'on observera ceci : passe pour *vice* dans un pays ce qui dans un autre est compté comme *vertu* ou au moins n'est pas pris pour un *vice* ; et pourtant en tout lieu *vertu* et louange, *vice* et blâme vont de pair. La *vertu* est partout ce que l'on tient pour estimable et seul recueille l'estime publique ce qu'on appelle *vertu* [α]. La vertu et la
l'éloge sont si unies | qu'elles sont souvent désignées du 355
même nom : « Au mérite appartiennent ses récompenses » dit

α. [Le texte qui suit avait été inséré lors de la deuxième édition dans l'Épître au lecteur, puis déplacé ici lors de la cinquième édition ; la première phrase a été ajoutée à ce moment] Notre auteur, dans sa préface à la quatrième édition, notant combien les gens avaient tendance à mal .../...

f. Ajouté à partir de la deuxième édition (partie supprimée au début du paragraphe, dans le texte de la première édition, et reportée ici).

1. « publick ».
2. Cf. *Traité du Gouvernement*, II, § 131.

Virgile[1], et de même Cicéron affirme : « Rien par nature
356 n'est plus élevé que la vertu |, le mérite, la dignité, la gloire » qui dit-il, sont tous des noms pour la même chose[2]. Tel est le langage des philosophes païens qui comprenaient bien en quoi consistaient leurs notions de *vertu* et de *vice*.

(suite note α) le comprendre, a ajouté ce qui suit : « L'habile auteur du *Discours sur la nature des hommes* [n.d.t. : James Lowde, *Discourse concerning the Nature of Man*, Londres, 1694] m'en donne un exemple récent, pour ne pas en mentionner d'autres. La politesse de son style et l'impartialité qu'il doit à son ordre m'empêchent de penser qu'il ait mal compris ma pensée, puisqu'il achève sa préface en insinuant que j'ai dit (livre 2, chapitre 28), à propos de la troisième règle à laquelle les hommes rapportent leurs actions, que j'en arrivais à faire de la vertu un vice, et du vice une vertu ; il n'aurait pas pu se tromper s'il s'était seulement donné la peine de regarder quelle était l'argumentation que je développais alors et l'idée principale de ce chapitre, bien assez explicitée dans la quatrième section et dans celles qui suivent. Je n'instituais pas alors des règles morales mais je montrais quelle était l'origine et la nature des *idées* morales ; j'énumérais les règles dont font usage les gens dans les relations morales, que ces règles soient vraies ou fausses ; et j'ajoute – c'est ce qui reçoit partout cette appellation correspondant à *vertu et au vice* dans notre langue, et qui est autrement exprimé dans la langue de cet endroit ; mais *cela ne change pas la nature des choses*, bien que les gens jugent généralement leurs actions et les nomment d'après l'évaluation et la coutume du lieu ou de la secte à laquelle ils appartiennent. S'il avait pris la peine de réfléchir à ce que j'avais dit en 1.3. 18 et aux sections 13, 14, 15 et 20 de ce chapitre-ci, il aurait su ce que je pense de la nature éternelle et inaltérable du juste et de l'injuste et ce que j'appelle *vertu* et *vice*. Et s'il avait observé que, dans ce qu'il cite, je rapporte seulement comme un fait ce que les autres nomment *vertu* et *vice*, il n'y aurait pas trouvé grand chose à redire. Car je ne pense pas être très à côté de la vérité en disant que l'une des règles dont le monde fait usage pour .../...

---

1. Cité en latin par Locke : « Sunt sua præmia laudi » ; *Enéïde*, I, 461 ; corrigé par Coste : « Sunt hic etiam sua præmia laudi » et expliqué par lui : « Il est visible que le mot *Laus* qui signifie ordinairement l'approbation due à la vertu, se prend ici pour la Vertu même ».

2. Cité en latin par Locke : « Nihil habet natura præstantius, quam Honestatem, quam Laudem, quam Dignitatem, quam Decus », *Tusculanes*, II, 20.

Certes, il a pu arriver que, du fait de la différence de caractère, d'éducation, de coutume, de principes, ou d'intérêts qui existe parmi les divers groupes humains, ce que l'on estimait louable en un lieu n'ait pas échappé à la critique en un autre, et

(suite note α) fonder ou mesurer une relation morale, est cette estime, cette réputation que les différentes sortes d'actions s'attirent de façon différentes dans les diverses sociétés humaines, et qui font qu'on les nomme *vertus* ou *vices*. Et quelle que soit l'autorité que Monsieur Lowde met dans son *Old English Dictionary*, j'ose affirmer qu'il ne dit nulle part (si je peux m'en prévaloir) que la même action n'est pas appréciée, estimée vertueuse, à un endroit, et dans une autre dépréciée, passe pour un vice et en porte le nom. Remarquer que les gens attribuent les noms de *vertu* et de *vice* en fonction de cette règle de la réputation, c'est tout ce que j'ai fait et que l'on peut m'imputer comme transformation du *vice* en *vertu* et de la *vertu* en *vice*. Mais le brave homme fait bien ce qui convient à sa vocation : être prudent sur ces questions et s'alarmer d'expressions qui, isolées, peuvent choquer et être suspectées. C'est pour ce zèle, acceptable dans sa fonction, que je lui pardonne de citer comme il le fait mes propos du § 11 de ce chapitre : « Les exhortations des docteurs inspirés n'ont pas craint d'en appeler à la réputation populaire : « Tout ce qui est aimable, tout ce qui a bonne réputation, s'il y a une vertu, s'il y a éloge, etc. » (Épître aux Philippiens, 4.8) ». Mais il ne prend pas garde à ceux qui précèdent immédiatement et qui les introduisent ainsi : « Ainsi, même au milieu de la corruption des mœurs, les véritables déterminations de la Loi de nature, qui doit être la norme de la vertu et du vice, ont été assez bien conservées ; au point que même les exhortations des docteurs inspirés, etc. ». Par ces mots et par la suite de cette section, il est clair que j'emprunte ce passage de saint Paul, non pas pour prouver que la mesure générale de ce que les gens appellent *vertu* et *vice* à travers le monde est la réputation et la mode propres à chaque société particulière, mais pour montrer que, bien qu'il en soit ainsi pour des raisons que je donne, les gens ne s'éloignent pas pour la plupart de la Loi de Nature dans la façon de dénommer leurs actions, loi qui est la règle immuable et inaltérable qui doit leur permettre de juger de la rectitude ou de la déviance de leurs actions, et de leur donner par là le nom de *vice* ou de *vertu*. Si Monsieur Lowde avait noté cela, il aurait trouvé peu utile pour son propos de citer un passage en un sens que je n'utilise pas, et il ne se serait pas donné la peine d'ajouter des explications peu nécessaires. Mais j'espère que cette seconde édition lui donnera satisfaction à ce sujet et que la question est désormais présentée de telle manière qu'il voie qu'il n'y pas prétexte à réserves. .../... Bien que je

qu'ainsi la *vertu* et le *vice* aient été interverties ; pourtant, ils sont restées pour l'essentiel partout identiques. En effet, rien n'est plus naturel que d'encourager par l'estime et la bonne

(suite note α) sois obligé de désapprouver les interprétations de ce que j'avais dit sur la *vertu* et le *vice*, qu'il donne à la fin de sa préface, je suis plus qu'il ne le pense en accord avec lui à propos de ce qu'il dit au chapitre 3, p. 78 sur les caractères naturels et les notions innées. Je ne lui contesterai pas le privilège qu'il réclame p. 52 de poser la question comme il l'entend, notamment quand il la pose de manière à n'y inclure rien de contraire à ce que j'ai dit. Car, pour lui, « les notions innées sont des choses conditionnelles, dont la mise en œuvre par l'âme dépend du concours de diverses autres circonstances ». Tout ce qu'il dit des *notions innées, imprimées,* (il ne dit rien des idées *innées*) se résume au bout du compte à ceci seul : il y a des propositions que l'âme ne connaît pas au début, quand l'homme naît, et pourtant, à *l'aide des sens externes et d'un exercice antérieur*, elle peut ensuite arriver à en connaître la vérité – et je n'ai rien dit d'autre dans mon premier livre. Car je suppose qu'en disant « la mise en œuvre par l'âme », il entend le fait de commencer à les connaître, faute de quoi, *la mise en œuvre par l'âme des notions* me serait tout à fait incompréhensible, et à mon avis un expression tout à fait inadaptée à ce cas, car il trompe les gens en insinuant que les notions seraient dans l'esprit avant que *l'âme ne les mette en œuvre*, c'est-à-dire avant qu'elles ne soient connues ; au contraire, en fait, avant qu'elles ne soient connues, il n'y en a rien dans l'esprit : il n'y a qu'une capacité de les connaître, quand le *concours de diverses autres circonstances*, que cet auteur habile estime nécessaires *pour leur mise en œuvre par l'âme*, les fait parvenir à notre connaissance.

Je vois que p. 52 il s'exprime ainsi : « Ces notions naturelles ne sont pas imprimées en l'âme de sorte qu'elles se mettraient d'elles-mêmes en œuvre naturellement et nécessairement (même chez les enfants et les idiots) sans aucune aide des sens externes ou d'un exercice antérieur ». Il dit ici qu'*elles se mettent d'elles-mêmes en œuvre*, alors qu'il dit p. 78. que *l'âme les met en œuvre*. Quand il aura expliqué aux autres, et à lui-même, ce qu'il entend par *l'âme mettant en œuvre les notions innées*, ou *elles se mettent en œuvre elles-mêmes*, il verra, je suppose, qu'il y a si peu d'opposition entre nous sur la question (mis à part qu'il appelle *mettre en œuvre* ce que j'appelle de façon plus vulgaire *connaître*) que j'ai des raisons de penser qu'il a ici introduit mon nom pour le seul plaisir de parler aimablement de moi, et je dois le remercier de l'avoir fait ainsi chaque fois qu'il mentionne mon nom, non sans m'attribuer, comme l'ont fait d'autres, un titre auquel je n'ai pas droit ».

réputation ce en quoi chacun trouve son avantage, et de blâmer et de décourager l'inverse; donc il ne faut pas s'étonner qu'estime et discrédit, vertu et vice, correspondent partout dans une grande mesure aux règles immuables du juste et de l'injuste que la loi de Dieu a établies; rien en effet n'assure aussi directement et visiblement, rien ne promeut autant, le bien général de l'humanité en ce monde, que l'obéissance aux lois qu'Il leur a posées, et rien n'engendre autant les méfaits et la confusion que son mépris. Si donc ils ne renonçaient pas complètement au sens, à la raison ni à leur propre intérêt auquel ils sont si fidèlement attachés, les hommes ne pouvaient se tromper complètement et placer leur estime et leur mépris en quelque chose qui ne le mériterait pas. Même, ceux qui la refusaient par leur conduite, ne manquaient pas de donner correctement leur approbation, car peu étaient dépravés au point de ne pas condamner, au moins en autrui, les fautes dont ils étaient eux-mêmes coupables; ainsi, même au milieu de la corruption des mœurs, les véritables déterminations de la Loi de Nature, qui doit être la norme de la vertu et du vice, ont été assez bien conservées; au point que même les exhortations des docteurs inspirés n'ont pas craint d'en appeler à la réputation populaire : « Tout ce qui est aimable, tout ce qui est de bonne réputation, s'il y a vertu, s'il y a éloge, etc. » [1].

§ 12

Sa sanction : la louange et le blâme

Peut-être croit-on que j'ai oublié ce que je disais moi-même de la loi, quand je réduis la *loi* dont l'homme se sert pour juger *la vertu et le vice* à un simple consentement de personnes privées, qui n'ont pas l'autorité suffisante pour faire

1. *Philippiens*, 4.8; la traduction contemporaine est : « … tout ce qu'il y a de noble, juste, pur, digne d'être aimé, d'être honoré, ce qui s'appelle vertu, ce qui mérite l'éloge… ». Comparer ce paragraphe avec la thèse des *Essays on the Law of Nature*, chapitre V et *Correspondence*, lettres n°1301, 1309, 1659, 1753, etc.

une loi : il y manquerait notamment ce qui est si nécessaire, si essentiel à la loi, le pouvoir qui lui donne force de loi. Je pense pouvoir répondre ceci : celui qui imagine que l'éloge et le blâme ne motivent pas fortement les gens à s'adapter aux opinions et
357 aux règles de leur | société, paraît peu au fait de la nature et de l'histoire de l'humanité ; pour la plupart, les hommes se dirigent principalement, voire uniquement, d'après cette loi de la coutume : ils pratiquent ainsi ce qui ménage leur réputation dans leur société, sans s'occuper des lois de Dieu ou du gouvernant.

Réfléchir sérieusement aux sanctions attachées aux infractions à la loi divine, c'est ce que certains, voire même la plupart, font rarement ; et parmi ceux qui le font, beaucoup enfreignent la loi et songent en même temps à la réconciliation future et au pardon reçu pour de telles infractions. Quant aux peines inscrites dans les lois de la Cité, les gens se tranquillisent souvent en espérant l'impunité.

Mais, quand ce sont la coutume et l'opinion qui sont violées, personne n'échappe aux peines de la critique et du mépris de la société dont il veut garder l'estime. Il n'y en a pas un sur mille qui soit assez dur et assez insensible pour tenir tête au mépris et la condamnation constants des ses proches. C'est être d'une constitution étrange et peu fréquente que se satisfaire d'une vie soumise à l'opprobre et la disgrâce de son propre groupe social. Beaucoup de gens ont cherché la solitude, et s'y sont adaptés ; mais un être qui aurait la moindre conscience, le moindre sens de son humanité, ne peut vivre en société dans le mépris et la désapprobation de ses proches et de ceux qu'il fréquente : un fardeau si pesant est au-dessus des forces humaines. Il doit être fait de contradictions insurmontables, celui qui peut trouver plaisir en société et demeurer pourtant insensible au mépris et à la disgrâce de ses compagnons.

§ 13

Ces trois lois sont les règles du bien et du mal moraux

Il y a donc trois lois, *d'abord* la loi de Dieu, *ensuite* la loi des sociétés politiques, *enfin* la loi de la coutume ou de la critique sociale : c'est à elles que les hommes comparent de diverses manières leurs actions ; et c'est de la conformité à l'une de ces lois qu'ils tirent leurs critères quand ils jugent leur rectitude morale et désignent leurs actions comme bonnes ou mauvaises.

§ 14

La moralité est la relation des actions à ces règles

La règle à laquelle nous rapportons comme à une pierre de touche nos actions volontaires, afin de les évaluer, de tester leur moralité et de leur donner en conséquence un nom qui est
la "marque" | de la valeur que nous leur accordons, cette règle 358
peut être empruntée à la coutume du pays ou à la volonté d'un législateur ; et dans ces deux cas, l'esprit parvient facilement à saisir la relation entre l'action et la règle puis à juger si les actions s'accordent ou non à la règle ; il acquiert ainsi la notion de *bien* (*ou de mal*) *moral*, qui est la conformité (ou la non-conformité) d'une action à cette règle, souvent appelée pour cette raison *rectitude morale*.

Cette règle n'est qu'un ensemble d'idées simples diverses et donc, pour lui être conforme, on doit seulement ordonner l'action de manière à ce que les idées simples qui lui appartiennent puissent correspondre à celles qu'exige la loi. On voit ainsi comment les êtres et les notions morales sont fondées sur les idées simples reçues de la sensation et de la réflexion [g] qu'elles ont pour termes.

g. La troisième édition et les suivantes ont supprimé la proposition : « … en dehors desquels nous n'avons rien dans l'entendement sur lequel exercer nos pensées… ».

Considérons, par exemple, l'idée complexe signifiée par le terme de *meurtre* : quand on la décompose et qu'on en examine les détails, on voit que ces détails constituent un ensemble d'idées simples, dérivées de la réflexion et de la sensation. D'abord, à partir de la réflexion sur les opérations de notre propre esprit, nous avons les idées suivantes : *vouloir, considérer, préméditer, malveillance* ou *vouloir du mal à l'autre*, ainsi que les idées de *vie*, de *perception* ou de *mobilité*. Ensuite, la sensation nous donne l'ensemble des idées simples de sensation que l'on trouve en l'homme et l'idée d'une action qui met un terme à la perception et au mouvement chez l'homme ; et toutes ces idées simples sont incluses dans le mot de *meurtre*. Si cet ensemble d'idées simples me paraît s'accorder ou non avec l'estime du pays où j'ai grandi, mériter l'éloge ou le blâme de la plupart, j'appelle cette action *vertueuse* ou *vicieuse*. Si ma règle est la volonté d'un législateur suprême et invisible, je l'appelle *bien* ou *mal*, *péché* ou *devoir*, parce que je suppose l'action commandée ou interdite par Dieu. Et si je la compare à la loi civile, la règle faite par le pouvoir législatif du pays, je l'appelle *légale* ou *illégale*, *criminelle* ou non. Ainsi, quelle que soit la source de la règle de nos actions morales, quel que soit le modèle selon lequel nous nous construisons dans l'esprit les idées de *vertus* ou de *vices*, elles consistent seulement et ne sont faites que d'ensembles d'idées simples reçues, à l'origine, du sens ou de la réflexion. Et leur rectitude ou leur défaut consiste dans l'accord
359 ou le désaccord avec ces modèles prescrits par une loi[1]. |

§ 15

Pour concevoir correctement ce que sont les *actions morales*, il faut les considérer sous un double aspect.

D'abord en tant que chacune d'elles est constituée d'une collection d'idées simples : ainsi, *ivresse*, ou *mentir* signifient tel ou tel ensemble d'idées simples que j'appelle *mode*

1. Le *Draft B*, deuxième ébauche de l'*Essay*, se terminait à cet endroit.

mixte ; en ce sens il s'agit d'idées *positives absolues*, comme *cheval qui boit* ou *perroquet qui parle*.

Ensuite, on considère ses actions comme bonnes, mauvaises, *ou* indifférentes ; et sous cet aspect, elles sont *relatives*, puisque c'est leur conformité ou leur désaccord avec une règle qui les rend normales ou anormales, bonnes ou mauvaises ; ainsi, dans la mesure où elles sont comparées à une règle, et par là nommées, elles sont prises sous une relation. Par exemple, défier et combattre quelqu'un, en tant que mode positif ou sorte particulière d'action distinguée de toute autre par des idées particulières, sera nommé *se battre en duel* ; si on le considère selon la loi de Dieu, cela méritera le nom de *péché* ; selon la loi de la coutume de certains pays, le nom de *valeur* et de *vertu ;* et selon la loi interne de certains régimes, un *crime capital*. En ces cas, quand le mode positif a un nom et qu'il en reçoit un autre en tant que rapporté à une loi, on remarque aisément la distinction, comme on la remarque pour les substances, où un nom (*homme* par exemple) est utilisé pour signifier la chose, et un autre (par exemple, *père*) pour signifier la relation.

§ 16

La façon de nommer les actions nous égare souvent

Mais, très fréquemment, l'idée positive d'une action et sa relation morale sont unies sous un seul nom : on utilise le même terme pour exprimer à la fois le mode ou action, et sa rectitude ou son défaut ; à cause de cela, on remarque moins la relation elle-même, et souvent l'on ne distingue pas *l'idée positive* de l'action *et sa référence à une règle*. Cette confusion de deux aspects sous un seul terme conduit ceux qui accordent trop à l'impression des sons et se pressent de prendre les noms pour des choses, à se tromper quand ils jugent des actions. Ainsi, prendre à un autre ce qui lui appartient, à son insu ou sans son accord, c'est ce qu'on nomme à juste titre *voler* ; mais ce nom signifie aussi, selon la

compréhension commune, l'immoralité de l'action et dénote le fait qu'elle contredise la loi ; aussi les gens ont-ils tendance à condamner tout ce qu'ils entendent appeler *vol*, estimant que
360 c'est une action mauvaise, opposée à la loi de justice ; | pourtant ôter son arme à un fou pour éviter qu'il ne commette des méfaits, peut être nommé à juste titre vol, si on le définit comme *mode mixte ;* mais si on le compare à la loi de Dieu, et si on le regarde dans sa relation à cette loi suprême, ce n'est pas un péché ni une infraction, bien que le nom de *vol* le sous-entende couramment [1].

§ 17

Les relations sont innombrables

On s'en tiendra là sur la relation des actions humaines à la loi, que je nomme pour cette raison *relation morale*.

Il faudrait un volume entier pour traiter de toutes les sortes de relations ; il ne faut donc pas s'attendre à ce que je les mentionne toutes. Pour mon dessein actuel, il suffit que les cas cités montrent quelles idées nous avons de cette considération de grande portée que l'on nomme *relation ;* considération multiforme, provoquée par tant d'occasions (autant que de comparaisons possibles d'une chose avec une autre), qu'il n'est guère aisé de la réduire à des règles ou à des catégories correctes. J'ai mentionnées celles qui sont, je pense, parmi les plus importantes, et propres à nous faire voir d'où nous tenons nos idées de relation et en quoi elles sont fondées. Mais avant de clore cette question, permettez-moi de souligner ce qui suit :

1. Coste transpose dans sa traduction l'exemple du *vol* en *ivresse*, déclarée vicieuse même quand elle résulte d'une ordonnance médicale.

§ 18

Toutes les relations ont pour termes des idées simples

Premièrement, il est évident que *toutes les relations ont pour termes* les idées *simples reçues de la sensation et de la réflexion* et qu'elles sont ultimement fondées sur elles. Aussi, tout ce que nous avons nous-mêmes à la pensée (si nous pensons à quelque chose, si nous signifions quelque chose) ou tout ce que nous signifions aux autres quand nous utilisons des mots tenant lieu de relations, ce ne sont que quelques idées simples ou collections d'idées simples comparées les unes avec les autres. C'est on ne peut plus manifeste dans cette sorte de relations nommée *proportionnelles*. Car, quand quelqu'un dit « le miel est plus sucré que la cire », il est évident que, dans cette relation, ce qu'il pense a pour terme cette idée simple : le *sucré ;* et ceci vaut aussi pour toutes les autres relations, bien que, lorsqu'elles sont composées ou décomposées, on prenne sans doute rarement en compte les idées simples dont elles sont constituées. Par exemple, quand on mentionne le mot *père*, on signifie *d'abord* cette espèce particulière, ou cette idée collective, signifiée par le mot *homme ; ensuite* les idées simples signifiées par le mot *engendrement ;* et, *troisièmement*, ses effets et toutes les idées simples signifiées par le mot *enfant*. De même, le mot *ami*, pris | pour *homme qui aime et qui est prêt à faire du bien à un* 361
autre, est constitué de toutes les idées suivantes : *d'abord*, toutes les idées simples comprises sous le mot *homme*, ou *être intelligent ; deuxièmement*, l'idée d'*amour ; troisièmement*, l'idée de *disposition* ou d'*aptitude ; quatrièmement*, l'idée d'*action,* qui est une sorte de pensée ou de mouvement ; *cinquièmement*, l'idée de *Bien*, qui signifie tout ce qui peut promouvoir son bonheur, et qui a pour termes ultimes, si on y réfléchit, des idées simples singulières ; le mot *bien* en général signifie n'importe laquelle de ces idées, mais si on l'abstrait complètement de toute idée simple, il ne signifie rien du tout. Ainsi également, tous les noms moraux ont pour termes

ultimes –peut-être plus distants– une collection d'idées simples, car la signification immédiate de mots relatifs est très souvent d'autres relations présupposées connues, et si on remonte de l'une à l'autre, on arrive enfin à des idées simples.

§ 19

On a normalement une notion aussi claire (ou plus claire) de la relation que de son fondement

Deuxièmement, on a, la plupart du temps sinon toujours, *une notion aussi claire de la relation que des idées simples sur lesquelles est fondée la relation* : l'accord ou le désaccord, dont dépend la relation, sont des choses dont on a communément une idée aussi claire que de n'importe quelle autre; il ne s'agit en effet que de distinguer les unes des autres les idées simples ou leurs degrés, condition de toute idée distincte. Si j'ai une idée claire du sucré, de la lumière, de l'étendue, j'ai aussi l'idée de la même quantité, du plus ou du moins de chacune de ces choses; si je sais ce qu'est pour un homme de naître d'une femme (par exemple de Sempronia), je sais aussi ce qu'est pour un autre homme de naître de la même femme (Sempronia), et j'ai une notion aussi claire, voire plus claire, de ce que sont des frères que de ce que sont leur naissance. Car si je croyais que Sempronia a sorti Titus d'un chou (comme on le dit couramment aux enfants) pour devenir sa mère, et qu'elle a sorti de la même manière Caïus d'un chou, j'aurais une notion aussi claire de leur relation de frères que si j'avais tout l'art d'une sage-femme: j'ai fondé cette relation sur l'opinion que la même femme a participé, comme mère, de la même manière à leur naissance (cette opinion fût-elle basée sur une ignorance ou sur une erreur quant au processus) et qu'ils ont eu les mêmes conditions de naissance, quelles qu'elles soient. Les comparer donc sous l'angle de leur génération par la même personne sans connaître les circonstances par-
362 ticulières de cette génération, suffit pour fonder l'opinion | qu'ils ont ou n'ont pas la relation de frères.

Les idées de *relations* singulières peuvent être, dans l'esprit de ceux qui les examinent, aussi claires et distinctes que celles de modes mixtes, et plus déterminées que celles de substances ; néanmoins les noms appartenant aux relations sont d'une signification aussi douteuse et incertaine que ceux de substances ou de modes mixtes et bien plus que ceux d'idées simples. Parce que les termes relatifs sont les marques de la comparaison faite par la seule pensée des hommes, les gens les appliquent fréquemment à différentes comparaisons entre des choses selon leur propre imagination, qui ne correspond pas toujours à l'imagination de ceux qui utilisent aussi les mêmes noms.

§ 20

Que l'action soit comparée à une règle vraie ou à une règle fausse, la notion de la relation est la même

Troisièmement, en ce qui concerne ces *relations* que j'appelle *morales*, j'ai une conception vraie de la relation en comparant l'action avec la règle, que cette règle soit vraie ou fausse. Car si je mesure quelque chose avec un mètre, je sais si cette chose que je mesure est plus longue ou plus courte que le prétendu mètre, même si peut-être le mètre dont je me sers n'est pas exact, ce qui est une autre question. Car, même si la règle est erronée et que je suis en cela trompé, l'accord ou le désaccord [h-]observables en[-h] ce qui lui est comparé [i-]me fait percevoir la relation[-i] Certes en mesurant avec une règle erronée, je vais être amené à mal juger de la rectitude morale, parce que je l'ai testée par ce qui n'est pas la vraie règle ; mais je ne me trompe pas sur la relation de cette action à la règle à laquelle je la compare, qui est accord ou désaccord.

h. Remplace, dans les quatrième et cinquième éditions, « de ».

i. Remplace, dans les quatrième et cinquième éditions, « est connu de moi avec évidence, ce qui constitue ma connaissance de la relation ».

Chapitre 29

IDÉES CLAIRES ET IDÉES OBSCURES, IDÉES DISTINCTES ET IDÉES CONFUSES

§ 1

Certaines idées, claires et distinctes, d'autres obscures et confuses

J'ai montré quelle était l'origine de nos idées, [a-]j'ai envisagé leurs diverses espèces, j'ai considéré la différence entre les idées simples | et les idées complexes, j'ai observé 363
que les idées complexes se divisaient en idées de mode, de substance et de relation[-a], et j'estime tout cela nécessaire pour qui veut approfondir les progrès de son esprit dans l'appréhension et la connaissance des choses. On trouvera peut-être que je me suis assez attardé à l'examen des idées, mais il me faut pourtant vous demander le droit d'ajouter encore quelques autres considérations sur le sujet. La première : certaines idées sont *claires*, et d'autres *obscures*, certaines sont *distinctes* et d'autres *confuses*.

a. Depuis la deuxième édition remplace la formulation de la première édition : « … j'ai considéré leurs diverses sortes, telles que simples et complexes, j'ai montré la différence parmi les complexes, entre celles de mode, de relation et de substance… ».

§ 2

Clair et obscur, expliqués par la vue

Puisque la meilleure explication de la perception par l'esprit se fait grâce aux mots relatifs à la vue, on comprendra mieux ce que l'on entend par *clair* et *obscur* pour les idées si l'on réfléchit à ce que l'on appelle *clair* et *obscur* pour les objets visibles. La lumière est ce qui révèle les objets visibles, aussi nomme-t-on *obscur* ce qui n'est pas mis dans une lumière suffisante pour révéler avec précision la figure et les couleurs qu'on peut y voir, discernables sous une meilleure lumière. De la même manière, les idées simples sont *claires* quand elles sont telles que les objets eux-mêmes dont elles sont tirées les ont (ou pourraient les avoir) présentées, dans une sensation ou une perception bien ordonnées ; quand la mémoire les retient ainsi et peut les présenter à l'esprit quand il lui faut les considérer, ce sont des idées *claires*. Dans la mesure où une part de cette exactitude originelle leur fait défaut ou dans la mesure où elles ont perdu une part de leur première fraîcheur, quand elles sont pour ainsi dire fanées ou ternies par le temps, elles sont dans cette mesure *obscures*. Quant aux *idées complexes*, puisqu'elles sont faites d'idées simples, elles sont *claires* quand les idées qui participent à leur composition sont claires, et quand le nombre et l'ordre de ces idées simples qui sont leurs ingrédients, est déterminé et certain.

§ 3

Causes de l'obscurité

La cause de l'obscurité des idées simples paraît être soit l'insensibilité des organes, soit la faiblesse et la brièveté des impressions produites par l'objet, soit encore la faiblesse de la mémoire incapable de les retenir telles qu'elle les a reçues.

Revenons aux objets visibles, puisqu'ils peuvent nous aider à comprendre ce dont il est question. Représentez-vous les organes ou les facultés de perception comme de la cire

durcie par le froid : elle ne recevra pas l'impression du cachet si on appuie seulement avec la force habituelle ; ou comme de la cire trop molle : elle ne conservera pas la marque alors qu'on l'a bien faite ; ou | comme de la cire de fermeté normale mais 364
où on n'appuierait pas assez sur le cachet pour avoir une impression correcte : dans tous ces cas, la trace laissée par le cachet sera *obscure*. Je ne crois pas nécessaire d'expliquer la comparaison pour que ce soit plus clair.

§ 4
Distinct et confus

De même qu'une idée *claire* est celle dont l'esprit a une perception aussi complète et évidente [b-]que celle qu'il reçoit d'un objet extérieur agissant correctement sur un organe bien disposé[-b], de même une idée *distincte* est celle où l'esprit perçoit une différence avec toute autre et une idée *confuse* celle qu'on ne peut pas suffisamment distinguer d'une autre dont elle devrait différer[1].

§ 5
Objection

S'il n'y a d'idée *confuse* que là où l'on ne peut suffisamment la distinguer d'une autre dont elle devrait différer, on dira peut être qu'il est difficile de trouver où que ce soit une idée *confuse*. Quelle que soit l'idée, elle ne peut en effet être autre que ce que l'esprit perçoit ; et cette perception même la distingue suffisamment de toute autre idée, qui ne peut être autre, c'est-à-dire différente, sans être perçue comme telle. Il est donc impossible qu'une idée ne puisse être distinguée d'une autre dont elle doit différer, à moins que vous ne souhaitiez qu'elle diffère d'elle-même ; de toutes les autres, elle est évidemment différente.

b. Ajouté à partir de la quatrième édition.

1. Cf. 2.11.1.

§ 6

La confusion des idées se dit par référence au nom

Pour lever l'objection, et pour permettre de bien comprendre ce qui fait la *confusion* qu'on peut toujours attribuer aux idées, il faut considérer que les choses [c-]classées sous des noms distincts sont supposées suffisamment différentes pour être distinguées. Ainsi, par son nom spécifique, chaque sorte peut[-c] être marquée et traitée à part en toute occasion ; et il est absolument évident que la plus grande partie des noms différents est supposée signifier des choses différentes. Mais toute idée qu'a un homme est manifestement ce qu'elle est, et distincte de toutes les autres idées sauf elle ; donc, ce qui la rend *confuse*, c'est de pouvoir être appelée d'un autre nom que celui qui l'exprime : on ignore alors la différence qui distingue les choses (devant être rangées sous ces deux noms indifférents) et qui fait que l'une appartienne à un nom plutôt que
365 l'autre, et réciproquement. Ainsi la | distinction que l'on voulait préserver par les deux noms est totalement perdue.

§ 7

Défauts qui produisent la confusion

Les principaux *défauts* qui *provoquent* habituellement cette *confusion,* sont à mon avis les suivants :

D'abord, les idées complexes constituées de trop peu d'idées simples

D'abord, quand une idée complexe (les idées complexes sont les plus sujettes à confusion) est constituée d'*un nombre trop réduit d'idées simples*, et seulement d'idées communes à d'autres choses : les différences qui lui font mériter un nom différent sont alors ignorées. Par exemple, celui qui a une idée constituée seulement des idées simples *animal*, *avec des tâches*, n'a qu'une idée confuse de *léopard*, car elle ne la

c. Depuis la deuxième édition, remplace « … suffisamment différentes pour avoir des noms différents et donc… », de la première édition.

distingue pas suffisamment du lynx et de diverses autres sortes de bêtes tachetées. Aussi, bien que cette idée ait le nom particulier *léopard*, elle ne peut être distinguée de celle que l'on désigne des noms *lynx* ou *panthère* et elle peut aussi bien être rangée sous le nom de *lynx* que sous celui de *léopard*.

Que l'habitude de définir les noms par des termes généraux ait sa part dans la confusion et dans l'indétermination des idées que l'on prétend désigner par ces termes, je laisse à d'autres le soin d'y réfléchir. Il est au moins évident que les idées confuses sont telles qu'elles rendent incertain l'usage des mots et détruisent l'avantage des noms distincts. Quand les idées désignées par des termes différents n'ont pas de différences correspondant à leurs noms distincts, et donc ne peuvent être distinguées par ces noms, elles sont alors véritablement confuses.

§ 8
Deuxièmement : ou ses idées simples sont mêlées sans ordre

Deuxièmement, un autre défaut rend nos idées confuses : quand les détails qui constituent l'idée sont en nombre suffisant mais sont si mélangés qu'on ne discerne pas facilement si l'idée relève bien du nom qu'on lui a donné plutôt que d'un autre.

Pour comprendre cette confusion, rien ne vaut ce genre de peinture souvent présenté comme une forme d'art surprenante : des couleurs sont peintes sur un tableau et forment des figures tout à fait étranges, dont les positions paraissent désordonnées ; ce tableau, fait ainsi d'éléments où n'apparaissent aucune symétrie ni aucun ordre, n'est pas en lui-même plus confus que le tableau d'un ciel nuageux : bien qu'il y ait ici aussi peu d'ordre dans les couleurs, personne n'y voit une image confuse. D'où vient donc que l'on estime confus le premier tableau, puisque ce n'est pas du manque de symétrie
(c'est | évident : un autre tableau, simplement fait à l'imitation **366**
du premier, ne pourrait être dit confus) ? Je réponds que ce qui

fait qu'on l'estime confus, c'est qu'on le classe sous un nom dont il ne relève pas de façon plus décisive qu'un autre. Quand, par exemple, on dit que ce tableau est le portrait d'un homme (ou de César), alors chacun l'estime à bon droit confus car dans cet état on ne peut discerner s'il relève plus des noms *homme*, ou *César* que des noms *babouin*, ou *Pompée* (noms supposés tenir lieu d'idées différentes de celles signifiées par *homme* ou *César*). Mais voici qu'un miroir cylindrique correctement placé ramène les lignes irrégulières du tableau à leur ordre et à leur proportions normales et la confusion cesse, l'œil voit de suite que c'est un homme ou César (c'est-à-dire que cela relève de ces noms), et que c'est suffisamment distinct d'un babouin ou de Pompée (c'est-à-dire des idées signifiées par ces noms).

Il en est exactement de même pour nos idées, qui sont pour ainsi dire les images des choses; aucun de ces tableaux mentaux, quel que soit l'ordre de ses parties, ne sera dit confus : tel qu'il est, il est parfaitement discernable; ceci tant qu'on ne l'aura pas rangé sous un nom courant, qui serait tel qu'on ne puisse pas discerner si vraiment le tableau en relève, ou s'il relève d'un autre nom doté d'une signification prise pour différente.

§ 9

Troisièmement, elles sont inconstantes et indéterminées

Enfin, un troisième défaut nous fait souvent dire que nos idées sont *confuses* : quand elles sont *incertaines ou indéterminées*. Ainsi, voit-on des gens utilisant sans difficulté les mots courants de leur langue, mais qui modifient à chaque utilisation, tant qu'ils n'en ont pas appris la signification précise, les idées qu'ils ont prises pour correspondant à tel ou tel mot. Agir ainsi, dans l'incertitude de ce qu'il faut inclure (ou retirer) dans son idée d'*église* ou d'*idolâtrie* chaque fois qu'on y pense et ne pas s'en tenir à une combinaison précise d'idées pour la constituer, c'est ce qu'on appelle avoir une idée confuse de l'*idolâtrie* ou de l'*église*. Néanmoins, la raison est toujours la même que pour le cas précédent : une idée inconstante (si l'on peut encore dire que c'est une idée) ne peut relever d'un nom plutôt que d'un autre : elle perd alors la distinction que sont censés préserver les noms distincts.

§ 10

Il est difficile de concevoir la confusion sans référence au nom

Grâce à qui vient d'être dit, on peut noter ceci : les noms sont supposés être les signes stables des choses et, par leurs différences, tenir lieu | de choses distinctes puis conserver 367
cette distinction entre des choses différentes en elles-mêmes[1] ; ils sont de ce fait les *occasions permettant de qualifier une idée de distincte ou de confuse,* en ce que l'esprit réfère secrètement et imperceptiblement ses idées à ces noms.

On comprendra sans doute mieux ceci quand on aura lu et examiné ce que je dirai des mots dans le troisième livre. Mais si l'on ne tient pas compte de cette référence des idées à des noms distincts comme signes de choses distinctes, il sera difficile de dire ce qu'est une idée *confuse*. Et donc quand on désigne par un nom une sorte de choses ou une chose particulière, distinctes de toute autre, l'idée complexe attachée à ce nom sera d'autant plus distincte que les idées seront plus particulières et que le nombre et l'ordre des idées qui la composent seront plus grands et plus déterminés ; car plus l'idée complexe contient d'idées particulières, plus il lui reste de différences perceptibles qui permettent de la séparer et de la distinguer de toutes les idées qui appartiennent à d'autres noms, y compris celles qui en sont les plus proches ; et par là toute confusion est évitée[2].

1. Cf. 3.6.8.
2. Cf. *Épître au lecteur*, fin.

§ 11

La confusion concerne toujours deux idées

La *confusion* rend difficile la séparation de deux choses qui devraient être séparées, aussi *concerne-t-elle toujours deux idées*, et d'autant plus que les idées sont plus proches. Quand donc on soupçonne qu'une idée est confuse, on doit examiner quelle est l'autre idée avec laquelle on risque de la confondre ou celle dont il est difficile de la séparer; et l'on verra toujours qu'il s'agit d'une idée relevant d'un autre nom, qui devrait donc être une chose différente et dont la première n'est pourtant pas assez distincte : l'autre lui est identique ou en est un élément, ou pour le moins est dénommée aussi adéquatement par son nom que par l'autre nom sous lequel on la range; dès lors, elle ne conserve pas la différence qu'implique le nom différent.

§ 12

Causes de confusion

Telle est, je pense, la *confusion* propre aux idées, qui implique toujours une référence secrète aux noms. Du moins, s'il existe une autre sorte de confusion d'idées, celle-ci plus que toute autre perturbe pensées et exposés : ce sur quoi, la plupart du temps, les gens raisonnent en eux-mêmes et ce sur quoi, toujours, ils discutent avec les autres, ce sont les idées qui sont ordonnées sous des noms. Et donc, quand il y a deux idées supposées différentes, marquées par deux noms différents, et qu'on ne parvient pas à les distinguer autant que les sons qui en tiennent lieu, il ne manque jamais d'y avoir
368 *confusion ;* et quand les | idées sont distinctes, comme les idées des deux sons qui les désignent, il ne peut y avoir de *confusion* entre elles.

Pour éviter cette confusion, le moyen est d'assembler et d'unir en notre idée complexe, aussi précisément que possible, tous les ingrédients qui la différencient des autres et, ainsi unis en nombre et ordre déterminés, leur appliquer constamment le même nom. Mais ceci ne convient ni à la paresse ni à la vanité des gens, ceci ne sert aucun autre dessein que la vérité nue, qui n'est pas toujours ce que l'on cherche; aussi, une telle exactitude est-elle plus à souhaiter qu'à espérer. En outre, rester dans le vague quand on attribue un mot à une idée indéterminée, variable, voire à aucune idée, permet aussi bien de couvrir sa propre ignorance que de confondre et d'embarrasser les autres – ce qui passe pour une forme de culture et de science supérieures; aussi ne faut-il pas s'étonner que la plupart des gens utilisent eux-mêmes ce procédé tout en le critiquant chez les autres.

Même si je crois qu'on peut, avec un minimum d'attention et de sincérité [1], éviter une partie non négligeable de la *confusion* qu'on trouve dans les notions humaines, je suis loin cependant d'en conclure qu'elle est toujours volontaire. Certaines idées sont si complexes, constituées de tellement d'éléments, qu'il n'est pas facile pour la mémoire de conserver exactement la même combinaison précise d'idées simples sous un nom. Nous sommes encore moins capables de deviner constamment quelle est l'idée complexe précise dont tient lieu un nom utilisé par quelqu'un d'autre. Du premier cas résulte la *confusion* dans les raisonnements et les opinions intérieurs propres à un homme, du second la *confusion* fréquente des exposés et des discussions avec les autres. Mais, puisque j'ai traité plus amplement des mots, de leurs défauts et de leur abus au livre suivant, je n'en dirai pas plus ici [2].

§ 13

Les idées complexes peuvent être partiellement distinctes et partiellement confuses

Parce que nos idées *complexes* sont constituées de collections, et donc d'une diversité, d'idées simples, elles

1. Comparer avec 2.11.2.
2. Cf. 3.9.21, etc.

peuvent être très claires et distinctes pour une part et très obscures et confuses pour une autre. Chez quelqu'un qui parle d'un *chilièdre* (corps d'un millier de côtés), l'idée de la figure peut être très confuse, alors que celle du nombre est très distincte. Aussi, sous prétexte qu'il est capable de faire un exposé ou une démonstration à propos de cette part de l'idée complexe qui dépend du nombre *mille*, il risque de croire qu'il a une idée distincte d'un *chilièdre*, alors qu'évidemment il n'a aucune idée précise de sa figure, lui permettant de la distinguer
369 de celle qui n'aurait que 999 côtés. Ne pas | le remarquer, c'est engendrer des erreurs non négligeables de la pensée et la confusion du discours.

§ 14

Ne pas y prendre garde,
c'est créer la confusion dans les raisonnements

Que celui qui pense avoir une idée distincte du *chilièdre* fasse l'essai de prendre un autre morceau de matière uniforme (d'or ou de cire) d'une masse équivalente, et d'en faire une figure de 999 côtés. Il sera capable, sans aucun doute, de distinguer l'une de l'autre ces deux idées par le nombre de côtés, de raisonner et de discuter de façon distincte à leur sujet, aussi longtemps qu'il fixe ses pensées et son raisonnement sur cette seule part de ces idées qui est concernée les nombres (les côtés de l'une, par exemple, peuvent être divisés en deux nombres égaux, et pas ceux de l'autre, etc.). Mais quand il tentera de les distinguer par la figure, il sera aussitôt perdu et incapable, je crois, de construire en son esprit deux idées distinctes l'une de l'autre par la simple figure de ces deux morceaux d'or, alors qu'il le pourrait si les mêmes blocs d'or étaient façonnés l'un en cube et l'autre en figure à cinq côtés. Sur ces idées incomplètes, nous risquons fort de nous tromper nous-mêmes et de chicaner avec les autres, surtout quand elles ont des noms singuliers et familiers. Nous serons en effet rassurés par le côté de l'idée qui nous paraît clair, et le nom qui nous est connu sera appliqué à l'ensemble, c'est-à-dire aussi au côté qui est imparfait et obscur, et de ce fait nous risquons de l'utiliser pour le côté confus et d'en tirer des conséquences pour le côté obscur de sa signification, avec autant d'assurance que nous le faisons pour l'autre.

§ 15

Exemple : l'éternité

Ayant souvent à la bouche le nom *éternité*, nous risquons de penser que nous en avons une idée positive exhaustive (c'est-à-dire : toute part de cette durée serait clairement contenue dans notre idée). Il est vrai que celui qui pense ainsi peut avoir une idée claire de la durée ; il peut aussi avoir une idée très claire d'une très grande durée ; il peut encore avoir une idée claire de la comparaison de cette grande durée avec une plus grande encore. Mais il ne lui est pas possible d'inclure dans son idée d'une durée, aussi grande soit-elle, la totalité d'une durée supposée sans fin ; aussi, cette part de son idée qui est au-delà des limites de cette grande durée qu'il se représente en pensée est tout à fait obscure et indéterminée. De là vient que dans les controverses et les raisonnements sur l'éternité, ou sur tout autre *infini*, nous risquons de faire des erreurs et de nous compromettre dans des absurdités manifestes[1]. | 370

§ 16

Divisibilité de la matière

En ce qui concerne la matière, on n'a aucune idée de ce qu'est la petitesse d'éléments qui seraient bien au-delà du plus petit élément sensible ; et donc quand on parle de la divisibilité à l'infini de la matière, on a des idées claires de la division, de la divisibilité, et aussi de parties tirées du tout par division ; mais on n'a que des idées fort obscures et confuses des corpuscules (corps minuscules) qui restent à diviser ainsi,

1. Cf. 2.14.27 et 2.17.17.

quand des divisions antérieures les ont réduits à une petitesse bien au-delà de ce que peut percevoir un sens. Tout ce dont on a une idée claire et distincte, c'est donc de la nature de la division en général ou abstraitement, et de la relation du tout et de la partie. Mais, de la masse du corps à diviser ainsi à l'infini selon une progression déterminée, on n'en a aucune idée du tout, ni claire ni distincte.

Ainsi, je demande à quiconque : a-t-il une idée distincte (mis à part encore le nombre, qui ne concerne pas l'étendue) entre la 100.000ᵉ et la 1.000.000ᵉ partie du plus petit atome de poussière qu'il ait jamais vu ; ou, s'il pense pouvoir affiner ses idées à ce point sans les perdre de vue, qu'il ajoute dix zéros à chacun de ces nombres [d-]. Il n'est pas déraisonnable de former l'hypothèse d'un tel degré de petitesse, puisqu'une division poussée jusque là ne le rapproche pas plus du terme de la division infinie que ne le faisait la première division en deux moitiés [-d].

Je dois avouer qu'en ce qui me concerne, je n'ai aucune idée claire ni distincte de la différence de masse ou d'étendue de ces corps, car je n'ai qu'une idée très obscure de chacune. Et donc, quand on parle de division des corps à l'infini, l'idée de leur masse différente, qui est le lieu et le fondement de cette division, en vient, après une légère progression, à se confondre et quasiment à se perdre dans l'obscurité. Car cette idée qui doit représenter seulement la grandeur doit être très obscure et confuse, puisque nous ne pouvons pas la distinguer d'une autre dix fois plus grande, si ce n'est par le nombre ; ainsi peut-on dire que l'on a une idée claire et distincte de dix et d'un par exemple, mais aucune idée distincte de deux étendues selon ce rapport.

d. Texte des quatrième et cinquième éditions, remplaçant le texte des 3 premières éditions : « ; Car cela ne le conduira pas plus près de la fin de la division infinie que ne le fait la première moitié ».

Il en découle manifestement que quand on parle de divisibilité infinie de corps ou d'étendue, l'idée claire et distincte porte seulement sur les nombres[1], mais les idées claires et distinctes de l'étendue se perdent entièrement après quelques degrés de division, et l'on n'a absolument aucune idée distincte de ces éléments minuscules; elle se réduit, comme toutes nos idées d'infini, | à celle d'un nombre à ajouter 371
constamment, mais ainsi elle n'atteint jamais l'idée distincte d'éléments infinis réels. On a, il est vrai, une idée claire de division, chaque fois qu'on y pense; mais on n'a pas, de ce fait, plus d'idée claire d'éléments infinis dans la matière que l'on n'a d'idée claire d'un nombre infini parce que l'on est toujours capable d'ajouter de nouveaux nombres à un nombre déterminé : la divisibilité à l'infini ne donne pas plus d'idée claire d'éléments actuellement infinis que l'*addibilité* (si je peux ainsi m'exprimer) sans fin ne donne une idée claire et distincte de nombre actuellement infini; tous deux ne sont que le pouvoir d'augmenter toujours le nombre, qui peut être déjà aussi grand qu'on veut; donc, de ce qui reste à ajouter (et en quoi consiste l'infini), on n'a qu'une idée confuse, imparfaite et obscure et sur elle, ou à partir d'elle, on ne peut discuter ou raisonner avec aucune certitude ni clarté, pas plus qu'on ne peut le faire en arithmétique sur un nombre dont on n'a aucune idée distincte comme celle qu'on a de 4 ou de 100; on a seulement cette idée relative et obscure que, comparée à tout autre, elle est encore plus grande; et quand on sait ou l'on conçoit qu'elle est plus grande, ou plus élevée que 400.000.000, on n'en a pas une idée positive plus claire que si l'on disait qu'elle est plus grande que 40 ou 4 : 400.000.000 n'est pas proportionnellement plus proche de la fin de l'addition, ou du nombre, que 4. Car celui qui ajoute seulement 4 à 4, et continue ainsi, arrivera aussi vite à la fin de toute addition que celui qui ajoute 400.000.000 à 400.000.000.

1. Cf. 2.17.1.

Et de même pour l'éternité, celui qui a une idée de 4 années seulement a une idée positive aussi complète de l'éternité que celui qui a une idée de 400.000.000 ans, car ce qui reste pour atteindre l'éternité au-delà de ces deux nombres d'années, est aussi clair pour l'un que pour l'autre : aucun d'eux n'en a la moindre claire idée positive; celui qui ajoute seulement 4 années à 4, et ainsi de suite, atteindra aussi vite l'éternité que celui qui ajoute 400.000.000 ans et ainsi de suite; ou si ça lui plaît, il peut doubler aussi souvent qu'il veut l'accroissement, l'abîme restant sera toujours aussi éloigné du terme de toutes ces progressions, qu'il ne l'est de la longueur d'un jour ou d'une heure. Car rien de fini n'a de proportion avec l'infini, et donc nos idées qui sont toutes finies n'en ont aucune.

Il en est de même aussi pour l'idée d'*étendue*, quand on l'augmente par addition, (et également quand on la diminue par division) et que l'on veut étendre ses pensées jusqu'à l'espace infini. Doubler un petit nombre de fois ces idées d'étendue, les plus vastes que nous ayons couramment, fait perdre l'idée claire et distincte de cet espace : celui-ci devient un espace confusément grand plus l'ajout d'un autre encore
372 plus grand; et | si nous voulons discuter ou raisonner sur lui, on se trouve toujours perdus : les idées confuses conduisent toujours dans les discussions et les déductions qui portent sur [e]-leur partie confuse-[e], à la confusion.

e. Remplace « elles » dans les quatrième et cinquième éditions.

CHAPITRE 30

IDÉES RÉELLES ET IDÉES CHIMÉRIQUES

§ 1

Les idées réelles sont conformes à leur archétype

Outre ce qui a déjà été dit sur les idées, d'autres aspects leur sont propres, et ce en fonction des choses dont elles sont tirées ou qu'elles sont censées représenter. Elles peuvent alors, je pense, être classées en trois séries :

– *premièrement*, réelles ou chimériques ;
– *deuxièmement*, adéquates ou inadéquates ;
– *troisièmement*, vraies ou fausses.

Premièrement, par idées *réelles*, j'entends celles qui ont un fondement dans la nature qui permet une conformité avec l'être réel et l'existence des choses ou avec leur archétype[1]. J'appelle *fantasmatiques ou chimériques*, celles qui n'ont pas de fondement dans la nature ni de conformité avec cette réalité de l'être auquel elles sont tacitement référées comme à leur archétype. Si on examine les différentes sortes d'idées ci-dessus, voici ce qu'on découvrira.

1. Cf. 4.4.3.

§ 2

Les idées simples sont toutes réelles

D'abord, nos idées *simples sont toutes réelles*, elles s'accordent toutes à la réalité des choses. Non pas que toutes soient images ou représentations de ce qui existe effectivement : on a déjà montré le contraire en ce qui concerne toutes les idées – à l'exception des qualités primaires des corps [1]. Certes, la blancheur et le froid ne sont, pas plus que la douleur, dans la neige ; mais les idées de blancheur, de froid, de douleur, etc., sont pourtant les effets des pouvoirs des choses extérieures, ordonnés par notre Créateur à la production de telles sensations en nous ; elles sont donc en nous des idées réelles : par elles nous distinguons les qualités qui sont réellement dans les choses mêmes. Car ces diverses manifesta-
373 tions sont prévues pour être des marques | permettant de connaître et de distinguer les choses que l'on doit affronter : dans les deux cas, les idées servent aussi bien à cette fin, elles sont des caractères distinctifs aussi réels, qu'elles soient seulement les effets constants de quelque chose qui est dans les choses mêmes, ou qu'elles en soient les ressemblances exactes : car la réalité réside en cette correspondance stable que les idées entretiennent avec les différentes constitutions des choses réelles, correspondance qui peut être causale ou paradigmatique peu importe ; il suffit que les idées soient constamment produites par elles.

Ainsi nos idées simples sont toutes réelles et vraies, parce qu'elles correspondent aux pouvoirs des choses qui les produisent dans l'esprit et elles s'accordent à eux – et c'est tout ce qui est exigé pour faire qu'elles soient réelles et non libres fictions. Car avec les idées simples (on l'a montré [2]), l'esprit est entièrement confiné à l'opération des choses sur

1. Cf. 2.8.
2. Cf. 2.3.2.

lui, et il ne peut se construire aucune idée simple, hors de ce qu'il a reçu [1].

§ 3

Les idées complexes sont des combinaisons volontaires

Bien que l'esprit soit totalement passif à l'égard de ses idées simples, on peut dire, je pense, qu'il n'en va pas de même envers ses idées complexes; elles sont en effet des combinaisons d'idées simples rassemblées, unifiées sous un nom général; l'esprit humain dispose évidemment d'une sorte de liberté dans la formation de ces idées complexes; comment se ferait-il, autrement, que les idées d'*or* ou de *justice* d'un homme soient différentes de celles d'un autre, si ce n'est parce qu'il y a inclu ou exclu une idée simple, ce que n'a pas fait l'autre? La question est alors : quelle sont les idées qui sont réelles et celles qui sont de pures combinaisons imaginaires? Quelles collections s'accordent avec la réalité des choses, et quelles autres non? Et je réponds à ceci que :

§ 4

Les modes mixtes faits d'idées cohérentes sont réels

Deuxièmement, les modes mixtes et les relations n'ont pas d'autre *réalité* que celle qu'elles ont dans l'esprit des gens, et donc il n'est rien exigé de plus de ce genre d'idées pour qu'elles soient *réelles*, que d'être construites de telle sorte qu'il existe une possibilité d'exister conformément à elles. Ces idées sont elles-mêmes des archétypes : elles ne peuvent donc différer de leur archétype et ainsi ne peuvent être chimériques, sauf si quelqu'un y mêle des idées incohérentes. De fait, certaines d'entre elles ont reçu un nom issu d'une langue courante, nom dont se sert celui qui a l'idée à l'esprit pour la signifier aux autres : la simple possibilité d'exister ne suffit donc pas; | afin de ne pas paraître chimériques (comme si l'on 374

1. Cf. 4.4.4.

donnait le nom de *justice* à l'idée que l'usage commun nomme *libéralité*), les idées doivent avoir une conformité à la signification ordinaire du nom qui leur est attribué. Mais ce caractère chimérique relève plutôt de la propriété du langage que de la réalité des idées. Pour un homme, être calme dans les dangers, envisager paisiblement l'action la plus opportune, l'accomplir avec fermeté, c'est un mode mixte, ou une idée complexe d'une action qui peut exister; mais être calme dans les dangers, et ne pas employer sa raison ou son efficacité, c'est aussi ce qui peut se produire, et c'est donc une idée aussi réelle que l'autre. La première a reçu le nom de *courage* et peut être une idée juste ou fausse par rapport à ce nom, alors que l'autre, qui n'a reçu aucun nom commun en une langue courante, ne peut être déformée puisqu'elle a été faite sans référence à autre chose qu'elle même [1].

§ 5

Les idées de substance sont réelles quand elles sont en accord avec l'existence des choses

Troisièmement, nos *idées complexes de substances* sont toutes faites par référence à des choses existant à l'extérieur, et destinées à être des représentations des substances telles qu'elles sont réellement; elles sont donc réelles dans la mesure où elles sont des combinaisons d'idées simples réellement unies et coexistant dans les choses extérieures. Au contraire sont *chimériques* les idées constituées de collections d'idées simples qui n'ont jamais été réellement unies, qu'on n'a jamais trouvées ensemble dans une substance; par exemple, une créature rationnelle constituée d'une tête de cheval jointe à un corps de forme humaine, tel qu'on représente les *centaures ;* ou un corps jaune, très malléable, fusible et fixe, mais plus léger que l'eau ordinaire; ou un corps uniforme, inorganisé, constitué entièrement en apparence d'éléments similaires, et doté de perception

1. Cf. 4.4.5-10.

et de mouvements volontaires. Est-ce que de telles substances peuvent exister ou non, on ne le sait sans doute pas. Mais, quoi qu'il en soit, ces idées de substance sont faites indépendamment de tout modèle existant connu et elles consistent en collections d'idées qu'aucune substance ne nous a jamais montrées unies ensemble, aussi doivent-elles être tenues pour purement imaginaires. Mais le sont encore plus, les idées complexes qui contiennent une incohérence ou une contradiction de leurs éléments[1]. | 375

1. Cf. 4.4.5 et 11-13.

CHAPITRE 31

IDÉES ADÉQUATES ET IDÉES INADÉQUATES

§ 1

Les idées adéquates sont celles qui représentent parfaitement leur archétype

Parmi nos idées réelles, certaines sont adéquates et certaines inadéquates. J'appelle *adéquate* l'idée qui représente parfaitement cet archétype qui est pour l'esprit la source supposée, le signifié visé et le référent de l'idée. L'idée *inadéquate* est celle qui n'est qu'une représentation partielle ou incomplète de l'archétype auquel on la réfère. De ce point de vue, il est évident que

§ 2

Les idées simples, toutes adéquates

En premier lieu, toutes nos idées simples sont adéquates : elles ne sont que les effets de certains pouvoirs dans les choses, préparés et ordonnés par Dieu pour produire de telles sensations, et donc elles ne peuvent que correspondre, être adéquates à ces pouvoirs; nous sommes sûrs qu'elles s'accordent à la réalité des choses. Ainsi, quand le sucre produit en nous les idées que nous appelons blancheur et sucré, nous sommes sûrs qu'il existe dans le sucre un pouvoir de produire dans notre esprit ces idées; autrement elles ne pourraient avoir été produites par lui. Et donc puisque toute sensation correspond au pouvoir qui agit sur l'un de nos sens, l'idée produite ainsi est une idée réelle (et non une fiction de l'esprit qui n'a le pouvoir de produire aucune idée simple); et elle ne peut être qu'adéquate, puisqu'il lui faut seulement correspondre à ce pouvoir; et donc toutes les idées simples sont adéquates [1].

Parmi les choses qui produisent en nous ces idées simples, c'est vrai, il n'y en a pas beaucoup qui soient nommées comme si elles étaient les simples causes de nos idées ; nous les nommons au contraire comme si les idées étaient des êtres réels dans les choses. Ainsi, dit-on le feu douloureux au toucher pour signifier le pouvoir de produire en nous l'idée de douleur, mais on le dit aussi lumineux et chaud comme si la lumière et la chaleur étaient effectivement dans le feu plus qu'un pouvoir d'exciter ces idées en nous; c'est pourquoi on les nomme *qualités dans* le feu ou *du*
376 feu. Mais, puisqu'elles ne sont en vérité que | des pouvoirs de produire en nous ces idées, c'est en ce sens que l'on doit me comprendre lorsque je parle de *qualités* secondaires comme si elles étaient dans les choses, ou de leurs idées comme si elles étaient dans les objets qui les excitent en nous. Ces façons de parler sont certes adaptées aux notions vulgaires sans lesquelles on ne peut être bien compris, mais elles ne désignent en fait rien d'autre que ces pouvoirs qui sont dans les choses et qui produisent en nous certaines sensations ou idées.

En effet, s'il n'y avait pas d'organe adapté pour recevoir les impressions produites par le feu sur la vue ou le toucher, pas d'esprit joint à ces organes pour recevoir les idées de lumière et de chaleur produites par les impressions du feu ou du soleil, il n'y aurait pas plus de lumière ou de chaleur dans le monde qu'il n'y aurait de douleur s'il n'y avait pas de créature

1. Cf. 2.8.7-8 et 13.

sensible pour l'éprouver (le soleil fût-il tel que maintenant et *l'Etna* plus en activité que jamais).

La solidité, l'étendue et sa limite la figure, le mouvement et le repos, dont nous avons les idées seraient effectivement dans le monde telles qu'ils sont, qu'il y ait ou non un être sensible pour les percevoir. C'est donc à juste titre que nous les considérons comme des modifications effectives de la matière, et les causes de toute la variété de nos sensations des corps[1]. Mais c'est une recherche qui n'a pas ici sa place; je n'irai donc pas plus loin et je poursuivrai en montrant quelles sont les idées complexes qui sont *adéquates* et celles qui ne le sont pas.

§ 3
Les modes sont tous adéquats

En second lieu, nos idées *complexes de modes* sont des assemblages volontaires d'idées simples que l'esprit unit sans référence à un archétype réel ni à un modèle indépendant qui existeraient où que ce soit; elles *sont* donc, et ne peuvent être que, des *idées adéquates*. On ne veut pas en faire des copies de choses existant effectivement, mais des archétypes créés par l'esprit pour ranger et nommer les choses. Rien ne peut donc leur manquer : chacune possède la combinaison d'idées et par suite la perfection que l'esprit en attend; aussi l'esprit est-il satisfait et n'y peut trouver aucun défaut[2].

Ainsi, quand j'ai l'idée d'une figure dont les trois côtés se rencontrent en trois angles, j'ai une idée complète où je ne vois rien manquer pour la rendre parfaite. L'esprit se satisfait de la perfection de son idée, c'est évident puisqu'il ne conçoit pas qu'un entendement ait ou puisse avoir une idée plus complète ou plus parfaite de ce qu'il signifie (et suppose exister) par le mot
triangle | que sa propre idée complexe de trois côtés et de trois 377

1. Cf. 2.8.17.
2. Cf. 3.5.3 et 12-14.

angles ; y est contenu tout ce qui lui est ou peut lui être essentiel (ou nécessaire pour qu'elle soit accomplie) en quelque lieu et de quelque manière qu'elle existe.

Mais il en va autrement pour nos idées de *substances*. Ici en effet, parce que nous désirons copier les choses telles qu'elles existent effectivement et nous représenter la constitution dont dépendent toutes leurs propriétés, nous percevons que nos idées n'atteignent pas la perfection visée ; nous trouvons qu'il leur manque toujours quelque chose que nous serions contents d'y trouver. Toutes ces idées sont donc *inadéquates*.

Mais les *modes mixtes* et les *relations* sont des archétypes sans modèle ; ils n'ont ainsi rien à représenter si ce n'est eux-mêmes, et donc ils ne peuvent être qu'adéquats puisque tout l'est par rapport à soi. Le premier qui assembla les idées de *danger perçu*, d'*inexistence d'un désordre provoqué par la peur*, de *considération paisible de ce qui doit être fait*, de *passage à l'acte sans trouble et sans inhibition devant le danger*, a certainement eu dans l'esprit l'idée complexe issue de cette combinaison. Et comme il ne souhaitait pas qu'elle soit autre chose que ce qu'elle était, ni qu'elle contienne d'autres idées simples, cette idée ne pouvait aussi être qu'*adéquate*. Il l'a ensuite entreposée dans sa mémoire en lui associant le nom de *courage* afin de la signifier à autrui et de nommer ainsi toute action dont il noterait l'accord avec son idée ; et il acquit par là un critère pour mesurer et nommer les actions en fonction de leur correspondance. Ainsi formée et posée comme modèle, cette idée doit nécessairement être *adéquate* puisqu'elle n'est référée à rien d'autre qu'à elle-même et n'a pas d'autre origine que le bon plaisir et la volonté de celui qui le premier fit cette combinaison.

§ 4

Les modes peuvent être inadéquats par référence aux noms institués

Quelqu'un qui se présenterait ensuite et apprendrait le mot *courage* en conversant avec le premier, peut s'en faire une idée

qu'il nomme aussi *courage* mais qui est différente de ce que l'inventeur nomme et pense quand il utilise ce nom. Si son intention alors est que l'idée à laquelle il pense soit conforme à l'idée de l'autre, comme le son du mot qu'il prononce est conforme à celui de l'inventeur, en ce cas son idée peut être tout à fait fausse et *inadéquate*. En ce cas en effet, il fait de l'idée de l'autre le modèle de l'idée qu'il pense, de même que le mot ou le son de l'autre est son modèle quand il parle ; si bien que son idée est aussi défectueuse et *inadéquate* qu'éloignée de l'archétype et du modèle auxquels il la réfère et qu'il veut exprimer et signifier par le nom qu'il utilise pour lui ; ce nom, il voudrait qu'il soit signe de l'accord entre l'idée de l'autre (idée à laquelle il est fondamentalement lié dans son utilisation correcte) et son | idée 378
propre ; et si son idée ne correspond pas exactement à celle de l'autre, elle est défectueuse et inadéquate.

§ 5

Quand donc l'esprit réfère et veut faire correspondre ces idé*es complexes de modes* aux idées qui sont dans l'esprit d'un autre être raisonnable, exprimées par les noms que nous leur appliquons, alors ces idées *peuvent être* très défectueuses, fausses et *inadéquates ;* car elles ne s'accordent pas avec ce que l'esprit envisage comme archétype et comme modèle. Et c'est seulement de ce point de vue qu'une idée de *mode* peut être fausse, imparfaite ou *inadéquate*. Sous ce rapport, nos idées de *modes mixtes* sont, de toutes, les plus sujettes à l'erreur ; mais ceci concerne plus l'expression correcte que la pensée juste[1].

§ 6

En troisième lieu, ce que sont *les* idées *que nous avons des substances* a été montré plus haut[2]. Or ces idées ont dans l'esprit une double référence. 1) Parfois elles sont référées à

1. Cf. 3.5.7-9.
2. 2.23.

une essence réelle, supposée pour chaque espèce de choses. 2) Parfois, elles sont censées n'être dans l'esprit que des images ou des représentations de choses qui existent, par le biais des idées des qualités que l'on peut y découvrir. Des deux côtés, ces copies des originaux et des archétypes *sont* imparfaites et *inadéquates*.

Les idées de substance, en tant que référées à leur essence réelle, ne sont pas adéquates

1. Il est courant de faire des noms de substances les substituts de choses qu'on suppose dotées d'une certaine essence réelle, et cette essence réelle serait cause de ce que ces choses appartiennent à telle ou telle espèce[1]. Et comme les noms ne sont que les substituts des idées qui sont dans l'esprit, on doit en conséquence référer ses idées aux essences réelles comme à leur archétype. Les gens (et spécialement ceux qui ont été élevés dans le savoir enseigné dans notre partie du monde) croient vraiment qu'il existe des essences spécifiques de substances; chaque individu selon son espèce serait fait conformément à cette essence et y participerait; tout ceci serait tellement évident qu'il paraîtrait étrange qu'on pensât autrement. Ainsi applique-t-on souvent les noms d'espèce sous lesquels on range les substances singulières à des choses que distinguent ces essences réelles. Qui ne serait pas choqué si l'on pensait de lui qu'il s'attribue le nom d'homme selon un sens autre que *ayant l'essence réelle d'un homme*? Et pourtant, si vous demandez ce que sont ces essences réelles, il est évident que les gens l'ignorent, n'en savent rien.

379 Il s'en suit que puisque les idées qu'ils | ont dans l'esprit sont référées aux essences réelles comme à des archétypes qui

1. Premier emploi (la brève mention en 2.23.35 mise à part) d'une expression largement discutée ensuite (cf. 3.3.15-17, 3.6.9, etc.); l'expression couramment usitée par d'autres auteurs était celle de *définition réelle*, opposée à *définition nominale* comme *essence réelle* l'est à *essence nominale*.

sont inconnus, ces idées sont par force si peu *adéquates* qu'on ne peut absolument pas supposer qu'elles en soient la représentation. Les idées complexes que nous avons des substances sont, comme il a été montré[1], des collections d'idées simples que l'on a observées ou supposées exister constamment ensemble. Mais une telle idée complexe ne peut être l'essence réelle d'aucune substance car les propriétés que nous découvrons en ce corps dépendraient alors de cette idée complexe; on pourrait les en déduire et connaître leur liaison nécessaire avec elle, de même que toutes les propriétés du triangle dépendent et sont déductibles (dans la mesure où l'on peut les découvrir) de l'idée complexe *trois lignes incluant un espace*. Mais il est évident que nos idées complexes de substances ne contiennent pas d'idées dont dépendent toutes les autres qualités à trouver en elles. L'idée commune que l'on a du *fer* est *un corps d'une certaine couleur, d'une certain poids et d'une certaine dureté*. On regarde la malléabilité comme une qualité lui appartenant; et pourtant cette propriété n'a aucune liaison nécessaire avec cette idée complexe ou l'une de ses parties. Et il n'y a aucune autre raison de penser que la malléabilité dépende de cette couleur, de ce poids et de cette dureté, plutôt que cette couleur ou ce poids dépendent de sa malléabilité.

Pourtant, même si l'on ne connaît rien de ces essences réelles, il est des plus courants de rapporter les sortes de choses à ces essences. Beaucoup supposent un peu trop vite que le morceau singulier de matière qui constitue l'anneau que j'ai au doigt a une essence réelle qui en fait de l'*or* et que de là découlent les qualités que j'y trouve: sa couleur singulière, son poids, sa dureté, sa fusibilité, sa fixité et son changement de couleur au simple contact du mercure, etc. Quand je cherche à connaître cette essence d'où découlent toutes ces propriétés, quand je m'interroge sur elle, je vois avec évidence que je ne

1. 2.23.1, 14.

peux la découvrir : puisqu'il s'agit d'un corps seulement, tout ce que je puis faire c'est de présumer que son essence réelle, ou la constitution interne dont dépendent ces qualités, sont uniquement la figure, la taille et la liaison de ses parties solides ; je n'ai de perception distincte d'aucune de ces qualités, et donc je ne peux avoir aucune idée de son essence, cause de ce jaune brillant particulier, de son poids – plus grand que celui de tout objet connu de même masse –, et de sa
380 capacité à changer sa couleur | au contact du vif-argent[1].

Dit-on que l'essence réelle et la constitution interne dont dépendent ces propriétés ne sont pas la figure, la taille, et l'arrangement ou liaison de ses parties solides, mais autre chose nommé *forme* singulière ? Je suis, alors plus qu'avant, éloigné de toute idée de son essence réelle. Car j'ai une idée de la figure, de la taille, de la situation des parties solides de manière générale, mais je n'en ai aucune de la figure singulière, de la taille singulière, de l'assemblage singulier qui engendrent les qualités ci-dessus ; ces qualités, je les trouve pourtant dans ce morceau singulier de matière qui est à mon doigt et non dans une autre qui me sert à tailler la plume avec laquelle j'écris. Quand on me dit qu'outre la figure, la taille et la position des parties solides de ce corps, quelque chose qu'on nomme *forme substantielle* est son essence, j'avoue n'en avoir absolument aucune idée si ce n'est celle du son *forme ;* ce qui est bien loin de toute idée de son essence réelle ou constitution. J'ignore l'essence réelle de cette substance singulière, mais j'ignore de la même manière l'essence réelle de toutes les autres substances naturelles ; de ces essences, j'avoue n'avoir absolument aucune idée distincte. Et j'ai tendance à croire que si les autres scrutent leur propre connaissance, ils découvriront en eux la même ignorance sur ce point.

1. Cf. 4.3.11-14 et 24-25.

§ 7

Mais quand on applique à ce morceau singulier de matière qui est à mon doigt un nom général déjà utilisé et qu'on l'appelle *or*, ne donne-t-on pas ordinairement ou n'est-on pas censé donner ce nom parce qu'il appartient à une espèce singulière de corps qui a une essence réelle interne ? Et que par la possession de cette essence, cette substance singulière serait incluse dans cette espèce et devrait être appelée de ce nom ? Si c'est ainsi, et ça l'est évidemment, le nom qui sert de marque pour les choses en tant qu'elles ont telle essence, devrait renvoyer en premier lieu à cette essence ; donc l'idée qui a reçu ce nom devrait aussi renvoyer à cette essence, et l'on devrait considérer qu'elle la représente. Mais puisque ceux qui utilisent ainsi les noms ne connaissent pas ces essences, leurs idées *de substance* sont par nécessité *toutes inadéquates* de ce point de vue, puisqu'elles ne contiennent pas l'essence réelle que l'esprit pense y trouver [1].

§ 8

Les idées de substance comme associations de leurs qualités sont toutes inadéquates

Deuxièmement, certains abandonnent l'hypothèse inutile d'essences réelles inconnues comme moyen de distinguer les substances et tâchent de copier les substances existant dans le monde en assemblant | les idées de ces qualités sensibles dont 381
ils perçoivent la co-existence. Ils approchent bien plus de ce qui ressemble à ces substances que ceux qui imaginent une essence réelle spécifique inconnue, mais ils ne parviennent pourtant pas à des idées parfaitement adéquates de ces substances, ainsi copiées dans leur esprit : ces copies ne contiennent pas exactement ni complètement tout ce que l'on peut trouver dans leur archétype, car les qualités et les pouvoirs de la substance qui nous servent à bâtir leur idée complexe sont

1. Cf. 2.31.6 et 3.6.

d'un nombre et d'une diversité telles que personne n'a d'idée complexe qui les contienne tous.

Que nos idées abstraites de substances ne contiennent pas toutes les idées simples qui sont unies dans les choses mêmes, est évident : les gens incluent rarement dans leur idée complexe d'une substance toutes les idées simples qu'ils savent pourtant exister en elles; ils tâchent de rendre la signification des noms d'espèce de substances aussi claire et aussi peu compliquée que possible : aussi bâtissent-ils, en général, leur idée spécifique de sorte de substances à partir d'un petit nombre d'idées simples que l'on y peut trouver. Mais ces idées n'ayant aucune priorité ni aucun droit d'origine à constituer l'idée spécifique, de préférence aux idées écartées, il est évident que, en ces deux sens, nos idées de substance sont défectueuses et inadéquates.

Les idées simples qui nous permettent de bâtir nos idées complexes de substance sont toutes (exceptées celles de figure et de masse de certaines sortes) des pouvoirs [1] ; or ces pouvoirs sont des relations à d'autres substances, et donc nous ne pouvons jamais être sûrs que nous connaissions tous les pouvoirs qui sont dans un seul corps avant d'avoir testé les changements qu'il peut recevoir ou subir des autres substances selon les différents rapports qu'ils peuvent avoir; il n'est en effet pas possible de les tester sur un seul corps et encore moins sur tous, donc il est impossible que nous ayons une idée adéquate de quelque substance que ce soit, constituée de la collection de toutes ses propriétés.

§ 9

Le premier qui découvrit un morceau de cette substance que nous désignons par le terme *or* ne pouvait rationnellement croire que la masse et la figure observées dans ce morceau dépendaient de son essence réelle ou de sa constitution

1. Comparer avec 2.23.8.

interne; ces dernières n'ont donc jamais fait partie de son idée de l'espèce du corps. En revanche, sa couleur singulière et son poids sont sans doute les premières idées qu'il ait abstraites pour constituer l'idée complexe de cette espèce; mais ce ne sont toutes deux que des pouvoirs, l'une d'affecter nos yeux d'une certaine façon et de produire ainsi en nous l'idée que nous appelons jaune; l'autre, de faire s'élever tout corps de masse égale posé sur l'autre plateau d'une balance. Quelqu'un d'autre | ajoutera peut-être les idées de fusibilité et de fixité, **382**
deux pouvoirs passifs liés à l'action du feu sur eux; un autre, sa ductilité et sa solubilité dans l'*eau régale*, pouvoirs liés à l'action d'autres corps qui modifient sa forme externe ou le réduisent en parties insensibles. Ces idées ou certaines d'entre elles, assemblées, constituent habituellement en l'esprit humain l'idée complexe de cette sorte de corps que nous nommons *or*.

§ 10

Mais aucun de ceux qui ont considéré les propriétés générales des corps ou les propriétés de ce corps en particulier n'hésitera à reconnaître que ce corps nommé *or* a une infinité d'autres propriétés qui ne sont pas contenues dans cette idée complexe. Des gens qui ont examiné cette espèce avec plus de précision pourront énumérer, je pense, dix fois plus de propriétés de l'*or*, toutes aussi indissociables de sa constitution interne que sa couleur ou son poids. Et il est probable que si quelqu'un connaissait toutes les propriétés de ce métal connues de diverses personnes, son idée complexe d'*or* serait constituée de cent fois plus d'idées que n'en a déjà n'importe qui; et ce ne serait pas le millième de ce qui reste à y découvrir : le nombre des changements que ce corps, bien associé à d'autres corps, peut subir et produire sur eux dépasse largement ce que nous connaissons, mais aussi ce qu'il nous est possible d'imaginer. Il suffit de considérer combien les gens sont loin de connaître toutes les propriétés du triangle, figure peu composée dont les mathématiciens ont pourtant découvert déjà un nombre non négligeable, pour ne pas trouver cela paradoxal.

§ 11

Ainsi, *toutes nos* idées *complexes de substance sont* imparfaites et *inadéquates*. Ce qui arriverait aussi pour les figures mathématiques, si nous devions obtenir leur idée complexe par le seul inventaire de leurs propriétés par rapport à d'autres figures. Combien nos idées d'une *ellipse* seraient incertaines et imparfaites si nous n'en avions d'autre idée que certaines de ses propriétés. Au contraire, en ayant dans notre idée ordinaire toute l'essence de cette figure, nous découvrons à partir de là toutes ses propriétés, et nous voyons démonstrativement comment elles en découlent inséparablement.

§ 12

Les idées simples : ectypes et adéquates

Ainsi, l'esprit a-t-il trois sortes d'idées abstraites ou
383 essences nominales[1]. |

D'abord les idées *simples* qui *sont* des ἔκτυπα, ou *copies*, et néanmoins certainement *adéquates*. En effet elles sont censées n'exprimer rien d'autre que le pouvoir dans la chose de produire dans l'esprit une telle sensation, et que la sensation produite ne peut être que l'effet de ce pouvoir. Ainsi le papier sur lequel j'écris a le pouvoir dans la lumière (je parle de la lumière selon la conception commune) de produire en moi la sensation que je nomme blanche et elle ne peut être que l'effet d'un tel pouvoir dans une chose extérieure à l'esprit. Puisque

1. Si les deux termes sont présentés comme équivalents, l'identification de *idées abstraites* et *essence nominale* (terme qui apparaît ici pour la première fois dans l'*Essay*) est étonnante : elle semble peu convenir au paragraphe suivant (idées simples) et à la définition de l'abstraction (2.11.9). Pour la définition de l'essence nominale, voir l'occurrence suivante du terme, 3.3.15 et suivants.

l'esprit n'a pas le pouvoir de produire en lui de telles idées et que cette idée ne désigne rien d'autre que l'effet d'un tel pouvoir, celle-ci est réelle et *adéquate*. La sensation de blanc dans mon esprit est l'effet du pouvoir de la produire qui est dans le papier et donc elle est parfaitement adéquate à ce pouvoir ; autrement ce pouvoir produirait une autre idée.

§ 13

Les idées de substance sont ectypes, inadéquates

Deuxièmement, *les idées complexes de substance sont* également *ectypes*, *copies*, mais imparfaites, *inadéquates* ; c'est tout à fait évident à l'esprit en ce qu'il perçoit clairement qu'il ne peut être sûr que la collection d'idées simples fabriquée à propos d'une substance existante réponde exactement à tout ce qui est dans cette substance. N'ayant pas testé toutes les opérations des autres sur elle, et donc trouvé toutes les modifications qu'elle pourrait en recevoir et y engendrer, il ne peut avoir un ensemble *adéquat* exact de toutes ses capacités passives et actives, et donc avoir une idée complexe *adéquate* de toute substance existante et de ses relations, (car telle est notre idée complexe de substance). Et si nous pouvions avoir, si nous avions effectivement dans notre idée complexe une collection exacte de toutes les qualités secondaires ou pouvoirs d'une substance, nous ne pourrions pour autant avoir une idée de l'essence de cette chose. Les pouvoirs ou qualités observables ne sont pas l'essence réelle de cette substance, mais en dépendent, en découlent et donc aucun ensemble de qualités quel qu'il soit ne peut être l'essence réelle de cette chose. Il est donc évident que nos idées de substance ne sont pas *adéquates*, et ne sont pas ce que l'esprit les croit être. En outre, un homme n'a aucune idée de la substance en général et il ne connaît pas mieux ce qu'est la substance en elle-même.

§ 14

Les idées de modes et de relations sont des archétypes et ne peuvent qu'être adéquates

Troisièmement, les idées complexes de modes et de
384 *relations sont* originaires | et *archétypes ;* elles ne sont pas des copies, elles ne sont pas faites d'après le modèle d'une existence réelle dont l'esprit chercherait la conformité et la correspondance exacte en elles. Ce ne sont que des ensembles d'idées simples que l'esprit réunit lui-même et qui contiennent précisément tout ce que l'esprit attend ; elles sont donc des archétypes et les essences des modes qui peuvent exister ; elles sont donc destinées aux seuls modes qui, lorsqu'ils existent en fait, ont une conformité exacte avec ces idées complexes et en sont membres. Les idées de *modes* et de *relations* ne peuvent donc être qu'*adéquates*.

CHAPITRE 32

IDÉES VRAIES ET IDÉES FAUSSES

§ 1

Vérité et fausseté appartiennent en propre aux propositions

Bien qu'à proprement parler la vérité et la fausseté n'appartiennent qu'aux propositions, on parle souvent des idées *vraies ou fausses* – quel mot d'ailleurs n'est pas utilisé en un sens fort large, au prix d'un écart par rapport à sa stricte signification propre? Certes, lorsque les idées mêmes sont appelées vraies ou fausses, il y a une proposition secrète ou tacite qui fonde cette dénomination; on le verra si l'on examine les occasions particulières où elles reçoivent les noms de vraies ou fausses : chaque fois, s'y trouve une sorte d'affirmation ou de négation qui est la raison de cette dénomination. Nos idées en effet ne sont que des manifestations ou des perceptions dans notre esprit, et on ne peut donc les dire en elles-mêmes proprement et simplement *vraies* ou *fausses*, pas plus qu'on ne peut dire *vrai* ou *faux* le simple nom d'une chose.

§ 2

La vérité métaphysique contient une proposition tacite

Certes, on peut dire que les idées comme les mots sont *vrais au sens métaphysique* du terme *vérité*, de même que toutes les autres choses qui existent d'une certaine manière sont dites vraies, c'est-à-dire sont effectivement telles qu'elles existent. Cependant, dans les choses appelées *vraies* même en ce sens, il y a peut-être une référence secrète à nos idées considérées comme modèles de cette vérité qui se réduit à une proposition mentale, bien qu'habituellement on ne s'en rende pas compte.

§ 3

Aucune idée en tant que manifestation dans l'esprit n'est vraie ou fausse

Mais ce n'est pas ce sens métaphysique de la vérité que nous étudions ici, quand nous examinons si nos idées sont
385 susceptibles de | *vérité* ou de *fausseté*, mais dans l'acception plus ordinaire de ces mots. Et donc, puisque les idées ne sont qu'autant de perceptions ou de manifestations dans l'esprit, je dis qu'aucune n'est *fausse*. L'idée de *centaure* n'implique pas plus de fausseté quand elle apparaît dans l'esprit que le nom de *centaure* n'implique de fausseté quand il est exprimé oralement ou écrit sur du papier. Car la vérité ou la fausseté résident toujours dans une affirmation ou une négation, mentales ou verbales, et donc aucune de nos idées n'est *susceptible d'être fausse* avant que l'esprit ne porte sur elles un jugement, c'est-à-dire n'affirme ou ne nie quelque chose à leur sujet.

§ 4

Les idées référées à quelque chose peuvent être vraies ou fausses

Quand l'esprit réfère l'une de ses idées à quelque chose qui lui est extérieur, elle est alors *susceptible d'être appelée vraie ou fausse*, car l'esprit, par une telle référence, suppose tacitement sa conformité à la chose; selon que cette supposition se trouve être vraie ou fausse, l'idée même en porte le nom. Les cas les plus fréquents sont les suivants.

§ 5

Les idées d'autrui, l'existence réelle, les prétendues essences réelles, voilà les références habituelles des idées

Premièrement quand l'esprit suppose que son idée est *conforme à* celle que désigne dans l'esprit des *autres* le même nom commun. Par exemple quand l'esprit estime ses idées de *justice, de tempérance, de religion* identiques à ce qui reçoit ce nom chez les autres.

Deuxièmement, quand l'esprit suppose qu'une idée qu'il a en lui est *conforme à une existence réelle*. Ainsi les idées d'*homme* et de *centaure*, si l'on suppose qu'elles sont les idées de substances réelles, sont l'une vraie et l'autre fausse, car l'une est conforme à ce qui existe réellement et l'autre non.

Troisièmement, quand l'esprit réfère l'une de ses idées à la constitution *réelle* et à l'*essence* de quelque chose, dont dépendent toutes ses propriétés [1]; ainsi, la plus grande part de nos idées de substances, sinon toutes, sont *fausses*.

§ 6

La cause de telles références

Ces suppositions, l'esprit est tout à fait capable de les faire implicitement sur ses propres idées; mais à bien examiner la chose, nous verrons que c'est principalement, sinon uniquement, à propos de ses idées abstraites complexes. Car l'esprit a une tendance naturelle à la connaissance et il trouve que, s'il ne traitait que de choses singulières et ne s'occupait que d'elles, ses progrès seraient très lents et son labeur infini; aussi, pour abréger sa route vers la connaissance et donner | 386
plus de portée à chacune de ses perceptions, la première chose

1. Cf. 2.31.6 et 3.6.

que fait l'esprit est de se donner un fondement pour augmenter aisément sa connaissance : soit en observant les choses mêmes qu'il voudrait connaître, soit en discutant avec d'autres à leur propos, il les lie en faisceaux et les range en sortes, de façon à ce que la connaissance acquise sur l'une d'entre elles puisse être étendue à toutes les choses de cette sorte ; il pourra ainsi avancer à plus grandes enjambées dans ce qui constitue sa grande œuvre, la connaissance. Comme je l'ai montré ailleurs[1], c'est la raison pour laquelle nous assemblons les choses sous des idées génériques, avec des noms qui leur sont annexés, en *genera* et *species*, c'est-à-dire en genres et en espèces.

§ 7

C'est pourquoi, si nous prêtons grande attention aux mouvements de l'esprit, et si nous observons la façon habituelle dont il procède pour parvenir à la connaissance, voici ce qu'à mon sens on découvrira : quand l'esprit reçoit une idée dont il pense pouvoir se servir pour observer ou pour discuter, la première chose qu'il fait est de l'abstraire et de lui donner ensuite un nom ; et il la range ainsi dans son magasin, la mémoire, comme [une idée] contenant l'essence d'une sorte de choses dont le nom devra toujours être la marque. De là vient ce qu'on observe souvent : quand on voit une chose nouvelle, d'un genre que l'on ne connaît pas, on demande aussitôt ce qu'elle est, la question portant uniquement sur le nom, comme si le nom impliquait la connaissance de l'espèce ou de son essence ; et de fait, le nom est souvent utilisé comme la marque de l'essence, et on suppose en général qu'il lui est annexé.

1. 2.9.11 ; cf. 3.3.8.

§ 8

Mais cette idée abstraite est, dans l'esprit, quelque chose entre la chose qui existe et le nom qui lui est donné ; c'est donc dans nos idées que résident la rectitude de la connaissance, aussi bien que la correction et l'intelligibilité de la parole. De là vient que les gens sont si prompts à supposer que les idées abstraites qu'ils ont dans l'esprit s'accordent avec les choses extérieures auxquelles on les réfère ; et aussi qu'à ces mêmes idées appartiennent les noms qu'ils leurs donnent, de par l'usage et par les caractères de la langue. Car, sans cette *double conformité* de leurs idées, ils craignent de faussement penser aux choses mêmes et d'en parler aux autres de façon inintelligible.

§ 9

Les idées simples peuvent être fausses par référence aux idées du même nom ; moins que d'autres pourtant

Je dis donc en premier lieu : *quand la vérité de nos* idées est *estimée d'après leur conformité aux* idées *des autres hommes, habituellement signifiées par le même nom, alors n'importe quelle* idée *peut être fausse*. Cependant les idées *simples* sont moins que toutes *sujettes à de telles erreurs*, car un homme | peut très facilement, par les sens et l'observation 387
quotidienne, s'assurer de l'idée simple que dans l'usage courant plusieurs noms représentent : ces noms sont peu nombreux et tels qu'on puisse, s'il y a doute ou erreur, facilement les rectifier par les objets où on les trouve[1]. C'est pourquoi il est rare de se tromper sur les noms d'idées *simples*, ou d'appliquer le nom *rouge* à l'idée de *vert*, ou le nom *sucré* à l'idée d'*amer*. Les gens ont encore moins

1. Traduction littérale qui invite à penser, par la proximité des termes (et comme le dit explicitement Coste), que ce sont les noms qui se trouvent dans les objets, alors que la logique invite à penser que ce sont les idées simples, ce que n'interdit ni le texte ni la traduction proposée.

tendance à confondre les noms d'idées appartenant à différents sens comme d'appeler une couleur d'un nom de goût, etc. Il est donc évident que les idées simples désignées d'un nom sont ordinairement les mêmes chez les autres, qu'ils désignent en utilisant le même même nom.

§ 10

Les idées de modes mixtes sont plus sujettes à erreur en ce sens

Les idées *complexes sont, à cet égard, bien plus sujettes à la fausseté, et les idées complexes de modes mixtes plus encore que celles de substances.* Pour les substances (surtout celles auxquelles on applique les noms communs usuels d'une langue), des qualités sensibles remarquables servent habituellement à distinguer une sorte d'une autre et donc permettent à ceux qui font attention à l'emploi des termes d'éviter de les employer pour des sortes de substances auxquelles ils n'appartiennent pas du tout.

Mais pour les modes mixtes, nous sommes bien plus embarrassés : il n'est pas aussi facile de déterminer si certaines actions doivent être appelées *justice* ou *cruauté*, *libéralité* ou *prodigalité*. Aussi, par référence aux idées qui portent le même nom chez les autres gens, les nôtres peuvent être fausses, et l'idée dans notre esprit que nous exprimons par le mot *justice* devrait peut-être porter un autre nom.

§ 11

Ou au moins être pensées fausses

Mais que nos idées de modes mixtes soient ou ne soient pas susceptibles plus qu'aucune autre de différences avec les idées désignées chez d'autres gens par le même nom, il est certain que *cette sorte de fausseté est bien plus couramment attribuée à* nos idées de *modes mixtes qu'à aucune autre*. Quand on pense que quelqu'un a une idée fausse de la *justice*, de la *gratitude*, ou de la *gloire*, c'est uniquement parce que ses idées ne s'accordent pas avec les idées que ces noms désignent chez les autres.

§ 12
La raison

La raison me semble en être que les idées abstraites de modes mixtes sont des combinaisons humaines volontaires de tel | ensemble précis d'idées simples ; et donc l'essence de 388
chaque espèce n'est faite que par les hommes, et nous n'en avons aucun modèle sensible qui existerait où que ce soit, si ce n'est le nom même ou la définition de ce nom. Nous n'avons pas d'autre modèle auquel référer ou conformer nos idées de modes mixtes, sauf les idées de ceux qui utilisent au mieux semble-t-il ces noms dans leur sens propre ; dans la mesure où nos idées sont conformes à ces idées ou en diffèrent, elles passent pour vraies ou fausses. Mais sur la *vérité* et la *fausseté* de nos idées par rapport à leur nom, ceci suffira.

§ 13
En tant que référées à l'existence réelle, aucune de nos idées ne peut être fausse, sauf celles de substances

Deuxièmement, en ce qui concerne la *vérité et la fausseté de nos* idées *par rapport* à l'*existence réelle* des choses, si l'on en fait le modèle de vérité, aucune idée ne peut être appelée fausse, sauf nos idées complexes de substances.

§ 14
D'abord les idées simples ne sont pas fausses en ce sens, et pourquoi

D'abord, nos idées simples sont purement et simplement des perceptions que Dieu a préparé notre esprit à recevoir et donné pouvoir aux objets extérieurs de produire en nous, selon les lois et les voies établies, selon Sa sagesse et Sa bonté, nous fussent-elles incompréhensibles ; aussi la vérité [de ces idées simples] ne consiste-t-elle en rien d'autre qu'en ces manifestations, telles qu'elles sont produites en nous, nécessairement liées aux pouvoirs placés dans les objets extérieurs : autrement elles ne pourraient être produites en nous. Et ainsi, correspondant à ces pouvoirs, elles sont ce qu'elles doivent être, de vraies idées.

Et on ne peut les accuser de *fausseté*, si l'esprit juge (comme il le fait, je crois, chez la plupart des gens) que ces idées sont dans les choses mêmes. Car Dieu dans Sa sagesse en a fait des marques de différenciation entre les choses : grâce à elles, nous pouvons discerner une chose d'une autre et choisir ainsi l'une pour notre usage quand nous en avons besoin. Cela ne change donc pas la nature de nos idées simples que nous pensions l'idée de bleu dans la violette elle-même ou seulement dans notre esprit ; en ce dernier cas, serait seul dans la violette elle-même le pouvoir de produire cette idée par la texture de ses parties réfléchissant d'une certaine manière les particules de lumière. Car cette texture dans l'objet qui produit en nous, par une opération régulière et constante, la même idée de bleu, nous sert à distinguer visuellement cette chose de toute autre ; peu importe si cette marque distinctive est effectivement présente dans la *violette*, comme une simple
389 texture particulière de ses parties ou comme cette | couleur même dont l'idée (qui est en nous) est l'exacte ressemblance. Et aussi bien, c'est à partir de cette manifestation que la violette doit être dénommée *bleue*, que ce soit cette couleur effective ou seulement une texture particulière qui produise en nous cette idée. Le nom *bleu* en effet ne note proprement rien d'autre que la marque distinctive qui est dans la *violette* et que nous ne pouvons discerner que par les yeux, quelle que soit sa constitution ; la connaître distinctement est au-delà de nos capacités, et cela nous serait sans doute de peu d'utilité si nous avions des facultés pour la discerner [1].

§ 15

Bien que l'idée de bleu chez l'un soit différente de celle des autres

On ne pourrait pas plus accuser nos idées simples de *fausseté si,* par différence de structure des organes, il se faisait que *le même objet produise* en même temps chez *des*

1. Cf. 2.23.12 (référence donnée aussi par Coste) et 2.8.13.

personnes différentes des idées différentes, par exemple si l'idée qu'une *violette* produit par l'intermédiaire des yeux dans l'esprit de quelqu'un, était la même que l'idée produite par un *souci* dans l'esprit d'un autre, et vice versa. En effet, ceci ne pourrait jamais être connu, car l'esprit d'un homme ne pourrait jamais passer dans le corps d'un autre pour percevoir quelles manifestations seraient produites par ces organes. En outre, ni les idées ni les noms ne seraient en rien confondus et il n'y aurait de *fausseté* en aucune ; en effet, toutes les choses qui ont la texture d'une *violette* produiraient constamment l'idée qu'il appelle *bleue*, et celles qui ont la texture du *souci* produiraient constamment l'idée qu'il a constamment appelée *jaune*, quelles que soient les manifestations dans l'esprit ; et donc, grâce à ces manifestations, il serait capable de distinguer les choses pour son usage, de comprendre et de signifier ces distinctions marquées par les noms *bleu* et *jaune,* aussi bien que si les manifestations ou les idées dans son esprit, reçues de ces deux fleurs, étaient exactement les mêmes que les idées dans l'esprit des autres.

Je suis cependant tout à fait enclin à penser que les idées *sensibles* produites par un objet dans l'esprit de différentes personnes sont plus généralement fort semblables, jusqu'à l'indiscernable. On peut donner de nombreuses raisons à l'appui de cette opinion, mais c'est hors de mon propos actuel ; aussi ne troublerai-je pas mon lecteur avec elles. Je lui ferai seulement remarquer que la thèse contraire, si elle pouvait être prouvée, serait de peu d'utilité pour l'amélioration de la connaissance ou le confort de la vie ; il est donc
inutile de passer son temps à l'examiner. | **390**

§ 16

D'abord les idées simples en ce sens ne sont pas fausses, et pourquoi [1]

A partir de ce qu'on a dit sur les idées *simples*, je pense évident qu'*aucune de nos* idées *simples* ne peut être *fausse par rapport aux choses* qui existent hors de nous. En effet, la vérité de ces manifestations ou perceptions dans l'esprit consiste seulement, comme on l'a dit, dans le fait qu'elles correspondent aux pouvoirs qui sont dans les choses externes, pouvoir de produire en nous par nos sens de telles manifestations. Chacune d'elles est dans l'esprit ce qu'elle est, adaptée au pouvoir qui l'a produite et que seule elle représente ; elle ne peut donc de ce point de vue, ou référée à un tel modèle, être *fausse*. *Bleu* ou *jaune, amer* ou *sucré*, ne peuvent jamais être des idées fausses : ces perceptions dans l'esprit sont juste ce qu'elles sont, correspondant au pouvoir de les produire que Dieu leur a conféré ; elles sont donc vraiment ce qu'elles sont, et ce qu'elles sont destinées à être. Les noms peuvent effectivement être mal employés, mais, de ce point de vue, cela ne produit pas de fausseté dans les idées, comme quand un homme ignorant le *français* appelle *pourpre* l'*écarlate*.

§ 17

Deuxièmement, les modes ne sont pas faux

Deuxièmement, nos idées *complexes de modes non plus ne peuvent, par référence à l'essence d'une chose existant réellement, être fausses :* quelle que soit l'idée complexe que j'aie d'un mode, elle n'a aucune référence à un modèle existant que la Nature aurait fait. Elle n'est supposée contenir en elle aucune autre idée que celle qu'elle a, ni représenter autre chose que le complexe d'idées qu'elle représente. Ainsi, quand j'ai l'idée de l'action de quelqu'un qui s'abstient de viande, de boisson, de vêtement et d'autres conforts de la vie que sa

1. Titre analogue à celui du § 14, pour un contenu résumé.

richesse et ses biens lui procurent en suffisance et que sa condition exige, je n'ai aucune idée *fausse*, mais une idée qui représente une action telle que je la découvre ou telle que je l'imagine ; elle ne peut donc être ni *vraie* ni *fausse*. Mais quand je donne le nom *frugalité* ou *vertu* à cette action, alors on peut l'appeler idée *fausse*, si on suppose par là qu'elle s'accorde avec l'idée à laquelle appartient en termes propres le nom de *frugalité* ou qu'elle est conforme à cette loi qui est le critère de la vertu ou du vice.

§ 18

Troisièmement, quand les idées de substances sont fausses

Troisièmement, nos idées complexes *de substances, sont toutes référées à des modèles dans les choses mêmes, et peuvent donc être fausses*. Qu'elles soient toutes *fausses* quand on les considère comme les représentations de l'essence inconnue des choses est si évident qu'il n'y a rien à en dire. Je négligerai donc cette supposition chimérique, et je les considérerai comme des collections d'idées simples dans l'esprit, tirées de | combinaisons d'idées simples existant **391**
constamment ensemble dans les choses, modèles dont les idées sont supposées être les copies [1]. Et par cette référence à l'existence des choses, ces idées *sont fausses* :

1. *quand* elles assemblent des idées simples qui dans la réalité des choses n'ont aucun lien (par exemple quand, à la forme et à la taille qui coexistent dans un cheval, on joint dans la même idée complexe le pouvoir d'aboyer comme un chien ; ces trois idées assemblées dans l'esprit n'ont pourtant jamais été unies dans la nature, et l'idée peut donc être appelé idée *fausse* de cheval.

2. Les idées de substances sont de ce point de vue également fausses quand d'une collection d'idées simples qui existent effectivement toujours ensemble, une autre idée

1. Division proposée en 2.31.6.

simple qui leur est constamment jointe est séparée par une négation directe; par exemple, si à *extension*, *solidité*, *fusibilité*, *poids spécifique* et *couleur jaune* de l'or, quelqu'un joint en pensée la négation d'un degré de fixité plus élevé que celui du plomb ou du cuivre, on peut dire qu'il a une fausse idée complexe, tout autant que quand il joint à ces autres idées simples l'idée d'une fixité parfaite et absolue. Des deux côtés en effet, l'idée complexe d'or est constituée d'idées simples qui n'ont aucun lien dans la nature, et peut donc être appelée fausse. Mais s'il détache totalement de son idée complexe l'idée de fixité, sans qu'en son esprit il ne la joigne ni ne la sépare du reste, il faut la regarder à mon sens plutôt comme une idée inadéquate et imparfaite que comme une idée *fausse ;* même si elle ne contient pas toutes les idées simples qui sont unies dans la nature, elle n'en unit pas d'autre que celles qui existent effectivement ensemble.

§ 19

La vérité ou la fausseté supposent toujours affirmation ou négation

J'ai montré, en accord avec la façon commune de parler, en quel sens et sur quelles bases nos idées peuvent être parfois appelées *vraies* ou *fausses ;* et pourtant, si nous regardons d'un peu plus près la question, dans tous les cas où une idée est dite *vraie ou fausse*, c'est à partir d'un jugement de l'esprit (ou d'un jugement supposé) qui est *vrai* ou *faux*. Car *vérité* ou *fausseté* n'existent *jamais sans affirmation ou négation* expresses ou tacites et donc ne se révèlent que là où des signes sont joints ou séparés selon l'accord ou le désaccord des choses dont ils tiennent lieu. Les signes que nous utilisons surtout, ce sont soit les idées soit les mots, grâce auxquels nous faisons des propositions, soit mentales soit verbales. La *vérité* réside dans l'union ou la séparation de ces représentants selon que les choses dont ils tiennent lieu sont pour elles-mêmes en accord ou en désaccord; et la *fausseté* inversement; on va mieux le montrer par la suite.

| § 20 392

Les idées en elles-mêmes ne sont ni vraies ni fausses

Aucune idée donc que nous ayons dans l'esprit, conforme ou non à l'existence des choses ou à une idée dans l'esprit d'autres gens ne peut, pour cette raison seule, être appelée *fausse*. Car si ces représentations n'ont rien d'autres en elles que ce qui existe effectivement dans les choses externes, elles ne peuvent être pensées *fausses*, puisqu'elles sont les représentations exactes de quelque chose; et si elles ont quelque chose qui diffère de la réalité des choses, elles ne peuvent être proprement dites de fausses représentations ou des idées de choses qu'elles ne représentent pas. Mais l'erreur et la *fausseté* sont :

§ 21

Mais elles sont fausses d'abord quand on les juge à tort en accord avec les idées d'autrui

Premièrement, quand, l'esprit a une idée et qu'il juge et conclut que cette idée *est la même que celle qui est, dans l'esprit d'autres gens, signifiée par le même nom*, qu'elle est conforme à la signification ordinairement reçue ou à la définition de ce mot, alors qu'en fait elle ne l'est pas. C'est l'erreur la plus courante en ce qui concerne les modes mixtes, même si d'autres idées y sont aussi sujettes.

§ 22

Deuxièmement quand on les juge à tort accordées à l'existence réelle

Deuxièmement, quand il a une idée complexe constituée d'une collection d'idées simples que la Nature n'assemble jamais, et qu'*il la juge accordée à une espèce de créatures existant effectivement* ; par exemple quand il joint le poids de l'étain à la couleur, la fusibilité et la fixité de l'or.

§ 23

Troisièmement quand on les juge adéquates alors qu'elles ne le sont pas

Troisièmement, quand il a uni dans ses idées complexes un certain nombre d'idées simples qui existent effectivement ensemble dans certaines sortes de créatures, mais qu'il en a aussi ignoré d'autres aussi inséparables et qu'il juge que c'est une idée complète et parfaite d'une sorte de choses alors qu'elle ne l'est pas ; par exemple après avoir joint les idées de *substance*, de *jaune*, de *malléable*, de *grande lourdeur*, de *fusible*, il prend cette idée complexe pour l'idée complète d'*or*, alors que sa fixité et sa solubilité particulière dans l'*Aqua regia* sont aussi inséparables des autres idées ou qualités de ce corps qu'elles ne le sont l'une de l'autre.

§ 24

Quatrièmement, quand on estime qu'elles représentent l'essence réelle

Quatrièmement, l'erreur est encore plus grande *lorsque je juge que cette idée complexe contient en elle* l'*essence réelle d'un corps existant*, alors qu'elle ne contient au mieux qu'un petit nombre des propriétés qui découlent de son essence et de sa constitution réelles. Je dis : un petit nombre seulement de
393 propriétés, car ces propriétés sont surtout des | pouvoirs actifs et passifs du corps par rapport à d'autres choses ; donc tout ce qui est communément connu d'un corps, ce dont est habituellement faite l'idée complexe de cette sorte de choses, est très réduit en comparaison de ce qu'en connaît celui qui a éprouvé et examiné l'objet de diverses façons; et tout ce que connaît l'homme le plus expert est réduit, en comparaison de ce qui est effectivement dans le corps et dépend de sa constitution interne ou essentielle. L'essence d'un triangle, est fort limitée, elle comprend très peu d'idées : trois lignes fermant un espace constituent cette essence ; mais il en découle plus de propriétés qu'on ne peut en connaître ou énumérer. Et je pense qu'il en va de même pour les substances : leur essence réelle est fort

limitée, bien que les propriétés qui découlent de cette constitution interne soient infinies.

§ 25

Quand les idées sont fausses

Pour conclure, puisqu'un homme n'a de notion de quoi que ce soit hors de lui si ce n'est par l'idée qu'il en a dans l'esprit (idée qu'il a le pouvoir de nommer comme il veut), il peut effectivement former une idée qui à la fois ne correspond pas à la réalité des choses et ne s'accorde pas avec les idées communément signifiées par les mots d'autrui; mais il ne peut se faire une idée *fausse* ou erronée d'une chose qui n'est connue de lui que par l'idée qu'il en a. Quand je forme l'idée de pied, de bras, de corps d'un homme, et quand j'y ajoute la tête et le cou d'un cheval, je ne me fais pas une idée *fausse* de quoi que ce soit, parce qu'elle ne représente rien d'extérieur à moi. Mais si je le nomme *tartare* ou *homme*, et l'imagine représenter un être effectif extérieur à moi, ou encore rejoindre l'idée que les autres désignent du même nom, dans les deux cas je peux me tromper. C'est en ce sens que l'on en vient à l'appeler une idée *fausse*, même si la fausseté ne tient pas à l'idée mais à la proposition mentale tacite qui lui attribue une conformité, une ressemblance, qu'elle n'a pas. Mais si je forme cette idée dans mon esprit sans penser que l'existence ou les noms *homme* ou *tartare* lui appartiennent, et si je veux pourtant lui donner le nom d'*homme* ou celui de *tartare*, on pourra estimer que mes dénominations sont fantaisistes, mais pas que mes jugements sont erronés ni les idées en quoi que ce soit fausses.

§ 26

L'appellation propre doit être correctes ou fautives [1]

Bref, à mon sens, lorsque l'esprit considère les idées dans leur rapport à la signification propre de leur nom ou à la réalité
394 des choses, on peut | très bien dire qu'elles sont correctes ou fautives selon qu'elles s'accordent ou non aux modèles auxquels on les réfère. Mais si quelqu'un préférait dire qu'elles sont vraies ou fausses, il convient qu'il dispose de la liberté que chacun peut prendre de donner aux choses le nom qu'il préfère. Néanmoins, à proprement parler, la vérité et la fausseté ne peuvent guère convenir aux idées, si ce n'est en ce qu'elles contiennent virtuellement, d'une façon ou d'une autre, une proposition mentale. Les idées qui sont dans l'esprit humain, simplement considérées, ne peuvent être fautives, sauf les idées complexes mêlant des éléments contradictoires. Toutes les autres idées sont correctes en elles-mêmes, et la connaissance qui porte sur elles est une connaissance correcte et vraie. Mais quand on se met à les référer à quelque chose comme à leur modèle ou leur archétype, alors elles sont susceptibles de devenir fautives dans la mesure où elles ne s'accordent pas avec leur archétype.

1. Coste traduit *right or wrong* par : *justes ou fautives*, avec la note suivante : « Il n'y a point de mots en François qui répondent mieux aux deux mots Anglois *right or wrong* dont l'Auteur se sert en cette occasion. On entend ce que c'est qu'une idée *juste*, & nous n'avons point, à ce que je crois, de terme opposé à *juste*, pris en ce sens-là, qui soit plus propre que celui de *fautif*, qui n'est pourtant pas très bon, mais dont il faut se servir faute d'autre ».

CHAPITRE 33

L'ASSOCIATION DES IDÉES [a]

§ 1

Les gens sont pour la plupart un tant soit peu déraisonnable

Presque tout le monde remarque ce qui paraît étrange ou ce qui est réellement extravagant dans les opinions en soi, dans les raisonnements, dans les actions d'autrui ; chacun est assez observateur pour y noter le moindre défaut de ce genre, pour peu qu'il diffère de ses propres défauts ; et il le condamnera avec véhémence au nom de la raison, même s'il est lui-même coupable de manques de raison bien plus graves dans ses opinions et sa conduite, errements qu'il ne perçoit jamais et dont il serait difficile, sinon impossible, de le convaincre.

§ 2

Pas uniquement à cause de l'amour-propre

L'origine n'en est pas uniquement l'amour-propre, même s'il y a souvent une grande part. De bons esprits, peu enclins à s'adonner à l'auto-célébration s'en rendent souvent coupables ;

a. Chapitre ajouté à partir de la quatrième édition (sauf le dernier paragraphe).

et l'on s'étonne en de nombreuses occasions d'entendre les arguties, on est surpris de l'obstination d'une personne estimable qui ne se résout pas à l'évidence de la raison pourtant là sous ses yeux, aussi claire que le jour.

§ 3

Ni de l'éducation

Cette façon d'être déraisonnable est communément imputée à l'éducation et aux préjugés; c'est en grande partie
395 vrai, même si | ce n'est pas la racine du mal, d'où il surgit et où il gît, qui sont ainsi dénoncés. L'éducation est souvent accusée à juste titre d'en être la cause; et *préjugé* est un nom générique convenant à la situation. Mais, on devrait regarder un peu plus loin quand on veut remonter jusqu'à la source d'où jaillit ce genre de folie et l'expliquer de façon à montrer l'origine et la nature, en des esprits très modérés et rationnels, de ce défaut.

§ 4

Un certain degré de folie

On me pardonnera d'utiliser un terme aussi rude que celui de *folie* dès que l'on songera au fait que l'anti-rationalisme mérite ce nom :c'est effectivement de la folie. Il n'y a guère d'homme suffisamment exempt de cette folie – pour peu qu'il argumente ou agisse en toute occasion comme il a l'habitude d'agir en quelques cas – pour ne pas être digne d'internement à Bedlam [1] plutôt que d'intégration sociale (et je ne vise pas ici les cas où l'homme est sous la domination d'une passion déréglée, mais le cours ordinaire et paisible de sa vie). Ce qui excusera plus encore la rudesse du nom et cette accusation désobligeante envers la plus grande part de l'humanité, c'est qu'une courte étude faite en passant sur la nature de la folie (2.11.13) m'a fait découvrir qu'elle venait de la même source

1. Hôpital psychiatrique.

et dépendait exactement de la même cause que ce dont nous parlons ici ; cette découverte, à un moment où je ne pensais pas le moins du monde à ce dont il est ici question, me le suggéra. Si c'est une faiblesse à laquelle tous les hommes sont à ce point sujets, si c'est une maladie qui infecte l'humanité de façon si universelle, on doit prendre la plus grande attention à la révéler sous son vrai nom, afin de susciter la plus grande envie de la prévenir et de la guérir.

§ 5

À cause d'une liaison fautive des idées

Certaines de nos idées ont une correspondance et une liaison naturelles entre elles ; c'est le devoir et le mérite de la raison de les repérer et de les tenir assemblées dans l'union et la correspondance fondées sur leur être propre. Mais il existe en outre une liaison autre des idées qui relève entièrement du hasard ou de l'habitude : des idées qui n'ont aucune parenté par elles-mêmes en viennent à être tellement unies dans l'esprit de certains qu'il est difficile de les séparer ; elles demeurent toujours associées et aussitôt que l'une vient à l'entendement, quel qu'en soit le moment, son associée paraît avec elle ; et si plus de deux idées sont ainsi unies, c'est toute la bande, désormais inséparable, qui se manifeste ensemble.| 396

§ 6

Comment est faite la liaison

Cette combinaison forte d'idées qui par nature ne sont pas solidaires, c'est l'esprit qui la fait en lui-même, soit volontairement soit par hasard ; d'où vient qu'en différentes personnes cette combinaison est très différente, en rapport avec la diversité des inclinations, des éducations, des intérêts, etc. La coutume établit des habitudes de pensée pour l'entendement, tout autant que des habitudes de décision pour la volonté et de mouvements pour le corps.

Et tout cela semble n'être que des suites des mouvements d'esprits animaux qui, une fois mis en route, continuent sur les traces qu'ils ont fréquentées; à force d'être foulées, ces traces se transforment en sentier battu, où le déplacement devient facile et pour ainsi dire naturel. Pour autant que nous puissions comprendre l'acte de penser, c'est ainsi que les idées semblent être produites dans l'esprit; et si ce n'est pas ainsi, cela pourra servir au moins à expliquer leur succession en une suite coutumière dès qu'elles sont mises en route, comme cela sert à expliquer aussi les mouvements analogues du corps. Un musicien qui a l'habitude d'une mélodie la trouvera dès qu'il l'aura mentalement entamée; dans son entendement, les idées des différentes notes se suivront en ordre, sans qu'il y prête attention, aussi régulièrement que ses doigts se déplacent de façon ordonnée sur les touches de l'orgue pour jouer la mélodie malgré la divagation distraite de ses pensées. La cause naturelle de ces idées réside-t-elle, comme celle de la danse régulière de ses doigts, dans le mouvement de ses esprits animaux, je n'en déciderai pas, bien que cet exemple le suggère. Mais cela peut nous aider à comprendre un peu les habitudes intellectuelles et le lien entre les idées [1].

§ 7

Certaines antipathies en sont un effet

Qu'il y ait de telles associations d'idées créées par l'habitude dans l'esprit de beaucoup de gens, je pense que personne ne le niera, pour peu qu'il ait bien observé les autres ou lui-même. La plupart des sympathies et des antipathies que l'on voit chez les gens peuvent être sans doute imputées à cette association; elles opèrent avec autant de puissance et ont des effets aussi réguliers que si elles étaient naturelles; pour cette raison, on les appelle naturelles, alors qu'elles n'ont au début guère d'autre origine que la liaison accidentelle de deux idées, unies par la force de la première impression ou par l'indif-

1 Cf. 2.9.9.

férence ultérieure ; et elle demeurent ainsi toujours unies dans l'esprit de cet homme, comme si elles n'étaient qu'une idée.

La plupart des antipathies, dis-je, mais pas toutes, car certaines sont effectivement naturelles : elles dépendent de notre constitution originelle et sont congénitales. | Mais on 397
devrait savoir qu'une grande partie des antipathies que l'on prend pour naturelles viennent d'impressions, inaperçues bien que peut-être anciennes, ou d'imaginations gratuites ; et si on les avait observées attentivement, on aurait reconnu que là était l'origine de ces antipathies. Dès qu'un adulte, écœuré d'avoir mangé trop de miel, entend le nom de *miel* son imagination le rend malade et lui donne des nausées ; il ne peut même en supporter l'idée ; d'autres idées de dégoût, de malaise, et bientôt des vomissements l'accompagnent ; il est dérangé, mais il sait d'où vient cette faiblesse et il peut dire comment il a attrapé cette indisposition. Si cela lui était arrivé dans l'enfance, par abus de miel, les mêmes effets auraient suivi, mais il se serait trompé sur la cause et il aurait pris cette antipathie pour naturelle[1].

§ 8

Si j'en parle ici, ce n'est pas parce qu'il serait nécessaire pour notre raisonnement de distinguer précisément entre antipathies naturelles et antipathies acquises ; je note ce point dans un autre but : ceux qui ont des enfants ou qui ont la charge d'en éduquer devraient penser qu'il vaut la peine de faire très attention et de prévenir avec soin toute liaison indue des idées dans l'esprit des jeunes. C'est l'époque la plus sujette aux impressions durables ; les impressions qui portent sur la santé du corps sont relevées et combattues par les gens avisés et pourtant j'ai des raisons de croire qu'on a bien moins qu'il ne le faut fait attention à celles qui ont plus particulièrement trait à l'esprit, et qui portent sur l'entendement ou les

1. Cf. 1.3.22-27.

passions ; et même celles qui portent exclusivement sur l'entendement ont été complètement négligées par la plupart des gens [1].

§ 9

Une grande cause d'erreurs

Cette liaison indue d'idées dans l'esprit, en elles-mêmes disjointes et indépendantes les unes des autres, a une telle influence et une telle force pour perturber nos actions morales aussi bien que naturelles, nos passions, nos raisonnements et les notions mêmes, que peut-être rien ne mérite plus une surveillance.

§ 10

Exemples

Les idées de *lutins*, de *fantômes*, n'ont pas plus de rapport avec le noir qu'avec la lumière ; pourtant, qu'une servante
398 idiote les inculque | à un enfant, qu'elle les associe dans son esprit, et jusqu'à la fin de sa vie il ne sera sans doute jamais plus capable de les séparer : au noir seront désormais associées ces idées effrayantes ; et elles seront tellement unies dans son esprit que l'une ne sera pas plus supportable que l'autre.

§ 11

Quelqu'un reçoit d'un autre une injure cuisante ; il pense et repense à l'événement et à son auteur ; en les ruminant intensément en son for interne, il cimente ces deux idées jusqu'à en faire presque une seule idée ; il ne pense jamais à l'homme sans que la douleur et le déplaisir qu'il a ressentis n'apparaisse en son esprit ; et de ce fait, il ne les distingue plus guère ; il a au contraire une aversion aussi grande pour l'une que pour l'autre. Ainsi, à partir d'événements anodins et presque

1. Cf. 1.2.27, 1.3.25 ; *Pensées sur l'éducation*, § 66 ; *De la conduite de l'entendement*, 4,41.

innocents, naissent souvent des haines et se propagent, se perpétuent dans le monde, des querelles.

§12

Quelqu'un a souffert d'une douleur ou d'une maladie en un endroit, il y a vu son ami mourir. Bien qu'il n'y ait par nature rien à voir entre l'un et l'autre, lorsque l'idée de l'endroit lui vient à l'esprit, elle entraîne avec elle (une fois l'impression faite) celle de la douleur ou du déplaisir, il les confond en son esprit et supporte aussi peu l'une que l'autre.

§ 13

Pourquoi le temps guérit certains désordres de l'esprit alors que la raison ne le peut pas

Une fois cette combinaison établie, et tant qu'elle dure, il n'est pas au pouvoir de la raison de nous aider et de nous libérer de ses effets ; les idées, une fois dans l'esprit, agiront selon leur nature et les circonstances. Nous voyons ici pourquoi le temps soigne certaines affections que la raison ne peut dominer, même quand elle est dans le vrai et reconnue comme telle ; et aussi, pourquoi la raison ne peut l'emporter sur ces passions, même chez des gens qui sont prêts en d'autre cas à l'écouter. La mort d'un enfant qui faisait le plaisir quotidien des yeux de sa mère et la joie de son âme, arrache de son cœur tout le bonheur de la vie et lui donne tous les tourments imaginables. Utiliser les consolations de la raison en ce cas serait prêcher le confort à celui qui est sous la torture et espérer adoucir par des discours rationnels la douleur des articulations déchirées. Tant que le temps n'aura pas fait perdre l'habitude de l'union entre le sentiment de cette joie perdue et l'idée de l'enfant revenant à la mémoire, toutes les représentations aussi raisonnables soient-elles, sont inutiles.
Et donc ceux chez qui | l'union entre ces idées n'est jamais 399
dissoute, passent leur vie dans le deuil et parviennent à la tombe dans une tristesse incurable.

§ 14

Autres exemples de l'effet de l'association des idées

Un de mes amis connaissait quelqu'un qui avait été guéri de la folie par une opération très brutale et très douloureuse. La personne sauvée par cette opération a reconnu sa vie durant, avec beaucoup de gratitude et de reconnaissance, que cette guérison était le plus grand cadeau qu'on lui ait fait; malgré ce que la gratitude et la raison pouvaient lui suggérer, elle n'a jamais pu supporter la vue du chirurgien : cette image induisait l'idée de l'agonie qu'elle avait soufferte de ses mains; trop forte, trop intolérable, pour qu'elle puisse la supporter.

§ 15

Beaucoup d'enfants attribuent aux livres, occasions des corrections qu'ils subissaient, la responsabilité des douleurs endurées à l'école; aussi joignent-ils ces idées au point que tout livre devient objet d'aversion, et jamais ils ne seront réconciliés dans la suite de leur vie avec l'étude et les livres; la lecture devient pour eux une torture, alors qu'elle aurait pu être le grand plaisir de leur vie. Il existe des salles agréables où des personnes ne peuvent étudier, et des formes de coupe aussi propres et pratiques soient-elles où ils ne peuvent boire, en raison d'idées accidentelles qui leurs sont annexées et les rendent désagréables. Et qui n'a remarqué ces gens qui s'assombrissent quand surgit une personne qui n'a d'autre supériorité que l'ascendant qu'il lui est arrivé de prendre occasionnellement? Désormais, les idées d'autorité et de distance accompagnent celle de cette personne, et celui qui a été ainsi assujetti n'est plus capable de les séparer.

§16

Il y a partout tellement d'exemples de ce genre que, si j'en ajoute un, ce n'est que pour le plaisir de la singularité. Un jeune homme avait appris à danser à la perfection, et dans la pièce où il apprenait il y avait par hasard un vieux coffre. L'idée de cette pièce de mobilier remarquable s'était tellement

mêlée aux tours et aux pas de danse qu'il ne pouvait danser dans cette pièce qu'en présence du coffre, et qu'il ne pouvait danser ailleurs qu'avec ce coffre ou un semblable, correctement situés dans la pièce. Si l'on croit que cette histoire a été habillée | de circonstances plaisantes dépassant tant soit peu 400
l'exacte réalité, je répondrai en ce qui me concerne, que je la tiens comme je la livre, d'une personne sage et estimable qui l'avait lui-même observée. Et j'ose dire : parmi ceux qui liront ceci, il y aura très peu d'esprits critiques qui n'auront pas rencontré de récits, sinon d'exemples, de ce genre, cas semblables ou au moins justifications possibles de cette histoire.

§ 17

Influence sur les habitudes intellectuelles

Les habitudes de pensée et les défauts intellectuels contractés de cette manière ne sont pas moins fréquents ni puissants, même si on les remarque moins. Si les idées d'être et de matière sont fortement jointes par l'éducation ou la méditation intensive, quelles notions aura-t-on et comment raisonnera-t-on sur les Esprits séparés, aussi longtemps que ces idées demeurent combinées dans l'esprit ? Si l'habitude a joint depuis la plus tendre enfance la figure et la forme à l'idée de Dieu, de quelles absurdités ne sera pas capable cet esprit à propos de la divinité ?

Si l'idée d'infaillibilité était inséparablement jointe à [celle d'] une personne et que ces deux idées constamment associées habitaient l'esprit, alors *un corps simultanément à deux endroits* sera avalé sans examen comme une vérité certaine par une foi implicite chaque fois que cette personne prétendument infaillible dictera et demandera un assentiment sans critique[b] .

b. Paragraphe non repris dans la traduction de Coste.

§ 18

On peut l'observer en différentes sectes

De telles combinaisons d'idées fausses et contre nature se révéleront source de l'opposition irréconciliable entre sectes philosophiques et religieuses différentes. On ne peut en effet imaginer que chaque adepte de ces sectes s'illusionne volontairement et refuse consciemment la vérité offerte par raison évidente. Certes, l'intérêt est pour beaucoup dans l'affaire, mais on ne peut cependant penser qu'il conduise des groupes entiers de gens à une perversité si universelle que chacun, comme un seul homme, soutienne consciemment ce qui est faux ; il faut bien que certains au moins puissent faire ce à quoi tous prétendent, à savoir poursuivre sincèrement la vérité. Il doit donc y avoir quelque chose qui aveugle leur entendement, qui les empêche de voir la fausseté de ce qu'ils acceptent comme vérité effective. Ce qui enchaîne leur raison, ce qui conduit des gens sincères à quitter aveuglément le bon sens, l'analyse révélera que c'est ce dont nous parlons : des idées indépendantes, sans liaisons mutuelles, sont couplées dans l'esprit par l'éducation, l'habitude et la publicité qui leur est faite dans la secte ; elles sont tellement bien couplées qu'on n'arrive plus à les séparer en pensée, comme si elles ne
401 formaient qu'une | idée, et qu'elles agissaient comme telle.

C'est ce qui donne sens au *jargon*, démonstration aux absurdités, cohérence au non-sens ; c'est, comme je l'ai déjà dit, le fondement de la plus grande des erreurs du monde ; ou, si cela ne va pas si loin, c'est au moins l'erreur la plus dangereuse, puisque dans la mesure où elle agit, elle empêche les gens de voir et d'analyser. Quand deux choses, en elles-mêmes disjointes, paraissent constamment unies à la vue, et si l'œil voit attaché ce qui est séparé, où commencerez-vous à rectifier les erreurs qui s'en suivent pour deux idées ? Les gens ont coutume de les joindre dans l'esprit au point de les remplacer l'une par l'autre et à mon sens souvent sans s'en rendre compte. Tant qu'ils sont illusionnés par cette association, ils ne peuvent être corrigés ; ils sont fiers d'être les champions zélés de la vérité, alors qu'ils se battent pour l'erreur. La confusion de deux idées différentes que leur liaison habituelle dans l'esprit a effectivement unifiées, emplit leur tête de vues erronées et leurs raisonnements de fausses déductions [1].

§ 19 [c]

Conclusion

J'ai ainsi donné un exposé de l'origine, des sortes et de l'étendue de nos idées, ainsi que plusieurs autres considérations sur ces instruments ou ces matériaux (puis-je parler ainsi ?) de notre connaissance. La méthode initialement envisagée exigerait que maintenant je continue immédiatement en montrant ce qu'en fait l'entendement, et quelle connaissance il nous procure. C'était tout ce que je devais faire, pensais-je dans la première vision générale de ce travail [d] ; mais en considérant les choses de plus près [2], j'ai vu qu'il y avait une liaison si étroite entre les idées et les mots et que les idées abstraites et les mots généraux ont une relation mutuelle si constante, qu'il est impossible de parler clairement et distinctement de notre connaissance, entièrement constituée de propositions, sans considérer d'abord la nature, l'usage et la signification du langage. Tel doit donc être le travail du Livre suivant.

c. Paragraphe terminal, avant même les additions de ce chapitre 33 pour les 4e et 5e éditions, donc situé en 2.31.27 dans la première édition et en 2.32.27 dans les deuxième et troisième éditions.

d. Début de phrase non traduit par Coste.

1. Comparer avec 4.14.10 (rédigé seulement pour la quatrième édition) et les *Lettres sur la Tolérance*.

2. Le *Draft B* s'achevait avec l'étude des idées complexes de relation.

INDEX

Un index est donné à la fin de chaque volume; il ne cite que les occurrences les plus significatives; les occurrences principales (définitions, …) sont en gras; quand la référence est en note, le numéro de page est suivi de *n*; il est suivi de *p* pour renvoyer à la préface du traducteur. L'index que l'on trouve à partir de la deuxième édition de *L'Essay de* Locke sera traduit en fin de volume 2.

TABLE DES MATIÈRES

ESSAI SUR L'ENTENDEMENT HUMAIN

LIVRE I

LIVRE 2

Achevé d'imprimer sur les presses de

BUSSIÈRE

GROUPE CPI

à Saint-Amand-Montrond (Cher)
en octobre 2001

N° d'impression : 15400.
Dépôt légal : octobre 2001.
Imprimé en France